NAS VÉSPERAS DA DEMOCRACIA
EM PORTUGAL

JOANA MATOS TORNADA
Mestre em História Contemporânea

NAS VÉSPERAS DA DEMOCRACIA EM PORTUGAL

O Golpe das Caldas de 16 de Março de 1974

Dissertação de Mestrado em História, especialidade em História Contemporânea, apresentada à Faculdade de Letras da Universidade de Coimbra, sob orientação do Professor Doutor Rui Cunha Martins.

NAS VÉSPERAS DA DEMOCRACIA EM PORTUGAL

AUTORA
JOANA MATOS TORNADA

EDITOR
EDIÇÕES ALMEDINA. SA
Av. Fernão Magalhães, n.º 584, 5.º Andar
3000-174 Coimbra
Tel.: 239 851 904
Fax: 239 851 901
www.almedina.net
editora@almedina.net

PRÉ-IMPRESSÃO I IMPRESSÃO I ACABAMENTO
G.C. GRÁFICA DE COIMBRA, LDA.
Palheira – Assafarge
3001-453 Coimbra
producao@graficadecoimbra.pt

Março, 2009

DEPÓSITO LEGAL
290601/09

Os dados e as opiniões inseridos na presente publicação
são da exclusiva responsabilidade do(s) seu(s) autor(es).

Toda a reprodução desta obra, por fotocópia ou outro qualquer
processo, sem prévia autorização escrita do Editor, é ilícita
e passível de procedimento judicial contra o infractor.

Biblioteca Nacional de Portugal – Catalogação na Publicação

TORNADA, Joana Matos

Nas vésperas da democracia em Portugal : o golpe
das Caldas de 16 de Março de 1974
ISBN 978-972-40-3830-8

CDU   323
        94(469)"1974"

PREFÁCIO

Sendo um trabalho sobre o 16 de Março de 1974, este é também, por definição, um trabalho sobre os processos de mudança política ocorridos em Portugal na década de 70 do século passado. Um aspecto justamente tido em conta pela pesquisa. Deparará, por isso, o leitor deste livro, com desdobramentos de escala que o conduzirão, em determinados momentos, seja ao debate sobre as condições sócio-políticas do final do Estado Novo, seja à questão do grau de integração dos próprios militares nas estruturas do regime, seja à ideia de mudança política e ao respectivo peso por entre as motivações subjacentes à acção política e militar. A percepção dos vários níveis escalares em presença e o esforço de articulação entre eles pode mesmo considerar-se uma das valências decisivas do trabalho que aqui se apresenta.

De resto, o estudo de Joana Tornada possui méritos de vária ordem: representa um notável esforço de rigor sobre uma temática até hoje carente de sistematização; mobiliza recursos metodológicos (caso da história oral) perfeitamente adequados ao objecto de estudo; estima o dado inédito como oportunidade de confronto entre distintas versões; e, sobretudo, incorpora como matéria estruturante da pesquisa esse tempo informativamente denso que medeia entre a data do evento tratado e a actualidade, quer dizer, esse tempo durante o qual os vários registos dos acontecimentos e a produção continuada de interpretações e versões sobre os factos em causa se foram como que agregando ao próprio evento, "inchando" a sua significância e fazendo de cada nova análise, até certo ponto, uma forçosa reconstituição de reconstituições. Neste sentido se torna possível dizer que, salvaguardadas as devidas razões de bom senso e de rigor analítico, o golpe das Caldas que constitui objecto deste livro é tanto o de 1974 quanto aquele que, no seguimento dele e, fundamentalmente, no seguimento dos variados níveis de investimento memorial sobre ele, está sendo produzido, aqui e agora, em 2009.

Nada que diminua o escopo de veracidade associado à pesquisa. Bem pelo contrário. É, aliás, na consciência das várias temporalidades presentes no processo de inquérito que reside a possibilidade de atingir aquele objectivo. Trata-se, afinal, de retirar as devidas consequências de um ensinamento veiculado em sede de teoria da historiografia, qual seja o de que a operação historiográfica produz um saber mediato e mediado. Ideia que, mais do que qualquer outra, justifica de modo cabal a nuclearidade assumida pelas tarefas de selecção e escolha, isto é, de determinação de relevância, no âmbito do presente trabalho. Como justifica, de igual forma, o cuidado aí havido em dotar de expressividade conteudística os próprios momentos de dissonância informativa e as versões aparentemente não coincidentes sobre o evento em causa, mantendo em aberto o conflito das interpretações. Uma postura crítica da maior importância e que permite à autora escapar à armadilha, tão comum em trabalhos desta natureza, da busca obsessiva do preenchimento dos vazios explicativos e da preocupação em tudo reconstituir com base no critério causa--efeito e na detecção de níveis de confidencialidade supostamente mantidos em reserva pelos próprios participantes dos acontecimentos, procedimento que omite o facto de, em eventos desta natureza, caracterizados pela vertigem multidireccional dos acontecimentos, existirem determinadas zonas de penumbra constitutivas desses mesmos eventos e cuja descodificação pode escapar tanto ao investigador quanto aos próprios intervenientes, ao arrepio do efectivo grau de empenhamento posto por estes na reconstituição.

Colocada perante o carácter por vezes disperso dos seus dados, a autora fez, pois, o que lhe competia: procedeu, sempre que possível, à despistagem das várias hipóteses em presença, visando apurar quer as motivações por detrás das movimentações, quer o sentido e inter-relação destas últimas; e, por outro, aceitou o "ruído" interpretativo, sempre inerente à recolha de testemunhos tão depressa coincidentes como tangentes, sobrepostos ou divergentes, como parcela integrante desse mosaico de vontades, concretizações e desfasamentos que constituiu o Golpe das Caldas. Nesse equilíbrio entre o exercício crítico da dúvida e a positividade da averiguação factual reside, por certo, uma das imagens de marca deste estudo.

RUI CUNHA MARTINS
Universidade de Coimbra

RESUMO

O caminho turtuoso da democracia confere ao estudo da sua emergência uma extradordinária complexidade. Esta obra debruça-se sobre o Golpe das Caldas de 16 de Março de 1974 para compreender em que medida uma tentativa falhada de derrube de regime se torna um sinal da necessidade da democracia, como também da perenidade do governo autoritário português, que vigorava há 40 anos.

O estudo do Golpe de 16 de Março de 1974 desenha diferentes perspectivas sobre o fim do Estado Novo, bem como sobre a emergência da democracia portuguesa. É no contexto confuso da mudança de regime que se pesam as forças do Movimento de Capitães, recentemente criado, e do Governo. A nossa investigação analisa o Golpe das Caldas enquanto expressão de um período de mudança de regime em que prevalecem a sobreposição de estratégias, rupturas e inquietações, informações vagas e dispersas, oportunidades, a urgência em agir e os elementos *infra racionais* como as paixões políticas, os valores e os ideais. Fruto desta complexidade surgem constrangimentos e catalizadores que importa identificar.

A problematização da documentação governamental disponível e das memórias dos intervenientes desvendam diferentes linhas de interpretação que orientam este trabalho. A descrição dos factos é complementada pelos testemunhos recolhidos que se tornaram instrumentos fundamentais para compreender as relações e rupturas que escapam à sua leitura cronológica. As fontes orais constituem um importante contributo deste trabalho, na medida em que esclarecem como os intervenientes viveram e sentiram os acontecimentos.

Esta obra propõe formular e desconstruir hipóteses sobre as motivações dos oficiais das Caldas da Rainha e de todos os envolvidos nos acontecimentos que antecederam a saída da coluna sublevada do

Regimento de Infantaria 5; as estratégias, mais ou menos conspirativas, que poderão ter precipitado os acontecimentos; as razões do insucesso da sublevação do quartel das Caldas da Rainha; as diferentes visões do Golpe das Caldas veiculadas pelo Governo, pelo MOFA, ou pela imprensa; bem como as representações do Golpe de 16 de Março construídas na sua posterioridade.

"Politicamente importa afirmar aos que, no ultramar e no estrangeiro, lerem estas linhas, sendo portugueses, que nada absolutamente nada, aconteceu."
s.a., "A insurreição de opereta...", *Gazeta das Caldas*, ano IL, quarta-feira, 20 de Março de 1974, n.º 2770, p.1.

Canção do Exilado do Regimento de Infantaria 5[1]

I

Saímos da Unidade...
Por um sublime ideal
Unidos com lealdade...
Viemos p'ra Capital

II

Agora que aqui estamos...
Só nos resta esperar
P'lo dia da Liberdade...
P'rá vida recomeçar...

III

Entretanto vou sonhando...
Vou sonhando acordado
O tempo está passando...
E eu ficando tramado...

IV

Sonhámos com dignidade...
O sistema derrubar
Cremos no Movimento...
Que nos vem daqui tirar...

V

Exilados aqui estamos...
Unidos até ao fim
Nós contra ninguém lutámos...
Nem morreremos assim.

---

[1] O "Fado do 16 de Março de 1974" foi escrito, a 23 de Março de 1974, pelo Capitão Gonçalves Novo na prisão do Regimento de Artilharia Ligeira (RAL), com o apoio do Tenente Gabriel Mendes. Esta canção era acompanhada com a música do *Fado Canalha* de César Morgado.

AGRADECIMENTOS

Apesar do caminho muitas vezes solitário requerido pelo trabalho de investigação, durante os dois anos que esta pesquisa exigiu, o acompanhamento de certas pessoas tornou a tarefa menos árdua. Devo uma palavra especial de agradecimento às pessoas que generosamente me receberam, sem as quais estas linhas seriam mais pobres: Coronel Rocha Neves, Coronel Gonçalves Novo, Coronel Armando Marques Ramos, Coronel Virgílio Varela, Major-General Manuel Monge, Major-General Matos Coelho, Coronel Saraiva de Carvalho, Coronel Abreu Cardoso, Major-General Augusto Valente, General Almeida Bruno, João Pereira, José Clímaco, Avelino Rodrigues e Coronel Casanova Ferreira. O meu reconhecimento vai para todos que me escutaram e partilharam comigo as suas memórias.

Estudar a democracia, ter tempo e companhia para a pensar, foi um privilégio sugerido pelo Professor Doutor Joaquim Ramos Carvalho. Devo-lhe um agradecimento especial por, em tão boa hora, se ter lembrado de me falar do mestrado conjunto entre as universidades de Coimbra e Uppsala, *The Twisted Road to Democracy*. Devo ainda reconhecer e agradecer a oportunidade que o Professor Doutor Fernando Catroga me concedeu ao orientar a minha reflexão sobre o Estado-Nação. À Professora Doutora Maria Manuela Tavares Ribeiro agradeço as reflexões sobre a Europa e os seus constantes desafios. Aos Professores John Rogers e Lars M. Andersson o debate aceso sobre a democracia real e a democracia utopia.

Ao Professor Doutor Rui Martins devo um agradecimento particular. Com a sua orientação atenta e estimulante, o acompanhamento científico que recebi transformou sempre problemas em desafios, e momentos de desalento em momentos de debate. Devo-lhe a sugestão simples, mas pertinente, do nome deste trabalho.

O interesse por este tema foi despertado em mim pelo Mestre Nicolau Borges. A partilha do gosto por fazer história, mas, acima de tudo, de a sentir, levou-me a pedir o seu conselho sobre como e o que estudar quando os meus interesses me conduziram à democracia e à história local. Devo-lhe o desafio deste estudo sobre o Golpe das Caldas. Este trabalho seria diferente, sem o seu convite para coordenar a *Exposição Evocativa do 16 de Março*, organizada pela Associação Património Histórico, o Centro Hospitalar de Caldas da Rainha e a Câmara Municipal das Caldas da Rainha. Toda a pesquisa que dela decorreu, toda a produção que implicou e, por fim, todo o convívio que proporcionou conferiram à minha investigação uma dinâmica mais rica.

À Elisa Higino devo-lhe a leitura atenta do meu trabalho e as sugestões que daí surgiram; ao Alexandre Pinto a disponibilidade e o trabalho cartográfico incluído neste trabalho enriquecendo-o. Ao longo deste período foi também fundamental o incentivo e a presença constantes dos meus pais. Foram eles que me revelaram desde pequena, a riqueza da democracia e a "herança" que esta representa. Ao Cláudio devo um reconhecimento especial por ter tecido tão bem, à minha volta, um teia de incentivo e inspiração que nos momentos mais difíceis me susteve e iluminou.

Por fim, não posso deixar de agradecer ao Major Reinaldo Nuno Valente de Andrade, responsável pelo Arquivo Histórico da Guarda Nacional Republicana, bem como ao director do Arquivo Histórico Militar, Tenente-Coronel Carlos A. Borges de Fonseca, por me facultarem o acesso a documentos relevantes para esta investigação e que gentilmente autorizaram publicar.

Devo, também, um especial agradecimento à Câmara Municipal das Caldas da Rainha pelo interesse, desde cedo, manifestado pelo meu trabalho e, agora, pelo apoio oferecido à sua publicação.

SIGLAS E ABREVIATURAS

AC^a	Academia
ALF	Alferes
AM	Academia Militar
ANI	Agência Nacional de Informação
BA	Base Aérea
Bat	Batalhão
Bat Art	Batalhão de Artilharia
BBC	British Broadcasting Corporation
BC	Batalhão de Caçadores
Brig	Brigadeiro
BT	Brigada de Trânsito
Cap	Capitão
Cav.^a	Cavalaria
Cb Mil	Cabo Miliciano
CCaç	Companhia de Caçadores
CCE	Comissão Coordenadora Executiva
CEM	Chefe de Estado-Maior
CEME	Chefe do Estado-Maior do Exército
CEMGFA	Chefe do Estado-Maior-General das Forças Armadas
CG	Comando-Geral
CIAAC	Centro de Instrução de Artilharia Anti-Aérea de Cascais
CICA	Centro de Instrução de Condução Auto
CIOE	Centro de Instrução de Operações Especiais (Lamego)
CISMI	Centro de Instrução de Sargentos Milicianos de Infantaria
Cmdt	Comandante
Comp / Comp.^a	Companhia
CTI	Comando Territorial Independente
CTT	Correios, Telégrafos e Telefones
DGA	Depósito Geral de Adidos
DGS	Direcção Geral de Segurança
EM	Estado-Maior
EME	Estado-Maior do Exército

EMGFA	Estado-Maior-General das Forças Armadas
E.N.	Estrada Nacional
Esq	Esquadrão
Esq Auto	Esquadrão Auto
EPA	Escola Prática de Artilharia
EPAM	Escola Prática de Administração Militar
EPC	Escola Prática de Cavalaria
EPI	Escola Prática de Infantaria
EPSM	Escola Prática de Serviço de Material
EREC	Esquadrão de Reconhecimento
FA	Forças Armadas
Fur	Furriel
Gab	Gabinete
GACA	Grupo de Artilharia Contra Aeronaves
GCG	General Comandante-Geral
Gen	General
GNR	Guarda Nacional Republicana
HMR	Hospital Militar Regional
Info	Informações
IN	Inimiga
LP	Legião Portuguesa
ME	Ministro do Exército
MFA	Movimento das Forças Armadas
MI	Ministério do Interior
MM	Manutenção Militar
MOFA	Movimento de Oficiais das Forças Armadas
N/Brig.	Nosso Brigadeiro
N/Gen	Nosso General
Of	Oficial
Pat^a	Patrulha
PC	Posto de Comando
Pel Para	Pelotão Pára-quedista
Pel Rec.	Pelotão de Reconhecimento
PIDE	Polícia Internacional e de Defesa do Estado
PM	Polícia Militar
PSP	Polícia de Segurança Pública
PVT	Polícia de Viação e Trânsito
QC	Quadro de Complemento
QEO	Quadro Especial de Oficiais
QG	Quartel-General
QO	Quadro de Organização

Siglas e Abreviaturas

QP	Quadro Permanente
QSG	Quadro Suplementar Geral
RA	Regimento de Artilharia
RAAF	Regimento de Artilharia Antiaérea Fixa
RAC	Regimento de Artilharia de Costa
RAL	Regimento de Artilharia Ligeira
RAP	Regimento de Artilharia Pesada
RC	Regimento de Cavalaria
RI	Regimento de Infantaria
RE	Regimento de Engenharia
Rep	Repartição
RL	Regimento de Lanceiros
RM	Região Militar
RML	Região Militar de Lisboa
RMP	Região Militar do Porto
RMT	Região Militar de Tomar
RTP	Rádio Televisão Portuguesa
SAM	Serviço de Administração Militar
SEIT	Secretaria de Estado de Informação e Turismo
Ten.	Tenente
TenCor	Tenente-Coronel

INTRODUÇÃO

Para melhor compreender a emergência da democracia na sociedade portuguesa, este trabalho propõe-se estudar o Golpe das Caldas de 16 de Março de 1974. Situado nas suas vésperas, este acontecimento abre-nos uma janela para o contexto tenso e *polifónico* que, concomitantemente, conduziu o Estado Novo para o seu fim, como os militares para a revolução. Não é um período de choques nem de contestação, da mesma maneira que não o é de consensos ou soluções. Ao contrário da instabilidade, que poderíamos supor criasse o contexto de ruptura deste período, este caracteriza-se por uma aparente acalmia. É sob este pano de fundo que se formaram fortes ligações fruto de posições antagónicas, se escolheram apressadamente estratégias, se caiu em contradições ignoradas, e se expôs vulnerabilidades, ou seja, viveu-se a "quente" e muito rapidamente.

Embora o prolongamento da Guerra Colonial provocasse um enorme desgaste na instituição militar, pilar estruturante do regime fascista português, a agonia precipitou-se quando observamos a progressiva desarticulação do mito nacional conservador, católico e de direita que o sustentava. Já no ano de 1973, José Medeiros Ferreira esclarecia que "a democracia portuguesa não só constitui um imperativo político como ainda encontra na necessidade de definir um projecto nacional razão da sua urgência."[2]

O Golpe das Caldas é um acontecimento que se encontra inscrito em todas as cronologias e obras sobre o movimento dos capitães, a democracia portuguesa e o Estado Novo. Entre memórias pessoais e análises históricas ou jornalísticas, o 16 de Março é definido como uma tentativa de golpe de Estado do Regimento de Infantaria 5 (RI5)

---

[2] José Medeiros Ferreira, *Do Código Genético do Estado Democrático*, Contexto Editora, Lisboa, 1981, p.25.

das Caldas da Rainha. Poucos ousam mencionar quem o fez e quem o preparou, mas é vulgarmente referida a prisão de 200 oficiais. Neste contexto é difícil perceber se esta tentativa constituiu uma força para o MOFA (Movimento dos Oficiais das Forças Armadas), o último empurrão, ou se, pelo contrário, fragilizou de tal modo o regime que este não soube, ou não conseguiu reagir no dia 25 de Abril de 1974, ou, ainda, se concorreu, afinal, para ambas estas duas dimensões.

Antecipação para uns, precipitação para outros, na verdade, depois da *tempestade*, prevaleceu uma aparente acalmia. Apesar disso enquanto os homens do regime gozavam esta tranquilidade, os homens do movimento empenharam-se e acabaram por concretizar um golpe de Estado, que foi, sobretudo, uma revolução. O objectivo deste trabalho é perceber de que forma uma tentativa falhada de derrube de regime se torna, por um lado, sinal da necessidade da democracia, e, por outro, da perenidade do regime autoritário português, que vigorava há 40 anos.

Ao analisar as vésperas da democracia portuguesa, verificamos que tanto o processo de ascensão dos capitães, como o de declínio do regime, criou dinâmicas próprias que convergiram para diferentes centros de poder. A tensão gerada por um regime em crise e um grupo de militares ansiosos pela resolução da Guerra Colonial, causa da sua democracia, é o objecto de estudo deste trabalho. Entre eles manifesta-se o desejo de viver em democracia, entendida como a solução política que salvaguardava os interesses nacionais e legitimava o poder do Estado, sob o qual estavam subordinados. A vida dos portugueses era marcada, desde 1961, pela Guerra Colonial. Ao fim de 13 anos de uma guerra que não pretendia resolver, mas sim oprimir, os portugueses procuravam respostas. Mas quem poderia agrupar esta tensão? Poderia Marcello Caetano ser substituído depois de sucessivas más decisões políticas? Poderia Américo Thomaz ter ambicionado ser o bastião que outrora Oliveira Salazar fora? Poderia a direita conservadora reerguer a mística nacional do Estado Novo? Poderia o General Costa Gomes aliar-se aos capitães e proclamar que as Forças Armadas (FA) estavam com a Nação? Conseguiria o General Spínola concretizar as teses defendidas na sua obra *Portugal e o Futuro*? Com quem poderiam os militares fundar uma democracia sem liberdade?

Introdução 21

O problema político que a Guerra Colonial implicava não foi o único factor de agravamento da crise do Estado Novo. Marcello Caetano afirma que "era unânime a opinião de que só abrindo largamente a carreira das armas aos milicianos que tivessem dado boas provas em campanhas se poderia solucionar a crise."[3] O Presidente do Conselho refere-se à crise causada pelo crescente mal-estar sentido nas FA, fruto da diminuição do número de oficiais, bem como da inquietação vivida pela sociedade portuguesa resultante da sua vivência triste e angustiada.

Esta guerra, interminável aos olhos dos militares, exigia redobrados esforços humanos alargando o número de oficiais oriundos de cadetes, mas sobretudo absorvendo um grande número de oficiais oriundos de milicianos. A publicação do Decreto–lei 353 de 13 de Julho de 1973[4] contribuiu para a separação dos oficiais ao provocar um mal-estar entre todos, na medida em que "para além da espectacular desigualdade criada pelo que concerne a duração e conteúdo dos cursos, as autoridades governativas desrespeitavam um dos mais tradicionais critérios de avanço na carreira profissional."[5]. Basta assinalar que a contestação dos oficiais emergiu de uma questão corporativa, para reconhecer como a sua causa era também a sua fragilidade. Estavam, assim, criados dois grupos dentro do corpo de oficiais das FA. De um lado encontravam-se os oficiais oriundos de cadetes que viam neste decreto, mais um sinal da inépcia do Governo para resolver o problema da Guerra Colonial. Do outro encontravam-se os oficiais oriundos de milicianos que pretendiam a valorização do seu esforço. Contudo, é importante sublinhar que a publicação dos decretos não se tornou pretexto de disputa política.

"Num contexto caracterizado pela crescente consciência, por parte dos militares, da inadequabilidade da política de guerra imposta às Forças Armadas e da política global imposta ao País pelas autoridades

---

[3] Marcello Caetano, *Depoimento*, Distribuidora Record, Rio de Janeiro e São Paulo, 1974, p.184.

[4] Este documento reconhecia o direito dos oficiais oriundos de milicianos manterem o seu posto e a respectiva antiguidade já adquirida, quando tiravam o curso da Academia Militar e integravam o Quadro Permanente.

[5] Maria Carrilho, *Forças armadas e mudança política em Portugal no séc. XX: para uma explicação sociológica do papel dos militares*, Imprensa Nacional da Casa da Moeda, Lisboa, 1985, p.404.

governativas, o decreto acende o rastilho do descontentamento que já se desenrolava no Corpo de Oficiais, de África a Portugal."[6] O debate político foi uma linha de força que surgiu com mais clareza, quando os oficiais reconheceram que a questão dos decretos constituía, apenas, uma exigência da política de guerra opressiva que o Governo português insistia em manter. É neste contexto complexo e vago que se integram os protagonistas do Golpe das Caldas. Entre a dimensão pública destes factos, mas também na sua representação íntima e individual, situam-se as causas, os motivos e as razões da tentativa falhada de derrube de regime de 16 de Março de 1974.

Perante uma bibliografia dispersa e muitas vezes imprecisa é difícil perceber a importância do Golpe das Caldas para a história do Estado Novo e da democracia. A historiografia revela uma preocupação em analisar as bases do Estado Novo, bem como em clarificar o seu funcionamento que lhe permitiu conservar-se. Da mesma forma a sua oposição política, social e cultural tem sido investigada. Assim, é possível suscitar algumas hipóteses sobre a sua longevidade e, consequentemente, o seu fim.

Para o estudo do Golpe de 16 de Março de 1974 existem obras de referência que procuram no seu todo descrever o ambiente que antecedeu o 25 de Abril e a própria revolução. *Alvorada em Abril* de Otelo Saraiva de Carvalho (1.º edição, 1977) e *O Movimento dos Capitães e o 25 de Abril* (1.ª edição, 1974, Moraes, Lisboa) são duas obras escritas logo após a revolução. Em *Alvorada em Abril,* o autor descreve longamente o processo que conduziu os militares à revolução de Abril. O Golpe das Caldas é referido como o "verdadeiro balão de ensaio" e, com simplicidade, Otelo Saraiva de Carvalho afirma, àqueles que lamentaram não conhecer previamente no Movimento, "até parecia que não tinha existido um 16 de Março ..."[7]

Na sua obra percebemos que prevaleceu uma dinâmica tensa entre o regime do Estado Novo e o Movimento dos Capitães, consequência do desgaste provocado pela Guerra Colonial que perturbou profundamente a consciência de corpo das FA. A continuação da guerra, a falta de militares e o desprezo dos dirigentes políticos

---

[6] Idem, *Ibidem*, p.405.

[7] Otelo Saraiva Carvalho, *Alvorada em Abril*, Ulmeiro, Lisboa, 3.ª edição, s.d., p.463.

Introdução 23

conduziu à constituição de um grupo de pressão dentro das FA. Otelo Saraiva de Carvalho manifesta a sua convicção, fruto da sua vivência pessoal, de que o Golpe das Caldas se tornou, fortuitamente, um "balão de ensaio", reforçando a tese de que os acontecimentos não passavam de uma precipitação, filha da angústia suscitada pela situação limite que se vivia na Guiné.

"Considerar que o levantamento do *«16 de Março»*, protagonizado pelo Regimento de Infantaria 5 das Caldas da Rainha teria sido uma aventura isolada e irresponsável – é erro grave de apreciação."[8] Assim começa o segundo capítulo (intitulado *O «16 de Março» em Caldas da Rainha*) do livro *O Movimento dos Capitães e o 25 de Abril* a primeira publicação que desvendou o que a notícia oficiosa, da Secretaria de Estado de Informação e Turismo, divulgada no dia 16 de Março ao fim da tarde, escondia.

Este livro debruça-se sobre a descrição e a análise dos acontecimentos do Golpe das Caldas como uma janela para um país em longo processo de mudança que muitos ignoraram. A longa descrição baseia-se no testemunho de um oficial do RI5 e nos factos ocorridos entre 5 de Março e 16 de Março de 1974. Nesta obra encontra-se descrito o espírito de corpo do Regimento de Caldas da Rainha que constitui um verdadeiro élan para os acontecimentos do 16 de Março. Além disso, evidenciam-se os factos que contribuíram para o seu aceleramento.

Embora, se exponha uma rica descrição do tempo histórico que contextualiza a sublevação dos oficiais do RI5, os autores confessam a sua incerteza sobre a saída extemporânea do quartel acabando por apresentar uma hipótese avançada por "informadores spinolistas". Segundo estes o "plano operacional" do golpe envolveria várias movimentações que deveriam imobilizar o Presidente do Conselho e o Presidente da República. Mais, asseguravam que dali a dois meses nova tentativa seria realizada por oficiais milicianos. Contudo, os autores consideraram que "se os simpatizantes de Spínola estiveram na base do levantamento das Caldas, a acção envolveu forças afectas ao «Movimento», cuja preparação operacional havia começado,

---

[8] Avelino Rodrigues, Cesário Borga, e Mário Cardoso, *O Movimento dos Capitães e o 25 de Abril*, Publicações Dom Quixote, 4.ª edição, Lisboa, 2001, p.95.

embora tenham actuado no desconhecimento dos cordelinhos escondidos."[9]

Para Manuel Bernardo, na sua obra *Marcello e Spínola: a ruptura*, a publicação do livro *Portugal e o Futuro*, a 22 de Fevereiro, marcou o início da cisão que originou o Golpe das Caldas. Marcello Caetano revelou-se um homem perdido, em busca de um rumo na defesa da Nação. Procurou legitimidade política onde ela não existia: na Assembleia Nacional e no conselho do Presidente da República. Manuel Bernardo afirma que, a 9 de Março, com a transferência dos Capitães Vasco Lourenço, Carlos Clemente, Antero Ribeiro da Silva e David Martelo "os dados ficaram lançados e Portugal passou a ser alvo da curiosidade da Imprensa Internacional"[10]. No entanto, nos meses que antecederam o Golpe das Caldas, o Governo mostrou-se desorientado e tentou atingir os generais demitindo-os. O Presidente do Conselho convenceu-se que o país estava seguro, pois as FA manifestaram o seu apoio e recebeu da Assembleia Nacional o apoio legítimo para a sua política ultramarina. O Presidente da República aparentava desconhecer o alcance da situação político-militar.

Neste período movimentaram-se dinâmicas poderosas e conflituantes que influenciaram a habilidade de resposta de cada grupo. O Movimento radicaliza-se. Alguns oficiais pressionaram-no para agir (os quais estariam próximos do General Spínola). O Governo tomou uma posição defensiva ao demitir os generais e impor a situação de prevenção rigorosa nos quartéis. Poderá ser este ambiente tenso que despoletou várias movimentações de oficiais no país, concomitantemente à saída das Caldas? Manuel Amaro afirma "na minha opinião, foram a iniciativa dos capitães de Lamego e a persistência do pessoal das Caldas, que levaram a esta situação."[11]

Para o estudo do Golpe de 16 de Março ou Golpe das Caldas concorre a análise de dinâmicas distintas. Embora conflituantes, encerram em si mesmas disputas e tensões próprias, que condicionaram a evolução dos acontecimentos. "Estes dois meses que medeiam entre a saída do livro de Spínola e o 25 de Abril são alucinantes, como

---

[9] Idem, *Ibidem*, p.144.

[10] Manuel A. Bernardo, *Marcello e Spínola: a Ruptura. As Forças Armadas e a Imprensa na Queda do Estado Novo 1973–1974*, Editorial Estampa, Lisboa, 1996, p.187.

[11] Idem, *Ibidem*, p.199.

coroação dum processo de desagregação interna dum regime e do resto das suas forças políticas, processo desmultiplicado numa infinidade de jogadas individuais e oportunistas, ditadas pelo mero salve-se quem puder, onde só a inépcia iguala a febre de segurar as rédeas duma Administração que todos os dias é minada pelos seus próprios titulares."[12] Da análise de Jaime Nogueira Pinto sobressai a importância de estudar a influência da reacção das autoridades governativas face à situação de crise que se desenhava, bem como à ineficácia das suas escolhas políticas. A problematização do Golpe das Caldas poderá esclarecer de que forma o consolidado Governo do Estado Novo reagiu perante a saída inesperada das suas tropas. Além disso, falta ainda perceber como este "explicou" o sucedido aos portugueses e aos estrangeiros. A dúvida sobre a possibilidade do Governo, oposição política ou oficiais das FA, reconhecerem no Golpe das Caldas uma oportunidade ou uma demonstração de força permanece e exige outras perspectivas de investigação, diferentes daquelas já estudadas.

Na obra *Capitães de Abril*[13], vol. II, os autores, Alexandre Pais e Ribeiro Silva, revelam três hipóteses sobre as razões do "levantamento das Caldas". A primeira sugere que este acontecimento foi suscitado pelo próprio Movimento, de forma a "tornar possível avaliar de onde e por parte de quem partiria a reacção e, simultaneamente, que permitisse «sobrecarregar» os órgãos de repressão com mais um problema"[14]. O facto de apenas alguns oficiais ligados ao Movimento repudiarem esta possibilidade levou os autores a considerar a sua veracidade.

A segunda hipótese, sugerida por declarações de Otelo Saraiva de Carvalho, indicava que o Golpe das Caldas "se deu, inegavelmente, através de um movimento colectivo que não resultou e que foi, uma vez que existiu, aproveitado como exemplo único de «como não se faz um golpe de Estado»."[15] Sobre esta eventualidade os

---

[12] Jaime Nogueira Pinto, *Portugal os anos do fim. De Goa ao Largo do Carmo*, Soc. de Publicações Economia & Finanças, Lisboa, 1976, p.251.

[13] Alexandre Pais e Ribeiro Silva, *Capitães de Abril*, vol. II, Amigos do Livro, Lisboa, 1975.

[14] Idem, *Ibidem*, p.69

[15] Idem, *Ibidem*, p.71.

autores levantam várias dúvidas, confiando na experiência militar dos oficiais, que julgavam não participar em movimentações, nas quais não existissem condições de sucesso. Por fim, os autores propõem que a "intentona" das Caldas terá sido despoletada pela Direcção Geral de Segurança (DGS), pela Legião Portuguesa ou um grupo de extrema-direita com o objectivo de fragilizar o MOFA, ou promover a instabilidade interna. Como justificação citam Salgueiro Maia que afirma ter recebido dois telefonemas (de pessoas que não identificou) avisando que, do Porto, vinham militares a caminho de Lisboa. Estas conclusões representam as hipóteses, que, logo após os acontecimentos, circularam, e, que, desde logo, desvalorizaram o significado dos acontecimentos, ainda que não os ligassem a qualquer antecipação.

Actualmente, o Golpe das Caldas permanece sob um "jogo infinito de significações". A sua referência tem levado não à problematização dos factos, mas às suas combinações e ao seu significado que importa esclarecer. Porém, "os historiadores têm a capacidade de explicar um dado acontecimento através da integração do mesmo no seu contexto (isto é, afirmando que pertenceu a este movimento e não a outro, que teve lugar naquele período ou no âmbito daquela tendência em detrimento de outros, e por aí fora)."[16]

O Golpe de 16 de Março de 1974 foi um acontecimento, até hoje, pouco estudado. Porventura, subvalorizado pelos factos decorridos após a revolução de Abril, ou, talvez, equivocamente a eles ligado. Na verdade, entre 11 de Março de 1975 e 16 de Março de 1974 existem pontos de contacto, o que dificulta a sua análise[17]. Do estudo deste Golpe destacam-se as dinâmicas de desestruturação do regime e os fundamentos do Movimento militar que esteve na origem da mudança política ocorrida 38 dias depois. Escapar-nos-á a compreensão global do problema se nos limitarmos a procurar contradições nos factos. É importante reconhecer a importância das ligações ou divisões não só dentro do Movimento, mas também entre os homens de governo. Sem querer desprezar a riqueza das informações

---

[16] Richard J. Evans, *Em Defesa da História*, Temas e Debates, Lisboa, 2000, p.151.

[17] A 11 de Março de 1975 ocorreu uma tentativa de golpe de tomada de poder que se concretizou num ataque contra o RAL1 e resultou na saída do país do General Spínola, bem como na prisão de oficiais, mais próximos de si.

Introdução   27

recolhidas na documentação governamental[18], nas memórias dos participantes publicadas, ou nos vários artigos de jornais[19], seus contemporâneos, este trabalho baseou, ainda, a sua análise nas narrativas de memórias dos oficiais que naqueles dias mobilizaram os oficiais do Movimento e de vários oficiais do RI5. As fontes orais tornaram-se elementos importantes para clarificar as razões da sublevação da coluna das Caldas da Rainha, mas, sobretudo, os motivos do seu insucesso.

A utilização de fontes orais na historiografia[20] é amplamente justificada segundo duas perspectivas. Por um lado, constroem-se

---

[18] Para este trabalho foi analisada documentação existente no Arquivo Histórico Militar, Arquivo Histórico da Guarda Nacional Republicana, Arquivo Distrital de Leiria e Centro de Documentação 25 de Abril da Universidade de Coimbra.

[19] Para este trabalho, que analisou a memória e a história do Golpe das Caldas, foi imprescindível a consulta da colecção de publicações periódicas da Biblioteca Nacional, da *Gazeta das Caldas*, do Centro de Documentação 25 de Abril da Universidade de Coimbra, bem como vários artigos preservados nalguns arquivos pessoais, por nós consultados.

[20] Em Portugal, no Centro de Documentação 25 de Abril da Universidade de Coimbra é desenvolvido o Projecto História Oral 25A, da responsabilidade da investigadora Maria Manuela Cruzeiro que pretende recolher o testemunho e histórias de vida dos protagonistas da transição democrática portuguesa. Desde 1990 que foram entrevistados cerca de 25 personalidades ou grupos. Na Marinha Portuguesa foi fundada, em princípios de 1998, a Comissão da História Oral. Neste âmbito foram recolhidos testemunhos directos de pessoas com papel relevante ou presencial em acontecimentos passados nas campanhas das antigas colónias portuguesas, desde o ano de 1957 até à data da sua independência. Também na Universidade Popular do Porto tem sido promovido o projecto Memórias do trabalho – testemunhos do Porto laboral no século XX em parceria com a União dos Sindicatos do Porto e com a Federação das Colectividades do Porto e apoiada pela Sociedade Porto 2001. Até Outubro de 2001, foram recolhidos vários depoimentos preservando a memória de operários e movimentos sindicais. A Fundação Mário Soares em colaboração com o Centro de Estudos Interdisplinares do Século XX da Universidade de Coimbra (CEIS20) organizou os II Encontros de Alcobaça/Sociedade da Informação subordinado ao tema *Dos Testemunhos Orais à memória digital*. Em Alcobaça, nos dias 21, 22 e 23 de Setembro de 2006 debateu-se o uso dos testemunhos orais na história do século XX e os diferentes meios da sua preservação. Pouco depois, realizou-se em Outubro, o I Congresso Internacional de História Oral no Porto, organizado pela Faculdade de Letras da Universidade do Porto. O painel foi constituído por vários especialistas estrangeiros e portugueses que discutiram os usos da história oral e o seu contributo para a história da memória. Já, no ano de 2007, a Fundação Mário Soares e o Instituto de História Contemporânea da Faculdade de Ciências Sociais e Humanas da Universidade Nova de Lisboa, organizaram um Seminário Internacional intitulado *Memória e Testemunhos Orais*, em Lisboa, decorrido nos dias 22 e 23 de Novembro. Este seminário procurou divulgar e debater as áreas de investigação já desenvolvidas,

"arquivos salvos ou provocados" na ausência de documentos escritos, na recolha de testemunhos ou vivências pessoais de acontecimentos da vida local ou nacional que de outra forma não teriam condições de existir, ou quando a documentação escrita foi destruída. Por outro, "la historia oral, entendida como una ruptura con los silencios, una coherencia con el relato espontáneo de los protagonistas, con la cotidianidad individual y colectiva, en donde lo válido son los tiempos de la vida de cada individuo y sus funciones en la historia total"[21], ou seja, é considerada uma história militante. Conhecida como a história "que vem de baixo", a história com indivíduos, a história dos iletrados, a história dos marginais ou a história da maioria. No entanto, o uso das "lembranças resgatadas", através de uma entrevista por nós conduzida, é indispensável para o estudo do Golpe das Caldas. Porque este é um acontecimento que foge das estruturas políticas, sociais, económicas e culturais e dos seus processos de continuidade e muta-ção, exige uma pesquisa baseada em fontes que comportem diversifi-cadas noções de temporalidade (isto é, proporcionam "arquitecturas de sentido" que combinam a sua memória de identidade e alteridade). No entanto, as memórias dos protagonistas não visam apenas com-pletar a documentação que dificilmente corresponderia ao carácter de improviso do Golpe de 16 de Março.

O Golpe das Caldas implicou dezenas de militares. Os depoi-mentos que recolhemos foram seleccionados por irem ao encontro das experiências e vivências de pessoas, que nos oferecem respostas indispensáveis ao esclarecimento das hipóteses e dúvidas suscitadas pelas fontes documentais analisadas. Todavia, "são os momentos de

---

em Portugal, sobre memória e testemunhos orais, bem como no âmbito arquivístico e dos direitos de autor. No jornalismo cresceram alguns projectos que procuraram conservar a memória do século XX português, nomeadamente de Diana Andringa a Geração de 60 (em 1989), entre outros. Também na historiografia portuguesa, as fontes orais tornaram-se uma ferramenta. Salientamos os trabalhos de Luísa Tiago de Oliveira, *Estudantes e Povo na Revolução – O Serviço Cívico Estudantil 1974-1977* (2000), Vanda Gorjão, *Mulheres em Tempos Sombrios – Oposição feminina ao Estado Novo* (2000), e Dalila Cabrita Mateus, *A PIDE/DGS na Guerra Colonial 1961-1974* (2003).

[21] Eugenia Meyer, "Los nuevos caminos de la historia oral en América Latina", *Historia y Fuente Oral*, revista semestral do Seminário de História Oral do Departamento de História Contemporânea da Universidade de Barcelona e do Arquivo da História da Cidade, 1 13, 1995, p.98.

Introdução 29

crise como as revoluções em que a pura racionalidade abstracta dos conceitos e dos sistemas, cede face à invasão de elementos supra ou infra racionais, como as paixões políticas, a fidelidade aos valores e aos ideais, a coragem, a honra, o respeito ou desprezo pelas instituições, os sentimentos altruístas, a sensibilidade democrática."[22] Neste trabalho o uso da história oral é, simplesmente, uma ferramenta de trabalho. Carlos Correia esclarece que "a História Oral é essencialmente uma história da vida, que ao historiador ou ao pesquisador interessa somente aquela determinada pessoa que presta informações, pois só ela tem condições para tal, por suas experiências (...) a História Oral preocupa-se justamente pelos pensamentos e fazeres diferentes relativos ao mesmo assunto."[23]

A dimensão histórica do vivido surge como um terreno comummente considerado, demasiado exposto e arriscado. Uma visão individual do conjunto dos factos poderá ser deturpável, tendenciosa, omissa, ou imprecisa, mas é, sobretudo, um testemunho partilhado, ao se sujeitar ao confronto com fontes documentais, que não foram, intencionalmente, elaboradas para uma posterior pesquisa histórica, bem como às visões do *outro*. Cabe ao historiador distinguir os diferentes discursos que a memória reproduz segundo experiências vividas, aprendidas e conhecidas. Contudo, neste trabalho não procuramos um novo sentido de descoberta, nem uma história "mais verdadeira"[24]. As fontes orais importam para o estudo do Golpe de 16 de Março, na medida em que "trabalhar com vários relatos ao mesmo tempo, implica muitas vezes, deixar de lado o encanto da história individual, mas ganha-se na comparação, na diversidade

---

[22] Maria Manuela Cruzeiro, "Pela História Oral", *Passado/Presente – a construção da memória no mundo contemporâneo*, publicado em http://ppresente.wordpress.com/textos/pela-historia-oral/, consultado a 10 de Julho de 2008.

[23] Carlos Humberto P. Correia, *História oral: teoria e técnica*, UFSC, Florianópolis, 1978. p.14.

[24] Paul Thompson afirma que "oral evidence, by transforming the 'objects' of study into 'subjects', makes for a history which is not just richer, more vivid and heart-rending, but truer", in *The Voice of the Past* (Oxford University Press, Oxford, 2. ed., 1992, p.99). Embora reconhecendo o uso de fontes orais como meio privilegiado de acesso a crenças, valores e identidades, neste trabalho privilegiou-se este método para melhor compreender as acções, representações e sentidos dos protagonistas que foram tanto agentes, como sujeitos do Golpe das Caldas.

de opiniões, na percepção de processos em curso, na visualização de vínculos que se estabeleciam na sociedade como um todo, entre as várias peças constituintes deste mosaico."[25]

Não é propósito desta dissertação compilar todos os factos, como também não é pretendido recolher o testemunho de todos os oficiais envolvidos[26]. A descrição dos acontecimentos é utilizada enquanto forma de interpretação, na medida em que clarifica a sobreposição de estratégias, a tomada de decisões, ou as ligações entre pessoas e espaços. O destaque conferido à ordem cronológica dos acontecimentos permite perceber a sua sucessão, identificar relações entre instituições e indivíduos, bem como entre grupos não organizados. Este trabalho propõe uma nova perspectiva de análise colocando questões diferentes daquelas até hoje estudadas. Pretende-se levantar dúvidas e hipóteses, de forma a abrir novos campos de investigação. Assim, esta não é a história do Golpe das Caldas, mas uma análise sobre os fios de leitura dos últimos anos, uma recolha de testemunhos directos, o confronto entre certos lugares comuns tantas vezes repetidos e apresentados como evidências, e os paradoxos por si criados.

Para finalizar esta introdução, importa expor brevemente a organização deste trabalho. Dividido em três partes distintas, pretende-se analisar o Golpe das Caldas segundo diferentes perspectivas que, por um lado, condicionaram os acontecimentos e, por outro, influenciaram a memória destes.

A primeira parte, intitulada *Os comprometidos do 16 de Março*, alude à dimensão subjectiva dos acontecimentos seguindo a leitura das narrativas de memória dos participantes, bem como de memórias publicadas. A problematização destas conduziu-nos aos antecedentes do Golpe das Caldas. Propusemo-nos revelar as raízes e motivações dos homens que se mostraram mais activos durante o dia 15 e a

---

[25] Zeila de Brito Fabri Demartini, *Trabalho com Relatos Orais: Reflexões a partir de uma trajectória de Pesquisa*, Cadernos do Projecto Museológico sobre Educação e Infância, Escola Superior de Educação, Santarém, 1997, p.13.

[26] A perspectiva seguida na condução das entrevistas não foi o método biográfico, nem a análise sociológica dos entrevistados. Procurámos desvendar o contexto de cada indivíduo para melhor compreender a sua participação nos acontecimentos de 15 e 16 de Março de 1974, tendo em conta a precipitação dos acontecimentos e as relações, que tanto aproximaram, como afastaram os oficiais comprometidos.

Introdução 31

madrugada do dia seguinte. Desta forma identificámos as suas expectativas, dúvidas e cumplicidades. Elementos importantes da acção, que, embora, não correspondam aos motivos dos participantes, permitem esclarecer o contexto de mudança que os envolvia. A desarticulação da instituição militar, em que se integram estes oficiais, é um facto histórico relevante para a compreensão do fim do Estado Novo. Todavia, nesta parte sublinhamos a dimensão histórica do vivido. Desta emerge o modo como a crise de consciência dos oficiais e o divórcio entre estes e o seu comando, orientaram o processo de decisão dos oficiais envolvidos nas movimentações militares que ocorreram nos dias 15 e 16 de Março de 1974.

Na segunda parte procuramos clarificar os factores que explicam a saída da coluna sublevada do quartel das Caldas da Rainha. Intitulada *O Golpe de 16 de Março de 1974*, está estruturada segundo três pontos. Começando por caracterizar os dias que antecederam o Golpe das Caldas, no primeiro designado *Uma marcha incerta (os 10 dias que antecederam o Golpe)*[27], a análise orienta-se conforme uma ordem cronológica para permitir a intercepção de estratégias quer do Governo, quer do Movimento, quer de outros oficiais. Procuramos identificar as linhas de força que maior pressão ofereceram aos acontecimentos do dia 15 de Março de 1974. Neste momento foi, desde logo, necessário destacar o estudo dos factos e relações que individualizaram o RI5. De seguida, com base na documentação escrita e oral disponível, iniciamos a descrição dos factos que constituem o Golpe das Caldas de 16 de Março de 1974. Neste momento, tornou-se indispensável seguir o seu encadeamento cronológico perfeitamente cruzado pela sua localização espacial.[28] Sublinha-se a importância desta perspectiva para a determinação de estratégias, mais ou menos claras, no sentido de perceber de onde partiu o rastilho da sublevação do RI5, mas também para identificar as unidades

---

[27] Para a melhor compreensão dos factos e das suas ligações, elaborámos uma *Cronologia dos acontecimentos ocorridos entre 2 e de 14 de Março de 1974*, que se encontra reproduzida no anexo I deste trabalho.

[28] No anexo III deste trabalho encontra-se reproduzido o mapa dos *Acontecimentos ocorridos em várias unidades militares no dia 15 de Março de 1974*, elaborado por pelo Dr. Alexandre Pinto, bolseiro de Doutoramento do Instituto de Investigação Interdisciplinar da Universidade de Coimbra, no âmbito dos seus trabalhos de investigação.

32   *Nas Vésperas da Democracia em Portugal*

militares mobilizadas. Intitulado *Dia 15 de Março, as primeiras movimentações*, o segundo ponto da segunda parte deste trabalho desvenda os acontecimentos que antecederam a saída da coluna sublevada do RI5. Enquanto neste dia apenas se conseguem desvendar movimentações, mais ou menos conspirativas, é na madrugada de 16 de Março de 1974 que surge a primeira notícia d' *A sublevação do Regimento de Infantaria 5 das Caldas da Rainha*[29]. Este momento de descrição dos factos, subsidiado pelos testemunhos recolhidos, é necessário para integrar os protagonistas no conjunto dos factos, bem como nas movimentações das autoridades militares e governativas. Ainda que prevaleça uma certa desarticulação e confusão espacial, é ela que nos revela as razões porque a companhia das Caldas avançou e falhou. Esta descrição é balizada por momentos importantes da acção: a primeira notícia, a saída da coluna sublevada, a sua chegada a Lisboa e o seu retrocesso, a sua entrada no quartel do RI5 e, por fim, o cerco e a rendição. Destacamos ainda o papel da GNR local e os acontecimentos de Lamego ocorridos, ainda, neste dia, por os considerarmos elementos importantes da força das autoridades militares, o caso da GNR, e da desarticulação das forças do MOFA.

Considerando o Golpe das Caldas segundo duas hipóteses de análise (os dias que o antecederam e as movimentações dos dias 15 e 16 de Março), prevalece uma terceira perspectiva, que completa as questões já levantadas, na busca d' *O Sentido do 16 de Março*. Não podem estas linhas ser definidas como as consequências do Golpe. As três linhas de pesquisa que destacamos (a reacção do Governo, a luta do MOFA, e a representação do Golpe pela imprensa) não nos conduzem ao significado do Golpe. Pelo contrário, elas expõem as diferentes visões do mesmo, produzidas no seu contexto. Como veremos, apesar de identificarmos os efeitos causados pelo Golpe no Governo, no MOFA e junto da população, não é possível perceber

---

[29] Para melhor compreender a sucessão dos factos ocorridos durante todo o dia 16 de Março de 1974, elaborámos uma cronologia intitulada *Diário de um Golpe Entrevisto* reproduzida no anexo II deste trabalho. Contudo, a ordem sequencial dos acontecimentos não revela a sua dispersão ou concentração. O mapa, incluído no anexo IV deste trabalho, *Movimentos militares ocorridos no dia 16 de Março de 1974*, elaborado pelo Dr. Alexandre Pinto, revela a localização e a orientação das forças que se movimentaram ao longo daquele dia.

Introdução 33

como este contribuiu para o declínio do Estado Novo, porque, curiosamente, ninguém, nem oposição política, autoridades governativas, ou elementos do MOFA reconheceram o enfraquecimento do regime ou a força do Movimento que a nossa pesquisa clarifica.

Uma das razões da imprevisibilidade e rapidez dos acontecimentos que ocorreram nas vésperas da democracia portuguesa, decorre do facto de estes não se inscreverem em nenhuma estrutura política, económica ou social predefinida. Os factores que determinaram a saída da coluna das Caldas relacionam-se mais com as emoções e pensamentos do que com quaisquer estratégias políticas personalizadas. Foram cerca de 200 militares que participaram na sublevação da unidade, fiéis aos seus valores e ao respeito pela instituição militar, arreigados, ainda, de grande coragem e ousadia. A última parte desta investigação, designada *O epílogo do 16 de Março*, procura relacionar territórios de pertença a uma inteligibilidade perdida. Apresenta as percepções e opiniões dos protagonistas posteriores aos eventos. Também, são aqui abordadas as razões do insucesso do Golpe e as suas relações com os acontecimentos de 25 de Abril de 1974, ou seja, com o MOFA. Terminamos com uma reflexão sobre a forma como os factos foram recordados destacando a sua cumplicidade com o General Spínola, que originou alguns dos equívocos, apenas possíveis na lógica da posterioridade.

PARTE I

Os comprometidos do 16 de Março

> "Identities and memory are not things we think *about*,
> but things we think *with*."[30]

Ao exigirmos uma perspectiva crítica dos vários condicionalismos que envolveram a transição para a democracia em Portugal, a memória desafia a história. Sob os princípios de unidade e universalidade, existe uma memória "polifónica" que enriquece a historiografia. As múltiplas faces da história permitem-nos equacionar os efeitos ocorridos do outro lado dos acontecimentos. O princípio da verdade única é substituído pelo princípio da pluralidade, o que não significa que a história tenha acabado ou que a história seja uma mera construção do presente. A possibilidade de observar os diferentes ângulos da realidade, vivida e recordada, dá-nos a capacidade de clarificar influências, reciprocidades, vínculos, e contradições internas de cada contexto. Recorrendo à memória do apreendido e conhecido dos participantes nos acontecimentos de Março de 1974, procuramos perceber os factores de opressão, os instrumentos e as expectativas mobilizadas.

O processo de transição democrática português foi semelhante a outros. O desfecho do regime totalitário brotou da sua incapacidade de controlar o desgaste que a Guerra Colonial desencadeou, agravada pelas dificuldades vividas pelas tropas portuguesas na Guiné. Todavia, a revolução de Abril ficou conhecida no mundo pelo seu carácter

---

[30] John R. Gillis, "Memory and Identity: The History of a relationship", *Commemorations, the politics of national identity*, University Press, Princeton, 1994, p. 5.

singular. Kenneth Maxwell esclarece que "it was a small, compact group, with strong personal interrelationships, numbering less than 200 out of a middle-rank corps of some 1,600. (...) Their coalescence of resentments, loss of a sense of purpose, and emotional and intellectual estrangement from the colonial wars"[31] são importantes elementos que distinguem o caso português de outros processos de transição democrática da década de 70 e 80 da Europa e da América Latina.

Os relatos recolhidos constituem várias visões individuais que nos auxiliam na análise do conjunto dos factos. A vivência pessoal, única, de cada entrevistado, que participou com outros, ou não, no mesmo acontecimento, enriquece a nossa investigação através da comparação de várias opiniões, da percepção de processos em curso, e da visualização de vínculos que se estabeleciam na sociedade como um todo. Deste modo, o relato das experiências vividas pelos participantes nos acontecimentos do Golpe de 16 de Março, aproxima-nos das limitações do Estado Novo e das suas promessas não cumpridas, onde os militares encontraram as suas armas, mas também o fundamento da sua identidade. "Just as memory and identity support one another, they also sustain certain subjective positions, social boundaries, and, of course, power."[32]

> É uma geração iniciada com a guerra (...) A certa altura começo a aperceber-me, como muitos, que cada vez era mais difícil passar a mensagem... era difícil! Via-se isso muito, especialmente, na Escola Prática de Mafra onde só apareciam licenciados com mais cultura. Aqui um pouco menos [no Regimento de Infantaria 5]! Tínhamos de responder – é assim porque é assim e acabou. Não sou revolucionário e foi difícil!
>
> Mas as consciências vão sendo despertadas. (...) Começo cedo o contacto com os futuros oficiais milicianos. Por exemplo, o meu primeiro pelotão em Mafra eram todos licenciados e mais velhos do que eu (em 1969).
>
> Eles não podiam exprimir-se, e não se exprimiam, logicamente! Havia ali diversas ideias, mas de uma forma geral, era tudo contra a guerra colonial. Embora não o expressassem! Achavam que aquilo era um grande

---

[31] Kenneth Maxwell, "Regime Overthrow and the Prospects for Democratic Transition in Portugal", in Philippe C. Schimitter; Guillermo O'Donnel; Lawrence Whitehead (ed.), *Transitions from Authoritarian Rule*, 1º vol., The Johns Hopkins University Press, Baltimore and London, 1986, p.111.

[32] John Gillis, *op. cit.*, p.4.

sacrifício da sua vida. À medida que os anos passavam o desgaste era grande e começava a ser maior. Estas conversas com oficiais milicianos despertaram as consciências dos mais novos.[33]

Oficiais de carreira, formados para o combate, fiéis a uma disciplina de obediência, alteraram as suas representações. A guerra de contra-subversão foi a doutrina adoptada pelo Estado Novo em 1961. Esta exigia grande número de efectivos e meios. É uma guerra destruidora e agressiva, longa e, por isso, desgastante. Com a sua experiência, mas, sobretudo, com as histórias que ouviram dos oficiais portugueses conheceram o outro lado da guerra. Para os movimentos de libertação, esta era de emancipação e revolucionária. Deste sentimento, surgiram imensas dúvidas, cumplicidades e certezas determinantes para a vitalidade e firmeza da revolta dos oficiais portugueses.

(...) durante esses 13 anos muita coisa se passou. Nomeadamente muitas idas, afastamentos da família e muita incompreensão sobre as verdadeiras razões da guerra.

A guerra, não é mais do que a continuação da política por meios violentos (...). Assim, os militares iam e vinham. Os capitães e sargentos do quadro eram quem mais sofria com a guerra. Contrariamente à opinião de algumas pessoas que diziam que o capitão ia para a guerra só para enriquecer (...).

Preocupava–nos fazer uma comissão de dois anos e depois voltarmos a ir para lá mais dois anos. No ano que passávamos cá, perguntávamo-nos se a guerra tem um limite, um princípio, um meio e um fim, e um objectivo.

Qual era o objectivo dessa guerra? Isso era uma dúvida que nós tínhamos. Previa-se *ad eternum*. (...) A guerra era apenas a imposição de uma vontade política por meios violentos. (...) pressupõe uma subordinação do poder militar ao poder político, mas não subserviência.[34]

Eduardo Lourenço, em 1975, esclarecia que a relação existente entre o regime salazarista e o Exército era de engrenagem e compromisso[35]. Se por um lado podemos relacionar as razões da conspiração dos militares portugueses com a tipologia da guerra desenrolada em Angola, Moçambique e Guiné, por outro lado estas ganharam con-

---

[33] Entrevista com o Coronel Rocha Neves, em Caldas da Rainha, a 11 de Novembro de 2006.

[34] Entrevista com o Coronel Gonçalves Novo, em Lisboa, a 8 de Janeiro de 2007.

[35] Eduardo Lourenço, *Os Militares e o Poder*, Editora Arcádia, Lisboa, 1975, p.56.

tornos diferentes, de outros cenários de guerra semelhantes, como na Indochina e Argélia, no contexto adverso do Estado Novo. O sofrimento causado pela guerra, despertou uma crise de consciência dos militares que contribui, indubitavelmente, para a complexidade que caracteriza o fim do regime autoritário em Portugal.

As longas noites africanas eram em Angola. Onde existiam temperaturas elevadas! Durante o dia, era um calor enorme, e as pessoas trabalhavam. A partir das 16H00 ou 17H00, a meio da tarde, começava a escurecer. Mas, as pessoas não se iam deitar, e juntavam-se. Ficavam por ali a beber uma cerveja, um gin e conversávamos sobre as nossas famílias e a evolução política, o que se passava, lá fora, na Europa. Nós, nessa altura, não pertencíamos à Europa, e estávamos em África. Conversávamos sobre como as outras pessoas resolviam as questões.[36]

A vida e o ser de todos aqueles que, voluntários ou não, participavam na Guerra Colonial portuguesa mudou. A guerra de contrasubversão protagonizada pelos militares portugueses ganhou um sentido único nas conversas prolongadas longe do conflito, mas dentro dele. As dificuldades sentidas na sociedade portuguesa, o isolamento político português, a opressão política e intelectual imposta pelo Estado Novo foram partilhadas e sentidas nas Companhias. As palavras e os silêncios, as hesitações e as aspirações dos militares constituem o início do processo de decisão, que conduziu à revolução, fortalecendo a sua confiança e ímpeto.

A guerra era como todas as guerras com as suas injustiças, mas criou entre os jovens grandes laços de camaradagem (...) As pessoas estavam numa situação de limite, portanto o sacrifício e o espírito de entreajuda leva a que se criem laços para toda a vida.

Em termos políticos, os militares pensavam que a guerra era feita como todas as guerras, ou a maior parte delas, pelo menos, para que haja uma solução política final. Foi isso que me levou para a minha quarta comissão. Foi acreditar que o General Spínola apresentava soluções para a guerra (...).

A gente sabia que aquilo não levava a nada, e o General Spínola tinha uma política de transferência de responsabilidades (...) Era a política de uma Guiné Melhor e a política da Guiné para os Guinéus.[37]

---

[36] Entrevista com o Coronel Gonçalves Novo, em Lisboa, a 8 de Janeiro de 2007.

[37] Entrevista com o Major–General Manuel Monge, em Beja, a 25 de Maio de 2007.

Não havia a ideia do projecto de poder pessoal do Spínola – conheci-do assim exuberantemente. Também, não havia a ideia de spinolistas. Havia pessoas próximas do General Spínola. Também, se sabia que quem fosse do Colégio Militar e da Arma de Cavalaria era muito considerado pelo General Spínola. (...) Tive mais dúvidas do projecto em si do que da personalização do projecto. Tive dúvidas se o Marcelo Caetano não se estava a preparar para uma mudança de regime com o General Spínola.[38]

A memória dos protagonistas oferece um relato dos factos mais próximo da percepção dos mesmos. Esta conduz-nos a uma dimensão histórica do vivido, ou seja, a uma consciência do passado que não é apenas conhecido, mas experienciado. A importância da publicação da obra *Portugal e o Futuro* em Fevereiro de 1974 reside nas propostas definidas pelo General Spínola, proeminente membro das altas hie-rarquias militares. Contudo, para a compreensão das razões que levaram ao Golpe das Caldas de 16 de Março de 1974 e ao seu fracasso, é indispensável evidenciar o impacto da obra nos seus protagonistas.

O General Spínola tornou-se uma voz dos oficiais, ao reproduzir publicamente as suas preocupações, bem como as suas ambições. A sua experiência, junto dos militares nos palcos de conflito, trans-formou-o em alvo de admiração de muitos militares. Os relatos dos protagonistas manifestam que qualquer projecto de ambição pessoal do General foi proporcionado apenas pela posteridade. Por outro lado, os oficiais entrevistados revelaram ser espectadores atentos da relação que se desenrolou entre o Presidente do Conselho, Prof. Marcello Caetano, e o General Spínola.

O livro [Portugal e o Futuro] visava, em última análise, abrir ao País uma porta sobre o futuro, numa hora crucial em que todas as portas do Mundo se nos iam fechando perante a posição de irredutibilidade tomada por um Governo a que faltava coragem para enfrentar uma minoria sem expressão, pois era cada vez mais evidente que a orientação seguida con-duziria inevitavelmente a reacções extremistas: de um lado, a corrente ultra que defendia o estaticismo de uma tradição a apontar para soluções ultrapassadas e, de outro, a corrente dos pseudoprogressistas que, por de-magogia, se entrincheiravam num radicalismo incompatível com a cons-trução da Comunidade Lusíada, que a vocação histórica de Portugal e a índole do seu Povo impunham.[39]

---

[38] Entrevista com o Major–General Matos Coelho, em Lisboa, a 4 de Julho de 2007.

[39] António de Spínola, *País Sem Rumo*, Editorial SCIRE, s. l., 1978, pp.76 -77.

Para a defesa global do Ultramar é preferível sair da Guiné por uma derrota militar com honra, do que por um acordo negociado com os terroristas, abrindo caminho a outras negociações.[40]

Em meu entender achávamo-nos numa hora em que, mais do que nunca, cada um deveria assumir as suas responsabilidades.[41]

Os primeiros meses do ano de 1974 foram decisivos para o futuro do Estado Novo e para a consolidação da possibilidade de uma mudança política. Em 1973 desenrolou-se um ambiente de contestação generalizada ao regime. Exigia-se liberdade e melhoria das condições de vida, nomeadamente contra o encarecimento dos bens. O confronto entre o discurso do General Spínola e de Marcello Caetano, e o relato dos participantes no Golpe de 16 de Março de 1974, revela um profundo divórcio entre os militares e o poder político. Ou seja, os militares perceberam claramente os sinais de um regime em agonia que insistia em soluções que iam contra os ventos da história.

O problema colonial desgastou o regime autoritário que se fechava na sua ancestral doutrina do "orgulhosamente só", bem como num "País de Minho a Timor". O General Spínola oferecia uma nova perspectiva sobre o problema que caminhava para uma terceira via – o caminho da liberalização. Apesar do enfraquecimento político do Estado Novo, que os militares pressentiam, o desgaste da guerra pressionava-os a agir motivados pela distância, cada vez maior, que sentiam entre si e a nação. Após 13 anos de Guerra Colonial, o esforço de guerra tornou-se insustentável.

Do meu curso e do curso anterior ao meu havia lá [nas Caldas] vários oficiais, portanto só com a diferença de um ano. Tivemos um pormenor, uma característica, uma grande coincidência! Os cursos na Academia Militar diminuíram. A frequência de alunos diminuiu nas Escolas Práticas e nos Centros de Instrução. De repente, estavam a ver que faltavam subalternos do Quadro Permanente para dar formação ao pessoal dos cursos de serviço militar obrigatório, os oficiais milicianos. Estes estavam a receber formação de pessoas, que por muito bem classificados que estivessem nos cursos que fizeram, também, eram oficiais milicianos.

---

[40] Marcello Caetano, *Depoimento*, p.191.
[41] Idem, *Ibidem*, p.195.

O meu curso e o anterior acabaram por não ir ao Ultramar. Era norma ir ao Ultramar ainda como alferes estagiar, e nós não fomos! Ficámos nas Escolas Práticas e Centros de Instrução. Acho que isto nos ajudou um bocado a pensar nas coisas, porque ficámos cá e, isso, criou-nos alguns problemas.

Estava a ser criada uma tradição, e nós estávamos a ficar quase como alferes de segunda porque não tínhamos aquele estágio no Ultramar. Se trazia algumas vantagens, porque conseguíamos estabilizar a nossa vida pessoal e consolidar os casamentos recentes. Por outro lado, tínhamos sempre aquela mecha "vocês não foram ao Ultramar". Lembro-me que naquela altura até fizemos um papel a pedir, mas foi-nos recusado e não fomos![42]

Entrei na Academia Militar assim de uma forma esquisita porque era a única forma de tirar um curso superior.

Queria ir para a Academia Militar, mas não me deixaram entrar porque tirei notas muito fracas. A culpa foi exclusivamente minha, mas também era difícil, naquela altura, porque tínhamos umas cadeiras difíceis. Por exemplo, matemática.

Quando lá cheguei deparei-me com cálculo integral e diferencial, coisas que eu nunca tinha dado na minha vida. A verdade é que muitos dos outros passaram, e eu não passei. Em parte há uma certa desculpa, que não deixa de ser desculpa!

Então fui mais tarde, como oficial miliciano, em 1959. Estive um ano a cumprir a parte obrigatória, em Braga. Quando era para sair, já não me deixaram sair porque já existiam conflitos em Leopoldville, em 1960. Fui para Angola pela primeira vez, em 1962. (...) As comissões que fiz foram sempre em zona de guerra. Portanto, a certa altura era considerado um indivíduo com mais experiência no ramo. Depois, não deixaram a gente sossegada. (...)

Entrei na Academia Militar como capitão, em 1964. Fiz um curso muito reduzido, porque a experiência em combate valia muito. Entretanto, já tinha bastante experiência de comando de tropas operacionais, quer com grupos, quer com companhias. (…) Depois, fiz mais uma comissão em Angola, em 1966. (…) Queriam-me mandar outra vez para o Ultramar. Eu pensei que, agora, já eram anos a mais para lá ficar. Agora, queria ficar ao serviço para ter alguma garantia futura. Fizeram-me um curso muito reduzido, nem dois anos foram! Como no segundo ano estive na Guiné a dar instrução aos comandos, fiquei logo com metade do curso dispensado. Foi um curso quase simbólico. (…) As pessoas que tinham sido condecoradas tinham isenção de algum tempo de serviço.[43]

---

[42] Entrevista com o Major–General Matos Coelho, em Lisboa, a 4 de Julho de 2007.
[43] Entrevista com o Coronel Abreu Cardoso, em Braga, a 17 de Julho de 2007.

A rapidez, a vitalidade e a persistência que caracterizam o percurso do Movimento dos Capitães, que o moldaram e o transformaram, evidenciam uma insuspeita consciência política. Esta forjada pela vivência de cada militar junto da sua família, bairro e companhia. O testemunho dos participantes clarifica que as raízes da sua força e contestação não residem, por si só, nos acontecimentos político-militares mais marcantes. Na verdade, os acontecimentos da Beira, em Moçambique, registados em 17 de Janeiro de 1974, dos quais resultou a revolta de várias centenas de pessoas que cercaram as instalações da Messe de Oficiais e insultaram os militares ali alojados apedrejando o edifício, não foram sentidos pelos oficiais entrevistados. A vivência censurada dos oficiais portugueses engendrou fortes vínculos pessoais e profissionais. Os militares portugueses conheciam aquilo que viam e ouviam.

A guerra de contra-subversão modificou a estrutura das FA portuguesas. Um dos sustentáculos da ideologia do Estado Novo, a instituição militar garantia a sua continuação segundo o princípio da promoção por escolha (assegurado por uma elite militar controlada pelo Presidente do Conselho e por uma selecção política da responsabilidade da Polícia Internacional de Defesa do Estado – PIDE). Este método de selecção foi ajustado ao contexto de guerra que exigia uma força militar eficaz. O alargamento dos critérios de subida da carreira militar, que promoveu a rápida ascensão dos oficiais oriundos de milicianos, suscitou uma resposta dos oficiais cadetes que denunciava uma organização, bem como uma crescente consciencialização política aliada a uma clara interiorização dos princípios militares de mérito e disciplina. O Presidente do Conselho sabia que qualquer passo em falso, provocaria um forte impacto na frente de combate. A separação política e de gerações acentuaram-se. Para os acontecimentos do Golpe das Caldas de 16 de Março de 1974, esta é uma questão relevante porque determinou a forma como os militares se organizaram. Ao recordar, os nossos entrevistados filiam-se nos seus grupos, onde construíram a sua identidade e, por isso, se distinguiram uns dos outros. Esta é uma das fendas de onde procederam os acontecimentos.

Quando começaram a faltar alunos na Academia Militar, apareceram decretos-lei para aliciar oficiais milicianos a passarem para o Quadro Permanente. O que não foi cumprido, nem a própria lei do Serviço Militar, como resposta aos Nove Magníficos[44]. São de tal maneira arreigados àquilo que lhes prometeram e não cumpriram, que na reunião do Real Alcaide, foi importante convencer os 40 oficiais que lá apareceram. Em vez de pedirem aquilo que tinha sido prometido a cada um, deveriam de trabalhar em conjunto, e encontrar uma forma legítima para resolver o problema que existia. Pretendiamos o cumprimento da lei de 1928, que premiava os oficiais milicianos que tinham participado na I Guerra Mundial (1914/1918). Salazar acabou com esses "espúrios", substituindo-os com os cadetes. (...) Esta era a causa de alguns indivíduos com experiência de guerra, alguns deles até prisioneiros de guerra que tinham estado na Índia. É uma massa humana com alto valor individual que entra em ruptura. Mas não vieram para a rua![45]

No início o movimento organizou-se já contra o governo.

Foi um aproveitamento da oportunidade. Os oficiais milicianos tinham a oportunidade de entrar na Academia depois de terem prestado o serviço militar obrigatório como alferes milicianos (feito uma comissão em África), depois passavam à disponibilidade como tenentes, mas agora davam-lhes a possibilidade de entrarem como capitães. Tinham que frequentar dois semestres na Academia Militar e depois na Escola Prática e eram capitães. Nós não estávamos contra eles, estávamos era contra o espírito do decreto que permitia isto. (...) A guerra colonial é que poderia levar o governo em desespero a fazer isto porque faltavam capitães. Precisavam de capitães para continuar a guerra colonial. (...) O Movimento dos Capitães nunca foi contra os oficiais oriundos de milicianos. Nós fomos inimigos do regime que permitia isto. Se não há meios para continuar a guerra colonial parem, acabou! Não há mais guerra colonial porque não há meios materiais e humanos para continuar a guerra!

A partir da vitória do Movimento dos Capitães que ocorre com a demissão do ministro Sá Viana e Rebelo e o subsecretário de Estado do Exército, o Movimento sabe que ganhou e não houve consequências

---

[44] Os *Nove Magníficos*, referidos pelo Coronel Virgílio Varela, são um grupo de nove oficiais ex-milicianos que já tinham frequentado a Academia Militar, e que protestaram contra o não reconhecimento do seu tempo prestado como miliciano, no comando de tropas em combate. Através de uma circular do Ministério do Exército, de 6 de Julho de 1970, receberam a comunicação que os seus recursos não tinham validade. Este documento continha o nome e a morada de todos, proporcionando o seu contacto.

[45] Entrevista com o Coronel Virgílio Varela, em Lisboa, a 7 de Maio de 2007.

nenhumas das manifestações colectivas e dos abaixo-assinados. O Governo recuou e tivemos uma vitória estrondosa. Até que em Dezembro aumentaram os vencimentos dos oficiais. Eu ganhava 3 contos e passei a ganhar 4 contos e 500. Houve logo muita gente que travou. (...) Só o 16 de Março é que vai desencadear a resposta premente da acção militar.[46]

---

[46] Entrevista com o Coronel Saraiva de Carvalho, em Lisboa, a 4 de Julho de 2007.

PARTE II

O Golpe de 16 de Março de 1974

2.1. Uma marcha incerta (os 10 dias que antecederam o Golpe)

O Golpe de 16 de Março de 1974, conhecido como Golpe das Caldas, foi uma aventura, uma precipitação, e, também, uma manifestação. Foi um acontecimento histórico importante para a historicização de um regime autoritário que caiu e de uma democracia que nasceu. Contudo, o Golpe das Caldas é um episódio incerto que emerge na complexidade de relações pessoais, profissionais e políticas que caracterizam a ordem caótica da mudança de um regime político. Em Portugal, o mês de Março de 1974 foi vertiginoso ao proporcionar aos acontecimentos nele ocorridos uma grande projecção.

Uma crise profunda atravessava Portugal, bloqueando um regime quase cinquentenário. Se, por um lado, "era uma dança de fantasmas, um jogo de sombras, um epílogo patético para um poder que se transformara na sua aparência"[47], por outro, o sonho da democracia, lançado anos antes por Marcello Caetano, alimentava um plano de fim do regime preparado pelo seu próprio pilar – a instituição militar.

Ao percebermos as dinâmicas e pólos de atracção e repulsa, que ocuparam os militares e os seus chefes, no período que antecedeu o Golpe das Caldas, poderemos distinguir com clareza as afinidades, motivações, ritmos, rupturas e divergências que o caracterizaram. Neste trabalho, a descrição dos factos, enriquecida pelo testemunho dos intervenientes, clarificará a gravidade e a influência quer dos indivíduos, quer das instituições.

---

[47] In Fernando Rosas, "Prefácio Marcelismo: Ser ou não ser", *A Transição Falhada. O Marcelismo e o Fim do Estado Novo (1968–1974)*, coord. Fernando Rosas e Pedro Aires Oliveira, Círculo de Leitores, Braga, 2004, p. 25.

Se, num primeiro plano, identificamos os passos que os militares e as altas autoridades do Estado deram, num segundo plano abordaremos os acontecimentos que se registaram no RI5 nas Caldas da Rainha[48]. Assim, sem fazer história local, começamos a desvendar as razões do Golpe das Caldas. Uma das singularidades deste evento encontra-se no facto dos acontecimentos nacionais e locais ganharem diferentes contornos em cada um dos regimentos. Um das razões desta extensa dispersão, que só se revelará no dia 15 de Março, será a plena integração destes militares nos princípios e finalidades do MOFA.

Em Cascais, a 5 de Março de 1974, muitos oficiais das FA portuguesas reuniram-se para concretizar as suas profundas aspirações políticas. O documento lido nessa noite, "O Movimento, as Forças Armadas e a Nação"[49] não foi um manifesto. Apesar de não constituir uma declaração pública, foi um documento que revelou a inegável posição política conspirativa de todos os oficiais que participavam na reunião. A importância desta reunião não reside apenas no conteúdo político da discussão que originou, mas no seu carácter impulsionador. Debaixo de uma aparência tranquila, enquanto os militares se movimentavam, o Governo procurava conter todas as suspeitas de insubordinação. Ao contrário do pretendido, esta situação criou uma certa instabilidade que projecta cada acontecimento isolado num amplo contexto de mudança.

Terça-feira, 5 de Março

No atelier do arquitecto Braula Reis 194, oficiais das FA ouviam, atentamente, a voz do Major Melo Antunes. No total, representavam 602 oficiais daquela instituição e concretizavam, em definitivo, a união dos dois movimentos de oficiais constituídos nos anos ante-

---

[48] Para melhor esclarecer as complexas relações que caracterizam este período, elaborámos uma *Cronologia dos acontecimentos ocorridos entre 2 e de 14 de Março de 1974* (reproduzida no anexo I deste trabalho). Nela evidenciamos o ritmo acelerado dos eventos que decorreram deste período, bem como a sobreposição de acções locais e nacionais.

[49] O texto tem como título "O Movimento, as Forças Armadas e a Nação" e foi escrito pela Comissão de Redacção do Movimento. Reproduzido no livro *Alvorada em Abril* de Otelo Saraiva de Carvalho (pp. 230-234).

O Golpe de 16 de Março de 1974   47

riores[50]. A presença de quatro oficiais delegados da Marinha (com estatuto de observadores), vinte e quatro oficiais da Força Aérea (que representavam 100), bem como de cinco oficiais pára-quedistas, constituía o culminar de várias reuniões de aproximação dos oficiais das FA[51].

---

[50] "Genericamente conhecido pelo nome de Movimento dos Capitães, a organização que os Oficiais de Escala Activa, oriundos da Academia Militar, criaram para se opor aos decretos–lei 353 de 13 de Julho de 1973 e 409 de 20 de Agosto do mesmo ano. Embora realmente se devesse falar de dois movimentos de capitães, um dos ex-cadetes contrários aos citados diplomas e outro de ex-milicianos favoráveis a ele" (in Josep Sánchez Cervelló, *A Revolução Portuguesa e a sua influência na transição espanhola (1961-1976)*, Assírio e Alvim, Lisboa, 1993, p.155). A importância desta distinção decorre do facto de estes dois grupos originarem dinâmicas próprias, evoluindo para centros de poder distintos. No entanto, enquanto um se constituiu efectivamente como grupo de pressão (ex-cadetes) forçando o Governo a alterar a sua estratégia, o outro (ex-milicianos) caminhou para um grupo de compromisso. A tensão criada gerou fortes alianças (concretizadas em várias reuniões clandestinas), divisões (vários panfletos provocatórios foram distribuídos entre os oficiais das Forças Armadas) e inquietações (o Governo vacilou perante este problema). A suspensão dos decretos, em Dezembro de 1973, empurrou cada uma dos movimentos para os seus pontos fortes. Os oficiais ex-cadetes eram um grupo de pressão e tinham, como possíveis aliados, os generais Costa Gomes e Spínola. Os oficiais ex-milicianos reconheciam que mais nada podiam esperar do Governo e procuraram apoio. No dia 20 de Janeiro, o General António de Spínola recebeu uma delegação de oficiais do Quadro Permanente oriundos de milicianos, composta pelos capitães Alberto Ferreira, Andrade Moura, Pais de Faria e Armando Ramos. Solicitaram ao general que defendesse a sua causa e entregaram-lhe um documento assinado por cerca de 200 oficiais, em que o mandatavam para tratar dos seus problemas profissionais. Mais, este grupo declarava que "desde já se comprometem e se solidarizam com qualquer posição que Vossa Excelência possa vir a tomar, com vista a debelar a INJUSTIÇA e a elevar *o prestígio das Forças Armadas*" (in "Documento entregue pela Comissão dos Capitães do Quadro Permanente oriundos do Quadro de Complemento, em Janeiro de 1974", reproduzido na obra de António de Spínola, *País Sem Rumo – Contributo para a História de uma Revolução*, Editorial SCIRE, s.l., 1978, p.387). Dentro desta dinâmica, emergiu o General Spínola como elemento determinante de ligação entre os dois movimentos. Finalmente, no dia 2 de Março decorreu em casa do Major Vítor Alves um encontro entre a comissão dos oficiais oriundos de cadetes e a comissão de oficiais oriundos de milicianos. O Capitão Virgílio Varela assegura que não conversaram sobre o plano de derrube do regime. O seu objectivo era encontrar uma resolução para o problema dos oficiais oriundos de milicianos de forma a, no futuro, trabalharem em conjunto. O Capitão Marques Ramos foi nomeado elemento de ligação entre as duas comissões.

[51] No dia 3 de Março decorreu uma reunião alargada a oficiais dos três ramos das Forças Armadas no sentido de preparar a reunião de dia 5. Na casa de Costa Brás, foi discutido o documento com o Capitão Seabra, da Força Aérea, e Almada Contreiras, da Marinha. Antes realizaram-se várias reuniões com oficiais da Força Aérea.

48   *Nas Vésperas da Democracia em Portugal*

No dia 5 de Março, os oficiais do MOFA definiram com clareza as suas motivações. De facto, o desprestígio da instituição militar sentido por todos os oficiais[52], facilitou, ao contrário do que muitos esperavam, a união destes oficiais sob uma organização conspirativa. Os militares, ali reunidos, aceitavam, claramente, que a situação das FA, em Março de 1974, era um sintoma das profundas contradições políticas da sociedade portuguesa[53].

O desejo de viver em democracia, efectivamente, aproximou estes militares para quem a liberdade, igualdade e, sobretudo, justiça, eram as garantias da legitimidade do Estado/Poder, sob o qual estavam subordinados. Os oficiais do MOFA exigiam "uma solução política que salvaguarde a honra e a dignidade nacionais, bem como os interesses legítimos dos portugueses instalados em África, mas que tenham em conta a realidade incontroversa e irreversível da profunda aspiração dos povos africanos a se governarem a si próprios"[54]. Ao ouvir estas palavras, alguns destes homens inquietaram-se e foi crescendo a tensão. Porém, as intenções destes oficiais iam mais longe. "Trata-se, portanto antes de mais nada e acima de tudo, *da obtenção a curto prazo de uma solução para o problema das instituições no quadro de uma democracia política*"[55].

Otelo Saraiva de Carvalho afirma que "nunca será demais realçar a importância do mini plenário de 5 de Março de 1974 realizado em Cascais, pela clarificação de atitudes e pelo salto qualitativo que imprimiu ao Movimento de Oficiais das Forças Armadas."[56] A ruptura

---

[52] "Alarga-se assim o fosso entre as Forças Armadas e a Nação, aumenta o desprestígio dos militares (os recentes acontecimentos da Beira, em Moçambique, vêm uma vez mais confirmar esta realidade por todos sentida), desprestígio esse que nenhumas medidas conjunturais poderão atenuar. (...) o prestígio das instituições militares só será alcançado quando as Forças Amadas se identificarem com a Nação, quando entre as Forças Armadas e o Povo houver realmente unidade fundamental quanto aos objectivos a alcançar", in Otelo Saraiva de Carvalho, *ob. cit.*, pp. 231-232.

[53] "Os militares conscientes sabem, porém que a solução do problema ultramarino é política e não militar e entendem ser seu dever denunciar os erros de que são vítimas e transformarão as Forças Armadas, uma vez mais, em «bode expiatório» de uma estratégia impossível", Idem, *Ibidem*, p.232.

[54] Idem, *Ibidem*, p.232.

[55] Idem, *Ibidem*, p.233.

[56] Idem, *Ibidem*, p.237. A partir da reunião de Óbidos o movimento passou a designar-se Movimento dos Oficiais das Forças Armadas (MOFA). A designação de Movimento das Forças Armadas (MFA) foi sugerida pelo General Spínola, momentos antes da revolução.

com o passado estava feita. O sonho da democracia impelia os oficiais do Movimento para o golpe militar, embora "o conteúdo marcadamente político do manifesto assustava ainda muitos dos presentes"[57].

Na reunião de Cascais, enquanto a clarificação da finalidade do Movimento proporcionou a união dos oficiais, a escolha pelo derrube do regime evidenciou grandes divergências que suscitaram agitação e tensão. Dentro do Movimento, as diferenças eram muitas. Entre os oficiais existiam distintos grupos de apoiantes dos generais Costa Gomes[58] e Spínola. Esta escolha era fortemente motivada pela opinião de cada general sobre as questões profissionais que, no último ano, dividiram os oficiais, bem como pelas opiniões diferentes sobre a resolução política da Guerra Colonial. As teses do General Spínola recentemente publicadas na sua obra *Portugal e o Futuro*[59] eram, distintamente, divergentes daquelas manifestadas no documento apresentado.

O Capitão Virgílio Varela, representante da Comissão dos Oficiais Oriundos de Milicianos, defendeu a necessidade de escolha de chefes[60].

---

[57] Idem, *Ibidem*, p.234. O representante da Força Aérea, o Capitão Seabra votou desfavoravelmente. Os oficiais da Marinha mantiveram-se cautelosos, justificando "que consideravam não possuir suficientes garantias, face ao que observavam, de que o Movimento não pudesse converter-se em instrumento facilmente manejável por forças militaristas", in Idem, *Ibidem*, p.234.

[58] "O Gen. Spínola porque tinha manifestado no livro *Portugal e o Futuro* ideias coincidentes com a corrente predominante do Movimento; e o Gen. Costa Gomes porque sempre tinha manifestado simpatia pelo Movimento dos Capitães, pondo em risco a sua própria posição como chefe do Estado Maior das Forças Armadas, nunca se tendo recusado a receber Mariz Fernandes e o Cap. Pinto Soares que eram, normalmente, os contactos entre o Movimento e o Gen. Costa Gomes", in Sanches Osório, *O Equivoco do 25 de Abril*, Editorial Intervenção, Lisboa, 1975, p.23.

[59] "Estava previsto que fosse publicado mais tarde, mas como o próprio general Spínola reconheceu, foi uma manobra de antecipação ao Movimento dos Capitães, quando estes tentavam concretizar o seu programa político, procurando aglutiná-los sob pressupostos moderados «porque eu já sabia o que sucedia a nível de capitães e receava uma revolução daquele tipo, dado que os capitães adquiriam uma força extraordinária, e desmontariam a máquina militar cortando o exército ao meio»" in Josep Sánchez Cervelló, *ob. cit.*, p.168.

[60] Na reunião de Óbidos a 1 de Dezembro de 1973, os Generais Costa Gomes e Spínola já tinham sido escolhidos como chefes militares de prestígio, a quem os oficiais do Movimento pretendiam ligar-se e orientar politicamente a sua acção debatida e definida nessa reunião ("Utilização de reivindicações exclusivamente militares como forma de alcançar o prestígio das Forças Armadas e de pressão sobre o Governo, com vista à obtenção da

50 Nas Vésperas da Democracia em Portugal

Para si, o documento apresentado não fazia sentido, pois não reconhecia, naquela sala, nenhum militar detentor do prestígio e conhecimentos indispensáveis para impedir que o poder caísse na rua[61]. O Capitão enalteceu o General Spínola[62]. Para si, o *Portugal e o Futuro* assegurava-lhe que o General defendia uma democracia. Declarou, ainda, que "concordasse ou não com o que lá estava escrito, era uma saída para a ditadura"[63].

Ao compreenderem que a escolha por um dos generais era uma decisão política, houve necessidade de apaziguar a agitação. Neste momento, mais do que discutir a democracia, os jovens oficiais ambicionavam pôr fim à crise que afectava as FA. O Major Manuel Monge, prontamente declarou aos presentes a conversa[64] que teve com o General Spínola. Este terá afirmado não haver necessidade em

---

segunda hipótese". Esta era a "legitimação do Governo perante a Nação através de eleições livres devidamente fiscalizadas pelo Exército, dando ao Governo a opção de o fazer sem a interferência das Forças Armadas, seguindo-se um referendo sobre o problema do Ultramar", in Otelo Saraiva de Carvalho, *ob. cit.*, pp. 163-164.

[61] "Fomos para a reunião de Cascais (...), numa reunião muito importante em que se discute o programa e eu arrepio os cabelos, pois ali não havia cara nenhuma de chefe que represente o país! A primeira coisa a fazer é eleger um chefe. Não existia nenhum cérebro ali para governar o país! Não se faz um contacto com os civis da oposição? Mais, precisamos de um general. Temos de escolher alguém com credibilidade para nos apresentar ao país. Foram três intervenções que fiz. Dos dois grupos aqui presentes, existe uma boa relação com generais do Exército que é a maioria presente. Não existe general nenhum a quem podemos entregar um papel e dizer que nós queremos que execute isto. Está tudo doido! Existe algum general ou brigadeiro que permitiria um grupo de capitães ou tenentes afirmar que tem aqui um programa para executar?", em entrevista ao Coronel Virgílio Varela, em Lisboa, a 25 de Junho de 2007.

[62] Em entrevista (em Lisboa, a 25 de Junho de 2007), afirma que a comissão dos oficiais oriundos de milicianos tinha "uma relação especial com Spínola porque o seu ajudante de campo era um oficial oriundo de miliciano e podíamos passar as mensagens que quiséssemos". O Coronel recorda ainda o abaixo-assinado que entregara ao General Spínola manifestando o seu total apoio. Nesta reunião, ostentou as assinaturas deste documento.

[63] Em entrevista ao Coronel Virgílio Varela, em Lisboa, a 25 de Junho de 2007.

[64] "Nessa tarde eu fui à Cova da Moura falar com o general e expus-lhe a situação. Existiam pessoas que preferiam o meu general como líder e outras o general Costa Gomes, eu gostava que o meu general me desse a sua opinião. O general respondeu que isso era uma perfeita "burrice" porque ele e o general Costa Gomes estão os dois na mesma situação. Ele levantou-se e foi buscar o parecer do general Costa Gomes ao seu livro. Estamos os dois de braços dados nisto. Se tem que haver uma chefia que haja uma chefia dupla", em entrevista ao Major–General Manuel Monge, em Beja, a 25 de Maio de 2007.

O Golpe de 16 de Março de 1974 51

discutir a chefia porque os dois generais perfilhavam as mesmas ideias.

Inesperadamente, a discussão que se gerou não provocou divisões. O Coronel Saraiva de Carvalho esclarece "o Movimento precisava do Spínola tal como ele precisava de "nós". Mostrámos reservas, porque a comissão do Movimento não lhe queria entregar o poder total."[65]

Depois de conspirarem longamente contra o regime fascista português, e de terem afastado a via legalista/ "abaixo-assinadista", na qual começou o Movimento, os oficiais confirmavam a urgência de derrube do regime pela força (debatida desde Dezembro de 1973). Na reunião de Cascais, todos os oficiais presentes conspiravam, exactamente, para utilizar a força do Movimento no sentido de tomar o Poder, convictos de que o regime já não tinha vontade de mudar.

A 5 de Março de 1974, o MOFA entrou num período de transformação. Ao alargar a sua base de apoio e ao definir os seus princípios, tomaram-se decisões que lhe deram um novo ímpeto. Nesta reunião foi aprovada "a constituição de uma comissão, a nomear pela CCE, para análise profunda das possíveis forças actuantes e constituição das mesmas, medidas contra possíveis retaliações e para o estudo da forma realista como deverá ser posta em prática a doutrina definida do Movimento"[66]. Esta foi designada por Comissão Militar e era constituída pelos Majores Manuel Monge, José Maria Azevedo, Garcia dos Santos, Otelo Saraiva de Carvalho, o Capitão Luís Macedo e o Alferes Geraldes. Segundo o Major-General Manuel Monge "aquilo foi uma coisa um bocado *ad hoc*. Vão, organizam-se e depois façam a ordem de operações"[67] e, a partir deste momento, começaram a realizar-se muitas reuniões.

O Major Manuel Monge, chegado na véspera da Guiné, testemunhava o iminente colapso da Guerra Colonial, que pressionava uma acção eficaz e rápida de derrube do Governo. Aniceto Afonso esclarece que "após Cascais, nada voltou a ser igual. A irreversibilidade de uma acção militar contra o regime acentuou-se rapidamente,

---

[65] Em entrevista ao Coronel Saraiva de Carvalho, em Lisboa, a 4 de Julho de 2007.
[66] In Otelo Saraiva de Carvalho, *ob. cit.*, p.237.
[67] Entrevista com o Major–General Manuel Monge, em Beja, a 25 de Maio de 2007.

Nas Vésperas da Democracia em Portugal

embora o Movimento continuasse a considerar indispensável a existência de chefes capazes de aglutinarem as vontades e os esforços. Em Cascais claramente se confirmam aqueles que detinham a confiança do Movimento – Costa Gomes e António de Spínola"[68].

Sexta-feira, 8 de Março

No dia 8 de Março, os Capitães Vasco Lourenço, Carlos Clemente, Antero Ribeiro da Silva e David Martelo receberam ordem de transferência[69]. Os dois primeiros para o Comando Territorial Independente (CTI) dos Açores, o terceiro para o CTI da Madeira e o quarto para o Batalhão de Caçadores 3 (BC3) de Bragança. A transferência do Capitão Vasco Lourenço fragilizou a estrutura do Movimento. A sua actividade, como relevante elemento da Comissão Coordenadora, tornou-o num elemento há muito identificado[70]. Os outros militares eram importantes elementos de ligação dentro do país[71], fulcrais para

---

[68] In Aniceto Afonso, "A Queda do Estado Novo, II – O Movimento dos Capitães", *História Contemporânea de Portugal*, dir. João Medina, tomo II, Amigos do Livro Editores, Camarate, 1985, p.275.

[69] Anteriormente, o Capitão Dinis de Almeida tinha sido transferido para o RAL5 de Penafiel e o Major Hugo dos Santos para Tomar (imobilizado sob observação, aguardando embarque para a Guiné). As calculadas transferências de unidade foram uma medida utilizada regularmente pelo regime como forma de impedir alguns contactos e cumplicidades que entretanto tinham sido detectados. Também o Cabo Pinto que reservou a sala, em Óbidos, para a reunião do Movimento, mas sem o saber, foi transferido para os Açores.

[70] Em Dezembro, o Capitão Vasco Lourenço foi identificado com o Capitão Dinis de Almeida depois do Tenente–Coronel Luís Banazol os ter contactado no sentido de adiarem a sua partida para a Guiné. Como resultado, os dois capitães tiveram de apresentar-se no Quartel-General da Região Militar de Lisboa (RML) e pernoitaram no BC5 e no RC7. O Secretário de Estado do Exército, o Coronel Viana de Lemos entrevistou-os. O Coronel Viana de Lemos explicou, mais tarde, o contexto que envolveu a transferência imediata do Capitão Vasco Lourenço para os Açores "tinha sido incriminado num auto levantado no EME visto ter sido portador de elevado número de panfletos anónimos, relativos a uma manifestação de solidariedade dos oficiais da Metrópole com os seus camaradas de Moçambique envolvidos nos incidentes que se haviam passado na Beira", in Viana de Lemos, *Duas Crises: 1961 e 1974*, Nova Gente, Lisboa, 1977, p.82

[71] Na sua obra Viana de Lemos confirma que teve conhecimento da função do Capitão Carlos Clemente – responsável pela rede de ligações da Arma de Infantaria da Região Militar de Coimbra – bem como de que na sua ausência o Capitão Ribeiro da Silva assumiria esta função (Idem, *Ibidem.*, p.83).

O Golpe de 16 de Março de 1974   53

a coordenação de uma acção futura. Esta transferência não desmantelou o Movimento, mas prejudicou as suas ligações colocando-o numa posição muito visível.

O Movimento decidiu, então, agir rápida e urgententemente contra a transferência dos militares atrás referidos. Depois de várias horas de reunião, os oficiais reunidos na casa do pai de Luís Macedo, em Alvalade, decidiram sequestrar os oficiais do Movimento, fazer uma manifestação de protesto no Terreiro do Paço, no dia seguinte, bem como estabelecer contacto com o ministro da Marinha, o Almirante Pereira Crespo (amigo do General Spínola), na tentativa de não permitir o cumprimento do despacho ministerial.

Curiosamente, nesse dia, o Coronel Viana de Lemos, secretário de Estado do Exército, tomou conhecimento da organização do Movimento quando recebeu um documento onde se dava "conta de que o Movimento se estava organizando por Armas e Regiões Militares e estabelecia as células de ligação. O documento era referido à Arma de Infantaria e à Região Militar de Coimbra. Foi a primeira vez que, já no início de Março, tive a consciência da extensão, embora não dos objectivos, do Movimento"[72]. Todavia, o secretário de Estado do Exército andou, inadvertidamente, dois dias com os papéis nos bolsos[73], sem tomar qualquer atitude.

Ainda neste dia, a Assembleia Nacional pronunciou-se favoravelmente sobre a política ultramarina. O Chefe do Governo tinha, no passado dia 5 de Março, discursado perante os deputados e reafirmado o seu empenho e convicção na defesa do Ultramar. Marcello Caetano esforçava-se por mostrar ao país que o entusiasmo que rodeou a publicação do livro do General Spínola era contrário à vontade dos portugueses. Marcello Caetano acreditava que "funcionando segundo uma legalidade constitucional, era dentro dos meios por ela proporcionados que o governo tinha de se movimentar"[74].

---

[72] Idem, *Ibidem*, pp.82 – 83.

[73] "Devo dizer que, contrariamente ao meu dever, andei dois dias com esses papéis na algibeira, até que outras cópias foram entregues ao Ministro do Exército pelo Ministro da Defesa." Idem, *Ibidem*, p.83.

[74] In Marcello Caetano, *Depoimento*, p.198.

Sábado, 9 de Março

No entanto, no dia seguinte, os planos dos oficiais do MOFA falharam e terminaram com a prisão dos Capitães Vasco Lourenço, Ribeiro da Silva e Pinto Soares (o elemento que se ofereceu para entregar os outros dois oficiais)[75]. Além disso, pelas três da manhã, o ministro da Marinha, perante o anúncio de tão grave insubordinação, comunicou ao ministro da Defesa o sucedido. Foi ordenado o estado de prevenção rigorosa[76] de todas as unidades e estabelecimentos militares dos três ramos das FA em todo o país, o que já não acontecia desde 1961.

Ainda no dia 9 de Março, o Major Casanova Ferreira[77], acabado de chegar da Guiné, contactou o Major Manuel Monge. Foi informado que o MOFA estava decidido a derrubar o regime e leu o documento *O Movimento, as Forças Armadas e a Nação*. O Major Casanova Ferreira entusiasmou-se[78], embora estivesse convencido de

---

[75] Os Capitães Vasco Lourenço e Antero Ribeiro da Silva ficaram presos no dia 10 de Março no Forte da Trafaria, Casa Militar de Lisboa, onde aguardaram o próximo voo para os seus destinos.

[76] "Por de, há muito, ter caído em desuso (iam já muito distanciados os tempos da I República e os dos primeiros anos que se seguiram ao 28 de Maio de 1926), muita gente ficou admirada com uma medida que praticamente desconhecia e, por isso, houve também quem caísse em pânico" in Américo Thomaz, *Últimas Décadas de Portugal*, vol. IV, Edições Fernando Pereira, 1.ª edição autografada, Lisboa, 1982, p.350.

[77] O Major Casanova Ferreira tinha chegado de Bissau após cumprir mais uma comissão de serviço na Repartição de Operações do QG do Comando-Chefe na Guiné. Otelo Saraiva de Carvalho define-o como um homem que "não se integrava, efectivamente, nas estruturas do Movimento. Porém a sua firmeza de carácter e de opiniões, dinamismo e invulgar espírito de decisão, haviam-no tornado conhecido, estimado e respeitado quando, como tenente, fora instrutor na Academia Militar de muitos capitães, já antigos no posto em 1974.

É um homem que sempre se manifestou contra o regime de Salazar – Caetano. E daqueles que não pode ficar parado. Tem de actuar. Entra imediatamente em contacto com Monge e comigo e fica por dentro dos assuntos. Quer participar decididamente no Movimento. Mas não o seduzem longas e esotéricas reuniões. Prefere acção. Chega, para tal no momento propício. O vulcão apresenta sinais de que ameaça vomitar lava." Otelo Saraiva de Carvalho, *ob. cit.*, pp.243-244.

[78] Otelo Saraiva de Carvalho relaciona este entusiasmo com o *espírito da Guiné*. Também o Coronel Duran Clemente refere que "em 4 de Março, avisámos Lisboa, novamente o «Pedro», que era o major Hugo dos Santos, de que Casanova Ferreira e o Monge iam regressar nesse dia mas que estavam cheios de entusiasmo para entrar em acção.", in

O *Golpe de 16 de Março de 1974*   55

que em Lisboa hesitavam. Se o Presidente do Conselho não reagia ao rápido declínio da situação da Guiné, e se o General Spínola não conseguiu resolver a questão, para o Major Casanova Ferreira tinha chegado a hora dos militares resolverem o problema colonial[79].

Nesse mesmo dia, realizou-se uma reunião em casa de uma tia do Tenente-Coronel Almeida Bruno, no Campo de Santana. Nela participaram os Tenentes-Coronéis Almeida Bruno e Dias de Lima, os Majores Melo Antunes e Casanova Ferreira e o Capitão António Ramos.

O General Spínola afirmou que, nessa reunião, foi discutido um plano de operações[80]. O General Almeida Bruno considera que, nessa reunião, "eu vivi a preparação e organização do 16 de Março"[81]. Porém, Melo Antunes declarou que naquele dia, ao tomar conhecimento da saída da coluna das Caldas, "fui apanhado totalmente de surpresa. (...) não participei em reuniões onde se discutisse em concreto um plano de operações que, pelos vistos, existia, tanto assim que o 16 de Março se fez."[82] Os testemunhos que recolhemos sugerem que desta reunião não resultou nenhum plano de operações militares, embora tenha sobressaído o grande entusiasmo do Major Casanova Ferreira que cansado da guerra na Guiné, exigia uma solução para o Ultramar. Na casa da tia do Tenente-Coronel Almeida Bruno gerou-se um debate sobre a participação política de civis no golpe[83]. Os presentes sentiram necessidade de agir porque as altas hierarquias militares recusavam fazê-lo.

---

30 anos do 25 de Abril. Jornada de Reflexão. Oeiras, 25 de Março de 2004, coord. Manuel Barão da Cunha, Casa das Letras/Editorial Notícias, Cruz Quebrada, 2005, p.75.

[79] "O general não tem nada que dizer à malta o que é que se deve fazer. Isso da manifestação é uma cegada que não leva a nada e só pode trazer chatices para mais alguns. Lembra-te que já estão três presos. Isto agora é a doer. As reuniões já não resolvem nada", in Otelo Saraiva de Carvalho, *ob. cit.*, p.244.

[80] In António de Spínola, *País Sem Rumo*, p.96.

[81] Entrevista com o General Almeida Bruno a Luís Marinho (director de informação da SIC), gravada em Setembro/Outubro de 2001 (Arquivo Pessoal).

[82] In Melo Antunes, entrevistado por Maria Manuela Cruzeiro, *Melo Antunes – O Sonhador Pragmático*, Editorial Notícias, Lisboa, Lisboa, 2.ª edição, 2004, p.61.

[83] Na obra *País Sem Rumo* (p.97), António de Spínola declara que o Major Melo Antunes terá defendido a integração dos comunistas nas operações. No entanto, como referimos, o Major recusou estas afirmações e não se regista outro contacto entre estes homens próximos do General Spínola e o Major.

Nesta reunião, o Major Melo Antunes era o único participante que melhor conhecia o Movimento e que, à alguns meses, estava perfeitamente integrado nele. Todos os outros participantes eram elementos mais próximos de Spínola.

Segunda-feira, 11 de Março

Marcello Caetano procurou seguir as "sombras" e, no dia 11 de Março, reuniu-se com o Presidente da República. A reunião pretendia marcar o regresso à rotina do Governo, contudo Américo Thomaz tinha fortes suspeitas sobre a autorização da publicação do *Portugal e o Futuro*. Na agenda estavam a remodelação ministerial e o agravamento da inflação.

O ambiente era tenso. Marcello Caetano declarou que "o Sr. Presidente da República pareceu-me pouco bem disposto e fez reparos a todas as soluções de orgânica e de pessoas que formulei, bem como às prioridades de actuação que indiquei"[84]. Por fim, Américo Thomaz acrescentou que o Chefe do Governo tinha que demitir os dois generais.

Nessa noite, voltaram a encontrar-se (depois de Marcello Caetano ter enviado uma carta durante a tarde[85]). Américo Thomaz deu a confiança política que o Presidente do Conselho necessitava mas que, segundo este, eram apenas palavras simples de responsabilização. O Chefe de Estado sublinhou que "já é tarde para, qualquer de nós, abandonar o seu cargo – temos de ir até ao fim – (ou seja, na realidade, vencer ou ser vencido)"[86]. O regime político, criado por António Oliveira Salazar, parecia precipitar-se na "comédia dos enganos", ou estaria a sua velha estrutura a bloquear a sua "evolução na continuidade"?

---

[84] In Marcello Caetano, *Depoimento*, p.200.

[85] Mais uma vez o Chefe do Governo colocava o seu lugar à disposição ao considerar que não tinha condições para governar. Anteriormente no dia 28 de Fevereiro, após a leitura da obra de Spínola e da conversa com os dois generais, sentiu que não tinha condições para seguir a sua política e propôs a sua demissão.

[86] In Américo Thomaz, *ob. cit.*, p.353.

Ainda, na manhã deste dia, Otelo Saraiva de Carvalho relata que "o capitão António Ramos, ajudante-de-campo de Spínola, contacta comigo telefonicamente (...) Transmite-me as preocupações do general. Já se sabe que na próxima quarta-feira, dia 14, todos os oficiais generais dos três ramos irão a S. Bento afirmar a Marcello a sua fidelidade e solidariedade ao Governo, em nome das Forças Armadas. Poderão até *exigir* a demissão de Spínola e Costa Gomes"[87]. Da conversa, ficou uma dúvida no ar: "Poderá o Movimento fazer alguma coisa para evitar a consumação da farsa?"[88] O General António de Spínola sugeria uma manifestação de protesto dos oficiais do Movimento em uniforme número um e com condecorações.

Mas, se as aparências faziam julgar que, com um sopro, o Estado Novo desmoronar-se-ia, o agravamento da situação na Guerra Colonial pressionava, ainda mais, uma acção imediata, que, finalmente, apresentasse uma solução política para o conflito. Todavia, a demissão dos recentemente eleitos homens de confiança do Movimento constituiu o maior "empurrão" da acção militar.

Terça-feira, 12 de Março

No dia 12 de Março, reuniram-se jovens oficiais da EPI, EPA, EPC, RI5 e RAL1, na casa do Major Casanova Ferreira. Depois de informados da situação, sob momentos de grande exaltação[89], decidiram que todos estavam prontos para actuar. A demissão dos generais Costa Gomes e Spínola determinava a necessidade da acção.

Nessa tarde, reuniram-se os Majores Saraiva de Carvalho, Casanova Ferreira, Manuel Monge, José Maria Azevedo, Garcia dos Santos, o Capitão Luís Macedo e o Alferes Geraldes. Otelo Saraiva

---

[87] In Otelo Saraiva de Carvalho, *ob. cit.*, p.244.

[88] Idem, *Ibidem*, p.244.

[89] Segundo o Coronel Saraiva de Carvalho "o Casanova expôs sumariamente a necessidade de entrar em acção e todos queriam participar: «Sim senhor, OK da parte da Escola Prática tal», «Eu arranjo isto e aquilo...»" (in Otelo Saraiva de Carvalho, entrevista de Ana Sá Lopes e António Melo, "Otelo, Vítor Alves e Vasco Lourenço – os Três do 25 de Abril", *Le Monde Diplomatique* (ed. Portuguesa), 23 de Abril de 2007, consultado em http://pt.mondediplo.com/, a 18 de Junho de 2007).

58   *Nas Vésperas da Democracia em Portugal*

de Carvalho declara que "parecia uma brincadeira de garotos. Cada um atirava o seu objectivo para cima da mesa. A euforia reinava"[90]. Marcaram, para a madrugada do dia 14, o início da acção que pretendia evitar a "vassalagem" dos generais a Marcello Caetano, bem como a demissão dos generais Costa Gomes e Spínola. "Tínhamos o "plano de operações" feito em uma hora!"[91]

Concomitantemente, o Presidente do Conselho reuniu-se com os ministros das pastas militares[92] e transmitiu-lhes que pretendia convocar uma manifestação de solidariedade das chefias das FA[93]. Depois de ratificada a política ultramarina pela Assembleia Nacional e reafirmada a confiança do Chefe de Estado, estava definido, pelos órgãos constitucionais competentes, o caminho a seguir por todos os portugueses e, em especial, pela instituição militar.

---

[90] In Otelo Saraiva de Carvalho, *ob. cit.*, p.245. "Parecia-me muita fartura para tão pouco tempo disponível. O meu normal optimismo não conseguia corresponder, de forma alguma, ao entusiasmo epidémico de Casanova e Monge. Tinha a sensação vaga e entorpecente de ter apanhado uma vacina forte. Mas sentia-me impelido para diante, não conseguindo resistir ao empurrão. Faltava-me apoio. Ninguém discordava, achando tudo possível, exequível. Pois vamos ver, amigos, o que *isto* vai dar!", Idem, *Ibidem*, p.246.

[91] Idem, *Ibidem*, p.246. O plano contava com as forças do Exército da EPC, EPI, RI5, BC5, RE1, EPA, RAAF, CIAAC e RC6, bem como da Força Aérea – os "Páras" do BA3 de Tancos e o BA 5 de Monte Real. Os objectivos eram o RL2, RC7, RTP, Emissora Nacional, Assembleia Nacional, Legião Portuguesa, DGS, Controlo do Aeroporto, Central de Transmissões, Marconi, CTT, TLP, Presidência do Conselho e da República. Após o golpe era preciso "controlar imediatamente a informação (imprensa, rádio, televisão), impor o recolher obrigatório e o estado de sítio, elaborar códigos para entidades, localidades e ligações de rádio, telefónicas e telegráficas, elaborar um esquema político com admissão de partidos (excluindo o PC, acautelava Casanova) e, como objectivos políticos imediatos «arranjar» uma Junta Militar Governativa, dissolver a Assembleia Nacional, suspender a Constituição e demitir o Governo", Idem, *Ibidem*, p.246.

[92] Ainda neste dia foi comunicado ao General Costa Gomes a proposta do Chefe de Governo, através do ministro da Defesa, Prof. Silva Cunha. Nesta reunião o General demonstrou uma atitude radical e tempestiva. Nesta noite o Coronel Viana de Lemos dirigiu-se a casa do General Costa Gomes. A conversa foi longa. O General insistia afirmando que as Forças Armadas estavam em crise, e o poder político também. Apesar da persistência o coronel não conseguiu demove-lo (a conversa encontra-se reproduzida na obra de Viana de Lemos, *ob. cit.*, pp.88-91).

[93] Marcello Caetano confessou que desejava "conservar nos seus postos os Generais Costa Gomes e Spínola de modo a evitar pretextos para o recrudescimento da indisciplina, mas para isso tornava-se necessário que eles fizessem qualquer coisa que permitisse ao governo mantê-los" (in Marcello Caetano, *Depoimento*, p.200).

O Golpe de 16 de Março de 1974

O Chefe do Estado-Maior-General das Forças Armadas (CEMGFA) afirmaria ao país que as "forças Armadas não têm política própria, por ser da sua natureza e ética cumprir as directrizes traçadas pelos poderes constituídos e que o País podia estar certo de que nesse rumo se manteriam"[94].

Quarta-feira, 13 de Março

No Clube Militar Naval, 125 oficiais da Armada solidarizaram-se com os oficiais do Exército detidos e manifestaram a sua determinação em não participar em nenhuma medida dirigida contra os militares de qualquer ramo das FA[95].

Ainda neste dia, o Presidente do Conselho teve a oportunidade de conversar com os generais Spínola e Costa Gomes[96]. Embora cada um mantivesse as suas posições, Marcello Caetano afirma que se separaram "nos melhores termos"[97]. Parecia satisfeito com a escolha da manifestação de solidariedade, mais, demonstrava estar convencido de que o país e as FA estavam seguras, ainda que em Fevereiro tivesse considerado que "os jovens oficiais estavam dispostos a solidarizar-se com os dois generais se alguma sanção lhes fosse aplicada"[98].

A demissão dos Generais Costa Gomes e Spínola, Chefe e Vice-Chefe do EMGFA, é um importante episódio do fim do regime do Estado Novo, que importa clarificar. Por um lado, o General Costa Gomes recusa manifestar um apoio que sabe não ser real. Por outro lado, o General Spínola solidarizou-se com a decisão do CEMGFA. Os generais assumiam o seu afastamento da política colonial e militar seguida pelo Estado Novo[99]. Marcello Caetano surpreendeu-se com a

---

[94] In Marcello Caetano, *Depoimento*, p.201.

[95] In Otelo Saraiva de Carvalho, *ob. cit.*, p.258.

[96] O General Costa Gomes recusou comparecer na manifestação de solidariedade com a política ultramarina do Governo, porque "tinha relutância em vir publicamente tomar um compromisso em nome das Forças Armadas sem as consultar" in Marcello Caetano, *Depoimento*, p.202.

[97] In Marcello Caetano, *Depoimento*, p.201.

[98] Idem, *Ibidem*, p.197.

[99] No entanto, dias depois, discretamente no canto inferior direito da primeira página do jornal *O Século*, de 23 de Março de 1974, surge uma das raras referências ao General Spínola,

posição do General Costa Gomes[100] e demite os homens que ocupavam os mais altos cargos das FA. Contudo, Américo Thomaz considerou a cerimónia uma manifestação de fraqueza, um estratagema para fazer o óbvio: demitir dois generais que não partilhavam as políticas do Estado[101].

No entanto, esta demissão fragilizou a defesa do país. A nomeação do General Joaquim Luz Cunha[102], para o cargo de CEMGFA, representou uma aproximação do Governo ao General Kaulza de Arriaga. Mais, o Chefe do Governo não ponderou a autoridade dos generais sobre as suas tropas. Contudo, após a leitura do *Portugal e o Futuro*, Marcello Caetano tinha pressentido a ameaça de um Golpe militar[103], ao reconhecer a influência que a defesa das ideias de Spínola constituía para os movimentos de oposição política. Apesar de conhecer as actividades do MOFA, o Chefe de Estado subestima as raízes profundas que em diversas frentes conspirativamente se desenhavam.

---

após a sua demissão, em que declarava, à televisão francesa, que considerava " uma obra política o seu livro «Portugal e o Futuro», acrescentando não ter «divergências fundamentais de opinião» relativamente à política do seu País. Na sua opinião «Portugal e o Futuro» não foi devidamente interpretado", (in UPI- ANI, "Declarações do General Spínola à TV francesa", *O Século*, 21 de Março de 1974, Ano 94º, n.º 33015, p. 1).

[100] "Com surpresa o General Costa Gomes recusou-se pura e simplesmente a fazer a declaração" (in Marcello Caetano, *Depoimento*, p. 201).

[101] "Não houve, porém, coragem para frontalmente proceder às exonerações, o que constitui mais um erro e, sobretudo, mais um sinal de fraquesa [sic]. E também a maneira como se consumou a exoneração, não foi do conhecimento prévio, nem teria o agrado e a aprovação do chefe de Estado" (Américo Thomaz, *ob. cit.*, pp. 353-354).

[102] O General Joaquim Luz Cunha (Ministro do Exército entre 4 de Dezembro de 1962 e 18 de Agosto de 1968) assumiu o cargo no dia 19 de Março (in Aniceto Afonso e Carlos de Matos Gomes, *Guerra Colonial*, Editorial Notícias, Cruz Quebrada, 4.ª Edição, 2005, p. 666).

[103] Marcello Caetano afirma que " ao fechar o livro tinha compreendido que o golpe de Estado militar, cuja marcha eu pressentia há meses, era agora inevitável" (in Marcello Caetano, *Depoimento*, p.201). Vasco Gonçalves afirma que "aquele livro foi uma bandeira que muitos militares abraçaram porque correspondia aos seus reais interesses e ideais: viam nele a possibilidade de acabar com o sofrimento da Guerra Colonial, de pôr fim ao próprio descalabro para que estavam a caminhar o país e as suas Forças Armadas." (in *Vasco Gonçalves: um general na Revolução*, entrevista de Maria Manuel Cruzeiro, Editorial Notícias, 1.ª Edição, Lisboa, 2002, p.68).

As esferas de influência, já, estavam criadas, por isso a demissão não afastou os generais da conspiração que ambos expressavam. Com a cerimónia da "Brigada do Reumático" ficou claro que o regime não se queria reformar. A degradação da situação da guerra colonial pressionava os jovens capitães que, agora, deixavam de se revoltar contra os seus chefes, que concordavam com eles. Parecia que os generais tinham definitivamente passado para o lado do Movimento. Terá sido o Estado Novo ingénuo ao ponto de não pesar a influência dos generais sobre as suas tropas? Ou desconheciam por completo os movimentos dos últimos dois dias? Estes testemunhavam uma "aparente chefia de Spínola" dado que o General Costa Gomes hesitava. Por outro lado, escondiam uma crescente politização e radicalismo dentro das FA. Melo Antunes afirma que "as autoridades políticas e policiais da época subestimaram a força do Movimento, justamente pela forma como as reuniões eram organizadas"[104].

É importante observar que as altas hierarquias militares estavam vigilantes[105] e sabiam que muitos militares se filiavam nos ideais do Movimento. A acção psicológica dos comandantes era indispensável para manter a disciplina e o respeito pela hierarquia. Os oficiais que ocupavam os cargos de comandantes de unidade eram escolhidos não por mérito militar reconhecido, mas por confiança política. Quando surgiram movimentações nas unidades de todo o país, procederam-se calculadas substituições de comandantes. Apesar disso, as altas hierarquias militares negligenciaram as fortes relações de confiança estabelecidas entre os comandantes das unidades e os seus oficiais de escalões mais baixos.

Em 1974, os oficiais não se agitavam nas ruas, mas nos quartéis. Não utilizavam os telefones, mas serviam-se das suas relações pessoais

---

[104] In Melo Antunes, *ob. cit*, p.53.

[105] A desagregação do regime autoritário do Estado Novo fundamenta-se em duas questões: na capacidade regenerativa do mesmo, sobretudo quando as suas chefias militares vacilaram e, na sua capacidade de controlo de uma sublevação militar. A história deste regime revela que suportou várias tentativas de golpes militares. Porém, Viana de Lemos esclarece dois importantes pontos que distinguem este período dos anteriores: por um lado as altas hierarquias militares tinham conhecimento das várias reuniões do Movimento bem como de alguns dos seus documentos (*ob. cit.*, p.77); por outro lado não conseguiu, mesmo através de conversas com generais e oficiais mais jovens, definir os objectivos do Movimento (*ob. cit.*, p.84).

para mobilizar oficiais à sua causa, estreitando os laços de solidariedade entre si. A própria organização dos dois movimentos (oficiais oriundos de milicianos e cadetes) fechou-se num certo democratismo que tornava cada oficial um elemento importante da organização. Todavia, o alargamento da base de apoio do Movimento provocou uma certa polarização, impulsionada pelo interesse despertado pela percepção da inevitabilidade do derrube do Governo.

Aniceto Afonso esclarece que, a partir dos acontecimentos de 8 de Março, "o Movimento sente com maior intensidade a pressão dos capitães, dos oficiais das unidades de província, de todos os que cumprem comissões nos teatros de operações. Não está, contudo, seguro. Não tem plano de acção. Falta-lhe, enfim, definir uma estratégia. Por isso, quando o Governo vibra um golpe casualmente certeiro, desequilibra-se, aprofunda as divisões, ainda quentes, do plenário de Cascais. Precipita-se"[106].

Na noite do dia 13 de Março, no Dafundo, apresentou-se a ordem de operações, elaborada no dia anterior, aos delegados das unidades. Apesar disso, nessa tarde, os capitães da Escola Prática de Cavalaria (EPC) não aceitaram participar porque o plano não vinha assinado pelo General Spínola e estava mal preparado. À noite, o Capitão pára-quedista Avelar de Sousa reiterou a posição dos oficiais da EPC[107,] semelhante à dos pára-quedistas. Além disso, o Capitão afirmou que os pára-quedistas preparavam outro plano[108], mas impunham uma condição: falar pessoalmente com o General Spínola.

Enquanto o Major Saraiva de Carvalho concordou com o Capitão pára-quedista ao considerar que a ordem de operações apresentada fora elaborada à pressa, o Major Manuel Monge entendia que a recusa dos pára-quedistas não justificava o cancelamento das movi-

---

[106] In Aniceto Afonso, "A Queda do Estado Novo, II – O Movimento dos Capitães", pp.275-276.

[107] "Porque *isso* que aí está não é «ordem de operações» nem é nada. Não tem consistência nenhuma. E nós só gostamos de actuar a sério, desde que tudo esteja previsto e haja francas possibilidades de êxito – afirmava, seguro, o pára-quedista", in Otelo Saraiva de Carvalho, *ob. cit.*, p.248.

[108] Nesta reunião, o Capitão Avelar de Sousa afirmou que os pára-quedistas já possuíam um estudo de situação "perfeitamente elaborado" e dispunham de uma força de cerca de 800 homens. A acção ficou adiada para o dia 23 ou 24 de Março (in Idem, *Ibidem.*, p.250).

O *Golpe de 16 de Março de 1974* 63

mentações[109]. Não obstante, a operação foi cancelada[110] e foram concedidos uns dias aos pára-quedistas para apresentarem uma outra solução[111].

Ao mesmo tempo que se desenvolveram reuniões de discussão do plano de derrube do regime, o Movimento, também, promoveu a sua estratégia legalista que remonta às primeiras manifestações de contestação. Após a transferência e prisão dos elementos do Movimento, os seus oficiais, por todo o país, manifestaram, individualmente, junto dos comandantes de unidade a sua solidariedade[112].

Quinta-feira, 14 de Março

"O País está seguro de que conta com as suas Forças Armadas – afirmou ontem, no palácio de S. Bento, o Chefe do Governo à oficialidade que lhe foi manifestar o seu apoio e lealdade"[113], com estas palavras Marcello Caetano tranquilizava o país assegurando o rumo

---

[109] Para o Major Manuel Monge, o sucesso do plano baseava-se, exclusivamente, na utilização das forças de artilharia e infantaria. Defendia, também, que o golpe deveria ser feito apenas com poucas forças das unidades de confiança (Escolas Práticas e o Regimento de Estremoz). Considerava que os pára-quedistas que possuíam três companhias operacionais em Tancos nunca se iriam revoltar contra o seu comandante. Em entrevista o Major-General Manuel Monge (em Beja, a 25 de Maio de 2007) esclareceu que era vizinho do comandante e sabia que este não apoiava o Movimento, por conseguinte os pára-quedistas nunca participariam na ordem de operações revoltando-se contra o seu chefe.

[110] O Major Saraiva de Carvalho acabou por declarar que "portanto, eu, enquanto elemento da direcção do MFA, cancelo neste momento tudo aquilo que estava em possível preparação". Declarações do Coronel Saraiva de Carvalho publicadas na entrevista de Ana Sá Lopes e António Melo, *art. cit.*

[111] Os pára-quedistas acabaram por não apresentar nenhum plano. No 25 de Abril, só depois da revolução estar consolidada e o comandante preso, os pára-quedistas puderam participar.

[112] Dinis de Almeida relata as curiosas peripécias da divulgação da ordem do Movimento – manifestação colectiva dos oficiais do Movimento junto dos respectivos comandantes. " «Espontâneos» acorreram para efeitos de ligação, improviso que causou uma relativa descoordenação entre os oficiais do Movimento, reduzindo o número das apresentações." (In *Origens e Evolução do Movimento de Capitães (Subsídios para uma melhor compreensão)*, Edições Sociais, Lisboa, 1977, p.267).

[113] "O País está seguro de que conta com as suas Forças Armadas – afirmou ontem, no palácio de S. Bento, o Chefe do Governo à oficialidade que lhe foi manifestar o seu apoio e lealdade", *Diário de Notícias*, 15 de Março de 1974, Lisboa, p.1.

da política ultramarina. A ausência dos Generais Costa Gomes e Spínola, bem como do Contra-Almirante Tierno Bagulho não são referidas e as palavras do General Paiva Brandão foram, amplamente, divulgadas.

"As Forças Armadas não fazem política mas é imperioso dever, e também da nossa ética, cumprir a missão que nos for determinada pelo Governo legalmente constituído"[114], eram palavras que aceleravam o desejo de uma acção directa dos oficiais do Movimento. Ao contrário de intimidar, a definição clara da direcção política do Governo despertou a ousadia dos militares.

2.1.1. *O Regimento de Infantaria 5, Caldas da Rainha*

No RI5 cresceu, nos últimos anos, um grande espírito de corpo entre os oficiais[115] que conheciam de perto a crise profunda do país e que arrastava as FA portuguesas.

O Major-General Matos Coelho relatou que "em Junho comecei a ouvir falar do Congresso dos Combatentes e percebi que existiam algumas movimentações militares com envolvimentos políticos"[116]. Do quartel das Caldas, nenhum oficial participou na primeira grande reunião do Movimento. No entanto, tiveram conhecimento dos assuntos debatidos e do número de oficiais presentes, ficando desde logo mobilizados[117].

Em Dezembro de 1973, os oficiais do Quadro Permanente, oriundos de cadetes do RI5, foram incumbidos de encontrar o espaço para a segunda reunião do Movimento[118]. Além disso, estiveram re-

---

[114] Idem, *Ibidem*, p.1.

[115] No livro de Avelino Rodrigues, Cesário Borga e Mário Cardoso, *O Movimento dos Capitães e o 25 de Abril*, as Caldas da Rainha é apelidada de nascente do 25 de Abril.

[116] Em entrevista, o Major-General Matos Coelho, em Lisboa, a 4 de Julho de 2007.

[117] Informações recolhidas na entrevista com o Major-General Matos Coelho, em Lisboa, a 4 de Julho de 2007.

[118] Apesar disso, nenhum inquérito foi instaurado. Somente o Cabo Pinto, que reservou a sala desconhecendo os propósitos dos oficiais, foi imediatamente transferido para os Açores (in Vasco Lourenço, "Introdução", *1 de Dezembro de 1973 – Movimento dos Capitães*, Câmara Municipal de Óbidos e Associação de Defesa do Património de Óbidos, Óbidos, 2003, p.5.

O Golpe de 16 de Março de 1974   65

presentados, na reunião de Cascais, pelo Capitão Piedade Faria e pelo Tenente Carvalhão. Sozinhos eram poucos, mas os oficiais oriundos de cadetes aguardavam ser integrados no conjunto das unidades de infantaria vizinhas, em qualquer acção do MOFA.

Também, no quartel das Caldas estavam o Capitão Virgílio Varela e o Tenente Silva Carvalho, dinâmicos elementos da Comissão dos Oficiais Oriundos de Milicianos. Estes dois grupos percorreram trajectos distintos e no Regimento nunca existiu nenhuma tentativa de aproximação (ao contrário do que aconteceu em Santarém[119]). Quando, na reunião de 5 de Março, todos os oficiais tomaram conhecimento que os dois movimentos se reuniram sob o mesmo objectivo – o derrube do Governo como solução da crise do país – os oficiais do RI5 estavam prontos para qualquer acção.

A alta hierarquia militar conhecia as movimentações da unidade das Caldas. Foi sem surpresa que este quartel das Caldas da Rainha recebeu, no início do mês de Março, o Brigadeiro Pedro Serrano, 2.º comandante da Região Militar de Tomar (RMT). O Brigadeiro visitou as seis Companhias de Instrução do Curso de Sargentos Milicianos[120], e partiu sem conseguir vislumbrar o espírito de subversão ou agitação, porventura, transmitido pelo comandante interino, o Tenente-Coronel Ernesto Farinha Tavares ao Quartel-General da RMT.

O Tenente-Coronel, impacientemente, vinha ouvindo as sucessivas manifestações de solidariedade dos oficiais do Regimento. No dia 9 de Março, os oficiais do RI5 manifestaram-se solidários com os oficiais presos nesse dia. Novamente no dia 12, os oficiais foram, um a um, junto do comandante interino manifestar apoio aos generais Costa Gomes e Spínola. Declararam que "se acontecesse alguma acção do Governo na pessoa dos generais, estariam solidários com eles e poderia ser desencadeada alguma acção"[121].

---

[119] Veja-se Joaquim M. Correia Bernardo, *Participação da Escola Prática de Cavalaria no 25 de Abril de 1974*, Moinho Velho – Loja de Edição, Lda, Lisboa, 2002.

[120] O RI5 possuía mais uma companhia de serviços e outra de Caçadores à ordem da RMT.

[121] Major–General Matos Coelho, Intervenção no colóquio – debate "Discutir a revolta de 16 de Março de 1974 «Revolta das Caldas»", organizado pelo Centro de Documentação 25 de Abril e pela delegação de Coimbra da Associação 25 de Abril", em Coimbra, a 16 de Março de 2007. Na obra de Dinis de Almeida verificamos que partiu do Movimento uma

Vivia-se no RI5 um ambiente tenso. No dia 13 de Março, o regimento recebeu, novamente, a visita do Brigadeiro Pedro Serrano, do comando da RMT, com ordens para inspeccionar a Companhia de Caçadores. No entanto, os oficiais sentiam que este vinha observar e comandar indirectamente.

Nesta visita, o Brigadeiro Pedro Serrano ostentou uma atitude provocatória e ordenou um teste à companhia operacional, o que, na verdade, resultou num bom exercício de treino de prontidão. "Mas se a companhia já estava pronta, ainda ficou mais."

Sob o seu olhar, o regimento realizou um exercício de prontidão de saída. Não houve nenhum reparo a fazer e os oficiais do regimento ficaram com a certeza de que estavam prontos para qualquer ordem do movimento. A maioria ficou a saber onde estava tudo e como pôr tudo a funcionar, nomeadamente as armas. A companhia funcionou na perfeição, incluindo os meios de comunicação. "O quartel estava em ponto de rebuçado", pronto a sair. Perante uma excelente demonstração, o brigadeiro apenas pôde rasgar grandes elogios. No dia seguinte, o Brigadeiro Pedro Serrano saiu da unidade directamente para a cerimónia do "beija-mão" de Marcello Caetano (cerimónia transmitida em directo na televisão). O quartel manteve-se em prevenção rigorosa[122], logo ninguém podia sair.

Ainda neste dia, o Tenente Matos Coelho do Regimento das Caldas quis perceber melhor as movimentações fora do âmbito da

---

ordem para que, junto do comandante, os oficiais comunicassem a "sua solidariedade para com os camaradas presos declarando-se portador do mesmo ideal que os animava e portanto nas mesmas condições que levaram à sua detenção. Também nessa altura igualmente me informaram que [telefonema efectuado pelo Capitão Ferreira de Sousa] ao mesmo tempo deveria ser expressa ao Comandante a nossa confiança nos generais Spínola e Costa Gomes e afirmada a nossa intenção de tomar uma posição activa, caso lhes sucedesse algo." (In Dinis de Almeida, *ob. cit.*, p.273).

[122] Esta informação não corresponde à documentação disponível, embora tenha sido reafirmada por todos os entrevistados. Contudo, nesta noite o Tenente Rocha Neves participou na reunião do Movimento. Tinha como missão informar sobre os meios disponíveis no RI5. Além disso, deveria ainda comunicar que o quartel das Caldas iria, dia 18, para exercícios de campo de preparação dos sargentos milicianos. Contudo, esta situação não foi referida na reunião porque se gerou muita confusão e a acção ficou suspensa. Em entrevista (em Caldas da Rainha, a 11 de Novembro de 2006) o Coronel Rocha Neves declara que sentiu que o Movimento estava muito imaturo para dar a ordem de arranque e, regressou angustiado.

O Golpe de 16 de Março de 1974 67

Comissão Coordenadora, porque "andava a desconfiar das conversas do Varela. Andava muito excitado"[123]. Como conhecia bem o Capitão Marques Ramos telefonou-lhe, e este levou-o ao Capitão António Ramos. O Major-General Matos Coelho declara que "a história que me contaram era que era preciso sair uma unidade. Eu, aí, ainda fiquei mais desconfiado porque não sabia que unidades vinham atrás e porque não havia nenhum plano"[124]. Esta ideia "sair apenas uma unidade" foi-lhe transmitida como uma ideia que circulava em Lisboa, não a ligava a nenhum grupo (spinolistas ou oriundos de milicianos). O Capitão Marques Ramos (hoje coronel) refere que o Tenente Matos Coelho "vai de certo modo encorajado para cima"[125] e tinham quase a certeza que o Capitão Marques Ramos seria colocado no RI5, nas próximas semanas. Porém, o Tenente Matos Coelho alertou os oficiais oriundos de cadetes do RI5, para apenas esperarem ordens vindas da Comissão Coordenadora.

O MOFA era um movimento seguro, mas vacilante no trilho da mudança. Nos dias que decorreram da reunião de 5 de Março ao Golpe de 16 de Março, prevaleceram uma sobreposição de estratégias e tomadas de posição sem toda a informação. "Se bem que se possa perceber um desejo comum de manter uma firme unidade, face ao perigo que o regime e os seus aparelhos de repressão representavam, a verdade é que os grupos se aproximam de acordo com as ideias que lentamente os caracterizam e diferenciam."[126]

Na madrugada do dia 15, o Capitão Virgílio Varela e o Tenente Silva Carvalho dirigiram-se à casa do Major Casanova Ferreira. O Coronel Virgílio Varela declara que "aqui junta-se a fome com a vontade de comer."[127] Os dois representantes da Comissão dos Oficiais Oriundos de Milicianos sabiam que o Major Casanova Ferreira tinha participado na elaboração da ordem de operações, agora suspensa. Além disso, este militar era conhecido por ser bastante dinâmico e opositor do regime[128]. Os oficiais das Caldas declaravam

---

[123] Entrevista com o Major–General Matos Coelho, em Lisboa, a 4 de Julho de 2007.

[124] Entrevista com o Major–General Matos Coelho, em Lisboa, a 4 de Julho de 2007.

[125] Em entrevista, em Caldas da Rainha, a 14 de Fevereiro de 2007.

[126] Aniceto Afonso, "A Queda do Estado Novo, II – O Movimento dos Capitães", p.277.

[127] Entrevista com o Coronel Virgílio Varela, em Lisboa, a 25 de Junho de 2007.

[128] O Coronel Virgílio Varela afirma que este foi o único contacto que teve com o Major Casanova Ferreira antes do 16 de Março de 1974.

que "não admitiam que o Presidente do Conselho demita os generais Costa Gomes e Spínola. Aqui, quem tinha de ir embora, era ele! A saída do General Spínola dificultaria a instauração da democracia, o que, provavelmente, resultaria em guerra civil. Fala com a comissão e organizem-se (...). A demissão dos generais tornou-se num imperativo moral ou ético de agir".[129]

Os dois oficiais foram a Lisboa manifestar a impaciência que ambos sentiam, e a vontade que tinham de sair, já. Argumentavam que, na segunda-feira, dia 19, no RI5, os militares do Curso de Sargentos Milicianos iam fazer exercícios de campo[130]. Esta situação dificultava uma acção futura do regimento. O Capitão Virgílio Varela assegurava que o seu regimento estava preparadíssimo, e confessa que "se não se fizesse nada, saía sozinho".

O Capitão Virgílio Varela pretendia "despertar" o país. Defendia que era importante actuar, agora, e, já, pois "o regime estava preso por um fio". Sentia que o pior que podia acontecer era ser preso (contudo, para si a DGS não era uma ameaça convencido que esta não se intrometeria na instituição militar[131]). A sua análise da conjuntura dava-lhes segurança, e a presença dos jornalistas estrangeiros era uma garantia[132]. Pensava que "com um abanão isto era imparável. Eu julgava que haveria adesão e poderia fazer-se um golpe de Estado que acabasse com a ditadura sem guerra civil"[133].

O Coronel Virgílio Varela recusa as acusações de ter precipitado a sublevação das Caldas[134]. Para o Coronel, a precipitação da saída

---

[129] O Capitão Virgílio Varela considerava que "podia sair sozinho, ser o dianteiro" e estava disposto a avançar com o grupo de oficiais que tivesse consideração por si e o seguissem.

[130] Nos exercícios de campo levavam balas simuladas, o que dificultava acção e ficariam em exercícios de campo durante cerca de 1 semana a 15 dias. Além disso, quando estivessem no campo seria difícil tomar a unidade, pois o comandante facilmente reagiria com maior eficácia.

[131] O Capitão Virgílio Varela tinha algumas informações que afirmavam que havia agentes da DGS a colaborar com o Movimento dado que, em África, existia uma estreita colaboração entre a DGS e as FA que desempenhava funções informativas.

[132] O Coronel Virgílio Varela considerava que Portugal dava nas vistas do mundo. As discussões na ONU e a imprensa estrangeira eram boas garantias.

[133] Em entrevista ao Coronel Virgílio Varela, em Lisboa, a 25 de Junho de 2007.

[134] Em entrevista o Coronel Virgílio Varela admite que tem sido afirmado que a Unidade das Caldas estava em polvorosa, mas afirma que não foi isso que disse ao Major

de 16 de Março deve-se ao "fenómeno ruptura" e à vontade de avançar, mesmo que ninguém o siga. O estado de ruptura do Tenente Vítor Carvalho e do Capitão Varela quando encontraram o Major Casanova Ferreira expressou-se com determinação, "tem de ser", porque não aceitavam a demissão dos seus chefes. O Major Casanova Ferreira percebeu exactamente as razões dos dois oficiais das Caldas. O Capitão Virgílio Varela ficou convencido que a acção iria desenrolar-se no dia 15 de Março[135]. Crê, ainda, que "as Caldas saiu garantidamente porque eu e o Vítor Carvalho viemos a Lisboa – é uma assunção nossa"[136].

Os dois oficiais das Caldas ficaram a aguardar e o Capitão Marques Ramos ficou como o elemento de contacto do RI5. De regresso de Lisboa, ouviram o rádio a anunciar que o Presidente do Conselho tinha demitido os generais e nomeado um novo CEMGFA. O Capitão Virgílio Varela disse ao Tenente Vítor Carvalho: "Estamos lixados, vamos ter de fazer a guerra de directa". O Coronel Virgílio Varela ficou a aguardar e a preparar-se para receber a ordem de Lisboa ou dos próprios generais – esta era a sua convicção, "dei um tempo".

Quando regressou às Caldas, o dia decorria com tranquilidade. Na expectativa, estava o Capitão Virgílio Varela que "tinha feito um teste muito difícil à minha companhia porque já me cheirava mal e aguardava qualquer coisa. Não tendo nota alta, não podiam sair. Era ver o que isto dá. Com a preocupação de não fazer uma guerra civil."[137]

Casanova Ferreira. O Capitão Virgílio Varela declarou ao Major Casanova Ferreira que "nós, Vítor Carvalho e eu, não admitimos, como representantes do Movimento dos Oficiais Oriundos de Milicianos, a demissão dos generais. O movimento estava integrado, as duas comissões trabalham juntas. Este é um processo de transmitir a um elemento da comissão militar que não admitíamos a demissão dos generais. Nós tínhamos a certeza que os generais iam ser demitidos. Era preciso fazer qualquer coisa", em entrevista com o Coronel Virgílio Varela, em Lisboa, a 25 de Junho de 2007.

[135] Em entrevista com Manuel A. Bernardo, o Coronel Virgílio Varela afirmou que "na residência de Casanova Ferreira, discutimos o plano de operações" (*Marcello e Spínola: a Ruptura. As Forças Armadas e a Imprensa na Queda do Estado Novo, 1973–1974*, p.312).

[136] Entrevista com o Coronel Virgílio Varela, em Lisboa, a 25 de Junho de 2007.

[137] Entrevista com o Coronel Virgílio Varela, em Lisboa, a 25 de Junho de 2007.

Na reunião de 5 de Março diferenciaram–se dois grupos de oficiais. Por um lado, prevaleceram as diferenças profissionais (observou-se uma clara distinção entre oficiais oriundos de cadetes e milicianos, bem como entre oficiais dos outros ramos das FA). Por outro lado, distinguimos divergências políticas. Um grupo de oficiais apoiou o documento apresentado como base de uma futura acção revolucionária do Movimento. Outro grupo (no qual se destacou o Capitão Virgílio Varela) contestou este documento e defendeu a eleição de chefes, os quais orientariam uma futura acção política.

No entanto, neste dia, os oficiais criaram uma plataforma comum que passou a coordenar os movimentos de todos. Esta ficou coroada pela indicação dos generais como "chefes" do Movimento. Contudo, Otelo Saraiva de Carvalho esclarece que esta decisão não implicava o seu protagonismo dentro do Movimento, mas no caso de uma acção vitoriosa do Movimento, seriam nomeados os seus representantes. Porém, verificámos que os "spinolistas"[138] foram sempre elementos muito activos e prontos a passar à acção. A demissão dos generais Costa Gomes e Spínola projectou estas dinâmicas. Mas enquanto o Movimento afrouxou, devido à precipitação do plano de dia 13 de Março (e não podemos esquecer a recusa dos oficiais da EPC, devido à ausência do apoio explícito do General Spínola), os oficiais mais próximos do General mantiveram-se em alerta.

O Presidente do Conselho e as altas hierarquias das FA menosprezaram a força do MOFA que exigia liberdade para escolher o futuro da guerra colonial. O mês de Março de 1974 "não deixou de ser o cadinho da acção vitoriosa do 25 de Abril"[139]. Estava detonada uma acção militar ...

---

[138] O General Spínola possuía um grupo de oficiais fiéis que tinha uma grande preparação política por si instigada. Embora hesitasse perante uma acção militar ao condenar o uso da força para derrubar o regime, "os oficiais que acreditam em Spínola, e que fazem do seu livro o verdadeiro programa de alternativa, sentem-se impelidos para agir, já que as condições básicas de sucesso estão asseguradas – um chefe, um programa e um desejo alargado de mudança", in Aniceto Afonso, "A Queda do Estado Novo, II – O Movimento dos Capitães", p.277.

[139] Idem, "O Movimento dos Capitães", *História de Portugal. Dos Tempos Préhistóricos aos nossos dias*, Portugal Democrático, vol. XIV, dir. João Medina, Clube Internacional do Livro, Amadora, s.d. p.20.

2.2. O Golpe das Caldas de 16 de Março de 1974

Portugal vivia o paradoxo de uma serenidade triste. O velho regime do Estado Novo, contrariando os ventos da história, permanecia estruturalmente intacto. O controlo da opinião pública, a propaganda e a atitude dos seus chefes eram as suas máscaras. Ao seguirmos os passos de Marcello Caetano, de Américo Thomaz ou dos Generais Costa Gomes e António Spínola, reconhecemos que, em Março de 1974, o Governo considerava que tinha o país seguro e sereno.

Do outro lado, nem sempre conspirativo, salientam-se as motivações e intenções dos oficiais do MOFA. Os testemunhos dos participantes oferecem-nos a densidade de cada acto e palavra. A 5 de Março de 1974, os oficiais das FA estavam conscientes da sua força e das suas aspirações. A mudança de regime era uma necessidade reconhecida por todos, sentimento, claramente, pressionado pelo aperto que a Guerra Colonial provocava. A certeza de que o país precisava de uma mudança de regime não criou divisões, mas sim trajectórias diferentes. Se, inicialmente, estas foram condicionadas pelas relações pessoais e profissionais, em Março de 1974, os meios utilizados pelos oficiais do MOFA foram determinados pelos conflitos que se geraram na política interna do país.

No MOFA sempre coexistiram diferentes perspectivas sobre a estratégia a seguir. Enquanto os oficiais mais radicais defendiam abertamente o derrube do regime, os mais moderados procuravam uma terceira via legalista[140,] convencidos de que o colapso do regime era iminente. As alianças que se construíram na base desta *dualidade estratégica* proporcionaram uma dinâmica única ao MOFA. De uma forma involuntária, mas, certamente hábil, esta particularidade permitiu que a hierarquia militar, a DGS e o Governo subestimassem a força do Movimento[141].

---

[140] Na obra de Dinis De Almeida são reproduzidos vários documentos que testemunham a tentativa de resolução da questão dos decretos dos oficiais integrados no Movimento (entre eles contam-se a Exposição-Tipo a enviar ao Ministro do Exército, tendo em vista a resolução do decreto-lei 353/73 de Julho de 1973; bem como documentos dirigidos ao Presidente da República, Presidente do Conselho, e a vários ministros (Dinis de Almeida, *ob. cit.*, pp.401-454.

[141] No contexto adverso e autoritário do regime do Estado Novo, a existência do MOFA e as das suas reuniões não implicou quer a sua repressão, quer a sua paralisação. A sua existência foi consentida.

Ao reconhecermos a influência de tantas cumplicidades em todo o processo, é importante compreendermos as dinâmicas formadas em determinado lugar. Assim, a descrição dos acontecimentos do dia 15 de Março, gerados pelo anúncio da destituição dos Generais Costa Gomes e Spínola, comportará um carácter local. Neste momento, importará compreender os contactos que se registaram entre os vários regimentos, bem como o funcionamento da rede de relações entre os oficiais do MOFA, de forma a problematizar a influência destas características no desenrolar dos factos do dia seguinte. Para percebermos o significado das movimentações ocorridas a 16 de Março de 1974, torna-se, ainda, indispensável uma descrição cronológica pormenorizada dos acontecimentos que evidenciará as forças mobilizadas em cada local.

Tão importante como perceber o que constituiu o rastilho dos acontecimentos, é entender a profundidade dos gestos e palavras. Tal como referimos, os oficiais do Movimento encontravam-se muito motivados para passar à acção, embora assumissem as suas condições. Nos parágrafos seguintes, procuramos esclarecer as circunstâncias do avanço de uns e do recuo de outros. Todas estas movimentações decorrem num país com um Governo autoritário, que vigiava todos os passos e, por isso, possuía um complexo sistema de reacção. Através dos testemunhos dos participantes e dos relatórios de algumas forças do Exército[142] e da Guarda Nacional Republicana[143], podere-

---

[142] A descrição dos acontecimentos das páginas seguintes basearam-se nos documentos do Quartel-General da Região Militar de Tomar intitulado *FITA DO TEMPO DOS ACONTECIMENTOS DE 16MAR74, NO RI5*, s.d.; do Major Sequeira da Silva, *RELATÓRIO DA ACÇÃO EM CONSEQUENCIA DOS ACONTECIMENTOS REGISTADOS NO RI 5 EM 16MAR74*, da EPC de Santarém, de 19 de Março de 1974 (exemplar n.º 2 enviado ao Quartel-General da Região Militar de Tomar); Major Guimarães, *ACONTECIMENTOS DO DIA 16/17MAR74*, (anexo ao *Relatório de Situação* do Coronel Salazar Braga), Leiria, de 17 de Março de 1974; bem como Coronel Salazar Braga, *RELATÓRIO DE SITUAÇÃO, Segurança Interna: incidentes de 16 e 17Mar74*, Leiria (Cruz da Areia), de 23 de Março de 1974 (exemplar n.º 1, enviado ao Quartel-General de Tomar); todos integram o Arquivo Histórico Militar, localizado em Lisboa.

[143] Do Arquivo Histórico da Guarda Nacional Republicana analisámos os documentos do Tenente Pires, *Rel. Cir. de Oper. N.º 4/74, Sublevação de Oficiais no Regimento de Infantaria n.º 5 em Caldas da Rainha*, de 18 de Março de 1974 (exemplar n.º 4); do

O Golpe de 16 de Março de 1974   73

mos compreender melhor o que esconde a definição de "aventura isolada", amplamente divulgada pelo poder político, logo após os acontecimentos. O Golpe das Caldas de 16 de Março de 1974 encerra em si próprio caminhos incertos de um Governo que se defende, mas também a ousadia e o aperto dos oficiais das FA.

Quando, a 14 de Março de 1974, os generais, com os quais os oficiais do MOFA se identificavam, foram demitidos por recusarem o mito da apoliticidade da instituição militar, os militares reconheceram a urgência da mudança política e do seu papel. À incapacidade do Governo em resolver a Guerra Colonial, juntaram-se as divergências com os seus chefes. Se, por um lado, Marcello Caetano considerava que o afastamento dos Generais Costa Gomes e António Spínola promoveria um progressivo enfraquecimento das aspirações dos oficiais, por outro lado, o Governo, também, permanecia em alerta e confiante na eficácia da sua resposta a qualquer insubordinação. Portugal não era um país dividido, mas polarizado e distante.

2.2.1. *Dia 15 de Março, início das movimentações*[144]

Escutava-se na rádio a notícia de última hora: os generais Spínola e Costa Gomes foram demitidos[145]. Marcello Caetano tinha o

---

Coronel Milreu, *Resumo de Notícias n.º 1/74*, período de 160100MAR74 a 181430MAR74, Batalhão 2 – Paulistas, Lisboa, de 18 de Março de 1974; bem como do Comando-Geral, *Relatório de Operações n.º 2/74*, 3.ª Repartição, Lisboa – Carmo, de 19 de Março de 1974.

[144] Os acontecimentos ocorridos neste dia sobrepõem-se rapidamente impedindo a clara percepção da sua dispersão geográfica. Assim, no anexo III deste trabalho encontra-se reproduzido o mapa dos *Acontecimentos ocorridos em várias unidades militares no dia 15 de Março de 1974*.

[145] Segundo José Freire Antunes, "quatro horas depois da cerimónia, Costa Gomes e Spínola foram demitidos das suas funções.", (in José Freire Antunes, *Os americanos e Portugal 1969-1974: Nixon e Caetano promessas e abandono*, Difusão Cultural, Lisboa, 1992, p. 334). A cerimónia que ficou conhecida como "Brigada do Reumático" foi realizada no dia 14 de Março de 1974 pelas 17H00 no Palácio de S. Bento. Foi radiodifundida em directo pela Emissora Nacional e transmitida em diferido no "Telejornal" das 21H30 pela Radiotelevisão Portuguesa. Foi neste momento que os oficiais de Lamego, provavelmente, decidiram, no dia seguinte, manifestar o seu desagrado ao comandante.

74 *Nas Vésperas da Democracia em Portugal*

país seguro e tinha-o comunicado ao país. Nas FA, não podiam restar dúvidas. Todas as unidades militares estavam em regime de prevenção simples.[146]

Nos quartéis onde estavam oficiais ligados ao Movimento, os comandantes recebiam (ou já tinham recebido), um a um, os oficiais do MOFA, que manifestavam o seu desagrado com a demissão dos generais Costa Gomes e Spínola, com quem estavam solidários[147]. Por sua vez, os comandantes comunicavam o sucedido aos comandantes dos quartéis-generais da sua região militar[148].

Em Lamego

Às 10H00 do dia 15 de Março, os oficiais do CIOE (Centro de Instrução de Operações Especiais)[149] dirigiram-se ao gabinete do comandante, o Coronel Amílcar José Alves. Pretendiam declarar o seu protesto colectivo contra a demissão dos generais e contra a

---

[146] A documentação do Comando-Geral da GNR indica que no dia 9 de Março pelas 5 horas foi levantado o estado de prevenção simples. Nesse mesmo dia pelas 18H00 foi retomado o estado de vigilância e pelas 20 horas foi levantado o estado de prevenção simples. No dia 10, pelo meio-dia, foi levantado o estado de alerta. Nesse mesmo dia foi levantado, pela primeira vez o estado de prevenção rigorosa que se manteve até ao dia seguinte pelas 17H00 onde foi retomado o estado de alerta. No dia 14 de Março pelas 17H00 foi retomado o estado de prevenção simples que se manteve até dia 15 pelas 11H00 (Comando-Geral, *Relatório de Operações n.º 2/74*, 3.ª Repartição, Lisboa – Carmo, de 19 de Março de 1974, fl.1 – este documento encontra-se reproduzido no anexo XIV deste trabalho).

[147] No encontro em Coimbra Pita Alves (que substituiu o Capitão Antero Ribeiro da Silva como elemento das ligações do Movimento com a região do interior centro do país) afirmou que telefonou para várias unidades informando que o Movimento tinha ordenado que todos os elementos do Movimento deveriam dirigir-se ao comandante das suas unidades e manifestar a sua solidariedade com os Generais Costa Gomes e Spínola exonerados.

[148] Veja-se os casos de Lamego e do Porto descritos nas páginas seguintes deste trabalho.

[149] Em Lamego, estavam 13 oficiais que pertenciam ao Movimento dos Capitães. Na entrevista que realizámos com o Major-General Augusto Valente (em Coimbra, a 23 de Julho de 2007), este oficial afirmou que foi na noite do dia 14 que viram no Telejornal o anúncio da demissão dos generais. Estavam na messe de oficiais todos os oficiais do Movimento que, logo ali, decidiram que tomariam uma atitude no dia seguinte. Porém, cada participante no Golpe de 16 de Março de 1974 ouviu esta notícia em horas diferentes, mas todos concordam que a exoneração dos generais foi o rastilho dos acontecimentos que se desenrolaram no dia 15 de Março.

O Golpe de 16 de Março de 1974

presença do comandante da Região Militar do Porto (RMP) na cerimónia de solidariedade do dia anterior. Todavia, o comandante rejeitou a entrada de todos os oficiais e, entre eles, foi decidido que deveria ir o oficial mais antigo, o Capitão Bordalo Xavier. Esta conversa, a dois, foi interrompida pelo chefe de secretaria que trazia uma mensagem, com um grau de precedência elevado, da RMP[150]. O comandante não revelou o teor da mensagem, mas comentou com o Capitão Bordalo Xavier que a sua posição estava a melhorar[151] e não contrariou os oficiais. Entre os dois, acordaram que a atitude do comandante seria comunicada à RMP, e os oficiais continuariam a aceitar o comando do coronel[152].

Pelas 11H00, o Capitão Bordalo Xavier saiu do gabinete. Comunicou aos oficiais do CIOE que o comandante não se definiu. Este não os hostilizou, deixando-os na expectativa. A sua transferência para Espinho, comunicada na mensagem[153], criou uma certa hesita-

---

[150] Neste dia, o comandante recebeu, por volta das 10h00, uma mensagem, possivelmente, informando do despacho de 12 de Março de 1974, que ordenava a sua transferência para a Carreira de Tiro de Espinho. Apenas mais tarde veio a confirmação pela *Nota n.º 12877 – P.101.040 de 21MAR74* (Arquivo Pessoal). O Coronel Amílcar José Alves saiu da unidade a 12 de Abril pelas 9h00. Foi substituído pelo Tenente-Coronel Sacramento Marques que, a 25 de Abril de 1974, não dificultou as manobras dos oficiais da Unidade no dia 25 de Abril de 1974.

[151] "Mais tarde viemos a saber que provavelmente era uma mensagem que ordenava a transferência dele para director da Carreira de Tiro de Espinho (CTE). Foi talvez uma daquelas coincidências", em entrevista ao Major-General Augusto Valente, em Coimbra, a 23 de Julho de 2007.

[152] "Julgo que o comandante ficou de comunicar superiormente a posição dos capitães, mas, logo ali, foi referido que continuávamos a aceitar o seu comando". In Coronel Ferreira da Silva, "EXTRACTO DE UMA CARTA DO CORONEL MANUEL FERREIRA DA SILVA", in Manuel A. Bernardo, *Marcello e Spínola: a Ruptura. As Forças Armadas e a Imprensa na Queda do Estado Novo, 1973–1974*, p.196.

[153] A substituição de comandantes era uma medida muitas vezes aplicada pela alta hierarquia do Exército. Estes exerciam uma importante acção psicológica junto dos oficiais de escalões inferiores, por isso, o Regime colocava neste posto oficiais da sua plena confiança. Esta medida tinha sido tomada, como já verificámos, em Lamego e meses antes em Santarém (o Coronel Francisco José de Morais recebeu ordem para se apresentar na Direcção de Arma de Cavalaria no dia 14 de Janeiro de 1974. Abandonou, no mesmo dia, o quartel. Na manhã de 25 de Abril de 1974, dirigiu-se ao Terreiro do Paço, onde deu um enorme abraço ao Capitão Salgueiro Maia, in Joaquim M. Correia Bernardo, *ob. cit.*, p.59). Ainda neste dia 15 de Março de 1974, o RI5 das Caldas da Rainha recebeu um novo comandante (facto analisado nas páginas seguintes deste trabalho).

ção no Coronel Amílcar José Alves. Esta representava a certeza de que a sua carreira militar tinha ficado por ali, "era uma posição de prateleira"[154]. Quando o comandante comunicou à RMP o sucedido, de imediato se deslocou ao seu encontro o 2.º comandante, Brigadeiro Barreto num pequeno avião[155]. Enquanto os oficiais cumpriam as suas funções na unidade, o Coronel Amílcar José das Neves saiu disfarçadamente. Esta situação permitiu-lhe manter o comando da mesma, ao mesmo tempo que definia melhor a sua posição perante o comando.

Na manhã do dia 15 de Março, em Lamego não ocorreram movimentações de tropas. Contudo, os oficiais do CIOE estabeleceram muitos e desorganizados contactos, que ocuparam a rede de ligações do Movimento. As comunicações foram feitas por vários oficiais que recorreram, também, aos seus conhecimentos pessoais. Convencidos de que teriam a cooperação do comandante, transformaram-se no "rastilho" dos acontecimentos desse dia.

O Coronel Abreu Cardoso afirma que "toda a gente se agarrou aos telefones. Ninguém tinha nada preparado e ninguém acreditava". Mas, enquanto os Pára-quedistas confirmavam a precipitação dos oficiais de Lamego[156], o Capitão Virgílio Varela, do RI5, respondeu que "ia ver o que podia fazer"[157]. Também o Capitão Ferreira da

---

[154] O comando da CIOE era um posto de grande prestígio, cujo desempenho poderia promover um oficial superior ao posto de general. O coronel estava a construir um currículo que o colocava nos Altos Estudos Militares, mas que agora via gorado.

[155] No encontro de 16 de Março de 2007, em Coimbra, o Coronel Sousa Ferreira afirmou que o comandante de Lamego se deslocou a Armamar numa ambulância ou viatura dos bombeiros. O Major-General Augusto Valente afirmou que "o Capitão Teixeira da Costa, o presidente administrativo da unidade militar, praticamente gestor da unidade, era o comandante dos bombeiros. Acredito perfeitamente que ele tenha utilizado uma viatura dos bombeiros sem dar nas vistas", em entrevista em Coimbra, a 23 de Julho de 2007.

[156] "Tive o cuidado de telefonar primeiro para os pára-quedistas porque eram a unidade mais influente tal como Lamego. Tinha mais gente e bem treinada." O Capitão Avelar de Sousa respondeu que eles se tinham precipitado porque nada estava combinado e não estavam preparados. Entrevista com o Coronel Abreu Cardoso, em Braga, a 17 de Julho de 2007.

[157] O Coronel Abreu Cardoso afirma que comunicou ao Capitão Virgílio Varela que a unidade de Lamego estava pronta para agir (em entrevista com o Coronel Abreu Cardoso, em Braga, a 17 de Julho de 2007). No entanto, o Coronel Virgílio Varela desmente esta afirmação (em entrevista em Lisboa, a 7 de Maio de 2007).

Silva afirma que fez alguns telefonemas[158]. Por sua vez, o Capitão Augusto Valente[159] contactou, várias vezes, com o Capitão Pita Alves (elemento de ligação do Movimento, em Lisboa) e com as unidades de Penafiel e do Porto[160].

No Regimento de Artilharia Ligeira 5, em Penafiel

O Capitão Dinis de Almeida certificou que "entretanto em Penafiel, fui igualmente posto ao corrente do que se passava em Lamego, através de um telefonema do capitão Valente, do próprio C.I.O.E.. Sem saber que os telefones já estavam sob escuta, no meu próprio Regimento, pus-lhe a Unidade à disposição. Avisei-o no entanto que teria de consultar os meus oficiais de confiança."[161] Os Tenentes Marques e Fraga, bem como o Aspirante Paula Cardoso mostraram-se imediatamente disponíveis. O Capitão Dinis de Almeida declara que telefonou " em seguida para o Porto, avisando o major Corvacho do que se estava a passar. A situação de prevenção rigorosa em que estávamos a viver, dificultava-nos os contactos pessoais. Voltei a telefonar para Lamego, informando que tinham à disposição as quatro companhias do RAL5."[162]

Dinis de Almeida declara, na sua obra, que nesse dia as comunicações entre o quartel de Penafiel e o exterior foram cortadas pelo Major Murta[163], logo não tomou conhecimento de outras informações de Lamego ou do Movimento, durante o dia.

---

[158] "À tarde, eu e outros oficiais estabelecemos contactos com outras unidades sobre a posição assumida. Na generalidade, estas unidades ouviram, mas não se mostraram muito entusiasmadas. Ressalva-se o caso do Major Carlos Azeredo, do CICA1 (hoje General) e dos oficiais do RI14 (Viseu), que informaram ir transmitir posição semelhante ao Comando.", in Coronel Ferreira da Silva, "EXTRACTO DE UMA CARTA DO CORONEL MANUEL FERREIRA DA SILVA", in Manuel A. Bernardo, *Marcello e Spínola: a Ruptura. As Forças Armadas e a Imprensa na Queda do Estado Novo, 1973–1974*, p.196.

[159] O Capitão Augusto Valente era o elemento de ligação do Movimento com a Região do Interior Norte (Vila Real, Viseu, Lamego e Porto).

[160] Em entrevista com o Major–General Augusto, em Coimbra, a 23 de Julho de 2007.

[161] Dinis de Almeida, *ob. cit.*, p.279.

[162] Idem, *Ibidem*, p.279.

[163] Idem, *Ibidem*, p.284.

No Porto

Perante as informações[164], os Oficiais integrados no Movimento no Porto[165] reuniram-se e decidiram incitar outras unidades, no sentido de declararem o seu protesto contra a demissão dos generais, junto dos seus comandantes[166].

O Coronel Sanches da Gama, comandante do Regimento de Engenharia de Espinho, foi o primeiro a dirigir-se ao Quartel-General da RMP e a manifestar o seu desagrado pela demissão dos generais. Imediatamente, foi destituído do comando pelo próprio comandante da RMP. De seguida, o mesmo aconteceu com o Coronel Lauchener Fernandes, comandante do Regimento de Cavalaria 6 (RC6), no Porto.

Segundo Carlos Azeredo, o comandante da RMP cumpria simplesmente as ordens do Ministro do Exército, o General Andrade da

---

[164] " (...) no dia 15 de Maio [sic] fui informado pelo capitão Albuquerque de que os oficiais do Centro de Operações Especiais de Lamego tinham telefonado para o major Eurico de Deus Corvacho, do Quartel-General do Porto, a informar que iriam manifestar ao comandante da unidade o seu repúdio relativamente à demissão dos dois generais. Corvacho teria aconselhado calma para que se não denunciassem." in Carlos de Azeredo, *Trabalhos e Dias de Um Soldado do Império*, Livraria Civilização Editora, Barcelos, 2004, p.153.

[165] A organização do Movimento dos Capitães do Norte reunia-se no CICA (Centro de Instrução de Condução Auto) 1, sob a direcção do Major Carlos Azeredo. Este "Estado--Maior" era constituído pelos majores Corvacho e Albuquerque, os capitães Borges, Carneiro e Mota. Antes da exoneração dos generais, já tinham começado a trabalhar no plano operacional do golpe e a estabelecer contactos com Unidades no Norte. Em concordância com Lisboa (participaram nas grandes reuniões do Movimento), o planeamento no Norte era totalmente autónomo apenas dependendo para a sua execução de um sinal combinado vindo de Lisboa a fim de se integrarem no Plano de Transmissões.

[166] "Reuni no CICA 1 o nosso pequeno Estado-Maior do Movimento no Norte e resolvemos informar a Direcção do Movimento de Lisboa sobre a situação e apoiar não só a actuação dos oficiais de Lamego, mas que essa atitude fosse tomada em todas as unidades em relação aos respectivos comandantes que a deveriam transmitir ao general comandante da Região Militar." Carlos de Azeredo, *ob., cit.*, p.153. Nenhum testemunho confirmou que a direcção do Movimento de Lisboa recebeu esta mensagem. Também, neste ponto carecemos de uma mais profunda investigação dado que as informações são imprecisas. Segundo as entrevistas que recolhemos o Major–General Manuel Monge relata que recebeu, pela hora de almoço, a notícia dos acontecimentos de Lamego. Todavia, o Coronel Saraiva de Carvalho sublinha que apenas pelas vinte e uma horas, em casa de Monge, e, através do telefonema do Capitão Ferreira Silva soube das iniciativas do C.I.O.E. Nos testemunhos publicados de Marcello Caetano, Américo Thomaz, Silva Cunha e Viana de Lemos não encontramos qualquer referência às movimentações no Norte do país.

Silva. "Perante o sucedido, deu-se de imediato indicação para que os Comandos dos Regimentos nada mais comunicassem ao QG, a fim de não perdermos as pedras que estavam connosco nas diferentes unidades, e pessoalmente telefonei ao tenente-coronel Arriscado Nunes, que assumira o comando de Cavalaria 6, para que se mantivesse quieto, já que pretendia seguir as pisadas do seu comandante, por razões de lealdade."[167]

O comandante do Regimento de Infantaria 6 (RI6), Coronel Passos Esmeriz, afirma que "havia uma dificuldade de relação entre o Regimento de Infantaria e o Quartel-General. De tal modo que, naquela sublevação das Caldas da Rainha, eles tentaram *apanhar-me*. Cessaram as ligações telefónicas do QG com a Unidade."[168] A organização do Movimento no Porto retraiu-se.

Lisboa, Hotel Embaixador

Enquanto o General Costa Gomes "mantém uma atitude reservada e não dá sinais de encorajar a agitação"[169], o General Spínola tinha um programa e um grupo de apoiantes. Os contactos do General Spínola com ambos os movimentos conferiram-lhe habilidade para controlar a situação. José Freire Antunes declara que "o Movimento dos Capitães foi basicamente, até 25 de Abril, um utensílio pronto a usar por Spínola e Costa Gomes – o resto são lendas da posteridade."[170] Já Josep Sanchéz Cervelló vai mais longe, afirmando que "o general Spínola alimentava o seu próprio projecto conspirativo, e a sua própria organização, porque desconfiava profundamente das intenções dos capitães."[171]

---

[167] Carlos de Azeredo, *ob. cit.*, p.154.

[168] In Tenente-General Passos Esmeriz, em entrevista a Manuel A. Bernardo, *Memórias da Revolução – Portugal 1975-1975*, Prefácio – Edição de Livros e Revistas, Lda, Lisboa, 2004, p.84.

[169] Aniceto Afonso, "O Movimento dos Capitães", *História de Portugal. Dos Tempos Pré-históricos aos nossos dias*, Portugal Democrático, vol. XIV, dir. João Medina, Clube Internacional do Livro, Amadora, s.d. p.20.

[170] José Freire Antunes, *ob. cit.*, p.331.

[171] Josep Sánchez Cervelló, *ob. cit.*, p.172.

Por sua vez, o Coronel Saraiva de Carvalho afirma que não sentiu que o General Spínola tenha tentado antecipar-se ao Movimento ou preparar qualquer golpe porque este estava extremamente confiante[172]. No entanto, após a reunião de Cascais, em várias unidades foi divulgada uma circular de apoio ao General Spínola, sem referir o General Costa Gomes (embora contrariando as resoluções da reunião de Cascais)[173], o que poderia suscitar possíveis fraccionamentos, mas sobretudo desconfianças.

No dia 15 de Março, o General Spínola convocou os seus colaboradores mais próximos para discutir a grave crise do país. No Hotel Embaixador, em Lisboa, ao lado de Spínola, encontravam-se os Coronéis Alcino Ribeiro e Rafael Durão, os Tenentes-Coronéis Almeida Bruno e Dias de Lima e o Capitão António Ramos. "Tomei, então, conhecimento de que o ambiente era explosivo" relatou o General Spínola, "e que as forças militares se encontravam prontas a entrar em acção desde 12 de Março, data em que só por razões fortuitas não fora lançada a «operação»."[174] Os relatos confirmavam a inevitabilidade de uma acção militar. Porém, para Spínola era preciso agir com prudência, de forma a evitar a desagregação das FA. Era necessário um plano que assegurasse uma perfeita coordenação e integração de forças. Com o Governo particularmente vigilante, deveriam aguardar por um tempo de acalmia[175].

O General Spínola prosseguiu o seu dia com tranquilidade "sem que suspeitasse de que algo de anormal poderia ocorrer nessa noite."[176] O General manifesta uma atitude previdente e pouco precipitada. Espera que os seus homens preparem a estratégia do Golpe. Neste

---

[172] Em entrevista com o Coronel Saraiva de Carvalho, em Lisboa, a 4 de Julho de 2007.

[173] Esta informação foi recolhida junto dos vários testemunhos que reunimos, embora não exista nenhuma prova documental da referida circular. "Este cenário fazia prever a perspectiva da exoneração do Gen. Spínola e foi neste ambiente que apareceu, no dia 7, pelas unidades militares, uma circular de origem desconhecida de apoio ao General (era completamente omissa qualquer referência ao Gen. Costa Gomes...) e que recolheu inúmeras assinaturas. Começava a desenhar-se uma subtil tentativa de manipulação do Movimento que iria conduzir ao "golpe das Caldas" e que tão funestos resultados poderia ter trazido para o Movimento", in Joaquim M. Correia, *ob. cit.*, p.75.

[174] António de Spínola, *País Sem Rumo*, p.97.

[175] Idem, *Ibidem*, p.98.

[176] Idem, *Ibidem*, p.98.

almoço, não se verifica uma tentativa de imposição de um projecto pessoal. Os testemunhos recolhidos conduzem-nos para a análise de José Freire Antunes e levam-nos a concluir que Spínola não tinha razões para desconfiar do Movimento, embora nunca desprezasse as suas potencialidades, bem como o seu carácter perturbador.

De certa forma "em todo este processo, Spínola assume uma posição de grande ambiguidade, que acabará por lhe trazer amplas vantagens"[177]. O General não tentou ultrapassar o Movimento, mas sim acompanhá-lo. "Chegava a hora das opções. Se os generais que o Movimento apoiava pareciam enfim dispostos a assumirem uma atitude de frontal oposição ao regime, era indispensável estar preparado para qualquer eventualidade."[178]

No Regimento de Infantaria 14, em Viseu

No dia 15 de Março, pela hora de almoço, consta que um capitão do Regimento de Infantaria 14 (RI14), em Viseu, foi contactado por "um [oficial] subalterno da Escola Prática de Cavalaria que vinha com a missão de o informar dos últimos acontecimentos e de que os responsáveis pelo Movimento tinham chegado à conclusão de que era preciso queimar várias etapas do processo e, portanto, prepararmo-nos, rapidamente para uma acção militar".[179] Sem deixar mais informações este oficial, ainda hoje desconhecido, afirmou que apenas vinha dar o alerta para o Regimento estar atento a um sinal (um eventual aparecimento de Otelo fardado na televisão).

Ainda no período de almoço, o RI14 recebeu um telefonema de Lamego do CIOE[180], comunicando que estavam "em pé de guerra,

---

[177] Maria Inácia Rezola, "As Forças Armadas, os Capitães e a Crise Final do Regime", in *A Transição Falhada – O Marcelismo e o Fim do Estado Novo (1968-1974)*, coord. Fernando Rosas e Pedro Aires Oliveira, Círculo de Leitores, Lisboa, 2004, p.348.

[178] Aniceto Afonso, "A Queda do Estado Novo, II – O Movimento dos Capitães", p. 276.

[179] Coronel de Infantaria Aprígio Ramalho, in *30 anos do 25 de Abril. Jornada de Reflexão. Oeiras, 25 de Março de 2004*, coord. Manuel Barão da Cunha, Casa das Letras/ Editorial Notícias, Cruz Quebrada, 2005, pp.57–58.

[180] Os oficiais de Viseu afirmam que o oficial de Viseu que recebeu o telefonema de Lamego julgou que seria do Capitão Augusto Valente. No entanto, hoje, o Major-General Augusto Valente não recorda este telefonema. Nas páginas seguintes deste trabalho é analisado,

82   *Nas Vésperas da Democracia em Portugal*

em ruptura e em colisão com o comando da unidade e também com o comando da região"[181]. Mais, declarava que estava sobre rodas, pronto para avançar com destino a Lisboa. De Lamego, afirmaram pretender apoio ou pelo menos a neutralização da Unidade, quando por lá passassem a caminho de Lisboa.

Seguidamente, os quatro oficiais do Movimento de Viseu deci-diram comunicar a situação aos aspirantes e cabos milicianos das quatro companhias. Apesar de surpreendidos, de imediato, apoiaram a acção militar. O Coronel Aprígio Ramalho recorda que " fomos para a formatura das dez para as duas, que se fez normalmente, mas no momento em que o capitão mais antigo devia apresentar a forma-tura ao coronel, comandante da companhia, para mandar seguir, em vez de lhe pedir autorização, avança para o comandante, e diz-lhe: «Meu comandante, o que se passa é isto: neste momento a unidade está sob o nosso completo controlo, há um movimento militar em marcha e, portanto, nós, neste momento, estamos com a unidade controlada e quero comunicar isto ao comandante. De facto o nosso compromisso é este e vamos para a frente com este desígnio»"[182].

O comandante do RI14, Coronel Sá Cardoso, ficou perplexo e mandou seguir a formatura. Pouco depois, tentou dissuadir os oficiais, mas estes mostraram-se irredutíveis. Pretendiam derrubar o Governo e participar num golpe do M.O.F.A., embora sem saber concretamente o que se estava a passar ou qual era a sua missão. O coronel acabou por fazer com eles um acordo: "a partir daquele momento, nós trans-mitir-lhe-íamos as informações que fossem recebendo dos nossos canais do Movimento e ele iria também transmitindo-nos as informa-ções e aquilo que fosse sabendo pela via hierárquica estabelecida."[183] Os oficiais do RI14 ficaram a aguardar mais indicações. Também, neste caso, o comandante não hostilizou a atitude dos oficiais. Apesar disso, não existem registos que contrariem a posição do comandante. Ao longo do dia foram recebendo informações contraditórias e, depois,

---

com especial cuidado, o contexto e as divergências decorrentes das afirmações dos oficiais de Lamego.

[181] Idem, *Ibidem*, p.58.
[182] Idem, *Ibidem*, p.59.
[183] Idem, *Ibidem*, p.60.

O Golpe de 16 de Março de 1974

aperceberam-se de que as forças do CIOE não iam sair. Os oficiais do RI14 passaram a noite de 15 para 16 de Março em claro[184].

Em Caldas da Rainha

Neste dia apresentou-se no RI5, notificado pela RMT, o novo comandante da unidade, o Tenente-Coronel Horácio Lopes Rodrigues[185]. Chegou pelas 17H00, ao RI5, e foi recebido pelos militares do quartel, em parada e de portões fechados (devido à situação de prevenção rigorosa). Por volta das 17H30, reuniu-se com os oficiais do Quadro Permanente na biblioteca. O novo comandante ostentou uma atitude, altamente, disciplinadora e não deixou dúvidas sobre a sua missão no quartel, dando a entender que este era considerado muito inconveniente[186].

---

[184] No final do dia 16 de Março, depois de a "ordem reinar em todo o país", o comandante do RI14 conversou com os oficiais insubordinados, no sentido de os entregar ao comando da Região Militar. Depois de trocarem impressões, o comandante decidiu não denunciar os oficiais de Viseu. O comandante acabou por morrer no dia 17 de Abril e o RI14 assumiu a coordenação das ligações do Movimento da região Centro do país. Esta situação está referenciada na obra de Dinis de Almeida, *Origens e Evolução do Movimento dos Capitães (subsídios para uma melhor compreensão)*, Edições Sociais, Lisboa, 2.ª tiragem, 1977, p.279; bem como na obra de Viana de Lemos, *ob. cit.*, p.84 ("Aliás, posteriormente a 16 de Março, o mesmo General [comandante da Região Militar de Coimbra] enviou-me um relatório referente à situação no Regimento de Infantaria 14, ainda assinado pelo Coronel Sá Cardoso, que entretanto tinha falecido, o qual guardei pessoalmente para evitar qualquer procedimento.").

[185] "... Marchou do CICA4 para o Q.G. em 15 de Março corrente, pelas 10H00. Foi presente naquele Q.G. na mesma data pelas 12H30. Marchou para o R.I.5 em 15 de Março corrente, pelas 14H30. Foi presente no R.I.5 na mesma data pelas 17H00 (...). Que, desde 16 de Março corrente, passei a Comandar interinamente o Regimento, deixando de o Comandar o Exmo.º Tenente Coronel de Inf-ª 51045411 – Ernesto F.S. Tavares" in *Ordem de Serviços n.º 63*, Quartel em Caldas da Rainha, 16 de Março de 1974 (Arquivo Pessoal), assinado pelo Comandante interino Horácio Loureiro Lopes Rodrigues, Tenente-Coronel de Infantaria. Esta transferência foi publicada numa mensagem de 12 de Março de 1974.

[186] O novo comandante afirmou que se apresentava naquele regimento para "cumprir e fazer cumprir ordens, exclusivamente, na dependência hierárquica do Comandante da Região Militar de Tomar", segundo o Major–General Matos Coelho, Intervenção no colóquio – debate "Discutir a revolta de 16 de Março de 1974 «Revolta das Caldas»", organizado pelo Centro de Documentação 25 de Abril e pela delegação de Coimbra da Associação 25 de Abril", Coimbra, 16 de Março de 2007.

Na Escola Prática de Infantaria

O dia 15 de Março de 1974 encontrou a Escola Prática de Infantaria (EPI)[187,] em exercícios de campo, de final do Curso de Oficiais Milicianos. Os testemunhos[188] divergem entre uma descrição do dia 15, como um dia tranquilo nas rotinas da Escola, e oficiais que se recordam de rumores imprecisos e contraditórios sobre movimentações que os deixaram surpreendidos, porquanto não havia nada combinado. As forças do Movimento estavam desmobilizadas, embora houvesse um sentimento generalizado da necessidade de actuar.

O Tenente Nelson Santos, perante informações contraditórias e duvidosas, procurou entrar em contacto com a EPC de Santarém. Declarou que foi "um dos Oficiais (acompanhado por outro Tenente) que se deslocou a Santarém para junto de um camarada da EPC tentar obter esclarecimentos sobre o sucedido"[189]. Por sua vez, o Tenente Frias Barata deslocou-se a Lisboa, mas os oficiais da EPI também aqui não conseguiram recolher nenhuma informação[190].

---

[187] A Escola Prática de Infantaria (EPI) de Mafra, desde 1961, desempenhou um papel acrescido na preparação de oficiais milicianos, que iam em comissão para os territórios africanos. Todos os cadetes da Academia, que ingressavam na arma de Infantaria, passavam por esta escola para cumprir o tirocínio (primeiro ano de aprendizagem de uma determinada função). Ora os oficiais milicianos, que entraram nesta escola, ao longo da Guerra Colonial, eram jovens estudantes, que viam as suas vidas interrompidas. Eram na maioria universitários, com uma forte consciência política e muitas vezes, já, politizados. Em Mafra, os jovens cadetes conheciam jovens como eles, que desertavam quando podiam, faziam greves de rancho, recusavam fazer exercícios ou faziam-nos mal, etc. Era um choque para quem tinha frequentado um meio universitário, como a Academia Militar, onde a disciplina, a ordem e o empenho eram fundamentais.

[188] Na revista *Azimute* da Escola Prática de Infantaria foram publicados em Agosto de 2006 (n.º 181, pp.11-42) testemunhos de oficiais da EPI sobre o 16 de Março e o 25 de Abril de 1974. Na revista, encontram-se os depoimentos de 11 oficiais que em Março de 1974, estavam na Escola. As entrevistas foram elaboradas pelo Alferes RC Rico dos Santos. A unidade das Caldas era o Regimento de Infantaria 5, portanto, em Mafra, localizava-se a Casa Mãe do Infante, ou seja, a casa mãe de todos os oficiais de infantaria. As relações eram estreitas e também a EPI estava perfeitamente integrada no Movimento e empenhada em cumprir a sua missão no derrube do regime.

[189] Tenente-General Nelson Santos, entrevistado pelo Alferes RC Rico dos Santos, "Entrevista: TGen Nelson Santos (Tem Inf em Abril de 1974", *Azimute. Revista Militar de Infantaria*, n.º 181, Agosto de 2006, p.31.

[190] "A 15 de Março (falava-se que as Caldas iam sair, estavam lá a aliciá-los) eu sou incumbido de ir a Lisboa procurar saber o que se passava, não apurei nada." Capitão Frias

O Golpe de 16 de Março de 1974

O Major Hugo dos Santos, activo elemento do Movimento, afirmou que foi contactado pela EPI, na tarde de 15 de Março, e que foi "então elucidado de que algo havia e quem estava envolvido era pessoal vindo da Guiné, ligado ao General Spínola, pelo que seria conveniente que eu estabelecesse ligação com algum deles para saber do que se tratava."[191] Este oficial contactou o Major Manuel Monge, que lhe deu informações muito vagas. "Como estava previsto novo contacto com a EPI, limitei-me a dizer-lhes que fiquei desconfiado da existência de movimentações, mas que desconhecia o que se tratava."[192]

Entre os oficiais do Movimento, divulgaram-se informações distorcidas e exageradas que facilitaram a precipitação de alguns oficiais, pondo em risco o Movimento. Todavia, ao fim do dia, entre as 17H00 e as 18H00 da tarde, todas as unidades militares, atrás referidas, saíram para um fim-de-semana tranquilo.

À noite em Lamego

Na messe do quartel de Santa Cruz, juntaram-se todos os oficiais e fizeram-se muitos telefonemas, para Lisboa. O Capitão Ferreira da Silva explica que "telefonei ao Major Manuel Monge para sua casa (tínhamos estado juntos em Gadamael, na fase crítica da Guiné, em 1973), comunicando-lhe a posição tomada e que aguardávamos quaisquer instruções do Movimento, pois naquele momento seria possível sair para a rua com tropas. O Major Manuel Monge tomou nota e nada mais disse; e nem referiu a reunião, que, naquele momento, se estava a realizar em sua casa, com o Otelo e o Casanova Ferreira."[193] Através dos depoimentos recolhidos[194], podemos afirmar

---

Barata, entrevistado pelo Alferes RC Rico dos Santos, "Entrevista: Capitão (Ref) Frias Barata (Tem Inf em Abril de 1974)", *Azimute. Revista Militar de Infantaria*, n.º 181, Agosto de 2006, p.12.

[191] Entrevista com o General Hugo dos Santos, in Manuel A. Bernardo, *Marcello e Spínola: a Ruptura. As Forças Armadas e a Imprensa na Queda do Estado Novo, 1973--1974*, p.274.

[192] Idem, *Ibidem*, p.274.

[193] Coronel Ferreira da Silva, "EXTRACTO DE UMA CARTA DO CORONEL MANUEL FERREIRA DA SILVA", in *Ibidem*, p.197.

[194] Esta hipótese surgiu nas entrevistas que realizámos, bem como na discussão que decorreu durante o Colóquio – debate "Discutir a revolta de 16 de Março de 1974 «Revolta

que o Capitão Ferreira da Silva telefonou para Lisboa por sua iniciativa, utilizando a sua ligação pessoal com o Major Manuel Monge.

Segundo os testemunhos, a ideia de sair da Unidade partiu da capital, mas a reacção foi de total surpresa, porque em Lamego não estavam preparados para sair. O Major-General Valente afirma que o grupo de Lisboa pressionava as unidades para saírem[195], porém era difícil fazê-lo, rapidamente, porque não estavam preparados. Afirma, também, que a hipótese levantada foi, sempre, de sair para o Porto e, nunca, para Lisboa, pelas dificuldades que acarretava[196]. O Coronel Abreu Cardoso sustenta que "Lamego não estava na posição de saída, mas na posição de desobediência. De saída não podíamos estar, porque não tínhamos gasolina!"[197]

Os oficiais de Lamego telefonaram para a EPI, EPC e RI5 para saber o que se passava. Mais, "no dia 15 de Março, à noite, constou na unidade que o General Spínola se deslocou para o Porto"[198]. Contudo, toda a movimentação e os boatos acabaram por se dissipar e foi uma noite tranquila[199].

---

das Caldas»", organizado pelo Centro de Documentação 25 de Abril e pela delegação de Coimbra da Associação 25 de Abril", Coimbra, realizado a 16 de Março de 2007.

[195] "Quando estamos na reunião, um grupo que se junta na messe de oficiais de Santa Cruz, a questão que surge é que de Lisboa pedem para sairmos. Há ordem de Lisboa para marcharmos sobre Lisboa" afirma em entrevista o Major–General Augusto Valente, em Coimbra, a 23 de Julho de 2007. Mais, este oficial salienta ainda que não verificaram a proveniência desta ordem e não esteve presente no momento do telefonema, por isso não sabe quem telefonou.

[196] "Para o Porto era mais fácil. Estávamos lá em duas horas." afirma o Major–General Augusto Valente, em entrevista, em Coimbra, a 23 de Julho de 2007. Além disso, acrescenta que não existia nenhuma unidade que pudesse interceptar o caminho, dado que em Penafiel estava o Capitão Dinis de Almeida.

[197] Entrevista com o Coronel Abreu Cardoso, em Braga, a 17 de Julho de 2007.

[198] Entrevista com o Major-General Augusto Valente, em Coimbra, a 23 de Julho de 2007.

[199] O Coronel Ferreira da Silva afirma que "no dia 16, de manhã, tivemos conhecimento, pela Rádio, da acção das Caldas da Rainha." (Coronel Ferreira da Silva, "EXTRACTO DE UMA CARTA DO CORONEL MANUEL FERREIRA DA SILVA", in Manuel A. Bernardo, *Marcello e Spínola: a Ruptura. As Forças Armadas e a Imprensa na Queda do Estado Novo, 1973–1974*, p.197.) Só na tarde do dia 16 de Março receberam um telefonema das Caldas, comunicando que estavam cercados e pediam ajuda. O Coronel Abreu Cardoso afirma que "eu nem sequer sabia. Depois, naquela altura era quase impossível ir a qualquer lado porque coincidiu com uma altura em que não havia gasolina. Eu lembro-me

Em casa do Major Manuel Monge

Os Majores Casanova Ferreira, Manuel Monge e Saraiva de Carvalho e o Capitão Marques Ramos (oficial oriundo de miliciano indicado como o elemento de ligação com a Comissão de Oficiais oriundos de milicianos)[200] estavam reunidos. Todos os participantes afirmam que esta reunião não foi planeada.

Os Majores Casanova Ferreira e Saraiva de Carvalho estavam na Academia Militar, quando tiveram conhecimento da exoneração dos generais, e consideraram importante discutir a situação do país. O Capitão Marques Ramos foi convocado, durante a tarde, pelo Major Casanova Ferreira, para comparecer numa morada em Algés. Segundo o Coronel Marques Ramos, estavam "reunidos porque a situação do país era uma crise agudíssima. E podia-se esperar tudo, após a saída dos chefes de Estado-Maior. Estavamos a trabalhar na ordem de operações que tinha sido começada no dia 12 de Março".[201] O Major--General Manuel Monge afirma que "não era uma reunião de papéis na mão. Éramos simples amigos a conversar sobre a recente desmo-bilização e a suspensão da ordem de operações. Estávamos a fazer o ponto da situação".[202]

A operação militar estava cancelada, dada a recusa dos pára--quedistas e dos oficiais da EPC em participar. Nesta noite, ainda não tinham plano de operações (embora existisse um sem estar aprova-do[203]). Pouco tinham, para além da vontade de avançar. Entre os homens que preparavam o golpe militar havia desacordo. Uns acre-

---

que a gasolina e o gasóleo da tropa, no total, eram 2 mil litros. Ora, com as viaturas a gastar aos 60 litros. Aquilo não dava para nada.", in entrevista com o Coronel Abreu Cardoso, em Braga, a 17 de Julho de 2007.

[200] Estes oficiais pertenciam à comissão que preparava o plano militar de derrube do regime, que tinha estado reunida, no passado dia 12 de Março, a preparar o plano de operações e em reuniões com os delegados das unidades.

[201] Entrevista com o Coronel Marques Ramos, em Caldas da Rainha, a 14 de Feverei-ro de 2007.

[202] Entrevista com o Major-General Manuel Monge, em Beja, a 25 de Maio de 2007.

[203] Na discussão do plano, o Major Manuel Monge defendia que o golpe militar deveria ser feito com a neutralidade dos pára-quedistas e com seis companhias provenientes da EPC, da EPI, da EPA, do BC5, do RI5 e do RC7. Durante esta noite, este plano foi recuperado e a maioria destas forças contactadas.

ditavam que com poucas forças não se conseguiria derrubar o regime. Outros estavam convencidos de que facilmente o regime se desmoronaria, devido à gravidade da situação do país e ao descontentamento geral (esta era a opinião do Capitão Virgílio Varela, bem conhecida pelo Major Casanova Ferreira e pelo Capitão Marques Ramos).

O Major Casanova Ferreira avisou que o RI5 pretendia sair sozinho, logo era preciso ajudá-los[204]. O alvoroço do RI5 era confirmado pelo Capitão Marques Ramos. Para este grupo, segundo o Coronel Saraiva de Carvalho[205], o RI5 iria sair.

Entretanto, pelas 21H00[206], na casa do Major Manuel Monge, o Capitão Manuel Ferreira da Silva[207] telefonou, do CIOE, comunicando que a unidade se sublevou. Estavam "sobre rodas" e iam sair. Segundo o Major-General Manuel Monge, o Capitão Ferreira da Silva afirmou que "tomámos conta do quartel. Estamos em pré-revolução, precisamos

---

[204] "Quando se aproxima a hipótese clara de destituição do Spínola como vice–CEMGFA e do Costa Gomes como chefe, como ele tinha patrocinado essa delegação dos ex–milicianos, o Varela, que era talvez o mais extrovertido e conhecido deles, assume a responsabilidade de representatividade do pessoal do RI5, o que não devia ter feito... (...) Ele é um dos grandes culpados dos acontecimentos das Caldas da Rainha do 16 de Março. Ele veio a Lisboa, mas o Casanova Ferreira não me dita isso." Entrevista com o Coronel Saraiva de Carvalho, em Lisboa, a 4 de Julho de 2007. Em entrevista o Major–General Matos Coelho esclareceu que "o capitão Varela e o Tenente Silva Carvalho nunca estiveram mandatados para ouvir em nosso nome [dos oficiais do Quadro Permanente] ".

[205] "Há ali um conluio entre o Casanova Ferreira e o Marques Ramos que eu desconheço, mas que foi a grande motivação para entrarmos naquilo" (em entrevista com o Coronel Saraiva de Carvalho, em Lisboa, a 4 de Julho de 2007).

[206] Através da investigação que fizemos, não conseguimos esclarecer a hora deste telefonema, que representa o alastrar da sublevação do Norte à zona de Lisboa. As nossas dúvidas baseiam-se na referência de que, nessa tarde, em Lamego, terão sido realizados vários telefonemas. Embora o Major-General Manuel Monge afirme que recebeu a notícia dos acontecimentos de Lamego "a meio da tarde depois do almoço. Tenho a certeza que é muito antes da noite, porque no início da noite estive na Academia Militar." (Major-General Manuel Monge, em Beja, a 25 de Maio de 2007), todos os outros participantes desta reunião afirmam não ter tido conhecimento do que se passava em Lamego, antes da reunião, na casa do Major Manuel Monge, ocorrida ao fim da tarde.

[207] O Capitão Ferreira da Silva tinha sido seu adjunto na Guiné, onde o seu batalhão de operações especiais (Comandos) aguentou uma forte investida do PAIGC e defendeu todo o sul da Guiné. O Capitão de Lamego sabia que o Major Manuel Monge fazia parte da comissão coordenadora eleita em Óbidos e não era um elemento das ligações.

de ajuda." O telefonema acabou com o Major Manuel Monge a afirmar que "vamos ver o que se pode fazer".[208]

O Capitão Marques Ramos insistia sobre as Caldas. O Major Casanova Ferreira afirmava ser necessário fazer qualquer coisa, dado que os generais Costa Gomes e Spínola estavam demitidos. Havia um plano suspenso sobre a mesa. Decidiram avançar, recuperando o plano e improvisando, porque Lamego vinha a caminho. O Coronel Saraiva de Carvalho manifesta que "era, sem margem para qualquer dúvida, uma intentona".[209]

Aniceto Afonso explica que "a acção, sucessivamente adiada, tornou-se irreversível. Impõe-se apoiar, através duma coordenação tão eficaz quanto o permita o tempo disponível, a acção militar contra o regime, que, opondo-se à receosa morosidade do planeamento central acabara por explodir fortuitamente, bem longe do objectivo principal".[210] O C.I.O.E. foi novamente contactado[211] e foram informados que, em Lisboa, decidiram accionar o plano cancelado. Nunca tinham contado com Lamego porque demoravam muitas horas a chegar, mas, segundo o Major Manuel Monge, o Capitão Ferreira da Silva reafirmou que sim e "nem que seja com autocarros civis nós partimos para Lisboa. Nós estaremos sobre rodas em pouco tempo"[212].

---

[208] Esta é a versão do Major–General Manuel Monge e relatada por todos os presentes na sua casa, nessa noite. Ainda no Colóquio-debate "Discutir a revolta de 16 de Março de 1974 «Revolta das Caldas»", organizado pelo Centro de Documentação 25 de Abril e pela delegação de Coimbra da Associação 25 de Abril", Coimbra, a 16 de Março de 2007, o Coronel Ferreira da Silva reiterou a sua versão anteriormente referida neste trabalho.

[209] Otelo Saraiva de Carvalho, *ob. cit.*, p.263.

[210] Aniceto Afonso, "A Queda do Estado Novo, II – O Movimento dos Capitães", p. 277.

[211] O Major-General Manuel Monge não se recorda se Lamego toma a iniciativa se é ele próprio que o fez (em entrevista em Beja, a 25 de Maio de 2007).

[212] Este é o relato do Major-General Manuel Monge bem como de todos os presentes na altura, na casa deste (veja-se Otelo Saraiva de Carvalho, *ob. cit.*, pp.262). Segundo o Coronel Marques Ramos, a reacção do Major Manuel Monge ao telefonema do Capitão Ferreira da Silva foi muito entusiasta: "– Ah! Gande Manuel! Ah "puto" que nunca me enganaste! Porreiro, pá! Quanto a Casanova exultava que nem um herói – Eh! Rapaziada valente. É destes que eu gosto. Isto tá andar. Nem é tarde nem é cedo. É agora mesmo. – Quanto a mim, julgo que nunca saberei descrever a minha alegria mesmo que viva mais cem anos." (Armando Marques Ramos entrevistado por Andrade Guerra, "A verdadeira história do Golpe das Caldas", *Tradições*, Junho de 2004, n.º6, Lisboa, p.8.). Todavia, o Coronel Ferreira da Silva declara que nunca afirmou que estavam sobre rodas e que a ordem de saída

Na casa do Major Manuel Monge não sabiam o que se passava no resto do país, porém o telefonema de Lamego accionou uma acção militar.

Não era possível contactar telefonicamente todos os quartéis, mas era fundamental estabelecer um contacto com as unidades que estavam localizadas perto de Lisboa e que dispunham de meios. Apressadamente, os oficiais reunidos tentaram mobilizar as Escolas Práticas, com a certeza de que Lamego já tinha saído. O Major Casanova Ferreira e o Capitão Marques Ramos afirmavam que o RI5 estava à espera de um sinal, mas nunca confessaram o seu encontro, na noite anterior, com o Capitão Virgílio Varela e o Tenente Silva Carvalho. Em casa do Major Manuel Monge prevalecia um grande entusiasmo, na expectativa de que com "um abanão isto cai".[213] Embora conhecessem as dificuldades de mobilização da EPC e a recusa dos pára-quedistas, estes oficiais accionaram um plano que consistia na mobilização do maior número de forças ou da sua neutralização. Cada um partiu com uma missão, sem um plano alternativo.

O Capitão Marques Ramos, integrado no plano de operações, partiu para as Caldas da Rainha. Este regimento deveria controlar a Rotunda do Relógio e o aeroporto. Na casa do Major Manuel Monge recebeu instruções para a coluna do RI5 prender o comando da unidade, caso não aderisse. De seguida, deveriam marchar sobre Lisboa e encontrar se na Espinheira com uma coluna da EPC. A força do RI5 deveria garantir, no quartel, a defesa e a segurança necessárias para o regresso da coluna. "O cap. Ramos rabiscou estas instruções num papel e despedindo se de nós, emocionado, arrancou imediatamente para as Caldas da Rainha. Assim, simplesmente. Sem

---

terá vindo de Lisboa (informação também confirmada pelo Major–General Augusto Valente, em entrevista, em Coimbra, a 23 de Julho de 2007). O Coronel, numa carta escrita a 7 de Janeiro de 1992, afirmou que "o telefonema que fiz para o Major Monge, embora possa ter precipitado o 16 de Março, foi apenas para alertá-los para a nossa posição. A saída das Caldas foi de sua iniciativa e sem conhecimento do CIOE." Coronel Ferreira da Silva, "EXTRACTO DE UMA CARTA DO CORONEL MANUEL FERREIRA DA SILVA", in Manuel A. Bernardo, *Marcello e Spínola: a Ruptura. As Forças Armadas e a Imprensa na Queda do Estado Novo, 1973–1974*, p.198. Mais, em Lamego foram surpreendidas com a saída da coluna das Caldas, nessa madrugada.

O Golpe de 16 de Março de 1974

uma única instrução de coordenação, sem outro meio de comunicação que não fosse o número de telefone de Manuel Monge e uma vaga garantia de que este ficaria esperando na Rotunda da estátua de S. Cristóvão, junto ao RAL1, as colunas vindas do Norte, para lhes distribuir missões!"[214]

O Capitão Marques Ramos afirma que "antes de seguir para as Caldas resolvi telefonar para casa do Vítor Carvalho. Inteirei a esposa – Gena – do que se estava a passar e pedi-lhe que se deslocasse ao RI5, então de prevenção rigorosa, e informasse o marido de que eu ía a caminho, pois estava finalmente em marcha a revolução como havíamos falado na véspera, em Lisboa."[215] Antes de partir para as Caldas, passou pelo aeroporto, onde constatou que muitos jornalistas estrangeiros procuravam saber o que se desenrolava em Portugal.[216]

---

[213] Otelo Saraiva de Carvalho, *ob. cit.*, p.263.

[214] Idem, *Ibidem*, p.262.

[215] O Coronel Marques Ramos entrevistado por Andrade Guerra, *art. cit.*, p.8. Porém no artigo de Carlos Cipriano, intitulado "Um mês antes de Abril", (*Público*, 18 de Março de 1993, pp.2-7), é afirmado que "o tenente Carvalho era um dos oficiais ligados ao MFA, mas a mensagem deixou-o perplexo. Não tinha sido isto o combinado. Um dia antes, estivera em Lisboa com os camaradas do Movimento e tinham decidido adiar a acção. Uma outra, planeada para 12 de Março, fora já cancelada. Tornava-se, pois, necessária a confirmação de um elemento da Comissão Militar do Movimento, formada por Otelo Saraiva de Carvalho, Hugo dos Santos, Manuel Monge e Casanova Ferreira. Por isso, pediu à mulher que chamasse às Caldas, por telefone, um elemento da Comissão." (p.2). Este relato não corresponde ao testemunho dos oficiais participantes na reunião em casa do Major Manuel Monge. Segundo eles, o RI5 estava pronto a sair e a deslocação do Capitão Marques Ramos não foi solicitada pelo Tenente Carvalho, foi decidida por todos de acordo com o plano de operações delineado.

[216] Na edição do *Expresso* de 16 de Março de 1974 foi publicada uma nota sobre a "Imprensa estrangeira em Lisboa" (*Expresso*, 16 de Março de 1974, p.2) que denunciava a presença invulgar de muitos jornalistas estrangeiros. O jornalista Adelino Gomes confirma também que, nestes dias, foi questionado por muitos jornalistas estrangeiros. No artigo intitulado "Exoneração de Costa Gomes e António Spínola" (*Expresso*, 16 de Março de 1974, p.1) é afirmado que, no dia 15 de Março de 1974, "assistiram à cerimónia [de manifestação de apoio de oficiais generais dos três ramos das Forças Armadas] muitos jornalistas estrangeiros. Entre estes, além dos acreditados, habitualmente, no nosso país e representantes das cadeias noticiosas ("France Presse", "Reuter", "Associated Press", "Ansa") viam-se numerosos enviados especiais alemães, franceses, ingleses, americanos, espanhóis e italianos, que ontem, continuaram, igualmente a chegar a Lisboa.".

O Major Casanova Ferreira seguiu em direcção a Santarém para entregar a missão à EPC. Antes de partir, telefonou para casa do Capitão Salgueiro Maia[217], que deveria combinar uma "partida de bridge"[218] em sua casa com todos os oficiais da Escola Prática. "Nada mais simples! Na noite de Sexta-feira para Sábado, sem qualquer aviso prévio!"[219]

---

[217] No entanto, o Capitão Salgueiro Maia, na sua obra *Capitão de Abril*, escreveu que a primeira notícia que teve de movimentações foi "pelas 21 horas de 15 de Março recebo uma chamada do Regimento de Infantaria das Caldas a dizer que tudo estava pronto para avançar contra o Governo." in Fernando Salgueiro Maia, *Capitão de Abril. História da Guerra do Ultramar e do 25 de Abril – depoimentos*, Editorial Notícias, Lisboa, 1995, 3.ª edição, p.83. A nossa investigação não permitiu verificar a origem e veracidade deste telefonema. Todavia, se recordarmos os testemunhos do Coronel Jaime Abreu Cardoso e das informações recolhidas em Mafra, reconhecemos uma disparidade de informação relativa à divulgação da notícia de Lamego. Este facto torna difícil perceber o grau de prontidão de resposta dos regimentos. Esta imprecisão e falta de informação poderão conduzir a interpretações diversas, nomeadamente sobre a finalidade da movimentação desta madrugada. A nossa investigação não nos permite esclarecer se a hipótese levantada, por alguns, de apenas pretender "abanar o país" instigou a saída das Caldas ou, pelo contrário, se esta acção pretendia solidarizar-se com uma operação militar de derrube do regime do MOFA. Gostaríamos, ainda, de sublinhar que a estratégia do golpe foi, até à véspera de 25 de Abril de 1974, discutida.

[218] Segundo Joaquim Manuel Bernardo, esta era a senha para marcar as reuniões porque desconfiavam que os telefones estavam sob escuta. "Pouco passava das nove da noite quando recebo, em minha casa, um telefonema do Cap. Garcia Correia a *convidar-me para uma partida de bridge em casa do Cap. Palma*" (como suspeitávamos que tínhamos os telefones sob escuta, era a maneira de marcarmos as reuniões inopinadas).", in Joaquim M. Correia Bernardo, *ob. cit.*, p.84.

[219] Idem, *Ibidem*, p.83.

2.2.2. **Dia 16 de Março de 1974 – o Golpe das Caldas**[220]

i. O início da sublevação

No Regimento de Infantaria 5, em Caldas da Rainha,

Cerca das 22H00, o Tenente Rocha Neves foi avisado que a acção militar foi desencadeada.[221] Considerando as conclusões da reunião do dia 13 (onde estivera presente), o jovem tenente ficou confuso. Apressou-se a chegar ao quartel e ficou a saber que, de Lamego, já tinham saído duas companhias. Mas, o Capitão Marques Ramos vinha a caminho com mais instruções.

O Capitão Marques Ramos[222] chegou, cerca das 23H00, ao RI5 das Caldas da Rainha, e foi recebido pelo Tenente Silva Carvalho. Os oficiais do Movimento esperavam-no, e, já, tinham iniciado o Plano de Recolha do Pessoal da Unidade, assim como os preparativos para pôr a coluna em marcha.

No gabinete da 4.ª companhia, o Capitão Virgílio Varela, os Tenentes Silva Carvalho e Rocha Neves foram informados pelo Capitão Marques Ramos da missão, não escrita, de Lisboa, para o RI5. Nesta primeira reunião, foram inteirados da sua missão de ocupar o aeroporto da Portela, enquanto a acção militar se desenrolaria por todo o país. O Capitão Marques Ramos sustentou que o plano tinha sido accionado pelo Movimento, depois de terem recebido uma chamada de Lamego, dos Comandos (CIOE), anunciando que "estavam

---

[220] No anexo II deste trabalho encontra-se uma cronologia intitulada *Diário de um Golpe Entrevisto* que expõe os acontecimentos decorridos desde a madrugada do dia 16 de Março de 1974 até cerca das 23h30. No anexo IV apresentamos um mapa designado *Movimentos militares ocorridos no dia 16 de Março de 1974*, elaborado pelo Dr. Alexandre Pinto, que representa a localização das unidades que foram contactas, que se movimentaram, e as suas direcções.

[221] Em entrevista, em Caldas da Rainha, a 11 de Novembro de 2006.

[222] O Capitão Marques Ramos era um elemento de ligação conhecido por muitos jovens oficiais do RI5 que sabiam estar perfeitamente integrado no Movimento. Participou activamente na Comissão dos Oficiais oriundos de milicianos e tinha sido indicado como elemento de ligação destes na reunião de 2 de Março, em casa do Major Vítor Alves.

sobre rodas".[223] Com esta força a caminho, a coluna do RI5 deveria partir, rapidamente, ao encontro da força da EPC, na Espinheira. O Capitão referiu, ainda, que o Major Casanova Ferreira se deslocou à EPC, o Major Manuel Monge ao RC7 e o Major Saraiva de Carvalho à EPI.

O Tenente Rocha Neves ficou com dúvidas.[224] Sabendo que nos dias anteriores tudo tinha sido cancelado, decidiram fazer telefonemas para perceber o que efectivamente se passava[225]. Telefonaram para casa do Major Manuel Monge. Este não estava, mas tinha contactado o Major José Maria Azevedo, elemento da Comissão Coordenadora do Movimento, para ficar junto do telefone. Assim, quando recebeu o telefonema dos oficiais das Caldas, confirmou-lhes que estava tudo a andar e que Lamego, já, estava na estrada. No entanto persistiram as dificuldades em perceber o que se passava, não existia um comando ou um plano de ligações. O Coronel Marques Ramos atesta que contactaram "outras unidades por telefone e foi-nos dito que se estavam a preparar, nomeadamente em Mafra, (Babo de Castro) que saiu para se juntar a nós. Mas não havia comunicações via rádio porque a noite estava com algum cacimbo."[226]

Mesmo sem a certeza do que se passava no resto do país, convencidos que o Movimento tinha accionado uma acção militar e convictos da necessidade de agir, os oficiais do RI5 decidiram imobi-

---

[223] Esta expressão provocou grandes equívocos. Nenhum dos intervenientes, hoje, se recorda da expressão exactamente pronunciada pelo Capitão Ferreira da Silva ao telefone. "Estar sobre rodas" militarmente significa que estavam preparados, porém na altura foi entendida como se em Lamego já estivessem na iminência de sair. Daí se estabelecer os acontecimentos de Lamego como o rastilho da saída das Caldas.

[224] O Coronel Rocha Neves reiterou a sua surpresa com o rápido desenvolvimento dos acontecimentos, dado que conhecia de perto os planos de acção militar do Movimento, bem como as condições de várias unidades militares (em entrevista, em Caldas da Rainha, a 11 de Novembro de 2006).

[225] Mas o Coronel Virgílio Varela esclarece que "aliás eu fui contra esses contactos telefónicos, porque, a partir do momento em que chegou o Armando Ramos, com a missão a cumprir, fazendo fé nele, tudo o resto era verdade e não precisava de confirmações, mas alguns oficiais da unidade, para aderirem, exigiram que fossem feitos." Entrevista com o Coronel Virgílio Varela (1992) a Manuel A. Bernardo, *Marcello e Spínola: a Ruptura. As Forças Armadas e a Imprensa na Queda do Estado Novo, 1973-1974*, pp.315-316.

[226] Entrevista ao Coronel Marques Ramos, em Caldas da Rainha, a 14 de Fevereiro de 2007.

O Golpe de 16 de Março de 1974   95

lizar o novo comandante do regimento. A falta de confiança no seu comando tornou, indispensável, impedi-lo de dar ordens.[227]

Por volta da meia-noite, o Capitão Virgílio Varela e os Tenentes Rocha Neves, Silva Carvalho e Gomes Mendes protagonizaram a neutralização do comandante. Encontraram-no a dormir no seu quarto, tendo surpreendido no gabinete o 2.º comandante, o Tenente-Coronel Farinha Tavares, que desde logo desconfiou da intenção dos oficiais.[228] De imediato, tentou impedir a entrada destes no gabinete. Respondendo com uma pistola, pediu aos oficiais para baixarem as suas.

O Capitão Virgílio Varela conversou, brevemente, com o Tenente-Coronel Farinha Tavares, procurando deixá-lo à vontade. O 2.º comandante afirmou que gostava do General Spínola, mas manifestou bastantes reservas e requereu mais informações. O Capitão respondeu que não podia dizer mais nada. Apenas sabia que existiam várias unidades a movimentarem-se no país e que, das Caldas, iria sair uma coluna para Lisboa.[229] De seguida, chamaram o comandante e comunicaram-lhe que havia uma revolução em marcha, em solidariedade com os Generais Costa Gomes e Spínola. O comandante interrompeu, afirmando: "Sou muito amigo do general Spínola e, se tiver a certeza disso, também adiro. Mas, sem essa informação, não posso aderir."[230] O Capitão Virgílio Varela disse, aos outros militares, que podiam descer, preparar a coluna e ir embora. O Capitão declara que pretendia "manter os comandantes expectantes à espera de mais informação para que estes aderissem, enquanto a coluna cumpria a sua missão."[231]

---

[227] O Coronel Rocha Neves hoje exclama: "Um erro!", porque a neutralização do comandante precipitou irremediavelmente os acontecimentos que se seguiram.

[228] O Tenente-Coronel Ernesto Taveira comandou interinamente o RI5 durante as últimas semanas. Segundo o relato dos oficiais entrevistados, o 2.º comandante andava nervoso e preocupado. Os militares recordam que o Tenente-Coronel tinha emagrecido muito nos últimos meses. Foi ele quem recebeu, um a um, os oficiais do regimento, que pertenciam ao MOFA, no dia 9 de Março e no dia 12 do mesmo mês, manifestando a sua solidariedade. De seguida, o comandante interino informava o comando da RMT.

[229] Durante esta conversa, apenas estiveram presentes o Tenente-Coronel Farinha Tavares e o Capitão, segundo o relato do Coronel Virgílio Varela, em entrevista, em Lisboa, a 7 de Maio de 2007.

[230] As declarações do comandante e do 2.º comandante que constam neste trabalho constituem a versão dos acontecimentos do Coronel Virgílio Varela (em entrevista, em Lisboa, a 4 de Maio de 2007).

[231] Em entrevista ao Coronel Virgílio Varela, em Lisboa, a 4 de Maio de 2007.

Os oficiais do RI5 sublevados não prenderam o comandante, apenas limitaram os seus movimentos ao seu gabinete. A partir deste momento, a situação tornou-se irreversível. "Neste ponto, o RI5 tinha que sair nem que fosse para o morro logo em frente".[232] O Tenente Silva Carvalho conduzia as comunicações e foi confirmando a saída das unidades de Lamego e Porto. O Capitão Virgílio Varela permanecia junto do comandante.

Entretanto, foram chegando ao quartel outros oficiais. O Capitão Gonçalves Novo tinha ido, naquela tarde, para casa com a certeza de que nada iria acontecer, por isso dispensou o seu pessoal, que estava em prevenção há vários dias.[233] Estava em casa quando lhe disseram: "Levanta-te, que é hoje!"[234] Estranhou porque, através de contactos pessoais, foi informado que a unidade de Santarém não estava preparada para sair[235]. Todavia, no quartel, ao Capitão Gonçalves Novo[236] foi-lhe confirmado que a missão do RI5 era, juntamente com os homens de Santarém (com quem se deviam encontrar na Espinheira), descer sobre Lisboa e controlar o aeroporto e a Rotunda do Relógio.

O Capitão Ivo Garcia foi a casa do Tenente Matos Coelho e não o encontrou. No entanto, deixou recado de que algo se passava no quartel.[237] Quando regressou a casa, depois das aulas que leccionava na Escola Comercial das Caldas da Rainha, estranhou a informação.

---

[232] Entrevista com o Coronel Rocha Neves, em Caldas da Rainha, a 11 de Novembro de 2006.

[233] "No dia 15 de Março, saí de Oficial de Dia (onde estive durante vários dias para facilitar a preparação do golpe previsto). Fui para casa com a certeza de que nada iria acontecer», por isso dispensei o meu pessoal que estava em prevenção há vários dias" (em entrevista com o Coronel Gonçalves Novo, em Lisboa, a 8 de Janeiro de 2007).

[234] Tanto o Coronel Gonçalves Novo como o Major-General Matos Coelho, ambos entrevistados, foram surpreendidos pelo aviso do Capitão Ivo Garcia.

[235] "Antes de me dirigir para o quartel, decidi contactar o Sardinha, que me informou que, por certo, nada se passava porque a unidade de Santarém não estava preparada para sair" (em entrevista com o Coronel Gonçalves Novo, em Lisboa, a 8 de Janeiro de 2007).

[236] O comandante da GNR das Caldas da Rainha viu o Capitão Gonçalves Novo e dois aspirantes por volta da meia-noite. Este julgou que iam ou regressavam para o quartel (in Coronel Milreu, *Resumo de Notícias n.º1/74*, período de 160100MAR74 a 181430MAR74, Batalhão 2-Paulistas, Lisboa, 18 de Março de 1974, Arquivo Histórico da Guarda Nacional Republicana, Lisboa, fl.1 – este documento encontra-se reproduzido no anexo XV deste trabalho).

[237] Em entrevista, em Lisboa, a 4 de Julho de 2007.

O Golpe de 16 de Março de 1974

Como sabia que o plano de operações tinha sido suspenso, por não estarem ainda perfeitamente organizadas as ligações e as missões, o Tenente Matos Coelho telefonou para Lisboa, para casa de dois elementos do Movimento, para confirmar a informação do Capitão Ivo Garcia.

O Tenente Matos Coelho foi informado que o Capitão Sousa e Castro, elemento de ligação do RI5, estava no cinema com a esposa (informação prestada por um familiar). Telefonou, então, para outro amigo militar, que não estava ligado à Comissão Coordenadora, mas, como vivia em Lisboa, poderia, já, estar no quartel. Foi ele que atendeu e estava calmamente a ver televisão com a mulher e a família. A nenhum questionou directamente sobre o que se passava, pois os telefonemas podiam estar sob escuta. Embora sem informações, o Tenente Matos Coelho dirigiu-se para o regimento para perceber o que se passava.

Quando entrou no quartel, já estava tudo preparado e teve conhecimento que uma equipa estava a prender o comandante. De seguida, foi ao encontro do Capitão Marques Ramos, que lhe disse que estavam atrasados, pois uma força de Lamego vinha a caminho e, julgava que esta deveria demorar 14H00 a chegar a Lisboa. O RI5 deveria ir ao seu encontro, tal como as forças de Mafra, Vendas Novas e Santarém.

Entretanto, os soldados foram acordados a meio da noite e informados que a unidade tinha de preparar uma coluna para sair. Comunicaram-lhes que a sua missão fazia parte de uma acção militar que pretendia fazer um golpe militar. Por considerarem a situação do país grave, os oficiais das Caldas manifestaram estar convencidos que esta só se resolveria com o derrube do governo. A maioria dos soldados revelou uma grande exaltação. Alguns escolheram não participar, mas não ofereceram resistência. Após este momento, deram início à formação da coluna e à organização da defesa do quartel.

O Capitão Virgílio Varela pressionava o regimento a agir rápido, a ser o primeiro, na convicção de que o regime estava preso por um fio e que, rapidamente, se desmoronaria. Queria que a coluna das Caldas fosse a primeira a chegar a Lisboa.[238] Mas, nem todos partilhavam a sua opinião e mostraram-se mais cautelosos. Quando o

---

[238] "Quem estava em ruptura não teve hesitação – hoje, amanhã ou depois é agora" afirmou o Coronel Virgílio Varela, em entrevista, em Lisboa, a 25 de Junho de 2007.

98 Nas Vésperas da Democracia em Portugal

Capitão Piedade Faria surpreendeu, na central telefónica, os Capitães Virgílio Varela, Marques Ramos e o Tenente Silva Carvalho, julgou que estava perante uma "jogada" de milicianos e recusou-se a participar.[239] Os outros oficiais negaram, convidando-o para escutar as suas conversas, relembrando o capitão que, na reunião de Cascais, ficou consolidada a união dos dois movimentos. Sustentaram que, apenas, tentavam saber como estavam as outras unidades julgando estar muito atrasados.

No gabinete do comandante, os oficiais detidos permaneciam sossegados, mas preocupados com a ruidosa movimentação do regimento. O Capitão Virgílio Varela garantiu que tudo corria bem, dado que a maioria dos militares manifestou vontade de participar no Golpe.[240]

No RI5, tudo decorria sem confrontos. Somente, quando não apareceu a chave do paiol, a unidade se agitou. Acabaram por arrombar a porta, segundo ordens do Tenente Montalvão. Retiraram as munições, armamento ligeiro e pesado. A unidade das Caldas preparava-se para aquilo que, dias antes, já estava preparada: sair rapidamente.

Em Lisboa

O Major Saraiva de Carvalho tinha a missão de contactar a Escola Prática de Artilharia (EPA), em Vendas Novas, que deveria trazer uma bateria de obuses preparada para substituir a Força Aérea. Seguidamente, o Major Saraiva de Carvalho planeava dirigir-se a

---

[239] Segundo relatou o Coronel Virgílio Varela (em entrevista, em Lisboa, a 7 de Maio de 2007). Para o Coronel, esta afirmação revela a grande desconfiança de uma possível divisão entre os oficiais do movimento (oriundos de milicianos e cadetes).

[240] Segundo o relato do Coronel Virgílio Varela (em entrevista, em Lisboa, a 7 de Maio de 2007), neste momento, o novo comandante do regimento afirmou: "Então assumo que estou detido e vou para o meu quarto. Não se esqueçam que sou amigo de Spínola e só não aderi porque não ouvi da boca dele." No entanto, nas comunicações que o comandante, ao longo da madrugada, estabeleceu com o Quartel-General de Tomar, referiu que se encontrava imobilizado no seu gabinete (in Quartel-General da Região Militar de Tomar, *FITA DO TEMPO DOS ACONTECIMENTOS DE 16MAR74, NO RI5*, s.d., Arquivo Histórico Militar, Lisboa, p.1 – este documento encontra-se no anexo V deste trabalho).

Mafra. Todavia, era necessário comunicar a decisão de accionar a acção militar ao Major Vítor Alves.

O Coronel Saraiva de Carvalho relembra que "antes de ir à Escola Prática de Infantaria, em Mafra, enfiei uma camisola castanha sobre a farda militar e fui a casa do Vítor dizer-lhe: «É pá, está a acontecer isto». O Vítor ficou lixado: «Como é que foste meter-te numa coisa dessas?». «Estou comprometido, agora já não posso sair, pá. Vamos lá ver o que é que isto vai dar.» O Vítor ficou em suspenso e diz: «A minha preocupação agora é o general. Se calhar vão prendê-lo. Temos que avisar o Almeida Bruno»."[241] Dirigiram-se a sua casa e foram tranquilizados pela mulher do Tenente-Coronel Almeida Bruno que tinha recebido um telefonema seu, momentos antes, assegurando que estava tudo bem. No entanto, o General António Spínola recorda que foi um telefonema do Major Saraiva de Carvalho ao Capitão António Ramos que o avisou da antecipação do golpe militar causada pela precipitação de algumas unidades do Norte.[242]

Entretanto, o Major Manuel Monge contactou, por telefone, todas as unidades possivelmente apoiantes, que tinham missão atribuída no plano.[243] A sua missão era comandar a unidade do Regimento de

---

[241] Otelo Saraiva de Carvalho, entrevista de Ana Sá Lopes e António Melo, *art. cit.*

[242] O General Spínola recorda que "manifestei a minha estranheza, tendo-me o Capitão Ramos afirmado ter sido também surpreendido, pois sabia que a operação estava marcada para o dia 19 e que, em qualquer caso, nunca se desenrolaria antes de o Tenente–Coronel Almeida Bruno contactar o Coronel Rafael Durão, contacto que se realizaria nessa noite, revelando-me ainda que tinha sido combinado dar-me conhecimento da acção só em cima da hora e acrescentando que havia telefonado ao ajudante de campo do General Costa Gomes, Comandante Silveira Pinheiro, a informá-lo da inesperada evolução dos acontecimentos", (in António de Spínola, *País Sem Rumo*, p.98).

[243] "Nessa longuíssima noite, eu estive na casa do Major Ruben Domingues e em casa do El Boto, onde fiz vários telefonemas para comandantes, nomeadamente para o RI3. Este tinha sido comandante na Guiné e o General Spínola gostava muito dele. Ele era do "homem anterior", mas pretendia desequilibrá-lo. O meu objectivo não era expor a unidade, mas sim neutralizá-la. Tornei a falar para Lamego mais tarde e confirmaram que tinham estado sobre rodas" (em entrevista com o Major-General Manuel Monge, em Beja, a 25 de Maio de 2007). O Major-General Manuel Monge refere que participou, nessa tarde, em muitas reuniões com elementos afectos ao Movimento, nomeadamente Pita Alves e Sousa e Castro, bem como os oficiais atrás referidos. No entanto, estas ligações não são confirmadas por todos.

100   *Nas Vésperas da Democracia em Portugal*

Cavalaria 7 (RC7).[244] Quando saiu de casa, dirigiu-se à Academia Militar, onde encontrou o Tenente-Coronel Almeida Bruno. De seguida, chamaram o Coronel Rafael Durão, comandante de pára-quedistas, e um homem próximo do General Spínola, na tentativa de os neutralizar. "Na Academia Militar, fizemos uma reunião na messe de oficiais enquanto estava a decorrer uma cerimónia dos oficiais de engenharia. Começaram a espalhar-se alguns burburinhos sobre movimentações militares."[245] Enquanto conversavam foram avisados por outros oficiais, que se não saíssem naquele momento da Academia, seriam presos.

ii. A primeira notícia

"Pela mesma altura [cerca da meia noite] o Inspector Superior Agostinho Barbieri Cardoso, chamado de urgência à sede da DGS na rua António Maria Cardoso, toma a iniciativa de mobilizar os seus homens e actuar rapidamente contra os sublevados".[246] A PIDE//DGS[247] mandou grupos de agentes armados vigiar as casas dos

---

[244] Segundo o testemunho do Major-General Manuel Monge, o comandante era afecto ao regime, mas os dois comandantes do esquadrão (Capitães Cadete e Aparício) estavam ligados ao movimento. Estava programado, que quando o governo ordenasse a saída da unidade, ela levaria duplas ordens. No Mosteiro dos Jerónimos, quando o Major Manuel Monge se aproximasse, eles deveriam levantar as torres, sinal que estavam às ordens do movimento.

[245] Entrevista com o Major-General Manuel Monge, em Beja, a 25 de Maio de 2007.

[246] Jaime Nogueira Pinto, *ob. cit.*, p.254.

[247] Durante o governo do Estado Novo, a PIDE/DGS assegurava o despiste de qualquer agitação. Esta instituição desempenhava uma importante função de prevenção, detectando qualquer atitude subversiva. A DGS apenas coadjuvava o Exército na identificação de indivíduos de tendência contestatária, procurando nunca interferir na disciplina da instituição. Porém, esta mantinha sob escuta os telefones de alguns oficiais que estavam relacionados com uma possível actividade conspirativa. A polícia política dependia directamente do Ministério do Interior e colaborava com o Comando-Geral de Segurança Interna, integrado no Ministério de Defesa Nacional, para o qual enviava periódicos relatórios da situação do país. Até 14 de Março, o General Costa Gomes foi o responsável por este comando. O General era um dos homens mais bem informados sobre as condições da segurança interna. Tendo sido exonerado no dia anterior, apenas pelas 9 horas e 40 minutos do dia 16 de Março, o "Gen. Paiva Brandão comunica ter sido nomeado Cmdt Geral da Seg. Interna.", in Comando-Geral, *doc. cit.*, fl. 2).

O Golpe de 16 de Março de 1974   101

Generais Costa Gomes e Spínola " (...) a fim de impedi-los de sair do domicílio, caso o tentem fazer e outros para deterem alguns elementos conhecidos do movimento."[248]

Na madrugada de 16 de Março de 1974, a polícia política do Estado Novo acompanhou de perto os acontecimentos. Aliás, esta denunciou-os à hierarquia militar[249], dado que "(...) não havia nas Forças Armadas portuguesas serviços de informação privativos que habilitassem os seus chefes com o conhecimento do estado de espírito das tropas e eventuais infiltrações subversivas de que fossem alvo, para permitir prevenir a tempo tudo o que pudesse minar a sua disciplina."[250] O Governo assegurava que o país estava seguro[251], menosprezando o estado de espírito das suas tropas e da população. Na verdade, desconhecemos qualquer reacção do Governo e Ministério do Exército às movimentações no Norte do país ao longo do dia, anteriormente descritas. Esta ausência poderá indiciar o desconhecimento do Governo, mas, sobretudo, do Exército, da real extensão do MOFA. Porém, o Presidente do Conselho conhecia as suas aspirações e as suas afinidades com os generais exonerados.

"Na noite de 15 para 16 de Março a Direcção-Geral de Segurança, cerca das 23 horas, avisou-me pelo telefone de que havia indícios de agitação em certas unidades e de que alguns oficiais muito ligados ao General Spínola se preparavam para se concentrar na Academia Militar, não se sabia com que objectivos."[252] Este relato do Ministro

---

[248] Jaime Nogueira Pinto, ob. cit., p.255.

[249] Sobre este assunto, Irene Pimentel, na sua obra A História da PIDE, denuncia, mais uma vez, o papel vigilante que esta instituição sempre manifestou. A autora refere, ainda, um louvor aos agentes da DGS que participaram nas movimentações desta noite (Irene Flunser Pimentel, A História da PIDE, Círculo de Leitores e Temas e Debates, Rio de Mouro, 2007, p.511).

[250] J. Silva Cunha, Ainda o "25 de Abril", Centro do Livro Brasileiro, LDA., Lisboa, 1984, p.119.

[251] No dia 15 de Março, a capa do Diário de Notícias era dominada pelo título "O país está seguro de que conta com as suas Forças Armadas – afirmou ontem, no palácio de S. Bento, o chefe do governo à oficialidade que lhe foi manifestar o seu apoio e lealdade" (Diário de Notícias, 15 de Março de 1974, p.1.). Marcello Caetano pretendia assegurar aos portugueses em directo, pela televisão, pelos jornais ou pela rádio que as Forças Armadas não faziam política e defendiam a Nação portuguesa, multicultural e pluricontinental.

[252] J. Silva Cunha, Ainda o "25 de Abril", p.114.

da Defesa Nacional, Prof. Silva Cunha, é a primeira notícia no Governo de que o país não estava sereno.

Pouco depois da meia-noite, o Coronel Viana de Lemos, secretário de Estado do Exército, recebeu um telefonema do Ministro do Exército, o General Andrade e Silva, advertindo que existia agitação em algumas unidades no Norte, especialmente em Lamego, no CIOE.[253] O secretário de Estado do Exército foi ordenado a comparecer, de imediato, no ministério para onde o ministro também se dirigia, bem como o Ministro da Defesa, Prof. Silva Cunha. Todavia, na casa do Coronel Viana de Lemos também se encontrava o seu cunhado, o Coronel Romeiras, comandante do Regimento de Cavalaria 7, que logo ali convocou os oficiais do seu regimento. Foi o primeiro sinal das forças do Exército.

Quando o Coronel Leopoldo Severo[254], comandante do Corpo de Alunos da Academia Militar, chegou à Academia, encontrou o Coronel Pára-quedista Rafael Durão, o Tenente-Coronel Almeida Bruno, o Major Manuel Monge e outro oficial que não conhecia[255], mas estes, seguidamente, saíram. No entanto, o Coronel ouviu uma conversa suspeita e deu o alerta[256].

Pela meia-noite e meia, a DGS revelou uma possível sublevação da Academia Militar, o que originou o cerco da instituição militar por forças da GNR[257] (do Batalhão1 – B1), julgando ser aqui o Quartel-General do golpe militar. Esta acção foi chefiada pelo comandante do 2.º esquadrão do RC da GNR, Cap. Andrade e Sousa " (...) no

---

[253] Viana de Lemos, *ob. cit.*, p.96.

[254] "O coronel Leopoldo Severo, comandante do Corpo de Alunos da Academia Militar, desempenhara, como capitão, papel de relevo na tentativa de golpe armado que fracassara em 12 de Março de 1959. Era considerado um oficial progressista, de ideal democrático. Mas a sua amizade com Viana de Lemos, que o colocara naquela posição em substituição do coronel Laje (que Viana de Lemos deslocara para o comando da EPC), provocava, da parte dos oficiais, uma certa retracção. Mesmo desconfiança." in Otelo Saraiva de Carvalho, *ob. cit.*, p.263.

[255] Pelas informações que reunimos, consideramos que seja o Major Jaime Neves.

[256] Antes, o Coronel Viana de Lemos, depois de estar ao corrente de que várias unidades militares do país se agitavam, telefonou ao Coronel Severo porque sabia "existir um núcleo importante de oficiais descontentes." (Viana de Lemos, *ob. cit.* p.96) na Academia Militar.

[257] Comando – Geral, *doc. cit.*, fl.1.

O Golpe de 16 de Março de 1974   103

seguimento de um telefonema do Chefe de Estado-Maior da Guarda, Cor. Ângelo Ferrari, com ordem directa de cercar a Academia Militar."[258]

Paulatinamente, os homens do Governo foram sendo avisados e mobilizados, reagindo timidamente às escassas informações que dispunham[259]. No entanto, o acanhamento escondia a surpresa de todos. O Presidente do Conselho relata que "quando me preparava para pôr termo a mais um dia carregado de trabalho, de preocupações e de emoções, recebi um telefonema do Ministro da Defesa a avisar-me do que se passava em certos quartéis e na Academia Militar qualquer coisa de anormal"[260]. Ao longo da noite, foi recebendo actualizações dos acontecimentos, mas o Presidente do Conselho não dirigiu nenhuma ordem, delegando nos seus ministros a coordenação da reacção das forças de segurança interna. O Presidente da República esclareceu que foi "acordado pela 1 hora, na noite de 15 para 16, por terem sido detectadas conversas telefónicas, que indicavam a possível eclosão de uma insubordinação militar, por parte do chamado movimento dos capitães."[261] Américo Thomaz aguardou o desenrolar dos acontecimentos.

Estas foram as primeiras notícias que as forças governamentais confirmaram ter recebido, ainda que, vagas e difusas. Destacamos o facto de ninguém saber realmente o que se passava, bem como o reconhecimento de três movimentações distintas: em Lamego e em "certos quartéis", na Academia Militar[262] e as conversas telefónicas

---

[258] Major de Inf.ª Reinaldo Andrade, "A Revolução de Abril de 74 e o papel da Guarda I", *Pela Lei e Pela Grei. Revista da Guarda Nacional Republicana*, Ano XVII, n.º 65, Janeiro – Março 2005, Lisboa, p.34.

[259] Silva Cunha considera que as informações prestadas pela DGS foram imprescindíveis para o controlo do Golpe de 16 de Março (J. Silva Cunha, *O Ultramar, a Nação e o 25 de Abril*, Atlântida Editora, Coimbra, Julho de 1977, p.357). Contudo, a nossa investigação ainda revela dúvidas sobre a origem da denúncia das movimentações. Embora esta seja importante (e certamente envolve a participação da DGS nessa noite – nomeadamente escutas telefónicas), consideramos que o desconhecimento do Governo sobre a rede de influência do MOFA terá sido mais importante para o aceleramento dos acontecimentos.

[260] Marcello Caetano, *Depoimento*, p.203.

[261] Américo Thomaz, *ob. cit.*, p.356.

[262] Otelo Saraiva de Carvalho na sua obra refere "que as altas esferas consideravam o quartel-general, posto de comando e, logo, o verdadeiro cancro da intentona" (Otelo Saraiva de Carvalho, *ob. cit.*, p.294).

104   *Nas Vésperas da Democracia em Portugal*

suspeitas. Todavia, só pelas 02H00 todas as unidades entraram em prevenção rigorosa[263].

Em casa do General Spínola

O Tenente-Coronel Almeida Bruno, os Majores Jaime Neves e o Manuel Monge explicaram, rapidamente, ao General Spínola qual era a ordem de operações e o desenrolar dos acontecimentos. Spínola[264] não assumiu o comando, mas "ficou a ver."

O Major Manuel Monge informou o General que, seguidamente, iria tentar assumir o comando dos esquadrões do RC7. Mas este retorquiu: "Não vão falar com os comandantes de esquadrão. Vão, directamente, falar com o comandante da unidade porque ele está connosco"[265]. O Major Manuel Monge defendeu-se ("o General Spínola também era um pouco sonhador"): "Mas, meu General, ele não está connosco, porque o meu esquadrão da Guiné é do RC7. Um belo dia, falei, longamente, com o Coronel Romeiras (que, para já, não gostava do General Spínola) e não estava virado para ter qualquer empatia connosco."[266] O General não concordava. "Você invoque o nome do General Costa Gomes que o coronel está connosco"

---

[263] "0200 – Todas as Unidades foram avisadas telefonicamente da passagem à Situação de Prevenção Rigorosa. 0420 – Confirmou-se por mensagem a entrada em Prevenção Rigorosa" in Quartel-General da Região Militar de Tomar, *doc. cit.*, p.1. Na obra de Salgueiro Maia é também confirmada esta situação no caso da EPC, em Santarém (Fernando Salgueiro Maia, *ob. cit.*, p.84.). A passagem à situação de prevenção rigorosa não foi divulgada a todos os quartéis e instituições de segurança pública à mesma hora.

[264] O Marechal Costa Gomes, mais tarde, afirmou que "julgo que não há consistência nenhuma na afirmação [antecipação da facção spinolista], até porque, tanto quanto sei, o próprio general Spínola terá ficado surpreendido com a saída do regimento das Caldas da Rainha. O general Spínola sabia muito bem que, sem uma perfeita coordenação entre os oficiais das Caldas e as outras forças que os apoiavam, o golpe poderia falhar. Por isso, sem essas certezas não daria o seu assentimento."in Costa Gomes, entrevistado por Maria Manuela Cruzeiro, *Costa Gomes. O último Marechal,* Editorial Notícias, Centro de Documentação 25 de Abril, 2.ª Edição, p.213.

[265] Segundo o relato do Major-General Manuel Monge em entrevista, em Beja, a 25 de Maio de 2007.

[266] Conversa relatada na entrevista com o Major-General Manuel Monge, em Beja, a 25 de Maio de 2007.

afirmou Spínola[267]. O Coronel Romeiras foi o ajudante de campo do General Costa Gomes na *Abrilada*, era muito próximo deste, portanto o General Spínola julgava que a sua lealdade pessoal, para com este, o colocaria do lado do movimento. O Major Manuel Monge resignado saiu para cumprir a ordem, acompanhado do Major Jaime Neves.

Entretanto, o Tenente-Coronel Almeida Bruno, durante a madrugada, tentou mobilizar outras unidades para o golpe em curso, enquanto o General Spínola foi levado para a Parede, para um local seguro. Por sua vez, o General Costa Gomes, segundo o Coronel Viana de Lemos[268], ficou em casa acompanhado por oficiais do seu antigo Gabinete. O Coronel Ramires de Oliveira, o Tenente-Coronel Ferreira da Cunha e o oficial seu ajudante-de-campo, permaneceram em sua casa até de manhã.

A Primeira Detenção do Golpe pela DGS

Naquela noite, a DGS interveio directamente pela primeira vez. O ministro do Exército, General Andrade e Silva, segundo Otelo Saraiva de Carvalho, decidiu "requerer a Marcello a utilização da PIDE para a perseguição e prisão de oficiais, só por suspeita de spinolismo e mesmo em suas casas!"[269]

---

[267] "Nas vésperas do golpe, o General Costa Gomes afirmou-me que o Coronel Romeiras, Comandante da unidade mais forte da guarnição de Lisboa, o havia procurado em sua casa para lhe afirmar que «estava duzentos por cento com ele», mas esta «oferta» de colaboração transformou-se em procedimento contrário, no dia 16 de Março, ao denunciar o Major Monge quando este, acompanhado do Major Jaime Neves, lhe pediu guarida naquela unidade para o General Costa Gomes." In António de Spínola, *País Sem Rumo*, pp.100-101. Viana de Lemos (*ob. cit.*, pp.96-97) afirmou que o Coronel Romeiras nunca declarou esse apoio ao General Costa Gomes. Mais tarde, quando os dois conversaram, o General respondia-lhe «Você procedeu de acordo com a sua consciência.» (p.97). No entanto, confirma a denúncia dos Majores Manuel Monge e Jaime Neves feita pelo Coronel Romeiras aos ministros.

[268] Viana de Lemos, *ob. cit.*, p.97.

[269] Otelo Saraiva de Carvalho, *ob. cit.*, p.273. Todavia, o Coronel Viana de Lemos, secretário de Estado do Exército, afirmou que "pessoalmente, não dei qualquer ordem, e sei que o Ministro também não a deu, para que qualquer destes oficiais fosse seguido pela DGS ..." in Viana de Lemos, *ob. cit.*, p.98.

O inspector da DGS, Óscar Cardoso, confirmou que esteve na casa do Tenente-Coronel Almeida Bruno. "Ora, como eu morava perto, no Monte Estoril, os militares pediram-me para deitar a mão ao Almeida Bruno e aguentar as coisas enquanto eles não chegassem. Dirigi-me então para lá"[270]. O inspector identificou a casa e telefonou para a Antónia Maria Cardoso, informando-os que estaria a decorrer uma reunião na casa do Tenente-Coronel.

Neste momento, surgiu o Capitão Farinha Ferreira, que foi interpelado pelo inspector. "Eu disse-lhe o que estava ali a fazer e enganei-o dizendo que aquilo estava tudo cercado, que havia militares em vários telhados vizinhos e que, por isso, era melhor para ele manter a calma. Contudo, ele estava excitadíssimo, mas não havia maneira de acalmá-lo. Disse-lhe: *Eu não lhe quero fazer mal nenhum, mas olhe que os tipos que estão nos telhados ainda lhe dão um tiro!...* Pedi-lhe então para se encostar a uma árvore, abraçando-a, e pus-lhe as algemas. Dali ele já não saía. Só se arrancasse a árvore pela raiz! E o tipo diz-me: *Senhor inspector, eu sou um oficial do Exército e nunca me senti em toda a minha vida tão humilhado como neste momento.* Disse-lhe que, desde que ele me desse a sua palavra de honra em como não saía dali, eu lhe tirava as algemas. Respondeu-me que sim e eu tirei-lhe as algemas. Entretanto chegaram os militares, e levaram-nos a todos para o governo militar de Lisboa"[271]. Pouco depois, foi transportado para a Casa de Reclusão do Forte da Trafaria. Foi a primeira detenção do Golpe de 16 de Março de 1974[272].

No Regimento de Cavalaria 7

No RC7, o Major Manuel Monge pediu para falar com o comandante Coronel Romeiras, que o recebeu. O Major falou sobre a situação do país, declarando que a vida dos generais estava em perigo, sendo, por isso, necessário que o General Costa Gomes fosse recebido

---

[270] In Óscar Cardoso, *Entrevista com Óscar Cardoso*, entrevistado por Bruno Oliveira Santos, 23 de Outubro de 2003. Disponível em http://historiaeciencia.weblog.com.pt/arquivo/2003_10.html, consultado em 9 de Agosto de 2007.

[271] Idem, *Ibidem.*

[272] Segundo Otelo Saraiva de Carvalho, o Capitão Farinha Ferreira foi solto pouco tempo depois (in Otelo Saraiva de Carvalho, *ob. cit.*, p.282).

no quartel para este depois "fazer qualquer coisa". Os dois majores informaram, ainda, que tinham elementos do Movimento no comando dos esquadrões do regimento. Contudo, o Coronel Romeiras recusou participar no golpe.

Os Majores Manuel Monge e Jaime Neves insistiram, mas esta tentativa também falhou. Quando saíram, os majores recearam ser presos (medo que o Major-General Manuel Monge julga, também, ter passado pela cabeça do Coronel Romeiras). O comandante do RC7 ligou, de imediato, para o Ministério do Exército, onde sabia que se encontravam os ministros, e comunicou-lhes a presença dos Majores no seu Regimento, bem como a sua mensagem[273]. Pouco depois, os tenentes dos esquadrões ligados ao movimento foram afastados dos comandos dos mesmos. Quando os esquadrões saíram, já não estavam às ordens do Movimento. Sem estes, em Lisboa, o Movimento perdia toda a sua força, porque todas as outras unidades apenas tinham homens afectos ao regime.

Na Escola Prática de Artilharia (EPA)

Por volta da 01H00, o Major Saraiva de Carvalho não tinha mobilizado nenhum dos seus objectivos. Dirigiu-se para casa do Capitão Miquelina Simões. O Major Vítor Alves foi para casa ao recusar-se a participar na "aventura". Apenas por volta das duas horas, o Major Saraiva de Carvalho telefonou para a EPA. Nesta altura, já sabia que tinha sido declarado o estado de prevenção rigorosa[274], o que signifi-

---

[273] O Coronel Romeiras telefonou, de imediato, para o Ministério do Exército, onde se encontravam os ministros das pastas militares acompanhados pelo ministro do Interior informando-os que os Majores Manuel Monge e Jaime Neves lhe haviam comunicado que o General Costa Gomes corria perigo de vida e pediram para o Regimento proteger o General Costa Gomes (relatado por Viana de Lemos, *ob. cit.*, p. 96).

[274] "Fazia-se tarde e tornava-se necessário telefonar para a EPA para *mandar vir* a bateria para Lisboa e para a EPI a avisar alguém da nossa ida. E foi com essa finalidade que tocámos à campainha da residência do capitão de Artilharia João Carlos de Oliveira, do curso seguinte ao meu, que estava colocado no RAL 1. Foi a mulher. Fernanda, que assustada nos abriu a porta. O marido partira já para a unidade, chamado de urgência para uma entrada em prevenção rigorosa. O alarme fora dado. Eram quase duas horas da manhã." in Otelo Saraiva de Carvalho, *ob. cit.*, p. 266.

cava que a alta hierarquia militar tinha conhecimento das movimentações e estava alerta.

O Capitão Duarte Mendes atendeu o telefone da EPA.

> Está, Duarte Mendes? Daqui Otelo. Olha, é para te dizer que há bronca, com unidades a sair para a rua. Até Lamego já vem a caminho de Lisboa! Vocês preparem imediatamente uma bateria de dez e meio e mandem na para Lisboa pela Ponte Salazar. Como eu tenho de me deslocar agora para outro local, atendendo às horas que são, vou procurar ir ter com a bateria às seis ou seis e meia da manhã à ponte para lhe dar missões. Okay?[275]

O Capitão gaguejou e confirmou os receios do Major manifestados horas antes, em casa do Major Manuel Monge.

Na EPA, não estavam preparados, porque mantinham-se desmobilizados desde o cancelamento da acção, no dia 13 de Março. O pessoal estava de fim-de-semana o que tornava difícil preparar um pelotão. Todavia, o Capitão da EPA ia fazer os possíveis sem grandes garantias.

Na Escola Prática de Cavalaria

Os oficiais da EPC reunidos escutaram o relato do Capitão Salgueiro Maia. Ao telefone, o Major Casanova Ferreira informou que, em Lisboa, tinham despoletado uma acção militar do Movimento. A EPC deveria juntar as suas forças às do RI5, no Carregado, e marchar sobre Lisboa, onde o Major Manuel Monge os esperaria junto do Regimento de Artilharia Ligeira 1 (RAL1). Joaquim Manuel Bernardo recorda que "um coro de protestos surgiu logo que o Cap. Maia acabou de falar – Então nós tínhamos dito que era impossível sair quando nos deram um dia para preparar a coluna e agora querem que saíamos em meia dúzia de horas e ainda por cima num fim de semana?"[276] Entretanto, "o Cap. Garcia Correia já telefonara ao Cap. Gonçalves Novo, do RI5, pondo-lhe precisamente estas questões que manietavam a Escola Prática e que inviabilizavam qualquer tentativa de apoio"[277].

---

[275] Idem, *Ibidem*, p.266.
[276] Joaquim M. Correia Bernardo, *ob. cit.*, p.84.
[277] Idem, *Ibidem*, p.84.

Com esta informação, os oficiais de Santarém entraram em contacto com o Regimento das Caldas de onde receberam a notícia de que o CIOE de Lamego e o Regimento de Vila Real estavam a sair[278]. Todavia, através de telefonemas com familiares e outras pessoas, estas iminentes saídas não foram confirmadas.

Quando chegou o Major Casanova Ferreira, comunicou que trazia uma ordem para sair uma coluna de blindados da Unidade. Contudo, a falta de tempo para preparar uma coluna de carros de combate, o facto de ser fim-de-semana e os militares estarem de licença, bem como a falta de munições, que tinham recentemente sido transferidas para o campo de Santa Margarida, tornavam a hipótese de sair impossível. Em Santarém, nenhuma força da EPC do Movimento iria avançar.

Os oficiais da EPC voltaram a telefonar para o RI5, confirmando-lhes que tudo terá sido um erro, porque não tinham notícia de nenhuma movimentação. "Posta a situação ao Maj. Casanova contactámos os nossos camaradas das Caldas a confirmar definitivamente a decisão que já lhes havíamos transmitido e somos, então, surpreendidos pela irreversibilidade da sua atitude pois tinham já prendido o Comandante e não podiam voltar atrás."[279] O Major Casanova Ferreira regressou a Lisboa sem as forças da EPC mas com a certeza de que, no RI5, a coluna estava pronta a sair e os oficiais deparavam-se com uma situação que consideravam irreversível[280].

Nas Caldas da Rainha

Pelas duas horas, o Tenente José Pires, comandante do posto da GNR das Caldas da Rainha, entrou em contacto com o Chefe de Estado-Maior (CEM) da GNR, que lhe deu "instruções para averiguar

---

[278] Idem, *Ibidem*, p.84.

[279] Idem, *Ibidem*, p.85.

[280] Dinis de Almeida afirma que "a dada altura da reunião, cerca das 2 horas zero minutos, telefonou o próprio comandante da E.P.C. ordenando o regresso urgente de todo o pessoal ao quartel. O desânimo apossou-se então dos presentes que se convenceram de que iriam ser presos uma vez que a acção teria sido descoberta ..." (In Dinis de Almeida, *ob. cit.*, p.282).

se havia algo de anormal no R.I.5"[281]. Neste momento, foi, também, alertado o comandante da força do Forte de Peniche, bem como o comando da PSP (Polícia de Segurança Pública) da cidade. "Saí na minha viatura particular, trajando civilmente", relatou o Tenente Pires, "e passei em frente do R.I.5, tendo cruzado com viatura da PSP, não notando aparentemente nada de anormal. Dei também uma volta pela cidade e tudo estava sossegado."[282]

Dentro do quartel, na sala de oficiais, decorreu uma reunião onde estiveram os oficiais do Regimento que integraram a coluna da Companhia de Caçadores com destino a Lisboa, embora desta não fizessem organicamente parte. Partiram com a missão de integrar um plano de operações de derrube do regime. Quando chegassem a Lisboa, a coluna seria divida em três módulos, cada um comandado por um capitão.

Entretanto, cerca das 03H00, o CEM da GNR pediu ao comandante da GNR das Caldas para tentar o contacto com o comando do RI5, porque o ministro do Exército não conseguia. Este pretendia, ainda, saber se o novo comandante já se tinha apresentado.

Quando tocou o telefone no gabinete do comandante, o Capitão Virgílio Varela autorizou-o a atender, alertando para que não denunciasse o que se passava na Unidade (apenas o deveria fazer se lhe comunicassem que outras Unidades estavam na mesma situação). À frente do Capitão Virgílio Varela, o comandante, ao telefone, afirma: "Não, aqui está tudo normal, não há novidade nenhuma, se houver eu telefono"[283].

Imediatamente, o Tenente Pires transmitiu estas informações e recebeu ordens para se manter vigilante. Também a PSP confirmava que a cidade das Caldas estava tranquila. O comandante da GNR, no entanto, ordenou aos postos da GNR de Óbidos e Bombarral que colocassem uma patrulha à paisana, na EN8.

---

[281] In Tenente Pires, *Rel. Cir. de Oper. N.º 4/74, Sublevação de Oficiais no Regimento de Infantaria n.º5 em Caldas da Rainha*, de 18 de Março de 1974 (exemplar n.º 4), Arquivo Histórico da Guarda Nacional Republicana, fl. 1 – este documento encontra-se reproduzido no anexo XIII deste trabalho.

[282] Idem, *Ibidem*, fl.1.

[283] O Tenente Pires relata que "o SR. CMDT do RI5, cuja voz me era totalmente desconhecida, pois que se tinha ali apresentado umas horas antes, informou-me que não precisava de nada." Idem, *Ibidem*, fl. 1.

Mas, dentro do Regimento, os oficiais sublevados preparavam a coluna para sair, bem como todos os militares da Unidade se armavam. Embora não fosse notado do exterior, o alvoroço dentro do quartel era enorme, enquanto se preparavam os militares, os veículos e as armas.

Ao notar alguma agitação no quartel, o Capitão Virgílio Varela abandonou o gabinete alertando os comandantes: "Vou lá abaixo, deixo aqui o telefone e espero que mantenham a mesma postura. Tem a opção de ir para casa e eu deixo-vos sair, ou se querem assumir o comando do regimento – óptimo –, senão considerem-se detidos. Agradeço que não nos denunciem por telefone, pois sabem que é uma coisa que mais tarde se sabe. Vou e pode ser que vos traga mais informação"[284]. O comandante respondeu que, sem mais informação, não aderia. O telefone ficou ligado[285].

Na Região Aérea de Monsanto

Pelas três horas, Marcello Caetano dirigiu-se " (…) conforme estava combinado, para o Quartel-General da 1.ª Região Aérea, na Serra de Monsanto"[286]. Com o Presidente do Conselho, estiveram o Ministro da Marinha, Contra-Almirante Pereira Crespo, e o Subsecretário de Estado da Aeronáutica, o General Tello Polleri, " (…) devendo a defesa do quartel ser feita pelos caçadores pára-quedistas, estes nunca chegaram, alegando que um denso nevoeiro impedia a sua

---

[284] Em entrevista em Lisboa, a 7 de Maio de 2007.

[285] O Coronel Virgílio Varela sustentou que o comandante apenas fez um telefonema à sua frente e por si autorizado. Deixou o telefone ligado, considerando que "num quadro destes importa cativar toda a gente, não só hostilizar. (...) Eles pareciam disponíveis para aderir, achei que cortar o telefone era declarar alguma desconfiança e distância – eram amigos do Spínola" (em entrevista, em Lisboa, a 7 de Maio de 2007). Porém, é frequentemente referido que o primeiro alerta de que algo se passava no RI5 foi lançado pelo comandante do Regimento. Este aproveitando a ausência do Capitão Virgílio Varela, informou o Quartel-General de Tomar do sucedido (Avelino Rodrigues, Cesário Borga, Mário, Cardoso *ob. cit.*, p. 127). No entanto, na documentação disponível para esta investigação, apenas conseguimos apurar que a primeira notícia na RMT foi dada pelo comandante do RI5, depois da coluna já ter saído, ou seja, depois das 4 horas (in Quartel-General da Região Militar de Tomar, *doc. cit.*, p. 1).

[286] Marcello Caetano, *Depoimento*, p. 203.

112   Nas Vésperas da Democracia em Portugal

partida de Tancos ..."[287] Os ministros da Defesa e do Exército permaneceram no Terreiro do Paço[288].

Na Escola Prática de Infantaria

Durante esta madrugada, acompanhado pelo Capitão Miquelina Simões, o Major Saraiva de Carvalho dirigiu-se à EPI[289]. No entanto, dada a ordem de desmobilização, do dia 13, a companhia de instrução do curso de oficiais milicianos estava em exercícios de campo, a mais de 40 quilómetros. Com eles estava todo o equipamento disponível em rádios e viaturas.

Novamente, o Major Saraiva de Carvalho procurou remediar a situação com as forças disponíveis e combinou um ponto de encontro em Lisboa (pelo itinerário da Amadora, seguiriam a auto-estrada e encontrar-se-iam no viaduto Duarte Pacheco pelas 7 horas[290]).

---

[287] Idem, "Terceira Entrevista" in *O 25 de Abril e o Ultramar. Três Entrevistas e alguns documentos*, p.77. Sob o comando do Capitão Viana, três pelotões do B2 (Paulistas de Lisboa) montaram a segurança máxima junto do comando da 1.ª Região Aérea em Monsanto (in Coronel Milreu, *doc. cit.*, fl.1). Somente pelas 16H20 chegou a companhia dos Pará-quedistas a Monsanto, que substituiu a GNR.

[288] "Como sabe, quem geriu essa situação foi o Secretário de Estado do Exército, Coronel Viana de Lemos, que apareceu no EME e fez muitos telefonemas e outras movimentações. Eu era da sua geração (um ano de diferença no curso da Escola do Exército), mas ele é que conhecia todas as aquelas figuras envolvidas. Também, como sabe, foi responsabilizado pela reposição da situação militar o Brigadeiro Serrano, 2.º comandante da Região Militar de Tomar. (...) O Coronel Viana de Lemos veio para St.ª Apolónia, para accionar a contenção daquela acção, como antena política junto do CEME, sendo, assim, o representante do Ministro do Exército, General Andrade e Silva." – afirmações do General Pedro Cardoso em entrevista a Manuel Amaro Bernardo, *Memórias da Revolução – Portugal 1975-1975*, p. 69).

[289] In Otelo Saraiva de Carvalho, *ob. cit.*, p.266. O Coronel Rui Rodrigues afirma que "houve de facto um pedido, vindo da Comissão Coordenadora, para a Escola apoiar a saída das Caldas da Rainha." Coronel Rui Rodrigues, entrevistado pelo Alferes RC Rico dos Santos, "Entrevista: Coronel (Ref) Rui Rodrigues (Cap Inf em Abril de 1974)", *Azimute. Revista Militar de Infantaria*, n.º 181, Agosto de 2006, p. 16. No entanto, não é referida a presença do Major Otelo Saraiva de Carvalho.

[290] Otelo afirma que encontrou o Capitão Babo de Castro junto à EPI. Foi informado que na Escola estava pouco material e poucos homens. No entanto, combinou que deveriam preparar a companhia de soldados do Quadro Permanente e transmitir por rádio aos oficiais que estavam em exercícios de campo que deveriam regressar a Mafra e depois dirigir-se para Lisboa (Otelo Saraiva de Carvalho, *ob. cit.*, p. 267).

O Golpe de 16 de Março de 1974 113

"Como o Monge ficara em casa, agarrado ao telefone, à espera de receber as nossas indicações, fui para lá."[291]

Nas Caldas da Rainha

O RI5 começou a preparar a defesa da Unidade, distribuindo os militares que ficavam, pelos pontos mais importantes. Simultaneamente, a coluna móvel começou a formar-se e o roncar dos carros enchia toda a Unidade. Contudo, o Tenente Pires confirmou, outra vez, ao CEM da GNR que, aparentemente, tudo estava tranquilo. "Recebi instruções para continuar a vigiar, mas que não me devia aproximar muito, pois constava que algo de anormal se estava a passar ou já se tinha ali passado."[292]

Com o comandante e o 2.º comandante imobilizados no seu gabinete, e os oficiais altamente motivados e confiantes no Movimento, a coluna estava pronta a transpor os portões do quartel. Porém "a certa altura percebemos que não havia mais nenhuma Unidade, mas já nos tínhamos insubordinado."[293] Os telefonemas realizados confirmaram que, porventura, os oficiais do RI5 se tinham precipitado.

O Capitão Salgueiro Maia, passados oito dias da revolução, esclareceu que "inclusive nós telefonámos a última vez pelas 3 e meia da manhã a informar as Caldas de que eles iam sozinhos, visto que as notícias que corriam de uma rebelião no Porto que progrediria para o Sul não passavam de boatos. A resposta que tivemos foi que já estavam metidos até ao pescoço e que iam sair mesmo."[294] A sublevação do RI5 estava consumada.

Convencidos que sobre si recairiam medidas disciplinares, confiantes na força do Movimento que conheciam bem e no descontentamento suscitado pela exoneração dos generais, recentemente indicados "chefes" do Movimento (embora tenha ficado claro que nenhum dos dois assumiria o comando das operações, que estaria entregue a

---

[291] Otelo Saraiva de Carvalho, em entrevista de Ana Sá Lopes e António Melo, *art. cit.*
[292] In Tenente Pires, *doc. cit.*, verso da fl.1.
[293] Entrevista com o Major-General Matos Coelho, em Lisboa, a 4 de Julho de 2007.
[294] Fernando Salgueiro Maia, entrevistado por Adelino Gomes, "Eu recebi a rendição de Marcello Caetano", *Fatos e Fotos*, Suplemento n.º 664, Maio de 1974, p.5.

114   *Nas Vésperas da Democracia em Portugal*

uma comissão), os oficiais das Caldas prepararam-se para sair em direcção a Lisboa. O Coronel Virgílio Varela certifica que "quando saímos do quartel tínhamos a esperança de que outras Unidades se lhes juntassem"[295], ainda que soubessem que, naquele momento, marchavam sozinhos.

iii. **4 Horas: a saída da coluna das Caldas**

Cerca das 04H00 "uma companhia do Regimento de Infantaria 5, das Caldas da Rainha, avança, isolada a caminho de Lisboa, na disposição firme de contribuir decisivamente para o derrube do regime e de colocar nas mais elevadas posições de magistratura nacional os generais Spínola e Costa Gomes, cuja exoneração esperada os jornais do dia anterior haviam anunciado em grandes parangonas".[296]

Sem ligações ou coordenação, mas bem apetrechada e com grande optimismo, a coluna partiu.[297] Constituída por 13 ou 14 viaturas (cada uma com quase 10 militares)[298], era uma coluna especial ao integrar aproximadamente 10 oficiais[299] e 100 soldados dispostos a mudar o país. Bem municiada com armas ligeiras, metralhadoras pesadas, morteiros, lança-granadas e muitas granadas de mão. A coluna levou, também, cozinha rodada, serviço de saúde (enfermeiro e socorristas) e transmissões. Marchou com destino a Lisboa,

---

[295] Em entrevista, em Lisboa, a 7 de Maio de 2007.

[296] In Otelo Saraiva de Carvalho, *ob. cit.* p.259.

[297] Concomitantemente, em Leiria, o comandante do RI7 foi tranquilizado. "Em l60400Mar74 um telefonema directo do Exmo General Comandante sossegou-me pois foi-me comunicado que teria havido apenas uma tentativa de intromissão de oficiais estranhos no RC 7 e que, como consequência da convocação de oficiais, começavam a surgir boatos sobre uma revolta em grande escala, boatos estes entretanto ainda sem fundamento" (in Coronel Salazar Braga, *RELATÓRIO DE SITUAÇÃO, Segurança Interna: incidentes de 16 e 17Mar74*, Leiria (Cruz da Areia), 23 de Março de 1974 (exemplar n.º 1, enviado ao Quartel-General de Tomar), Arquivo Histórico Militar, Lisboa, p.2 – este documento encontra-se reproduzido neste trabalho no anexo VI).

[298] Em entrevista ao Major-General Matos Coelho, em Lisboa, a 4 de Julho de 2007.

[299] De acordo com as informações recolhidas, integraram a coluna os Capitães Ramos (não era do RI5), Luís Piedade Faria, Domingues Gil, e Fortunato Freitas, e os Tenentes Gabriel Gomes Mendes, Victor Silva Carvalho, Carlos Rocha Neves, Adelino de Matos Coelho, Moreira dos Santos, e Carlos Carvalhão.

O Golpe de 16 de Março de 1974   115

passando o Cercal, a Ota e Alenquer, seguindo pela auto-estrada de Vila Franca de Xira. Na Espinheira, local combinado, os oficiais não encontraram a coluna blindada de Santarém, mas a coluna do RI5 continuou.

Pelas 04h30, a PSP e a GNR das Caldas, agora reunidas com o chefe da DGS de Peniche (tendo passado momentos antes pelo regimento), sustentavam que, aparentemente, tudo estava normal. Mas, pouco depois, o Tenente Pires, da GNR, recebeu um telefonema de uma pessoa que dizia ser o comandante do RI5 informando que uma companhia da Unidade tinha saído com destino desconhecido[300].

"Imediatamente procurei confirmar a origem do telefonema. Tentei ligar directamente com o telefone do Comando do RI5, mas este dava sinal de impedido. Em seguida para o telefone da rede geral e fui atendido pelo Capitão Virgílio Varela, que me confirmou a saída da coluna à hora atrás indicada e me disse: «Deixa-te estar aí sossegado; não é nada contigo. Isto é um movimento de Norte a Sul do País de apoio ao General Spínola». Pedi-lhe para falar com o Comandante, mas tal não me foi autorizado."[301] O Tenente Pires, não conseguiu contactar o CEM da GNR (o que aconteceu apenas pelas 05H00), e telefonou para os postos da GNR de Rio Maior e Alenquer. Tentou, ainda, contactar o posto do Carregado, na tentativa de interceptar a coluna que partira do RI5.

O chefe da DGS de Peniche e o comandante da PSP das Caldas mantinham as suas reservas. Não confirmavam a informação da saída da coluna, tendo em conta a apertada vigilância que conservavam junto do quartel, e o facto de a cidade se manter sossegada. Embora

---

[300] Em entrevista o Coronel Virgílio Varela (em Lisboa, a 7 de Maio) confirma ter consentido não desligar o telefone do gabinete, tendo este ficado disponível quando não estava presente. No entanto, não teve conhecimento das ligações telefónicas estabelecidas, desde o gabinete do comandante, que denunciaram a saída da coluna do RI5. O Tenente–Coronel Silva Carvalho afirmou que "a acção em termos militares não tinha dificuldades de maior. Nós sabíamos que a PIDE estava informada, que nos seguia, que havia informadores nos quartéis. Tive acesso, após o 25 de Abril, a documentos da PIDE com as minhas saídas todas apontadas. Aliás, na noite do 16 de Março a PIDE ainda louvou os agentes que tinham avisado o Governo da tentativa de golpe. Não valia, portanto, a pena desligar o telefone. Abertamente, eles não teriam coragem para nos enfrentar. Não foi por acaso que deixámos o telefone ligado." (citado no artigo de Carlos Cipriano, *art. cit.*, p.2).

[301] In Tenente Pires, *doc. cit.*, verso da fl.1 e fl.2.

desconfiados, o chefe da DGS e um soldado da GNR saíram para verificar o que realmente se passava.

No Quartel-General da Região Militar de Tomar

Somente perto das 05H00, no Quartel-General da RMT, recebe-ram um telefonema do RI5 confirmando que uma companhia tinha saído daquela unidade com grande parte dos oficiais. O comandante da RMT ordenou o reconhecimento imediato do pessoal e das muni-ções que transportavam, e a identificação do seu destino. De seguida, comunicou ao Chefe de EME que desconhecia a direcção seguida pela coluna sublevada, embora presumisse que fosse Lisboa. O coman-dante pediu uma força da EPC para interceder a coluna das Caldas. De Lisboa, recebeu ordens para aguardar.[302]

O comandante da RMT e os oficiais superiores do Exército toma-ram conhecimento que a sublevação militar tinha chegado à rua. Não eram boatos, o RI5 estava sublevado e ia a caminho de Lisboa. O comando da RMT deparou-se com uma situação grave e ordenou a preparação da saída do Esquadrão Auto e Pelotão de Reconheci-mento da EPC[303] e da Companhia de Caçadores do Regimento de Infantaria 7 (RI7), de Leiria.[304] O alarme estava dado e, por todo o país, as Unidades militares procediam à recolha de todo o pessoal, embora o estado de prevenção rigorosa tivesse sido levantado pelas 02H00.[305]

---

[302] In Quartel-General da Região Militar de Tomar, *doc. cit.*, p.1.

[303] Pelas 5 horas e 20 minutos esta força recebeu ordem para se preparar para sair, tendo apenas recebido ordem de saída pelas 8 horas (in Idem, *Ibidem*, p.1).

[304] Pelas 05h45 foi "dada ordem à Companhia RI7 para sair com missão: cercar o Quartel do RI5 e impedir que qualquer militar ou força saia do Quartel. Só em última instância abrirá fogo para cumprir missão" Idem, *Ibidem*, p.1. Esta coluna militar, apenas, saiu do quartel pelas 7 horas.

[305] "Em 160230Mar74 sou avisado pelo Oficial de Dia, Capitão Bação, que é o Oficial de Segurança da Unidade, de que se havia entrado no estado de "prevenção rigorosa". Esta indicação fora transmitida pelo Coronel Frazão, Comandante do RAL 4, que recebera ordem do QG/RMT para alertar o RI 7.

As medidas de segurança imediata do aquartelamento (guarda, reforço e piquete) foram logo incrementadas e convocou-se o Capitão Crespo, Comandante da Companhia de Caçadores, que se apresentou minutos depois. Telefonicamente convocaram-se todos os

Em Lisboa

A saída da coluna das Caldas conduziu a Monsanto (comando da 1.ª Região Aérea) o Presidente da República, os Ministros da Defesa, do Interior, da Marinha e das Finanças, e o Secretário de Estado da Aeronáutica. Enquanto isso, o Ministro e o Subsecretário de Estado do Exército dirigiram-se para a sede do Governo Militar de Lisboa. Daí, deslocaram-se para o Estado-Maior do Exército, encarregados da organização do dispositivo militar para impedir a entrada, em Lisboa, da coluna sublevada[306]. Havia uma certa permissividade do regime que, para Melo Antunes, se traduzia na crença de que se houvesse uma ofensiva violenta contra o Movimento, esta representaria "a confissão de que o descontentamento dentro das Forças Armadas tinha atingido um grau tal que o poder estaria mesmo em desagregação. Isto é, o pilar fundamental do regime estava, ao fim e ao cabo, a desmoronar-se, coisa que eles dificilmente poderiam admitir ou aceitar."[307]

A adesão dos capitães ao Movimento dos Capitães foi passivamente consentida pelos comandantes de Unidades. A situação político-militar do país originou a escolha pelo derrube do regime. Na documentação, a "força sublevada do RI5" passou rapidamente a designar-se como coluna IN (inimiga).

Pelas 04h30, o General Comandante da Academia Militar requereu um novo cerco[308]. Julgamos que esta medida deveu-se ao regresso

---

oficiais ausentes de LEIRIA. Preparou-se a recolha dos oficiais presentes em LEIRIA que entretanto não mandei pôr em execução uma vez que, com os oficiais presentes, podia pôr em andamento todas as medidas de segurança constantes do "Plano LENA". Para além do desejo de não incomodar esses camaradas, tive em atenção a vantagem de não alertar desnecessáriamente [sic] a população civil, o que julguei psicologicamente inconveniente.

Substituiu-se na guarda ao aquartelamento o pessoal da CCaç por pessoal da formação/RI 7." In Coronel Salazar Braga, *doc. cit.*, p.2. A situação de prevenção rigorosa não foi comunicada e cumprida à mesma hora em todos os quartéis do país. Os testemunhos recolhidos permitem-nos afirmar que, em Lamego, os oficiais, apenas, foram avisados de manhã segundo a entrevista do Major-General Augusto Valente, em Coimbra, a 23 de Julho de 2007) e, em Santarém, nem todos os oficiais foram chamados (caso do Capitão Joaquim Bernardo).

[306] J. Silva Cunha, *Ainda o "25 de Abril"*, p.115.

[307] Melo Antunes, *ob. cit.*, p.55.

[308] In Comando-Geral, *doc. cit.*, verso da fl. 4.

do Tenente-Coronel Almeida Bruno que, agora, voltara àquela instituição, onde foi preso e transportado para a Casa de Reclusão da Trafaria[309]. Este oficial sabia que, junto da sua casa, a DGS tinha prendido o Capitão Farinha Ferreira, e foi avisado pelo Coronel Leopoldo Severo, que caso regressasse à Academia Militar, tinha ordem para o prender[310].

Sabendo que uma coluna marchava com destino a Lisboa, as forças militares começaram a movimentar-se em dois sentidos: impedir a entrada da coluna das Caldas e proteger as altas figuras do país. Dois pelotões dos Paulistas e um da Estrela da GNR dirigiram-se para Monsanto. Dois pelotões do Beato e um dos Lóios da GNR dirigiram-se para o Carregado, no sentido de interceptarem a coluna das Caldas.

Cerca das 05h30, os Majores Manuel Monge e Jaime Neves confirmaram que a coluna não saiu de Lamego. Através de vários telefonemas, tomaram conhecimento que apenas a coluna das Caldas da Rainha estava na estrada e isolada. Os dois majores decidiram ir ao seu encontro, mas antes passaram pela casa do Major Casanova Ferreira. No carro deste partiram em direcção às Caldas da Rainha.

Quando passaram por baixo de um pontão, em Benfica, o Major Jaime Neves saiu do veículo. "Era menos um que se perde" afirma o Major-General Manuel Monge[311], dado que tinham a certeza que seriam presos. Quando saíram de Lisboa, viram algumas movimentações da GNR.

---

[309] António Spínola confirma que foi informado da prisão do Tenente–Coronel Almeida Bruno pelo próprio (António de Spínola, *País Sem Rumo*, p.99).

[310] Quando o Tenente–Coronel Almeida Bruno chegou à Academia Militar, foi mandado apresentar no QG da RML. Segundo Viana de Lemos (*ob. cit.*, p.98), a sua detenção foi ordenada pelo General Amaro Romão, comandante da Academia Militar. Este oficial tinha sido denunciado pelo Coronel Leopoldo Severo (segundo o testemunho de António de Spínola, *País Sem Rumo*, p.99). Mais tarde, foi conduzido para a Casa de Reclusão da Trafaria, onde se juntou ao Capitão Farinha Ferreira bem como ao Capitão Pita Alves, responsável pelas ligações do Movimento na região Interior Centro do país (tinha substituído o Capitão Carlos Clemente, transferido no dia 9 de Março). Foi detido em casa depois de ter realizado e recebido vários telefonemas para informar os oficiais do Movimento (segundo a sua intervenção no colóquio-debate "Discutir a revolta de 16 de Março de 1974 «Revolta das Caldas»", organizado pelo Centro de Documentação 25 de Abril e pela delegação de Coimbra da Associação 25 de Abril", Coimbra, a 16 de Março de 2007).

[311] Em entrevista, em Beja, a 25 de Maio de 2007.

O Golpe de 16 de Março de 1974

Pouco depois, o inspector Óscar Cardoso, da DGS, recebeu ordens para prender o Major Manuel Monge na sua casa. "Eu cheguei lá com mais dois agentes, bati à porta e a mulher disse-me que ele não estava. Respondi-lhe que tínhamos de verificar. Entrámos então na residência, abrimos todas as divisões e verificámos que uma delas estava fechada. A mulher do Monge disse que era o quarto da criada. Está bem, minha senhora, mas temos de verificar – respondi-lhe."[312] A busca foi interrompida pelo som do telefone que a mulher do Major atendeu. Do outro lado da linha, estava a mulher do Major Casanova Ferreira que não se identificou, mas lhe disse para não ficar preocupada porque os Majores Manuel Monge e Casanova Ferreira acabavam de partir para as Caldas da Rainha. Com esta informação os inspectores abandonaram, de imediato, a casa do Major. No telhado escondido ficou o Major José Maria Azevedo.

Entretanto, o Major Saraiva de Carvalho chegou a casa do Major Manuel Monge e viu um carro parado à sua frente, de onde saíram cinco homens de gabardina. Julgando que era a DGS não parou. Dirigiu-se para a SACOR, uma bomba de gasolina, na rotunda da Encarnação e telefonou para casa do Major. Atendeu a mulher que lhe comunicou que os inspectores da DGS tinham acabado de sair. Informou, ainda, que os Majores Manuel Monge e o Casanova Ferreira iam a caminho das Caldas. Na sua casa, apenas permanecia o Major José Maria Azevedo, que não tinha sido encontrado pelos agentes da DGS.

Na Encarnação

Às 05h30 chegaram às imediações do aeroporto forças da Polícia Militar, PSP e GNR, agentes da DGS e Legião Portuguesa, à civil. A estas forças juntaram-se uma companhia do RC7 (comandada pelo Coronel Frazão), uma companhia do Batalhão de Caçadores 5 (comandada pelo Capitão Bicho Beatriz), uma bateria do RAL1 (coman-

---

[312] In Óscar Cardoso, *Entrevista com Óscar Cardoso*, entrevistado por Bruno Oliveira Santos, 23 de Outubro de 2003. Disponível em http://historiaeciencia.weblog.com.pt/arquivo/2003_10.html, consultado a 9 de Agosto de 2007.

120   *Nas Vésperas da Democracia em Portugal*

dada pelo Capitão Pedrosa Afonso[313]), bem como forças do Regimento de Infantaria 1 (RI1), da Escola Prática de Administração Militar[314] (EPAM) e Escola Prática de Serviço de Material (EPSM). Na praça S. Cristóvão, as forças leais ao regime aguardavam a coluna das Caldas. Aí, também se encontravam o Major Saraiva de Carvalho e Capitão Miquelina Simões, à civil. "Há males que vêm por bem. Aquilo estava a ser, para o Movimento, um verdadeiro balão de ensaio"[315].

Desconhecendo o que realmente se passava, os dois oficiais do Movimento estavam preocupados com a força das Caldas, que julgavam estar isolada. O Major Saraiva de Carvalho observava o dispositivo governamental, que aguardava a coluna do RI5, e estava apreensivo: "Que diabo! exclamei para o Germano. As colunas do Norte já deviam estar a chegar! Mas que raio terá o Monge ido fazer para as Caldas? Não faço ideia se a malta da EPA terá avançado ou não e em caso afirmativo se já chegou à Ponte. E se chegarem colunas do Norte, onde está o Monge para lhes dar as missões? Tudo isto me cheira a esturro e dá-me ideia que vai por aí um enorme granel"[316]. A presença da força do BC5[317] deixou os dois majores mais desconfiados, porque esta deveria apoiar o Movimento.

---

[313] "A tropa do RAL1, arrebanhada à pressa entre os mecânicos, cozinheiros, faxinas e escriturários presentes na altura na Unidade, não só não possuía qualquer grau de operacionalidade, como também o capitão Pedrosa Afonso era considerado como um elemento de confiança do Movimento." Dinis de Almeida, *ob. cit.*, p.286.

[314] "Do dia 16 de Março de 1974. Oficial de Dia do SAM Carlos Joaquim Gaspar foi contactado ao fim da noite, pelo Aspirante TPO, graduado em Alferes Manuel Geraldes. Tendo a Unidade entrado de prevenção, apresentou-se a totalidade dos Oficiais, Sargentos e Praças. O Comandante, Coronel SAM Francisco Aníbal das Caldas Fidalgo mandou marchar uma companhia com o objectivo de ocupar a Ponte de Frielas, e deter a Unidade proveniente das Caldas da Rainha, caso esta por ali progredisse. Esta Companhia foi comandada pelo Capitão do SAM Teófilo da Silva Bento, o qual antes de marchar, para o local indicado, combinou com o Capitão do SAM Carlos Joaquim Gaspar, que no caso da Unidade proveniente das Caldas da Rainha viesse a circular por aquele eixo de aproximação, as Forças da EPAM juntar-se-lhe-iam." In *Relatório dos Factos ocorridos na Escola Prática de Administração Militar, durante as operações militares de 24/25 de Abril de 1974 e seus antecedentes*, pp.1-2. (Este relatório está assinado pelo Coronel Carlos Joaquim Gaspar e datado de 26 de Abril de 1999. Pertence ao espólio do Arquivo Histórico Militar).

[315] Otelo Saraiva de Carvalho, *ob. cit.*, p.277.

[316] Idem, *Ibidem*, pp.275 – 276.

[317] No "Relatório dos Preliminares do Movimento de 25 de Abril, Batalhão de Caçadores 5", o Major José Cardoso Fontão sustenta que os Capitães Camilo e Beatriz foram

O Comando Militar

O comandante do RI5 informou às 05h40 que uma "Companhia saiu 0425 e que não conseguiu reconhecer fosse o que fosse pois não lhes foi permitido sair do Gabinete. Na Unidade estão vários Oficiais. – Não sabe a direcção que levou a companhia mas os Oficiais teriam referido que seguiam para Lisboa para repor os Generais e derrubar o Governo."[318]

Rapidamente, o comandante da RMT deu ordem de saída à companhia do RI7, que se efectivou pelas 06H15. A sua missão era "cercar o Quartel do RI5 e impedir que qualquer militar ou força saía do Quartel. Só em última instância abrirá fogo para cumprir missão."[319] Neste momento, o comando estava preocupado com as ligações entre o RI5 e o exterior. Minutos depois foi ordenada a mudança de senha e contra-senha[320].

---

informados pelo Major Manuel Monge que algumas Unidades do Norte se movimentavam, tendo-lhes sido ordenado para se dirigirem aos quartéis e aguardar ordens. No quartel, verificaram que as notícias recebidas pelo Movimento e pelo Comandante (anteriormente contactado pelo Ministro da Defesa) eram contraditórias e ninguém sabia exactamente o que se passava. "No entanto, decidiu-se aderir ao Movimento logo que houvesse conhecimento que o R.I. 5 era acompanhado por outra Unidade significativa.

– Já de madrugada confirma-se o movimento a partir das Caldas da Rainha e é recebida ordem para uma Companhia do B.C. 5 cooperar na intercepção.

– Deliberei com o Capitão Beatriz comandante da referida Companhia que ele sairia com meios Rádio que nos mantivessem informados da situação e que iria preparada para aderir ao movimento em curso.

– Pouco depois é-me comunicado pelo Capitão Beatriz que o Major Vinhas, cuja posição em relação ao Movimento, não era conhecida, iria a seu pedido, sair com a companhia. Tentei demover o referido Major e o Comandante da Unidade procurando substitui-lo na saída o que não consegui. Decidi com o Capitão Bicho Beatriz que se manteriam as intenções mesmo que fosse necessária a prisão do Major Vinhas." (reproduzido na obra de Dinis de Almeida, *ob. cit.*, pp. 349-350).

[318] In Quartel-General da Região Militar de Tomar, *doc. cit.*, p.1.

[319] In Idem, *Ibidem*, p.1.

[320] In Idem, *Ibidem*, p.1.

A reacção do Governo

O regime do Estado Novo, estável há 40 anos, assistiu nervosa e desorganizadamente à sublevação das Caldas. O Presidente da República relatou a sua experiência.

> Noite em claro, tendo ido, cerca das 6 horas da madrugada, para Monsanto (Comando da Força Aérea), onde me conservei até às 11 horas. E não me agradou o ambiente que encontrei na unidade de Monsanto, de desinteresse, pelo menos aparente, pois enquanto lá me mantive, não deixei de ser um observador atento. Só me pareceu verdadeiramente diligente, operante e determinado, o ministro do Exército. No presidente do Conselho notei um alheamento, que me pareceu verdadeiramente total e que me chocou deveras: em suma e em conclusão, não regressei a casa bem impressionado, nem optimista. Qualquer modesto exercício, teria certamente despertado mais vida e mais interesse. Confrangeu-me a passividade e o alheamento quase geral, que não me pareceu bom augúrio.[321]

Todavia, a julgar pelas reacções do ministro do Exército, o efeito surpresa da coluna sublevada foi conseguido. No QG/RMT, pelas 06h30, "falou Ministro dizendo GNR o informara não haver movimento Companhia para sul. O que há de facto?"[322]

A descoordenação era imensa e perturbava[323]. As decisões demoravam, mas era preciso fazer alguma coisa. À mesma hora o comandante da RMT propunha ao "Gen CEME que uma força da EPC (Pel Rec) com o Brig Serrano fosse fazer reconhecimento RI5 para saber situação."[324] Minutos depois, às 06h35, "Capitão Batista da Silva da GNR de Santarém recebeu indicações Cmdt Bat da GNR de Lisboa que se recebeu notícia doutra fonte que tinham passado às 0605 várias viaturas militares na OTA em direcção a Sul"[325]. Enquanto o regime apalpava o terreno, a coluna das Caldas marchava para Lisboa.

---

[321] Américo Thomaz, *ob. cit.*, p. 357.

[322] In Quartel-General da Região Militar de Tomar, *doc. cit.*, p. 2.

[323] A descoordenação a que aludimos é testemunhada pelo facto de que, pelas 6 horas, o comando-geral da GNR ter sido informado por uma viatura civil do Serviço de Saúde que tinha reconhecido na Auto-estrada do Norte uma coluna com 12 ou 14 viaturas parada a 6 km de Vila Franca de Xira (in Comando-Geral, *doc. cit.*, fl. 1).

[324] In Quartel-General da Região Militar de Tomar, *doc. cit.*, p. 2.

[325] Idem, *Ibidem*, p. 2.

O Golpe de 16 de Março de 1974   123

As comunicações mostravam-se insuficientes e impossibilitavam uma acção assertiva[326]. Na verdade, criavam um cenário de eminente colapso. Do RI5, foram informados que estavam presos, no gabinete do comandante, o próprio, o 2º comandante, o Major Vagos e o Tenente Lourenço. Ninguém podia entrar ou sair[327]. O comando da Unidade assistiu, impotente, à saída da coluna, bem como às tentativas de ligação entre Unidades.

Por outro lado, o rastilho tinha sido claramente ateado. A presença de vários jornalistas estrangeiros no país provocou a divulgação de muitas informações não confirmadas. Pelas 06h50, "telefonou Gen. Pinto Bessa dizendo que no RC8 [Regimento de Cavalaria 8] foi recebido um telefonema de pessoa que se intitulou ANI para saber o que se estava passando uma vez que as agências estrangeiras estavam dando notícias alarmantes. – Mandaram-no contactar a Rep Gab Ministro Exército."[328]

Na Escola Prática de Infantaria

A ordem de saída de uma força da EPI veio da RML com a missão de interceptar a coluna IN (inimiga)[329]. A Companhia possuía duas redes de rádio que a ligavam à EPI (o que possibilitaria receber ordens distintas, do Movimento e do comando militar[330]).

---

[326] "Em 160800Mar74 fui contactado pelo TenCor PilAv Vélhinho, meu antigo instruendo da Escola de Comando e Estado Maior da Força Aérea, que procurava inteirar-se do que se passava. Recomendei-lhe que seguisse imediatamente para a Base Aérea 5 (MONTE REAL) onde é 2.º Comandante. (...) Em 160845Mar74, depois de ter recebido um telefonema do TenCor PilAv Vélhinho informando de que a BA 5 não tinha comunicações e não podia pois contactar a Secretaria de Estado da Aeronautica, avisei o QG/RMT para desta situação ser dado conhecimento a LISBOA." in Coronel Salazar Braga, *doc. cit.*, p. 3.

[327] "0625 – Cmdt RI5 disse estarem no Gab. ele, 2º Cmdt, Major Vagos e Of. Segurança. Maj. Monroy e Serrano quiseram entrar mas não deixaram. Disseram/lhes que só às 0730", in Quartel-General da Região Militar de Tomar, *doc. cit.*, p. 1.

[328] In Idem, *Ibidem*, p. 2.

[329] In Coronel Rui Rodrigues, *art. cit.*, p. 16.

[330] "A Companhia saiu com duas redes de rádio de ligação à EPI. Uma ligava ao Comando desta e outra aos Oficiais do Movimento que controlavam totalmente a Companhia." (in Tenente-General Aurélio Trindade entrevistado pelo Alferes RC Rico dos Santos, "Entrevista: TGen (Ref) Aurélio Trindade (Maj Inf em Abril de 1974) ", *Azimute, Revista Militar de Infantaria*, n.º 181, Agosto de 2006, p. 39).

A 1.ª Companhia de Atiradores (a Companhia Operacional da Escola) saiu, da EPI, comandada pelo Capitão Sousa Santos Júnior. "Quando a EPI saiu, a forma como iríamos cumprir a missão era a seguinte: não interferíamos com a coluna das Caldas e se porventura houvesse uma movimentação ou alteração da situação, nós tínhamos já uma missão definida, que seria ligada aos responsáveis pelo Movimento das Forças Armadas. Portanto, saiu-se numa situação de expectativa. Não deixámos de sair da Unidade de acordo com a cadeia de comando normal, mas ao mesmo tempo estávamos atentos à cadeia de comando do Movimento."[331] Embora a força de Mafra não tivesse partido numa acção concertada com o RI5[332], o Tenente-General Oliveira Cardoso afirma que "saiu-se numa situação de expectativa. Não deixámos de sair da Unidade de acordo com a cadeia de comando normal, mas ao mesmo tempo estávamos atentos à cadeia de comando do Movimento."[333] Se verificassem que outras Unidades também tinham aderido à insurreição, os oficiais da EPI do Movimento poderiam juntar-se à acção.

Pelas 06h30, da EPI saiu um "Unimog" com pessoal armado e equipado e, às 07H15, "dois jeeps da mesma ESCOLA seguiram pela estrada PAZ – TORRES VEDRAS".[334] O Coronel Freitas seguia nestes jeeps em direcção ao Ramalhal[335], com o objectivo de suspender os exercícios de campo estacionados numa quinta em Pai Correia (Ramalhal)[336].

---

[331] In Tenente-General Oliveira Cardoso, entrevistado pelo Alferes RC Rico dos Santos, "Entrevista: TGen Oliveira Cardoso (Tem Inf em Abril de 1974)", *Azimute. Revista Militar de Infantaria*, n.º 181, Agosto de 2006, p.25.

[332] O Capitão Sousa Santos Júnior afirma que "estava em minha casa (depois de jantar) quando recebo uma chamada de um camarada das Caldas da Rainha: "Sousa Santos, olha sou eu, prendemos o Comandante e vamos a caminho de Lisboa". Passei por todas as cores do arco-íris!" (Capitão Sousa Santos Júnior, entrevistado pelo Alferes RC Rico dos Santos, "Entrevista: Capitão (Ref) Sousa Santos Júnior (Cap Inf em Abril de 1974)", *Azimute, Revista Militar de Infantaria*, n.º 181, Agosto de 2006, p.14). Posteriormente avisou os camaradas da Escola. Desconhecemos a identidade do oficial do RI5 que terá feito o telefonema.

[333] Tenente-General Oliveira Cardoso, *art. cit.*, p.25.

[334] In Coronel Milreu, *doc. cit.*, fl.1.

[335] Idem, *Ibidem*, verso da fl.1.

[336] O regresso das forças foi faseado, e só começou pelas 10H30 (in Idem, *Ibidem*, verso da fl.1).

O Golpe de 16 de Março de 1974

iv. 7 Horas: a coluna voltou para trás

O comando militar é informado que, pelas 06h30, a coluna do RI5 estava parada a 3 km de Sacavém[337]. Junto ao rio Trancão, os Majores Casanova Ferreira e Manuel Monge encontraram a coluna das Caldas na auto-estrada. Pararam na faixa da direita e dirigiram-se, a pé, à coluna, que seguia em direcção a Lisboa. Informaram os oficiais das Caldas que tinham de voltar para trás, dado que eram a única força do Movimento na rua e esperava-os um dispositivo militar preparado para os defrontar.

A conversa não foi fácil, recorda hoje o Major-General Manuel Monge, porque os oficiais das Caldas manifestaram uma grande motivação[338], ainda que não tivessem capacidade para se opôr à força que os esperava, na Encarnação. Eles mostraram alguma resistência[339], mas concordaram que, no quartel, poderiam aguardar com a esperança que outros os apoiassem.

Às portas de Lisboa concentraram-se as forças leais ao regime esperando a "coluna inimiga" das Caldas. As dificuldades nas comunicações e a ausência de informações tornavam a situação confusa[340]. O relato do Coronel Viana de Lemos demonstra um claro sinal de atrapalhação da hierarquia militar.

> "Mas, como em todos os momentos da vida, há sempre uns pequenos incidentes cómicos. Todos nos preocupávamos em saber se a coluna do R.I.5, que estava próxima de Lisboa, chegaria ou não ao contacto com as tropas que a aguardavam na Encarnação, à entrada de Lisboa. Estávamos,

---

[337] "0650 Coluna IN está parada a 3km da portagem (SACAVEM)", in Comando-Geral, *doc. cit.*, fl. 1.

[338] "Com a vontade que vinham, tomavam Lisboa toda" afirma o Major-General Manuel Monge, em entrevista em Beja, a 25 de Maio de 2007.

[339] "Não queríamos aceitar", diz, hoje, Silva Carvalho. "Voltar para trás às portas de Lisboa? Ainda refilámos, mas acedemos.", relato transcrito no artigo de Carlos Cipriano, *art. cit.*, p. 3.

[340] "Era uma fartura amalgamada de pessoal e material da mais diversa procedência, procurando encaixar-se nos espaços vazios permitidos pelas margens da estrada. O trânsito não fora cortado. E a juntar a esta bagunça indescritível, a praça enchia-se literalmente com uma considerável massa de populares, trabalhadores que àquela hora seguiam para os seus empregos, mulheres que se deslocavam aos mercados, vendedores ambulantes, simples curiosos. A confusão era enorme." in Otelo Saraiva de Carvalho, *ob. cit.*, p. 276.

então, no Estado Maior do Exército e não havia maneira de obter as informações, até que a certo momento o General Ajudante-General, teve a ideia de telefonar para a estação de portagem da auto estrada. Atendeu uma senhora muito amável que o informou que na verdade a coluna havia chegado até próximo da portagem mas que depois fizera meia volta e se fora embora!..."[341]

Na Encarnação, para perceber o que se passava, o Capitão Miquelina Simões procurou o Capitão Bicho Beatriz e informou-o que tinham ordens para deter uma coluna "rebelde" do RI5 que vinha das Caldas em direcção a Lisboa[342]. O Major Saraiva de Carvalho julgou importante desmobilizar os oficiais das forças reunidas na Encarnação. Pelas 07h30 o Major decidiu contactar a Academia Militar, no sentido de encontrar algum oficial para dissuadir o Major Vinhas, do BC5, de qualquer acção militar precipitada contra a coluna das Caldas[343].

Com a certeza de que um possível confronto entre as forças das Caldas e as forças leais ao regime poderia tornar-se sangrento, e sem possuir informações fundadas, o Major Saraiva de Carvalho e o Capitão Miquelina Simões decidiram juntar-se à coluna, para os demover de continuar a marcha. Mas, não conseguiram ir longe. Quando começaram a tentar furar o cerco para seguir para Norte, o trânsito foi desviado conduzindo-os, um pouco perdidos, por Bucelas e Sacavém.

---

[341] Viana de Lemos, *ob. cit.*, p.99.

[342] O Capitão Miquelina Simões foi identificado pelo Major Vinhas do BC5. Esta identificação protagonizou posteriormente a sua transferência. "O gajo topou-me e perguntou-me o que é que eu estava a fazer aqui à paisana e eu lá lhe enfiei a galga. E disse-lhe que deviam era ter vergonha de obedecer a uma ordem daquelas; fazer marcha atrás e regressar à unidade. O tipo ficou lixado." in Otelo Saraiva de Carvalho, *ob. cit.*, p. 277.

[343] Na Academia Militar, o Capitão Manuel Amaro Bernardo falou com o Major Otelo Saraiva de Carvalho. É informado da situação na Encarnação e o Capitão afirma que vai procurar enviar alguém. O Major Nuno Bívar e o Tenente-Coronel Lopes Pires aceitam ir verificar o que se passa (segundo o testemunho de Manuel Amaro Bernardo sob o nome de Mário Cardoso citada na obra de Manuel Barão Cunha, *Radiografia Militar*, Ed. Século, Lisboa, 1975, p. 272). Na Rotunda da Encarnação, o Major Vinhas revelou neste dia "uma posição activa (na aparência pelo menos) de oposição ao Movimento das Caldas e porque abordado em conversas de âmbito geral denunciava pouca apetência para aceitar transformações políticas", in "Doc.C Batalhão de Caçadores 5, Relatório das ocorrências relativas ao Movimento do «25 de Abril»", reproduzido na obra de Dinis de Almeida, *Origens e Evolução do Movimento de Capitães (Subsídios para uma melhor compreensão)*, p. 346.

O Golpe de 16 de Março de 1974

Entretanto, em Lisboa, continuaram a movimentar-se forças. Dois pelotões da GNR do B1 (Santa Barbara) e um pelotão da 2.ª E/RC dirigiam-se para a Encarnação. Pouco depois o primeiro dirigiu-se para Alverca no encalço da coluna das Caldas (ainda que tenha ficado parado com uma viatura avariada)[344]. Pelas 07H20, foi levantado o cerco à Academia Militar[345].

Nas Caldas da Rainha

Pelas 7 horas, o comandante do posto da GNR das Caldas deu conta que "na parada de honra do Comando do RI5, se encontravam cerca de 40 a 50 homens armados"[346]. Nas Caldas, este foi o primeiro sinal visível da sublevação do quartel. Só neste momento, as forças locais começaram a desvendar a situação real: "O CP/GNR//ÓBIDOS informou que uma praça do RI5 tinha dito à praça que se encontrava de vigilância à E.N.8, que, ao pretender entrar na sua Unidade, pouco tempo antes, foi informado por um sentinela à porta de armas que ali a situação era muito má, pois já tinha sido preso o comandante e 2.º comandante e que a Comp.ª de Caçadores saíra às 01h30 [informação incorrecta]"[347].

Sabendo que a coluna sublevada do RI5 desistira de investir sobre Lisboa, a hierarquia militar começou a preparar o cerco ao regimento das Caldas. Na cidade, apenas, as forças locais procuravam conhecer as movimentações dentro e fora do quartel. Às 07H50, o Ministro comunicou ao comandante da RMT que a coluna das Caldas chegou à portagem e voltou para trás, portanto era primordial cercar o RI5. Seguidamente, o Regimento de Infantaria 15 (RI15) recebeu ordem do QG/RMT para aprontar a Companhia[348]. Logo

---

[344] In Comando-Geral, *doc. cit.*, verso da fl.1.

[345] Idem, *Ibidem*, verso da fl.1.

[346] In Tenente Pires, *doc. cit.*, verso da fl.2.

[347] Idem, *Ibidem*, verso da folha 2.

[348] In Quartel-General da Região Militar de Tomar, *doc. cit.*, p.2. Em entrevista o General Hugo dos Santos afirma que, no dia 16 de Março de 1974, quando chegou ao quartel, pelas 8 horas, foi informado pelo comandante, Coronel Batista Ferro, que este teve ordem para convocar todos os oficiais, excepto a si, bem como comandar as forças com armas pesadas que se dirigiram para as Caldas da Rainha (em entrevista com Manuel A. Bernardo, *Marcello e Spínola: a ruptura. As Forças Armadas e a Imprensa na Queda do Estado Novo, 1973–1974*, p.275).

128   *Nas Vésperas da Democracia em Portugal*

depois, pelas 08H00, a EPC recebeu ordem para fazer sair o Esquadrão Auto e Pelotão de Reconhecimento[349].

Na Escola Prática de Cavalaria

O Capitão Salgueiro Maia permaneceu na EPC, impossibilitado de qualquer acção "porque se não eram a favor tinham que ser do contra". Além disso, os oficiais do Movimento não tinham possibilidade de reagir.

> Face à ordem de seguir para as Caldas, tive uma reunião com os oficiais mais antigos que iam sair, para acertar a não actuação sobre o pessoal das Caldas e o modo de sabotar o percurso até lá.
> Falei de seguida com os milicianos e algumas praças; todos se mostraram colaborantes, ao ponto de a coluna que deveria demorar sessenta minutos, ter demorado cerca de oito horas, com constantes viaturas a ir para a valeta, pneus vazios, avarias diversas, etc.[350]

O Capitão Garcia Correia assumiu o comando do aquartelamento exterior à escola, ficando isolado[351]. O Capitão Costa Ferreira tinha chegado três dias antes ao Regimento, logo não conseguiria exercer muita influência sobre as forças. O Capitão Joaquim Bernardo não foi convocado pelo comandante (só chegou à Escola Prática depois das 8 horas da manhã, quando foi avisado por um Furriel da Secção de Operações e Informações, a pedido do Capitão Costa Ferreira)[352].

As forças da EPC saíram de Santarém, em direcção a Rio Maior, pelas 08H30. O seu comandante informou os oficiais da missão que teriam de cumprir: "Marchar de SANTAREM para RIO MAIOR a fim de, nesta localidade, interceptar a coluna auto-transportada do RI5 que de LISBOA regressava às CALDAS DA RAINHA, procurando a todo o custo evitar meios extremos para cumprimento da missão. Em RIO MAIOR efectuar a apresentação ao 2.º Comandante da RMT

---

[349] A coluna da EPC era constituída por atiradores apoiados por duas viaturas blindadas de transporte de pessoal, Chaimite, comandada pelo Major Sequeira da Silva. Os esquadrões foram comandados pelos Capitães Palma e Capão (únicos Oficiais do Movimento que a integraram).

[350] Fernando Salgueiro Maia, *ob. cit.*, p.85.

[351] Joaquim M. Correia, *ob. cit.*, p.86.

[352] Idem, *Ibidem*, p.85.

O Golpe de 16 de Março de 1974 129

que estabeleceria missões ulteriores ou modificaria a inicial."[353] Neste momento, o comando militar desconhecia o destino da coluna do RI5.

O Comando Militar

Às 08H05, o Regimento de Cavalaria 4 (RC4) recebeu ordem para preparar o Esquadrão Auto e o Pelotão de Reconhecimento. A caminho das Caldas ia a companhia do RI7, vinda de Leiria (tinha chegado a Tornada, mas o comandante da força não conseguiu contactar o seu Regimento para lhe ser confirmada a missão[354]). Pelas 08H30, saíram de Tomar o Brigadeiro Pedro Serrano, 2.º comandante da RMT, o Tenente Couto e o Alferes Martinho[355]. Entretanto, foram cortadas a pedido do comandante da RMT as comunicações telefónicas do RI5, porque tinham sido descobertos "aliciamentos" telefónicos para outras Unidades, comunicados pelo comandante preso do RI5[356] e pelo comandante do RI7[357].

Simultaneamente, ocorriam várias movimentações na zona de Lisboa, denotando a existência de múltiplas ordens. Um MG 63-23

---

[353] In Major Sequeira da Silva, RELATÓRIO DA ACÇÃO EM CONSEQUENCIA DOS ACONTECIMENTOS REGISTADOS NO RI 5 EM 16MAR74, EPC Santarém, 19 de Março de 1974 (exemplar n.º 2 enviado ao Quartel-General da Região Militar de Tomar, Arquivo Histórico Militar, Lisboa, fl. 1 (este documento encontra-se reproduzido no anexo VIII deste trabalho).

[354] No entanto, foram contactados por dois guardas da GNR das Caldas da Rainha que o informaram do seguinte: "Uma CCaç do RI5 tinha saído em direcção a Lisboa, auto transportada cerca das 160130MAR74; dentro do Quartel tudo se mantinha calmo parecendo que os postos de defesa eram os normais. " in Major Guimarães, *ACONTECIMENTOS DO DIA 16/17 MAR 74, Fita do Tempo*, (anexo ao *Relatório de Situação* do Coronel Salazar Braga), Leiria, 17 de Março de 1974, Arquivo Histórico Militar, Lisboa, fl. 1 (este documento encontra-se reproduzido no anexo VII deste trabalho). Um aspirante do RI7 disfarçado aproximou-se do quartel e pouco depois confirmou as informações da GNR.

[355] In Quartel-General da Região Militar de Tomar, *doc. cit.*, p. 2.

[356] "0615 – (RI5) Disse que queria entrar em contacto com a EPC para lhe dizer que o OFTms da EPC quis contactar com o OFTms do RI5 mas não conseguiu", in Idem, *Ibidem*, p. 1.

[357] "Em 160800MAR74 o Capitão Garcia do RI5 telefonou para o Oficial de Dia procurando saber se os Capitães do RI7 estavam revoltados e o que estava ou iria fazer a CCaç/RI7. Nada foi respondido pelo Oficial de Dia, que só posteriormente me avisou deste aliciamento telefónico." in Coronel Salazar Braga, *doc. cit.*, p. 3.

da RML, com pessoal armado, movimentou-se entre Sintra e Cacém. Outra viatura com o comandante Capitão Almeida d'Eça deslocou-se entre Lisboa e Vila Franca de Xira[358].

Curiosamente, uma coluna da GNR interceptou a coluna sublevada do RI5. "0830 O IN passou VXIRA e foi contactado Cmdt Sr. À sua aproximação o Cmdt. da coluna que exibia galões de major, disse-lhe: «tenho uma missão a cumprir e do N vem uma Unidade de Cav.ª com gen. Spínola.» De uma das viaturas foi feito um disparo."[359] Segundo os oficiais das Caldas, a coluna da GNR que os interpelou, não tinha meios suficientes, por isso deixou-os continuar a marcha[360]. Segundo o relato dos oficiais que acompanharam esta coluna, esta força da GNR foi a única que os tentou travar, sem sucesso[361].

Pelas 08H20, a companhia do RI7 chegou perto das Caldas. Com dificuldades nas comunicações, consideravam que pouco podiam fazer face à situação e aos meios que dispunham[362]. Pelas 09H30, o comandante da GNR das Caldas foi informado pelo CEM da GNR que a coluna do RI5 voltou para trás, e que se devia encontrar a 26 quilómetros da cidade[363]. Esta informação foi, desde logo, transmitida

---

[358] Estas informações constam no documento do Comando-Geral, *doc. cit.*, verso da fl.1. Na obra de Dinis de Almeida são relatados os acontecimentos que envolveram no dia 16 de Março de 1974 o Grupo nº.1 da Escola da Armada em Vila Franca de Xira, comandada pelo Capitão de Mar-e-Guerra Almeida d'Eça. Esta força não confrontou a coluna sublevada das Caldas, embora tenha constituído um pelotão que ficou estacionado junto da Praça de Touros de Vila Franca de Xira. Segundo o autor Dinis de Almeida, oficiais ligados ao Movimento controlaram as acções deste pelotão (*Origens e Evolução do Movimento de Capitães (Subsídios para uma melhor compreensão*, pp. 289-290).

[359] In Comando-Geral, *doc. cit.*, fl.1.

[360] "Dissemos-lhes que era melhor saírem dali, porque vinha a caminho uma força da Escola Prática de Cavalaria (Santarém) e ficariam entre dois fogos", continua Silva Carvalho. Mas Casanova Ferreira lembra-se com mais pormenor de como o tenente Braga da GNR parecia firme em fazê-los parar. "O quê? Vai deter-nos com o pingalim?", perguntou então. E grita às tropas que saiam dos carros. "Um dos soldados dispara sem querer a metralhadora e os gajos atiraram-se logo ao chão e disseram 'Ó meu tenente, olhe que temos família." (transcrito no artigo de Carlos Cipriano, *art. cit.*, p. 3).

[361] No entanto, quando regressavam de Lisboa avistaram uma coluna da GNR em sentido contrário na auto-estrada (Carlos Cipriano, *art. cit.*, p. 3).

[362] "Diz que é pouco efectivo e então dei-lhe ordem para ter em atenção a face principal e a estrada frente e sul para impedir a Comp de entrar", in Coronel Salazar Braga, *doc. cit.*, p.3.

[363] Tenente Pires, *doc. cit.*, verso da fl. 2.

O Golpe de 16 de Março de 1974   131

ao Major Guimarães, o comandante da força do RI7[364] e da PSP local.

Nesta altura, passaram 12 viaturas pesadas e um jipe em Palhoças (no Cercal), em direcção às Caldas, segundo informações do comandante do B2, da GNR[365]. A coluna do RI5 foi sobrevoada por um avião militar[366].

Pelas 09H45, o comandante do B4 comunicou ao comando-geral que, no Porto, tudo estava "normal"[367]. A GNR tornou-se nos olhos do Ministro do Exército, que se esforçava por dominar a situação.

No Regimento de Infantaria 5

No RI5, pela manhã, os quatro oficiais neutralizados receberam o pequeno-almoço[368]. Os Majores Monroy e Serrano circulavam, livremente, na Unidade, porque não se tinham oposto, mas não quiseram participar. Chegaram, pela manhã[369], e foram recebidos pelo Capitão

---

[364] Pelas 9 horas, o comandante do Quartel-General da RMT comunicou ao comandante do RI7 que a coluna do RI5 retrocedia para as Caldas da Rainha circunscrita por uma força da GNR. De seguida, forneceu esta informação à Companhia do seu regimento, estacionada junto do RI5, ordenando disposições de cerco (in Coronel Salazar Braga, *doc. cit.*, p. 3.).

[365] Coronel Milreu, *doc. cit.*, fl. 2.

[366] "Diz-se que foram enviadas ordens à Base de Tancos para que os aviões levantassem voo e bombardeassem a coluna. A ordem não foi cumprida.", in Paulo Madeira Rodrigues, *De súbito em Abril 24, 25, 26*, p. 28.

[367] In Comando-Geral, *doc. cit.*, fl.2. Segunda esta documentação, este Comando desempenhou um papel importante na transmissão de informação entre o Ministério do Exército, bem como com outras entidades responsáveis pela Segurança Interna.

[368] No gabinete do comandante encontrava-se o próprio, o 2.º Comandante, o Major Vagos e o Tenente Lourenço.

[369] No artigo de Carlos Cipriano é relatado que "o Major Monroy, então com 42 anos, achou muito estranho que o comandante lhe telefonasse para casa a meio da noite a dizer que estava preso no seu gabinete. Vestiu-se, foi para o quartel, mas não o deixaram entrar. Perante isto, o pragmatismo indicou-lhe que deveria voltar para a cama e descansar, que o dia seguinte iria ser longo. Ao voltar ao quartel, durante a manhã, abriram-lhe a porta. "Quando entrei, vi que estava tudo em pé de guerra com os postos de defesa guarnecidos. Fui imediatamente ao gabinete do comandante. Ele estava muito chateado. Os oficiais superiores do quartel não tinham saído na coluna para Lisboa e ninguém parecia saber muito bem o que se passava. Saí do gabinete e perguntei a dois furriéis armados de espingarda automática, que guardavam a porta, se eu também estava preso. Não estava e circulei livremente no quartel durante todo o dia.", Carlos Cipriano, *art. cit.*, p. 6.

Virgílio Varela, que se encontrava na parada a conduzir os movimentos. A todos, dizia: "Há uma revolução em Lisboa, o chefe é o Spínola e o Costa Gomes. Vocês já sabem do Movimento. Não podemos aceitar uma coisa destas... a máquina está a andar. Temos uma companhia a caminho do aeroporto. Concordam ou não? Querem assumir o comando, porque o comandante e o 2.° comandante estão detidos lá em cima?"[370] Todos responderam que não. Junto ao edifício do comando, circulavam vários militares preocupados em saber novidades.

Cerca das nove horas, os Majores Manuel Monge e Casanova Ferreira chegaram ao quartel das Caldas[371] e informaram os oficiais, que tinham ficado no regimento, de que tudo falhara porque as Unidades contactadas não aderiram, alegando que foram surpreendidos com a ordem de avançar. Agora, restava-lhes aguardar pela coluna sublevada e pelo cerco.

Enquanto esperaram pela coluna, fizeram alguns telefonemas, na esperança de mobilizar outras Unidades. Destas respondiam que era difícil, não tinham meios, logo seria melhor recuarem. "Era uma questão de ganhar tempo" – afirma o Major-General Manuel Monge[372]. O Capitão Virgílio Varela afirma que falou "com alguns oficiais de outras Unidades durante a noite de 15 para 16 – para saber se já estavam prontos a sair –, que me disseram simplesmente que não estava ninguém na Unidade, a não ser o pessoal de serviço e pouco mais, e que não podiam fazer nada"[373]. Na mesma entrevista, o Coronel

---

[370] Para o Coronel Virgílio Varela, este procedimento era importante dado que estes oficiais eram hierarquicamente superiores (em entrevista, em Lisboa, a 7 de Maio de 2007).

[371] "Cerca das seis e trinta, o Vítor telefonou-me pelo rádio, dizendo que os Majores Monge e Casanova iam para o Regimento, para se solidarizarem connosco, visto que eram os responsáveis pela ordem que o Armando trouxera. A coluna chegaria mais tarde" Virgílio Varela, "Falar sobre "histórias e memórias"...", *Livro de Homenagem a Casanova Ferreira*, edição de autor, s.d., p.107.

[372] Em entrevista, em Beja, a 25 de Maio de 2007.

[373] Entrevista com o Coronel Virgílio Varela (1992) a Manuel A. Bernardo, *Marcello e Spínola: a Ruptura. As Forças Armadas e a Imprensa na Queda do Estado Novo, 1973–1974*, p.308. Também o Coronel Casanova Ferreira afirmou que telefonaram "a algumas (uma delas foi Faro), mas já não dava nada. Aquilo tinha de ser bem combinado; foi tudo em cima do joelho", in Idem, *Ibidem*, p.301.

O Golpe de 16 de Março de 1974

Virgílio Varela confirmou que, do RI5, contactaram as Unidades de Santarém, Mafra e Leiria[374].

Na Encarnação

Apesar de o trânsito ter sido desviado, o Major Saraiva de Carvalho resolveu conduzir sozinho até Mafra. Quando chegou, pelas 10H00, verificou que era impossível o contacto com os oficiais do Movimento da EPI. Entretanto, uma coluna desta unidade foi avistada na Malveira. Era constituída por seis viaturas pesadas e dois jipes, transportando pessoal armado[375].

Sem saber o que realmente se passava, o Major Saraiva de Carvalho voltou para Lisboa. Com o Capitão Miquelina Simões, na Encarnação, encontrava-se o Capitão Ruben Domingues, que estava por dentro das iniciativas do Movimento. Pouco depois, chegou o Major Nuno Bívar num jipe da Academia Militar com Tenente-Coronel Lopes Pires[376]. Contudo nada puderam fazer. Sem noção do que se passava, dispersaram.

Pelas 10H22, foram desmobilizadas as forças do BC5, do B1 e do RAL1, estacionados na Encarnação[377]. O regresso da coluna sublevada para o RI5 era uma certeza, embora as autoridades desconhecessem as verdadeiras intenções da coluna.

---

[374] No dia 16 de Março de manhã, o C.I.O.E. de Lamego recebeu, também, um telefonema das Caldas da Rainha. O Coronel Abreu Cardoso afirma que só naquele momento teve conhecimento da sublevação dos oficiais do RI5 e da saída da coluna (em entrevista, em Braga, a 17 de Julho de 2007).

[375] Coronel Milreu, *doc. cit.*, fl. 2.

[376] Porém, Manuel Amaro (sob o nome de Mário Cardoso) relatou os acontecimentos de forma diferente. A saída da Academia Militar realmente aconteceu, mas estes oficiais quando regressaram, pediram-lhe segredo e informaram-no que não tinham encontrado o Major Saraiva de Carvalho. Contudo, no dia 27 de Março de 1974, o Major Nuno Bívar foi ouvido pelo Tenente-Coronel Leopoldo Severo sobre os motivos da sua presença na Encarnação e do seu contacto com as forças do RC7 (in Manuel Barão Cunha, *Radiografia Militar*, Ed. Século, Lisboa, 1975, p.273 e 276 – nesta obra são utilizados pseudónimos pelo autor descodificados na obra de Manuel Amaro Bernardo *Marcello e Spínola: a ruptura, As Forças Armadas e a Imprensa na Queda do Estado Novo, 1973–1974,* p.218).

[377] Coronel Milreu, *doc. cit.*, fl. 2.

134   *Nas Vésperas da Democracia em Portugal*

Com a capital segura, por volta das 10h30, Américo Thomaz e os outros ministros saíram de Monsanto (anteriormente, pelas 9 horas, o Presidente do Conselho retirou-se de Monsanto, ainda que passado meia hora aí tivesse chegado o Ministro do Exército). Pouco antes, pelas 09H50, aterrara um helicóptero[378].

O Comando Militar

A primeira força militar, que chegou às Caldas da Rainha, foi a coluna do RI7, de Leiria. O Tenente-Coronel Guimarães, comandante destas forças, deu ordens para a montagem do cerco ao quartel do RI5. Instalou o seu Posto de Comando no edifício da GNR, onde dispunha de comunicações rápidas com o RI7, e, facilmente, podia receber informações[379]. O Tenente Pires, comandante do posto da GNR das Caldas da Rainha, informou o comandante da força do RI7 que, dificilmente, poderia fazer vigilância à porta de armas do aquartelamento da cidade, devido à sua localização junto da estrada Lisboa – Caldas, situada ao longo do quartel[380]. Perante esta dificuldade e como as comunicações não funcionavam correctamente, a força do RI7 aproveitou o apoio oferecido pela DGS e Legião Portuguesa[381]. Pelas 09H45, o Tenente-Coronel Guimarães recebeu ordens do comandante do RI7[382] para deixar de manter a vigilância à estrada

---

[378] Idem, *Ibidem*, fl. 2.

[379] In Coronel Salazar Braga, *doc. cit.*, p.3.

[380] Major Guimarães, *doc. cit.*, fl.1.

[381] Junto do comando da Companhia de Caçadores do RI7 apresentou-se, pelas 10H00, o comandante de Lança da Legião Portuguesa, do Quartel-General da Legião Portuguesa, que se ofereceu para fazer o reconhecimento do quartel. Desempenhou um papel importante na obtenção de informações, dado que trajava à civil e podia deslocar-se sem ser identificado. Pelas 11H00, apresentou-se o Chefe de Brigada da DGS de Peniche, que ficou à disposição do Tenente-Coronel Guimarães. O comandante da força de Leiria contactou telefonicamente o Sub Director da DGS (que lhe pediu informações sobre os acontecimentos), bem como o 2.º Comandante da Legião Portuguesa que lhe ofereceu a colaboração do Sr. Comandante de Lança da Legião Portuguesa do Quartel-General da Legião Portuguesa (Idem, *Ibidem*, fls. 2-3).

[382] "Em 160940Mar74 o Exmo General Comandante ordenou-me que a CCaç/RI 7 barrasse a entrada no quartel das forças revoltosas que regressavam às CALDAS, ordem esta que transmiti ao TenCor Guimarães", in Coronel Salazar Braga, *doc. cit.*, p.4.

O *Golpe de 16 de Março de 1974* 135

nacional, mas para, a todo o custo, cortar a EN8 de forma a impossibilitar a entrada da Companhia do RI5 no quartel[383].

Ao mesmo tempo, a Companhia do RI15 de Tomar recebeu ordens do comandante da RMT para preparar uma companhia[384], e o Ministro informou o comando da RMT "que se não chegar forças entrará a Aviação"[385]. Conjuntamente, outras forças militares foram mobilizadas e ficaram a aguardar ordens, nomeadamente o Esquadrão Auto do RC4 e uma companhia do RI2[386].

Em Rio Maior, chegava a força da EPC[387], onde encontrara o 2.º comandante da RMT, Brigadeiro Pedro Serrano, e 2 oficiais do QG//RMT. Nesta altura, foram informados pela GNR que a coluna das Caldas tinha passado pela Espinheira e uma companhia da GNR ia no seu encalço. As forças aí reunidas seguiram para as Caldas.

Todavia, enquanto a alta hierarquia organizava as suas forças no terreno, as difíceis comunicações e a ausência de informações actualizadas complicavam a acção. "Dada a dificuldade de obter contacto telefónico com este [Tenente-Coronel Guimarães], falei com o meu antigo colega do Liceu (...) responsável pelo serviço telefónico nos CTT de LEIRIA, que me conseguiu prioridade para a transmissão desta ordem"[388]. O relato do comandante do RI7 testemunha a situação caricata que envolveu a chegada da coluna sublevada ao quartel das Caldas. Enquanto as comunicações não funcionavam[389],

---

[383] Major Guimarães, *doc. cit.*, fl.2.

[384] In Quartel-General da Região Militar de Tomar, *doc. cit.*, p. 1.

[385] In Idem, *Ibidem*, p.3. Na verdade, pelas "1240 – Info o Cor. Pimentel que pelas 1200 um Pel Para foi para a BA3 nos moldes quando há saltos." Às 1248 uma nota que informava que "Os Paras estão a armar-se", in Idem, *Ibidem*, p. 4.

[386] O RC4 recebeu a ordem pelas 08H05 e o RI2 pelas 10H45 (in Idem, *Ibidem*, pp. 2-3).

[387] "A chegada a RIO MAIOR verificou-se apenas às 10H00, aproximadamente, em virtude do mau funcionamento de viaturas." in Major Sequeira da Silva, *doc. cit.*, fl. 2.

[388] In Coronel Salazar Braga, *doc. cit.*, p. 4.

[389] No *Relatório de Situação*, o Comandante do RI7 na sua análise crítica, afirma que "todas as comunicações importantes tiveram por base o telefone civil. O sistema funcionou desta vez. Entretanto, além de não oferecer qualquer segurança militar, pode não funcionar em qualquer situação de crise que se venha a verificar no futuro. Basta que esta situação seja acompanhada por uma acção de sabotagem da central telefónica de LEIRIA para que sejam interrompidas todas as comunicações de Norte para Sul do país, através do cabo coaxial. E esta acção de sabotagem pode ser feita por qualquer amador, pois a central situa-se nos

as ordens não eram cumpridas e as forças ocupavam timidamente posições, às 10h30, a "coluna inimiga" do RI5 entrou no quartel.[390]

v. 10H30: a coluna chegou às Caldas

Sabendo que a acção militar frustrara, os oficiais da coluna do RI5 ponderaram três hipóteses: desviar para Montejunto, estacionar no Alto das Gaeiras (local situado a cerca de 5 km da cidade) ou regressar ao quartel. Optaram pela última hipótese com o propósito de atestar viaturas na expectativa de ser necessário voltar à estrada.

No RI5 as viaturas da coluna sublevada pararam junto às Companhias de Caçadores, de onde os cerca de 120 soldados saíram para verificar as armas (G3). Dois soldados dispararam, inadvertidamente, para o ar causando apenas um susto[391].

Os Majores Manuel Monge e Casanova Ferreira não aceitaram a proposta dos oficiais do RI5 de saírem pelas traseiras do quartel e decidiram ficar assumindo as responsabilidades da sua participação. Eram os elementos mais velhos do grupo dos oficiais sublevados e tinham colaborado na decisão de ordem de movimentação de oficiais do Movimento. Os oficiais do RI5, os Majores Casanova Ferreira e Manuel Monge e o Capitão Marques Ramos sabiam que agiam isolados, porém não deixaram de contactar outras unidades[392].

---

baixos dos edifícios do chamado "Correio Velho" de LEIRIA, tendo janelas para a rua, sem qualquer protecção eficiente. E o edifício, como é regra, não é defendido nem ao menos está vigiado". Adianta ainda que "o contacto pessoal e directo a que fui forçado a recorrer pode não funcionar, se entretanto mudarem as entidades, uma vez que teve por base as boas relações pessoais entre os interessados." In Idem, *Ibidem*, pp. 6-7).

[390] "10.43 – Cmdt SR Caldas da Rainha informa que as viaturas são as da coluna revoltada e que já estava presente no quartel do RI5 a força vinda de Leiria.", in Comando-Geral, *doc. cit.*, verso da fl. 2.

[391] "11.28 – Cmdt / B2 informa que se ouviram 3 tiros de dentro do quartel do RI5, quando era sobrevoado por DO. Posteriormente foi feito mais um tiro." In Idem, *Ibidem*, fl. 2.

[392] Na obra de Manuel Amaro Bernardo *Memórias da Revolução – Portugal 1974--1975*, o Coronel Andrade e Moura relata que em Abril de 1974 "... havia uma certa desconfiança em relação à Unidade e, nomeadamente, a mim, por terem sido interceptadas as chamadas telefónicas do Silva Carvalho, do RI5 (Caldas), do Armando Ramos e, mais tarde, do Manuel Monge. Este dissera-me na altura: Está quieto. Não te mexas, senão vamos todos dentro." (Manuel Amaro Bernardo, *Memórias da Revolução – Portugal 1975-1975*, p. 64).

O Golpe de 16 de Março de 1974 137

Pelas 10H35 o comandante da GNR das Caldas informou o Comando-Geral de Lisboa do regresso da coluna revoltosa ao quartel.[393] Pelas 11H00, apresentou-se, ao comando das forças do RI7 (estacionado no comando da GNR da cidade), o chefe da brigada da DGS em Peniche ficando sob as ordens da companhia de Leiria[394], embora a sua participação nos acontecimentos dessa madrugada tenha surgido por volta das 04H30, já depois da saída da coluna[395].

Todavia, sem ligações e com as suas forças envolvidas no cerco ao quartel das Caldas, o comando da força do RI7 estacionado na cidade, apenas, às 11h45, "ainda do seu PC no Posto da GNR, informa que a coluna revoltada, aproveitando a remodelação em curso do dispositivo da CCaç/RI 7, conseguira reentrar no quartel do RI 5"[396]. Mas o comandante da RMT foi apenas informado pelas 11H40 pelo Ministro que a coluna sublevada tinha regressado ao RI5[397]. Mas a informação chegou, pouco depois, da companhia do RI7 que informou que "entraram 6 viaturas e em seguida ouviram-se 4 tiros. Não sabe das restantes viaturas."[398]

Junto do quartel permaneciam as forças do RI7 sem coordenação. De seguida, o comandante da RMT pediu à GNR das Caldas que mandasse alguém contactar o Brigadeiro Pedro Serrano para poder receber algumas indicações.

No QG/RMT o cenário deveria ser caricato[399], provavelmente desesperante devido à aparente descoordenação. O Major da companhia

---

[393] Comando-Geral, *doc. cit.*, fl. 2.

[394] "Contactei, telefónicamente com o Exmo Sub Director da DGS em Lisboa que me pedia informações sobre o desenrolar dos acontecimentos" in Major Guimarães, *doc. cit.*, fl. 3.

[395] Tenente Pires, *doc. cit.*, verso da fl. 2.

[396] In Coronel Salazar Braga, *doc. cit.*, p. 4.

[397] "11.25 –Subchefe RML informa já terem entrado no quartel do RI5 todas as viaturas da coluna revoltada, segundo lhe diz o Cmdt do Regimento. Pede recorte da notícia", in Comando-Geral, *doc. cit.*, fl. 2.

[398] In Quartel-General da Região Militar de Tomar, *doc. cit.*, p. 3.

[399] Outra das preocupações do comando era o reabastecimento de pão da Unidade das Caldas. " 1115 – Para a Sucursal MM Entroncamento. l. Ir buscar pão à estação CF Caldas 2. Cancelado reabastecimento previsto para 2.ª Feira. (...) 1124 – De Major SucMM Entroncamento: Pedido para comunicar MM Lisboa para solicitar CP retorno comboio do pão. Igualmente pedido para MM Lisboa cancelamento reabastecimento de pão. (...) 1239 – De Major MM/Entroncamento a dizer que pão já tinha sido levantado nas Caldas pelo RI5. É necessário pedir para Lisboa suspensão fornecimento. (...) 1248 – Para T.Cor.

de RI15 regressou ao QG para procurar o megafone, mas no regresso não encontrou a Companhia. Pelas 10H45 o comando de RMT, ordenou o corte da luz e da água do RI5, o que só efectivamente aconteceu, depois de várias imprevistos, às 12H30[400].

Na Escola Prática de Infantaria

O Major Saraiva de Carvalho julgava que em Mafra não tinham ocorrido movimentações, o que não é correcto. Pelas 11H50 a coluna da EPI foi vista a 1 km da Venda do Pinheiro em direcção a Bucelas[401]. "Entretanto, próximo de Bucelas, recebemos ordens do Movimento para regressar à Escola Prática de Infantaria, já nada havia a fazer, o pessoal do RI5, já estava de regresso às Caldas da Rainha"[402] declarou o comandante da companhia, Capitão Sousa Santos Júnior. No entanto, esta ordem é referida na documentação como uma ordem superior[403].

A participação da Escola Prática nos acontecimentos de 15 e 16 de Março ainda suscita algumas dúvidas. Apesar dos oficiais da Escola estarem perfeitamente integrados no MOFA, agiram com grande prudência. O Major-General Fernando Aguda confirma que "trabalhávamos por *patamares de saber* sobre a operação. Cada um só sabia o que tinha de saber e confiava nos seus chefes para tudo o que estava a ser planeado. (...) Não sabia, e não era necessário saber,

---

Brás/3ªREP/EME a dizer que cortem o pão da MM ao pessoal das Caldas." In Coronel Salazar Braga, *doc. cit.*, pp. 3-4.

[400] "1110 – Telefonou Presidente da Câmara de Caldas da Rainha dizendo dera ordem cortar água e luz ao RI5. Ficou de confirmar quando era efectivada. (...) 1118 – De Presidente Câmara Caldas a perguntar se o corte de água e luz era à porta de Quartel ou na cidade toda. Comunicado, que era à porta do Quartel. (...) 1143 – Do Presidente Câmara das Caldas: informando que a água está cortada ao Quartel e que este dispõe nos seus depósitos de 150 m3 (...) 1154 – Comunicação para Presidente Câmara das Caldas a pedir corte de luz só zona Quartel, o qual disse ir tentar (...) 1230 – Do Presidente Câmara das Caldas: Conseguiu cortar luz e água sem implicação no resto da cidade.", in Quartel-General da Região Militar de Tomar, *doc. cit.*, pp. 3-4.

[401] Comando-Geral, *doc. cit.*, fl. 2.

[402] Capitão Sousa Santos Júnior, *art. cit.*, p. 14. O Capitão Sousa Santos Júnior foi após o 16 de Março transferido para Chaves.

[403] Coronel Milreu, *doc. cit.*, fl. 3.

O Golpe de 16 de Março de 1974   139

quem era quem ou para onde ia quem ... alguém o saberia, alguém daria a ordem de partir, alguém detinha a verdade do plano e acreditei, sempre, com base na confiança profissional e institucional, que nenhuma Unidade deixaria de actuar quando fosse preciso e que para actuar havia coordenação. Mas era muito jovem, no sentir e no ser ..."[404]

A relação entre a sublevação e saída da coluna do RI5 e a saída da coluna da EPI reveste-se de alguma ambiguidade, dado que os testemunhos publicados divergem sobre este assunto. Nas entrevistas conduzidas pelo Alferes Rico dos Santos, os participantes foram questionados sobre a possibilidade de existir alguma "sintonia" entre a EPI e a saída do RI5. Se por um lado verificamos que existia uma relação conspirativa e integrada no Movimento entre os oficiais do RI5 e os oficiais da EPI, por outro lado a coluna sublevada do quartel das Caldas saiu naquela madrugada isolada, embora integrada nos ideais do MOFA, partilhados por militares de muitas unidades envolvidas.

A EPI não saiu numa acção concertada com o RI5, não porque suspeitassem de qualquer tentativa de antecipação, mas porque os seus oficiais consideraram que não estavam preparados. Saíram na expectativa de qualquer desenvolvimento favorável ao Movimento[405]. Mais, sem plano não tinham capacidade de concretizar uma acção vitoriosa[406].

---

[404] Major-General Fernando Aguda, entrevistado pelo Alferes RC Rico dos Santos, "Entrevista: MGen (Res) Fernando Aguda (Cap Inf em Abril de 1974)", *Azimute, Revista Militar de Infantaria*, n.º 181, Agosto de 2006, p. 19.

[405] "Não deixámos de sair da Unidade de acordo com a cadeia de comando normal, mas ao mesmo tempo estávamos atentos à cadeia de comando do Movimento das Forças Armadas", in Tenente-General Oliveira Cardoso, entrevistado pelo Alferes RC Rico dos Santos, *Azimute, Revista Militar de Infantaria*, n.º 181, Agosto de 2006, p. 25.

[406] O Tenente-General Aurélio Trindade afirma que "os oficiais da EPI dividiram-se. Uns, os mais jovens e mais comprometidos com os Oficiais das Caldas queriam tomar conta do quartel, seguir para as Caldas, libertar os camaradas ou serem presos juntamente com eles. Outros achavam que a guerra estava perdida e a saída da EPI apenas ia engrossar a lista dos Oficiais presos e essa prejudicava qualquer acção futura de modo que era melhor dizer aos Oficiais do RI5 para se renderem pois nós, Oficiais da EPI, assumiríamos o compromisso de os libertar ou de nos irmos posteriormente juntar a eles na prisão. Venceu a segunda hipótese e o RI5 rendeu-se à tropa que os cercava e em que a maioria dos Capitães que comandavam as Companhias eram do Movimento." (in Tenente-General Aurélio Trindade, *art. cit.*, p. 39).

O Comando Militar

Portugal amanheceu sereno, mas o aparato militar em Lisboa e os portões fechados das unidades militares de todo o país, inquietaram muitos portugueses que desconheciam o que se passava. Proliferaram rumores, mas pelo meio-dia a GNR recebeu um telefonema anónimo comunicando que elementos do exército iriam assaltar a Assembleia Nacional, e, desde logo, foi reforçada a segurança do edifício, assim se mantendo[407]. Esta situação intensificava o estado de alerta do país. Além disso, na documentação refere-se, pela primeira vez, que, em Lamego, algo de confuso se passava[408], e receberam outras informações pouco claras. Por exemplo, às "1335 – Gen Viotti reconh. aéreo disse estrada Cercal – Matoeira uma coluna c/8 Berliet. 1 Jeep e 2 Blind. 1 Berliet e 1 Jeep foram para Bombarral. Todas viat voltadas para Sul. O que é?"[409]

Embora a situação em Lisboa parecesse estar resolvida, cerca das 11H00, o Subsecretário de Estado da Aeronáutica, o General Tello Polleri, ordenou à companhia da GNR que se mantivesse em Monsanto enquanto durasse a situação de prevenção rigorosa[410].

Dentro do Regimento de Infantaria 5

No quartel, os militares discutiam e procuravam deslindar o que realmente se tinha passado. Ao nervosismo juntou-se um sentimento de frustração e tristeza. Seis horas antes tinham marchado sobre Lisboa

---

[407] Comando-Geral, *doc. cit.*, fl. 3.

[408] "1310 – Comunicação do RI7:

«Cap Afonso de RI7 que se encontrava no Norte, de regresso à UN, passou por Lamego para meter gazolina no CIOE onde lhe disseram:

– O CIOE recusou–se a receber ordens da RMP

– Estão dispostos a continuar até ao fim

– Só recebem ordens de Gen. Spínola

– Não deixaram seguir o Cmdt do CIOE que tinha recebido ordem de transferência.

– Que todas as UN da RMP estão com eles solidárias».

Comunicado à 3ªREP/EME (T.C. Braz) em 161310", in Quartel-General da Região Militar de Tomar, *doc. cit.*, p. 5.

[409] Idem, *Ibidem*, p. 5.

[410] Comando-Geral, *doc. cit.*, verso da fl. 2.

O Golpe de 16 de Março de 1974   141

para derrubar o Governo, embora soubessem que estavam sozinhos, tinham partido em êxtase e preparados para agir. Todavia, aguardavam o cerco com a convicção que não seria tomada nenhuma posição de confronto. Dentro do quartel, estavam vigilantes e conservavam a manutenção da sua defesa. Todos os militares participavam. Enquanto no QG/RMT iam tentando dominar a situação[411], dentro do quartel das Caldas os militares almoçavam tranquilamente.

"Quando regressámos o Capitão Virgílio Varela caminhava calmamente pela unidade"[412], mas por volta das treze horas o Capitão enviou um ofício aos CTT das Caldas da Rainha ordenando o rápido restabelecimento das comunicações senão tomaria as providências convenientes[413]. Estas tinham sido interrompidas por ordens superiores, por isso cerca das 14H00 uma companhia móvel da PSP cercou a estação de correios da cidade.

Neste momento, os militares do RI5 estavam preocupados em perceber o que se passava no exterior do regimento, dado que estavam isolados. "Havia uma certa inquietação. Notava-se um movimento de tropas no Avenal, um bairro que fica em frente à unidade."[414] Desconheciam a identidade das forças de cerco. Os oficiais preocuparam-se em

---

[411] "1207 – Para Ten. Victorino (PSP de Tomar) pedido ligação com o Comando PSP das Caldas para este encontrar o N/Brig." In Quartel-General da Região Militar de Tomar, *doc. cit.*, p.4.

[412] Em entrevista, o Major-General Matos Coelho, em Lisboa, a 16 de Julho de 2007. O papel do Capitão Virgílio Varela no desenrolar dos acontecimentos ainda não está claro. As suas ligações com a Comissão de Oficiais Oriundos de Milicianos, com o General Spínola (que desde Janeiro se disponibilizou para resolver a questão do decreto-lei de Julho) e o seu entusiasmo e precipitação demonstrados na casa do Major Casanova Ferreira, na madrugada de dia 14 de Março, revelam algumas conclusões só tornadas lógicas pela posteridade. No dia 16 de Março os depoimentos dividem-se conferindo quer grande dinamismo ao Capitão Virgílio Varela, quer grande tranquilidade sem protagonismo.

[413] O Coronel Virgílio Varela afirmou que enviou um ofício para impedir o corte do telefone, água e luz do RI5, o qual assinou como oficial de dia impedindo outras identificações (em entrevista, em Lisboa, a 7 de Maio de 2007). No documento do Coronel Milreu (*doc. cit.*, verso da fl. 3) é referido que "tal documento fora levado por uma viatura em que se transportavam 3 elementos e cuja capota tinha sido recolhida para a rectaguarda". No entanto, esta informação não é indicada em nenhuma entrevista realizada ou bibliografia consultada.

[414] Custódio de Sousa (furriel miliciano) citado por Damião Leonel, "O 16 de Março em Caldas da Rainha. A noite mais longa", *Jornal de Leiria*, 25 de Abril de 2002, p. 3.

convencer as sentinelas a entregar as munições porque não queriam que houvesse qualquer disparo. "Quando o quartel começou a ser cercado os soldados correram às arrecadações das companhias para levantarem as armas que já haviam entregado. Nota-se uma decidida vontade de se oporem à possível invasão. As sentinelas nos postos de vigia pediam constantemente aos seus comandantes ordem para atirar, pois «os outros estão a progredir». Entretanto, um dos capitães reuniu os soldados na parada e tranquilizou-os, dizendo que só os capitães e tenentes eram responsáveis pelo que tinha acontecido e que às praças não sucederia nenhum mal."[415]

Dentro do Regimento ocorreram evidentes sinais de inquietação. Cerca das 13H00 começaram a ser visíveis as forças de cerco. Os militares de vigia comunicavam que avistavam carros de combate. As sentinelas informaram a casa da guarda que diversos elementos militares cercavam o quartel. O Capitão Faria dirigiu-se de jipe a todas as sentinelas ordenando-lhes que não abrissem fogo.

Inopinadamente "nesta altura dá-se a discreta visita de um oficial da Força Aérea que passa despercebido à maioria dos oficiais durante essas horas decisivas. É Virgílio Varela quem recebe o desconhecido, simpatizante do Movimento, a quem pede que, uma vez que a Força Aérea tinha estado na reunião de Cascais, fosse para Monte Real e mandasse um avião saudar o quartel cercado com um toque de asas."[416] Para o RI5 era importante mobilizar contactos porque pressentiam que o cerco era "virtual", dado que conheciam as profundas infiltrações do movimento em muitas das unidades militares

---

[415] Avelino Rodrigues, Cesário Borga, Mário Cardoso, *ob. cit.*, p. 131.

[416] Carlos Cipriano, *art. cit.*, p. 4. Na obra de Mário Matos e Lemos, *O 25 de Abril: uma síntese, uma perspectiva* é referido que "um oficial da Força Aérea que vivia nas Caldas da Rainha também ali esteve a saber o que se passava e prometeu que um avião da base de Monte Real levantaria voo e sobrevoaria o quartel abanando as asas se e assim que a sublevação se concretizasse." (Mário Matos e Lemos, *O 25 de Abril: uma síntese, uma perspectiva*, Editorial Notícias, Lisboa, 1986, p.100). No entanto, Álvaro Lapa, no colóquio – debate "Discutir a revolta de 16 de Março de 1974 «Revolta das Caldas»", organizado pelo Centro de Documentação 25 de Abril e pela delegação de Coimbra da Associação 25 de Abril", em Coimbra, a 16 de Março de 2007. No entanto Álvaro Lapa (alferes miliciano colocado no RI5 a 16 de Março de 1974) afirmou que um capitão piloto da Força Aérea deslocou-se ao regimento uma hora antes da rendição e conversou com o Major Manuel Monge e o Tenente Rocha Neves (nenhum dos dois, ambos entrevistados) confirmou esta afirmação.

O Golpe de 16 de Março de 1974   143

do Exército, e não só. Mas, sem água, sem luz, sem telefone e sem grandes esperanças perdeu-se o sentido da espera.

À Porta de Armas começaram a aparecer alguns jornalistas estrangeiros[417] (embora na altura os oficiais não tivessem a noção da importância dos media e que considerassem que as notícias, dificilmente, passariam pela censura, a presença dos jornalistas foi uma garantia que tinham conseguido despertar o país e o mundo[418]), reconheciam ainda movimentações da GNR, DGS e da Legião Portuguesa. O desfecho da sublevação do RI5 concretizava-se sob um clima de incerteza e ansiedade, quando ninguém previa como se iria desenrolar.

vi. **14H00: o cerco e a rendição**

O envio do ofício feito pelo Capitão Virgílio Varela evidenciou a urgência de cercar o quartel, para assegurar que não seriam feitas quaisquer comunicações com o exterior.[419] As forças da EPC chegaram junto das Caldas da Rainha, no entroncamento entre a estrada Lisboa – Porto e a estrada Rio Maior – Caldas, cerca das 11H30, portanto demoraram cerca de 03H00, em vez dos habituais 60 minutos. Contudo, só, pelas 12H20, o comandante da RMT conseguiu comunicar com o Brigadeiro Pedro Serrano[420] que o informou que estava a 2 quilómetros das Caldas, e já tinha montado o dispositivo de cerco.

---

[417] Segundo o relato do comandante das forças da EPC, Major Sequeira da Silva, "a situação criada, como é natural, mereceu a maior curiosidade dos órgãos de informação, até estrangeiros, que no local tiveram em permanência representantes que, certamente, irão explorar o facto nos mais variados campos e segundo as conveniências." In Major Sequeira da Silva, *doc. cit.*, fl. 4.

[418] Esta é a convicção do Coronel Virgílio Varela (em entrevista, em Lisboa, a 25 de Junho de 2007)

[419] "1257 – Ao Maj Vilar Nunes para enviar esta mensagem. Comunicado ao Cmdt da Força: "Cercar imediatamente. Embora possa ser ténue para evitar saída de qualquer pessoal pois foi entregue um ofício nos CTT locais intimando restabelecimento comunicações levado por um elemento vindo do interior." 1305 – Gen Chefe insistindo pelo cerco para não sair ninguém." in Quartel-General da Região Militar de Tomar, *doc. cit.*, p. 5.

[420] Idem, *Ibidem,* p. 4.

Às 13H45, o 2.º comandante da RMT encontrava-se junto das forças do B1 da GNR, RI7 e EPC estacionadas nas traseiras do aquartelamento, coordenando a situação. Neste momento, o quartel estava sitiado pelas forças do RI7 de Leiria a norte e no topo oeste, do RI15 de Tomar (comandado pelo Major Correia) no topo norte e na E.N.8, da EPC de Santarém a sul e uma companhia móvel da PSP (antes estacionada na Marinha Grande de prevenção)[421].

Os oficiais superiores envolvidos tiveram uma grande preocupação em não mostrar as forças do B1 da GNR[422], sob o comando do Capitão Conceição, que tinha perseguido a coluna do RI5 desde Lisboa. Esta força, estacionada a sul, vigiava as vias de acesso e aguardava ordens do Brigadeiro Pedro Serrano. Nas Caldas da Rainha as forças militares pareciam dominar a situação esperando um rápido desenrolar dos acontecimentos. O comando militar agia com prudência, mas sobretudo com firmeza.

Só, pelas 14H00, é que o Brigadeiro Pedro Serrano se dirigiu à Porta de Armas do Regimento das Caldas e iniciou as conversações. A 200 metros da Unidade e junto à estrada principal, o Brigadeiro conversou com o Capitão Faria a quem ordenou a rendição e a abertura das portas. Aproximou-se, entretanto, o Major Casanova Ferreira, que julgavam comandar interinamente as forças revoltosas. Ao vê-lo, o Brigadeiro Pedro Serrano, em cima do jipe e de braços ao alto, pediu-lhe para reflectir e convidou-o a depor as armas em 15 minutos sob a ameaça de entrar em conflito armado. O Major Casanova Ferreira retorquiu que só obedecia às ordens do General Spínola[423]. O Brigadeiro retirou-se e olhou para o relógio. Dentro do

---

[421] Segundo Dinis de Almeida "a existência de uma greve de pessoal da Industria Vidreira da Marinha Grande justificava a presença na Região Militar dos efectivos da Polícia de Choque." (*Origens e Evolução do Movimento de Capitães (Subsídios para uma melhor compreensão)*, p. 287.)

[422] "A Comp deve ser utilizada o mais discretamente possível. Primeiro as nossas, depois a GNR", in Quartel-General da Região Militar de Tomar, *doc. cit.*, p. 4.

[423] Na obra *O Movimento dos Capitães e o 25 de Abril* reproduz-se um curioso relato desta conversa:

«– Abra o portão, em nome da autoridade!

– Autoridade talvez tenha, mas na nossa terra a autoridade está muito mal constituída.

– Tem um quarto de hora para abrir o portão, sob pena de haver sangue!

– Não é o senhor que me leva a abrir o portão. Só recebemos ordens do nosso General Spínola.»

In Avelino Rodrigues, Cesário Borga, Mário Cardoso, *ob. cit.*, pp. 131-132.

O Golpe de 16 de Março de 1974 145

quartel, os oficiais esforçaram-se por fazer esticar os minutos. Pretendiam ganhar tempo e esperavam que quanto mais durasse a operação, maior seria o seu impacto no país e no estrangeiro.

Entretanto, o comandante das forças da EPC comunicou que "quando o 2º Comandante da RMT estava junto à Porta das Armas do RI5 e o EREC (-) nas respectivas posições, recebi uma comunicação via rádio dum posto com o indicativo "QUARTEL", que presumo ser um posto instalado no Quartel do RI5, interrogando-me nos seguintes termos: «QUAL A RAZÃO DA VOSSA PRESENÇA AI?» Informei-o: «JULGO JÁ TER ENTRADO NO QUARTEL UM ELEMENTO DA RMT QUE INFORMARA E JUSTIFICARA A NOSSA PRESENÇA»"[424].

O portão da Porta de Armas do quartel permaneceu aberto e guardado por duas praças da Polícia da Unidade[425]. O Brigadeiro Pedro Serrano permanecia "junto do antigo hospital e próximo de tropas do RI15 que ocupavam a entrada da cidade. As forças da EPC situavam-se nas imediações da bifurcação da estrada para ÓBIDOS e nos flancos e rectaguarda encontravam-se parte do RI7 e parte do RI15. A COMP/B1/GNR fora deslocada para o alto das Gaeiras"[426]. A situação era tensa e o Brigadeiro mostrava sinais de nervosismo. Comunicou ao QG/RMT que do RI5 "disseram que não se rendiam salvo ordens de Gen Spinola"[427]. O comando militar pressionava o brigadeiro, embora os meios de comunicação se mostrassem deficientes. A transmissão de ordens era difícil. Os oficiais sublevados agiam com firmeza e tentavam adiar a rendição.

A população e os jornalistas, envolviam este cenário, ansiosos por perceber o que realmente se passava. "Caldas da Rainha foi, naturalmente, o centro das atenções gerais do País, naquele sábado histórico. Com a cidade pejada de habitantes gozando calmamente o fim-de-semana, de curiosos e jornalistas, ávidos de saber o que na realidade se passava, os boatos circulavam de café em café, de grupo para grupo. Com a estrada nacional cortada desde o extremo sul da cidade até ao desvio para Óbidos (impedindo, portanto, o trânsito em

---

[424] In Major Sequeira da Silva, *doc. cit.*, fl.3.
[425] Coronel Milreu, *doc. cit.*, verso da fl.3.
[426] Idem, *Ibidem*, fl.4.
[427] In Quartel-General da Região Militar de Tomar, *doc. cit.*, p.5.

toda a extensão da parte fronteira do aquartelamento), numerosos automóveis subiam para o alto do Avenal, tentando lobrigar de longe o que se passava no interior do Regimento."[428]

A reacção do comando militar

O Prof. Silva Cunha explica que "nessa altura encontrava-me reunido no meu Gabinete na sede do Departamento da Defesa Nacional, com os Ministros militares e o Ministro do Interior. Entendeu-se dever fazer-se uma tentativa para evitar o derramamento de sangue e procurou-se entrar em contacto com o General Spínola para que aconselhasse os revoltosos a renderem-se imediatamente, diligência que tinha também por objectivo obrigar o General a definir claramente de que lado estava. Não foi possível encontrá-lo."[429] Nas Caldas expirava o prazo determinado sem que algo de especial acontecesse.

Junto ao quartel do Regimento de Infantaria 5

Pouco depois, o Brigadeiro recebeu ordens superiores que esclareciam que a situação de sublevação do RI5 tinha de terminar. Do QG/RMT afirmava-se: "ou se renda ou será reduzida pela força. Não se aceitam quaisquer condições para rendição"[430]. Por sua vez, o Brigadeiro Serrano comunicou o que se tinha passado na sua ausência com o comandante das forças da EPC. Relatou que "passados minutos veio junto de mim o Capitão FARIA em serviço no RI5 que pretendia falar com o 2.º comandante da RMT. Mandei disto informar esta entidade e entretanto procurei dissuadi-lo de qualquer resistência, fazendo-lhe ver da gravidade do que se estava a passar e das repercussões que o caso teria se tivesse que existir uma confrontação de forças. Fiquei com a idéia [sic] de que, os elementos organizados defensivamente no Quartel do RI5, não pretendia recorrer a essa solução." [431]

---

[428] Avelino Rodrigues, Cesário Borga, Mário Cardoso, *ob. cit.*, p. 132.
[429] J. Silva Cunha, *Ainda o "25 de Abril"*, p. 116.
[430] In Quartel-General da Região Militar de Tomar, *doc. cit.*, p. 5.
[431] In Major Sequeira da Silva, *doc. cit.*, fl. 3.

O Golpe de 16 de Março de 1974   147

Dentro do regimento, os oficiais pretendiam prolongar a situação procurando evitar qualquer confronto. Porém, percebiam, claramente, o nervosismo das forças de cerco. Estava criado um impasse e as ordens dadas às forças de cerco para actuarem ofensivamente foram canceladas.

O Brigadeiro Pedro Serrano pediu aos Majores Manuel Monge e Casanova Ferreira para libertarem os comandantes e os três majores presos, de outra forma iriam bombardear o quartel. O Major Casanova afirmou "que não ofereceria resistência se soubesse que o Gen Spínola não aprovava o procedimento dos amotinados."[432]

Entretanto, as forças aproximaram-se do perímetro do quartel. Ao mesmo tempo o brigadeiro também é pressionado pelos oficiais superiores. O Vice-chefe EME ordenou "convidar novamente à rendição sem condições e se tal não for aceite iniciar um aperto de cerco e começar a fazer alguns tiros sobretudo para obter uns ricochetes."[433]

Os oficiais do RI5 não tinham intenções de provocar um conflito com as forças de cerco. Na verdade, eles sabiam que estavam sozinhos e que as movimentações que julgavam ter ocorrido durante a madrugada foram apenas boatos. As únicas forças que saíram para a rua naquela longa madrugada, saíram com ordens ministeriais para dominar a sublevação do RI5. Mas, os oficiais do RI5 não pretendiam contrariar o espírito militar e decidiram não confrontar os seus camaradas de Leiria e Santarém.

A libertação do comandante e 2.º comandante, dos Majores Vagos e Monroy aconteceu passada uma hora desde o ultimato feito pelo Brigadeiro, cerca das 15H00. No Regimento permaneceu o Major Serrano com ordens para superintender a rendição. O comandante das forças da EPC relatou estes últimos minutos: "Passado algum tempo veio junto de mim o 2.ºComandante da RMT trazendo na sua viatura o Comandante, 2.º Comandante e Majores VAGOS e MONROE, todos do RI5. Informou-me de que a situação estava em vias de solução"[434].

---

[432] In Quartel-General da Região Militar de Tomar, *doc. cit.*, p.6.

[433] Idem, *Ibidem*, p.6.

[434] In Major Sequeira da Silva, *doc. cit.*, fl.3.

Do Quartel-General de Tomar, o Brigadeiro Pedro Serrano recebeu as condições da rendição: "Se se renderem deverão por à porta de armas as armas colectivas, bazucas e canhões sem recuo; Os oficiais sargentos e praças desarmados na biblioteca e nas casernas; aí se manterão enquanto as tropas fiéis montarão guarda ao Quartel e a estes militares; – Se não se renderem então procurar que saia o Major Serrano e avisá-los que irá iniciar a realização de fogo. Este deve cair sobretudo nas instalações onde estão serviços (depósitos de géneros, cozinhas e tiros altos para provocar ricochetes)."[435]

O Coronel Virgílio Varela afirmou que "(...) não nos rendemos logo, porque queríamos ganhar tempo. Entregámos-lhes o comandante, o segundo-comandante e os majores, para ver se eles tinham coragem para abrir fogo sobre nós. Isso foi uma prova de força da nossa parte. Só meia hora depois é que ele disse que tínhamos meia hora para nos rendermos ou então atacavam. Neste regatear viu-se que ele estava a fraquejar e que era evidente que não o faria. Acho até que nós tínhamos superioridade de fogo".[436]

A sublevação parecia estar resolvida, ainda que o comandante das forças da EPC confirmava a gravidade da situação. Em conversa "junto dos Oficiais do RI5 atrás referidos inteirei-me de pormenores da situação dentro do Quartel, nomeadamente no que se referia à organização defensiva que me pareceu feita em moldes que em muito dificultaria a acção das Forças do cerco em caso de actuação ofensiva por parte destas."[437] Desconhecemos a reacção das altas autoridades militares a este facto. Embora a actuação das forças de defesa da Segurança Interna tenham agido com grande desorientação e as comunicações entre os ministros e os comandos militares tenham sido difíceis, as forças de cerco surgiram firmes e determinadas em resolver a sublevação assumindo como única resolução a rendição total dos oficiais sublevados do RI5.

A situação ainda não estava resolvida e era tensa. Apesar das forças sublevadas não ostentarem uma posição ofensiva, os oficiais superiores ainda estavam receosos. O comandante da RMT deu "ordem

---

[435] In Quartel-General da Região Militar de Tomar, *doc. cit.*, pp. 6-7.
[436] Em entrevista a Carlos Cipriano, *art. cit.*, p. 4.
[437] In Major Sequeira da Silva, *doc. cit.* fl. 3.

de deslocamento da Bat AA (4 peças de 4 cm) para o RI7"[438]. Pelas 15H00, saiu de Santa Margarida (do RC4) uma coluna com 17 viaturas[439] e outra de Torres Novas em direcção a Leiria. "Ao aproximar-se a expiração do prazo já referido, o 2º comandante da RMT deu ordem para se estreitar o cerco e de novo as Forças alertadas para uma iminente actuação ofensiva, o que não veio a verificar-se."[440] Durante este período uma avioneta sobrevoou a grande altitude o regimento[441].

Os militares dentro do quartel concluíram que a "farsa da Brigada do Reumático estava desmistificada" e decidiram render-se. Lentamente todos os serviços de defesa da Unidade foram depostos. Aos soldados foi ordenado que se retirassem para dentro das respectivas casernas.

"Cerca das 16HOO começou a verificar-se do exterior que as ordens emanadas pelo 2.º Comandante da RMT estavam a ser cumpridas e, passado algum tempo, fui informado por aquela entidade de que a situação estava controlada e normalizada, que uma viatura do RI15 iria recolher o armamento colectivo depositado à Porta das Armas, que as CCAÇ/RI7 e RIl5 ocupariam o Quartel ficando sob as ordens do Comandante do RI5, que as Forças da EPC constituiriam uma Força de Intervenção e que os Oficiais responsáveis pela situação criada seriam conduzidos a LISBOA e os restantes graduados seguiriam para SANTA MARGARIDA".[442]

---

[438] In Quartel-General da Região Militar de Tomar, *doc. cit.*, p. 7.

[439] "Em 161640MAR74 apresenta-se no RI 7 uma força cuja vinda fora anunciada pelo QG/RMT. Era um Esquadrão do RC4, motorizado, sob o comando do Cap Pais de Faria que vinha acompanhado pelo Major Baptista. A força revelava esplêndida apresentação e muito bom espírito o que demonstrava a qualidade do oficial comandante, que eu de resto já conhecia da GUINÈ. Embora as circunstâncias fossem de molde a que se não confiasse em forças não pertencentes ao RI 7, fiquei totalmente seguro ao ver o Esquadrão do RC 4 e ao reconhecer os dois oficiais mais graduados. Nada sabiam sobre a sublevação de forças do RI 5.", in Coronel Salazar Braga, *doc. cit.*, p. 4.

[440] In Major Sequeira da Silva, *doc. cit.*, fls. 3-4.

[441] Major Guimarães, *doc. cit.*, fl. 4.

[442] In Major Sequeira da Silva, *doc. cit.*, fl. 4.

Na biblioteca do Regimento

Na biblioteca, enquanto aguardavam a chegada do Brigadeiro Pedro Serrano, o Major Casanova Ferreira ensaiou um discurso com os oficiais. Estes, quando interrogados, deveriam afirmar que apenas fizeram uma manifestação de desagrado dos militares do Regimento pela demissão dos generais Costa Gomes e Spínola.

Os oficiais não deveriam referir a tentativa de golpe de estado ou a existência do Movimento. Deveriam declarar que o sucedido foi apenas uma demonstração de protesto e para isso os militares pegaram nas suas forças militares e marcharam sobre Lisboa. "Obviamente o regime não caía nesta declaração, mas convinha-lhe porque foi esta que apareceu nos jornais no dia seguinte"[443]. O importante era transmitir a sensação de tranquilidade e de um episódio isolado.

A Rendição

Primeiro entraram no quartel o Brigadeiro Serrano e o Tenente--Coronel Farinha Tavares. Na biblioteca, o Brigadeiro confrontou os oficiais insubordinados "os Senhores Oficiais acabam de cometer um acto de extrema gravidade e seguramente conhecem a sua responsabilidade disciplinar. Contudo congratulo-me pela maneira como se renderam, pois se assim não tem acontecido, não teria qualquer hesitação em bombardear o Quartel. Lamento que numa unidade pela qual tenho um apreço especial se tenha passado um caso destes. Espero que os senhores Oficiais reflictam na insensatez do acto e saibam suportar as consequências."[444]

A rendição concretizou-se efectivamente quando os oficiais foram presos. Pelas 16H30, "comunicou o COMDT SR233 que por informação do ALF MARTINHO, ajudante de campo do BRIG/2.ºCMDT/ RMT, os rebeldes já se haviam rendido, desconhecendo ainda o nome dos implicados, mas que se estimava em cerca de 40 Of e 120

---

[443] Entrevista com o Major-General Manuel Monge, em Beja, a 25 de Maio de 2007.

[444] Segundo o relato do Coronel Virgílio Varela, *ob. cit.*, p.110. Esta declaração é também confirmada pelo Major-General Matos Coelho, em entrevista, em Lisboa, a 16 de Julho de 2007.

Fur, Cb Mil e outras praças."[445] Os oficiais "implicados" na sublevação do RI5 foram presos, enquanto os aspirantes e os cabos milicianos ficaram no quartel em regime de detenção.

A Detenção

Entretanto o trânsito da E.N.8 que passa em frente ao quartel foi desviado por duas patrulhas da GNR[446]. Pelas 17H00 (três horas depois do início das conversações), os portões do RI5 foram abertos e o comandante da GNR das Caldas informava que a situação estava normalizada e que a vida na cidade decorria normalmente[447].

Pelas 18h30, o Brigadeiro Pedro Serrano ordenou o levantamento do cerco ao RI5. O B1 da GNR foi desmobilizado e ordenado a regressar ao quartel. Às 19h30, chegou um autocarro militar ao RI5 e a companhia do B1 da GNR iniciou o regresso a Lisboa.

Às 22H00, os oficiais implicados no Golpe das Caldas foram levados, um a um, para o autocarro que os transportou para um destino que desconheciam[448]. Foram acompanhados pelo Tenente-Coronel Perez Brandão, 2.º comandante do RI7, e o Major Renato do RAL4. Seguiram, para Lisboa, os Majores Casanova Ferreira e Manuel Monge e o Capitão Marques Ramos, que não pertenciam ao RI5. Do quartel das Caldas, seguiram 9 capitães (incluindo os comandantes das seis companhias de instrução, bem como da companhia de formação do regimento[449]) e 11 tenentes[450]. No total foram

---

[445] In Coronel Milreu, *doc. cit.*, verso da fl. 4.

[446] Tenente Pires, *doc. cit.*, verso da fl. 3.

[447] Idem, *Ibidem*, verso da fl. 3.

[448] "Que, em 16 de Março corrente, pelas 22H00 marcharam em viatura auto Militar para o Regimento de Artilharia Ligeira n.º 1, onde ficaram detidos à ordem do Ministério do Exército, devido aos acontecimentos de indisciplina ocorridos neste R.I.5, na noite de 15/16 de Março corrente", *Continuação da O.S. n.º 70 do R.I. 5 de 25MAR74*, p. 591 (Arquivo Pessoal).

[449] Foram presos os Capitães de Infantaria Domingos Gil (da Companhia de Formação), José Novo (da 1.ª Companhia), Virgílio Varela (da 2.ª Companhia), Fortunato Freitas (da 2.ª Companhia), João Lucas (da 3.ª Companhia), Carlos Pereirinha (da 4.ª Companhia), Francisco Ramos (da 5.ª Companhia), Ivo Garcia (da 5.ª Companhia), e Virgílio Carvalho (da 6.ª Companhia).

[450] Foram presos os Tenentes de Infantaria Vítor Carvalho e João Bettencourt Coelho (ambos da 1.ª Companhia), Adelino Matos Coelho, José Pina David Pereira, José Manuel Vaz Pombal (todos da 2.ª Companhia), Joaquim Moreira dos Santos (da 3.ª Companhia),

detidos 23 oficiais do Quadro Permanente no RI5[451]. Também seguiram detidos, para Lisboa, 45 oficiais do Quadro de Complemento do RI5[452]: 4 tenentes milicianos, 6 alferes milicianos e 35 aspirantes milicianos.

Uma hora depois, chegaram ao RAL1, em Lisboa, onde foram chamados pelo nome e conduzidos à enfermaria da Unidade[453]. De imediato, os Majores Casanova Ferreira e Manuel Monge, e os Capitães Virgílio Varela, Marques Ramos, Ivo Garcia e o Tenente Silva Carvalho, partiram no mesmo autocarro com destino desconhecido.

Pelas 23h50m, o comandante da GNR das Caldas da Rainha informava que "tudo tinha retomado a normalidade"[454]. Contudo, ainda na madrugada de 17 de Março de 1974, 37 furriéis milicianos e 70 primeiros-cabos milicianos foram acordados, conduzidos a uma reunião dentro do quartel e, de seguida, levados em diversas viaturas militares com destino desconhecido. Foram levados para Santa Margarida[455]. Após a sublevação do RI5, de 16 de Março 1974, marcharam detidos 175 militares com diferentes destinos.

Carlos Rocha Neves (da 4.ª Companhia), Gabriel Mendes (da 5.ª Companhia), Carlos Carvalhão (da 6.ª Companhia), do QEO José Montalvão (da Companhia de Formação) e Luís Manuel Carreira Ângelo.

[451] Veja-se no anexo IX deste trabalho reproduzido o documento V, s.a., *Relação dos Oficiais do Q.P. que seguiram para Lisboa em 16/MAR/74,* Regimento de Infantaria 5, 18 de Março de 1974, Arquivo Histórico Militar, Lisboa.

[452] Veja-se no anexo IX deste trabalho reproduzido o documento VI, s.a., *Relação dos Oficiais do Q.C. que seguiram para Lisboa em 16/MAR/74,* Regimento de Infantaria 5, 18 de Março de 1974, Arquivo Histórico Militar, Lisboa.

[453] No dia 19 de Março à tarde os Capitães Domingos Gil e Piedade Faria foram transferidos para a Casa de Reclusão da Trafaria. Posteriormente o Capitão Fortunato Freitas seguiu o mesmo destino.

[454] In Coronel Milreu, *doc. cit.,* fl. 5.

[455] Veja-se no anexo IX deste trabalho reproduzido o documento VII, s.a., *Relação dos Furriéis Milicianos e 1.ºs Cabos Milicianos que marcharam para Santa Margarida em 16/MAR/74,* Regimento de Infantaria 5, 18 de Março de 1974, Arquivo Histórico Militar, Lisboa.

O Golpe de 16 de Março de 1974 153

vii. A população das Caldas da Rainha durante o cerco ao quartel da cidade

Era sábado, dia 16 de Março de 1974, nas Caldas da Rainha a pacatez da cidade só foi interrompida pela chegada das forças de Leiria no início da manhã. Como confirmam os relatos do Chefe da DGS de Peniche e do comandante do posto da GNR da cidade, durante a madrugada ninguém conseguiu vislumbrar que no quartel os oficiais preparavam um golpe militar para derrubar o Governo. Quando deram inicio à marcha sobre Lisboa, as autoridades locais desconheciam as suas intenções.

Num país dominado por um regime opressivo, onde a informação apenas existia para referir somente o necessário, onde questionar era um perigo, porque todas as paredes poderiam ter ouvidos, a população das Caldas parecia aparentemente indiferente aos acontecimentos.

As autoridades militares sabiam que "a população das Caldas da Rainha encontra-se curiosa mas calma."[456] Segundo as comunicações do Tenente Pires, comandante do posto da GNR das Caldas da Rainha, "a maioria da população local só se apercebeu de que algo de anormal se estava a passar no Regimento ao fim da manhã, quando soube que havia um movimento desusado de tropas na periferia da cidade e foi desviado o trânsito do troço da E.N.8, que passa mesmo em frente do quartel. Embora com ar apreensivo continuou a desenvolver a sua actividade normal, condenando a atitude dos militares, alguns deles bastante conhecidos no meio, por exercerem actividade docente nalguns estabelecimentos de ensino oficial e particular. Não se verificou nenhuma ocorrência, a não ser a propalação de boatos (os mais dispares possível) "[457]. Estas informações são confirmadas pelo relato do comandante das forças da EPC, o Major Sequeira da Silva[458].

---

[456] In Comando-Geral, *doc. cit.*, fl. 4.

[457] In Tenente Pires, *doc. cit.*, verso da fl. 4.

[458] "Do que me foi dado ouvir de alguns elementos da população (povo), a situação que se criou não foi bem aceite e também não a atemorizou, talvez porque não se tivessem apercebido da sua gravidade. Tanto quanto sei, na cidade das CALDAS DA RAINHA, o assunto era comentado com pouco interesse. Apenas uma fábrica nas traseiras do Quartel

154 *Nas Vésperas da Democracia em Portugal*

Para os oficiais sublevados "Uma das coisas mais reconfortantes foi a constatação de que a cidade não hostilizou os militares rebeldes. Impedidos de se aproximarem no quartel, os populares situaram-se ao largo e Silva Carvalho recorda alguns acenos e gestos de simpatia que mostravam que a população estava com eles. O relato posterior das famílias dos militares demonstrou também a solidariedade que os caldenses lhes prestaram."[459]

A indiferença parece ter duas leituras distintas. Os oficiais das autoridades locais e militares consideram-na uma atitude tranquilizadora e de confiança na firmeza do regime. No entanto, os oficiais sublevados consideraram-na cúmplice das suas aspirações e da vontade de derrube do regime. Os acontecimentos das Caldas de 16 de Março de 1974 despertaram em todos uma enorme curiosidade, sem contudo conhecermos qualquer manifestação de solidariedade com os oficiais sublevados.

As fotografias publicadas nos jornais do dia seguinte mostram que a população rodeou o quartel em busca de informações: "à porta de armas assomava gente que procurava saber o que se passava, designadamente alguns comunistas conhecidos na região (nas Caldas da Rainha havia, aliás, nessa altura, bastantes comunistas fugidos da Marinha Grande) que procuravam saber qual a orientação ideológica da sublevação"[460]. Alguns caldenses passeavam a pé na estrada nacional, cortada ao trânsito e que passava junto dos portões do quartel, outros encontravam-se no Avenal e, de longe, procuravam perceber as movimentações dentro do Regimento. A população forneceu informações aos vários jornalistas que compareceram no local.

viii. O Papel da GNR das Caldas da Rainha

A prontidão do Tenente Pires, comandante do posto da GNR das Caldas da Rainha, foi fundamental para as autoridades militares.

---

do RI5 as empregadas, cerca de 100, se alarmaram e solicitaram esclarecimentos através da entidade patronal sobre o perigo que corriam e se os seus familiares corriam perigo nas suas residências" in Major Sequeira da Silva, *doc. cit.*, fl. 4.

[459] Carlos Cipriano, *art. cit.*, p. 4.

[460] Mário Matos e Lemos, *ob. cit.* p. 100.

Na cidade das Caldas com as comunicações do quartel controladas pelos militares sublevados, do posto da GNR partiram as informações mais actualizadas tanto para o seu comando-geral, bem como para o Ministro do Exército. Três soldados da GNR da cidade serviram de informadores sobre tudo o que se passou nas imediações do quartel do RI5. Foram ainda contactados e auxiliados pelo comandante do posto da PSP da cidade, o Chefe do posto da DGS de Peniche, bem como o Ajudante-de-campo do General-Comandante-Geral da LP. Dois civis auxiliaram ainda a GNR. Um disponibilizou a sua casa e o seu telefone à força da GNR nas imediações do quartel do RI5. Outro transportou, na sua motocicleta, um soldado da GNR durante as operações militares[461]. Todavia, nem sempre conseguiram dominar os acontecimentos, nomeadamente o momento de saída e de entrada da coluna sublevada ao qual assistiram sem reagir.

O comandante do posto da GNR, conhecedor da população da cidade e dos oficiais do regimento, preocupou-se em auxiliar as operações militares, bem como em promover a tranquilidade na cidade. No dia 17 de Março na cidade das Caldas da Rainha não ocorreram alterações. No entanto, o comandante do posto da GNR da cidade recolheu informações sobre a identidade dos oficiais sublevados. "Pessoas de sua confiança" informaram-no sobre o destino dos oficiais sublevados[462] e o Tenente Pires informou o comando-geral de que conhecia alguns oficiais: os Majores Manuel Monge e Casanova Ferreira, os Capitães Faria, Varela, Gonçalves Novo, Gil, Carvalho, Lucas, Garcia, Ramos (Comandos), Ramos (Inf.), os Tenentes Moreira dos Santos, Pombal, Carreira Ângelo, Bettencourt, Matos Coelho, Pina Pereira, Rocha Neves, Montalvão (QEO), Carvalhão, Silva Carvalho, Mendes, Cirilo Rocha, os Tenentes Mil.ºs Oliveira, João Pereira e os Alferes Mil.º Campos. O comandante do posto da GNR também recolheu informações sobre a identidade dos oficiais que na madrugada de 16 de Março de 1974 teriam permanecido no quartel. Identificou os Tenentes-Coronéis Horácio Rodrigues Loureiro e

---

[461] Informações descritas no documento do Tenente Pires, *doc. cit.*, verso da fl. 4 e fl. 5.

[462] "Segundo informações colhidas junto de pessoas de confiança, os oficiais sublevados foram transportados para Lisboa (R.A.L.1) e os restantes graduados, excepto os primeiros-sargentos, para o Campo Militar de Santa Margarida." In Idem, *Ibidem*, fl. 4.

Ernesto Farinha Tavares, Majores Monroy Garcia e Rosado Serrano, Capitães Isaac (QSG), Freitas (QP), Carlos Inácio (QEO), Tomás Afonso (Capelão), Lopes da Silva (Médico) e o Tenente do QP Lourenço.[463] Todos estes oficiais identificados não participaram na sublevação do regimento, logo não foram presos.

Por sua vez o Tenente–Coronel Farinha Tavares, no dia 19 de Março, comunicou ao Chefe do Estado Maior do Quartel-General da RMT.

> "(...) tendo hoje chamado à minha presença todos os condutores que se encontravam na Unidade, a fim de os inquirir sobre o pessoal graduado que tinha saído do quartel com a coluna auto na madrugada do dia 16, ouvidos os mesmos, estes declararam terem seguido nas viaturas [encontram-se escritas algumas palavras manuscritas que não se conseguem ler] os seguintes militares:
>
> Cap. Inf.ª – RAMOS (não é do R.I.5)
> Cap. Inf.ª – LUIS DA PIEDADE FARIA
> Cap. Inf.ª – JOÃO HENRIQUES DOMINGUES GIL
> Cap. Inf.ª – FORTUNATO FREITAS
> Ten Inf.ª – GABRIEL GOMES MENDES
> Ten Inf.ª – VICTOR MANUEL DA SILVA CARVALHO
> Ten Inf.ª – CARLOS ALBERTO DA ROCHA NEVES
> Ten Inf.ª – ADELINO DE MATOS COELHO
> Ten Inf.ª – JOAQUIM ANTONIO PEREIRA MOREIRA DOS SANTOS
> Ten Inf.ª – CARLOS GONÇALVES ABREU CARVALHÃO
> 3 (três) Aspirantes cujos nomes desconhecem
> Fur. Mil.º – (...) RUI ABREU SILVA
> Fur. Mil.º – (...) CESAR PAULO TEMPERO
> Fur. Mil.º – (...) JULIO CASIMIRO GARCIA
> 1º. Cabo Mil.º - (...) CELESTINO COELHO FARIA"[464]

Com precisão o Tenente Pires, comandante do posto da GNR das Caldas da Rainha, identificou os militares, que durante a madrugada e o dia 16 de Março de 1974, fizeram marchar sobre Lisboa uma coluna sublevada do quartel das Caldas da Rainha.

---

[463] Idem, *Ibidem*, fl. 4.
[464] Idem, *Ibidem*, fl. 4.

O Golpe de 16 de Março de 1974

ix. Em Lamego

Pelas 18H30, a DGS pediu esclarecimentos sobre os aconteci-mentos de Lamego[465]. Na verdade só no dia 20 de Março os jornais diários do país publicaram um comunicado distribuído pelo chefe do Estado Maior da RMP.

No dia 16 de Março do corrente, cerca das 15 horas, ocorreu um acidente nas imediações do aquartelamento do Centro de Instrução de Operações Especiais, em Lamego.

Esta ocorrência verificou-se numa instrução de explosivos, minas e armadilhas, quando o instrutor, aspirante a oficial miliciano Pinto Mesquita, especializado neste tipo de instrução, procedia a uma demonstração do funcionamento do sistema de segurança de uma armadilha montada com uma granada de mão ofensiva com anel de fragmentação.

Por causas que estão a ser motivo de cuidadosa averiguação, verifi-cou-se o rebentamento dessa granada, havendo a lamentar a morte de dois militares e ferimentos produzidos em catorze.[466]

O Major-General Augusto Valente afirma que, em Lamego, os militares tiveram alguma dificuldade em assegurar que, efectivamente, precisavam de ajuda nomeadamente de um helicóptero para trans-portar os feridos. Mais, o Major-General considera ainda que na Unidade prevalecia um grande nervosismo que poderá estar na ori-gem do acidente[467].

Durante a investigação analisámos ainda um documento recebi-do durante a tarde de sábado, 16 de Março de 1974, no comando da RMT, onde se afirma que "Unidades do Norte estavam todas lado GENERAL COSTA GOMES"[468]. Esta informação chegou através do telefonema de um capitão do CICA5, em Lagos, pelas 14H00 para CISMI para outro capitão da Unidade[469].

---

[465] Comando-Geral, *doc. cit.*, verso da fl. 3.

[466] "Dois mortos e catorze feridos na deflagração de uma granada", *República*, ano 62 (2ª série), n.º 15390, 20 de Março de 1974, p. 15.

[467] Em entrevista, em Coimbra, a 23 de Julho de 2007

[468] CEM/QG/RME, *Mensagem Confidencial*, 161720AMAR74, para COMFESI sobre a qual foi dado conhecimento ao 2.ª REP/EME, CEM/QG/RMT e CEM/QG/RML, Arquivo Histórico Militar, Lisboa (este documento encontra-se reproduzido no anexo XII deste trabalho).

[469] No entanto nos documentos disponíveis para a nossa investigação não encontrá-mos a execução ou recepção desta informação pela RMT ou na bibliografia escrita pelos ministros de época.

Restam ainda muitas dúvidas sobre o que aconteceu no norte do país, designadamente, por falta de informação das autoridades militares e políticas. Todos os depoimentos testemunham um país tranquilo apenas agitado pela sublevação das Caldas da Rainha. No entanto, a atitude do comandante de Lamego e da RMP revela alguma ambiguidade porque não estimou as ambições e ligações dos oficiais da Unidade desprezando os vários abaixo-assinados e manifestações de solidariedade, bem como o estado de espírito dos oficiais.

2.3. O sentido do 16 de Março

> "Se uma explicação de sentido é possível, é porque o sentido nunca se reduz a um acontecimento psicológico ou a uma intenção subjectiva."[470]
>
> *Edmond Ortigues*

2.3.1. *O embate político do Golpe das Caldas*

A descrição dos acontecimentos, dos dias 15 e 16 de Março, revela a complexa rede de ligações do Movimento dos Oficiais que conteve uma acção conjunta. A acção descoordenada e, nem sempre transparente, dos oficiais implicados, conduz-nos a duas possíveis interpretações (aproveitamento ou precipitação) que importa clarificar. Por outro lado verificámos que, apesar de vencedora, a acção das forças leais ao regime não foi eficaz nem opressiva. Para percebermos a sua origem, compreendendo que as FA eram o pilar fundamental do Estado Novo, é necessário diferenciar reacções e, sobretudo, reter as mudanças ocorridas quer no Governo quer no MOFA.

A serenidade proclamada pelo Presidente do Conselho vacilou perante os acontecimentos. No seu desenrolar evidenciou o desconhecimento das altas hierarquias militares da situação de Lamego, o desprezo da força e relações dos oficiais do Movimento (grandemente conhecidos) e a deficiente comunicação entre as várias forças e os seus comandos. Se por um lado a posteridade torna estes dados

---

[470] Edmond Ortigues, "Oral/Escrito", *Enciclopédia Einaudi*, vol.11, Imprensa Nacional da Casa da Moeda, 1987, p. 223.

O Golpe de 16 de Março de 1974 159

claros indícios do fim de regime, importa perceber a versão dos participantes. Através da clarificação das medidas tomadas pelo Governo sobre os militares presos e da reacção do Governo, distinguiremos as relações entre os homens de poder e percebemos como foram abaladas pelos acontecimentos. Por sua vez é importante identificar o sentido atribuído pelos oposicionistas aos acontecimentos.

O Golpe das Caldas não foi inesperado. As movimentações militares registadas nestes dois dias comprovam-no. Estas integraram-se nas intenções do Movimento e conferem-lhe um novo ímpeto. Para melhor compreender as mudanças verificadas e que conduziram ao golpe vitorioso de 25 de Abril, importa distinguir a interpretação do MOFA comunicada a todos os seus elementos bem como os planos desenhados no rescaldo dos acontecimentos.

O MOFA nunca se caracterizou exclusivamente pelo seu carácter conspirativo. Os organismos políticos conheciam as suas movimentações. No entanto a Censura sempre "resguardou" a opinião pública de quaisquer intenções de subversão que pudessem causar "alarme e intranquilidade", clivagens, divergências ou conflitos. A Censura era um instrumento opressivo do Estado Novo que impediu a expressão de ideias. A opinião pública era remetida a uma situação de dependência, indiferença e opacidade[471]. Deste modo importa esclarecer a projecção dada aos acontecimentos na principal imprensa periódica portuguesa bem como o conteúdo dos artigos publicados.

A Secretaria de Estado e Informação e Turismo (S.E.I.T.) distribuiu um comunicado, às 19H00, de sábado, do dia 16 de Março. Esta foi a única informação oficial publicada sobre os acontecimentos e procurava confirmar a situação de tranquilidade no país. De acordo com a nota oficial[472], os portugueses ficaram a saber que, na madrugada do 16 de Março de 1974, uma companhia auto-transportada do RI5 das Caldas da Rainha marchou sobre Lisboa. Mais, as informações indicavam que os seus oficiais prenderam o comandante, o 2.º comandante e três majores do seu quartel. Num país seguro

---

[471] José Barreto, "Censura", *Dicionário de História de Portugal*, coord. António Barreto e Maria Filomena Mónica, Suplemento 7, Figueirinhas, Lisboa, 1.ª Edição, 1999, p. 275.

[472] Este comunicado foi publicado em vários jornais nacionais como o *Diário de Notícias*, *Expresso*, Vida *Mundial*, *A Capital*, *República*, *Época*, *Diário de Lisboa*, etc.

como Portugal, esta informação perturbava a tranquilidade que o regime aclamava. Neste comunicado é afirmado que "o Governo tinha já conhecimento de que se preparava um movimento de características e finalidades mal definidas, e fácil foi verificar que as tentativas realizadas por alguns elementos para sublevar outras unidades não tinham tido êxito."[473] De acordo com a nossa investigação, várias movimentações ocorreram pelo país, e impossível seria a população ignorá-las, bem como os comandantes e os oficiais generais. Porém como poderia o Governo admitir que as FA afinal não estavam seguras e não faziam política? Segundo a análise do Governo apenas uma unidade participara na acção militar. Convencidos de que o Movimento tinha fraco apoio, sossegaram. Mais uma vez o serviço oficial de informação funcionou e mascarou o ponto alto de uma longa crise, num êxito.

"Ao chegar perto do local onde estas forças [de Artilharia 1, de Cavalaria 7 e da G.N.R.] estavam dispostas e verificando que na cidade não tinha qualquer apoio, a coluna rebelde inverteu a marcha e regressou ao quartel das Caldas da Rainha, que foi imediatamente cercado por unidades da Região Militar de Tomar."[474] Os acontecimentos de 16 de Março de 1974 foram oficialmente considerados uma aventura de jovens oficiais descrentes da solidez do velho regime. Enquanto as forças que seguraram o avanço do RI5 foram consideradas leais ao regime.

"Após terem recebido a intimação para se entregarem, os oficiais insubordinados renderam se sem resistência, tendo imediatamente o quartel sido ocupado pelas forças fiéis e restabelecendo se logo o comando legítimo."[475] Na verdade, mais uma vez sem grande esforço, as altas autoridades do país afirmavam que com firmeza derrubaram os oficiais sublevados. A nota oficial terminava com a afirmação de que "reinava a ordem em todo o país", embora o Governo soubesse que a "aventura" das Caldas não agiu sozinha.

---

[473] "Da Secretaria de Estado de Informação, recebemos o seguinte comunicado", *Diário de Notícias*, de 17 de Março de 1974, Ano 110º, n.º 38 783, p.1.

[474] Idem, *Ibidem*, p.1.

[475] Idem, *Ibidem*, p.1.

i. Comando Imperturbável

Durante a tarde do dia 16 de Março de 1974, o Presidente do Conselho encontra-se informalmente na sua residência oficial com os seus ministros. Nesta reunião de Governo foi feito o relato dos acontecimentos e dos procedimentos accionados para dominar a revolta. Os ministros reunidos e o Presidente do Conselho estavam convencidos que "a crise fora vencida, mas muitos problemas ficavam em aberto."[476] Concluíram reagir contra os oficiais detidos com cautela. Decidiram "agir com firmeza, mas evitando excessivos rigores que podiam provocar novas reacções"[477]. A prisão dos oficiais que participaram no golpe, os interrogatórios e as transferências representavam a resposta do Governo, de forma a conter os ânimos.

Silva Cunha esclarece que "a prudência, de resto, aconselhava a que se procurasse limitar o significado do incidente (como aliás fizera o Doutor Salazar que, em 1961, não adoptou qualquer procedimento contra os implicados na tentativa de golpe de Estado que então se verificou)."[478]

Ao Ministro do Exército coube dirigir os procedimentos. "Os oficiais acerca dos quais havia provas ou indícios suficientes de estarem implicados no golpe foram mandados recolher, em regime de detenção, uns à Casa de Reclusão do Governo Militar de Lisboa, na Trafaria, outros ao Regimento de Artilharia Ligeira 1. Nomeou-se uma comissão de inquérito, presidida pelo Brigadeiro Serrano e constituída por sete (ou oito?) coronéis, da qual fazia parte também o Ajudante do Procurador-Geral da República que desempenhava as funções de auditor jurídico do Ministério do Exército."[479]

Na Trafaria e no RAL1, os oficiais detidos na madrugada e no dia 16 de Março permaneceram incomunicáveis durante alguns dias, embora tivessem sido sempre bem tratados[480]. Ao todo eram 36 oficiais

---

[476] J. Silva Cunha, *Ainda o "25 de Abril"*, p. 116.

[477] Idem, *Ibidem*, p. 116.

[478] Idem, *Ibidem*, p. 117.

[479] Idem, *Ibidem*, p. 116.

[480] Segundo o testemunho do Major-General Matos Coelho (em entrevista, em Lisboa, a 16 de Julho de 2007), os oficiais das Caldas permaneceram na enfermaria do RAL1 guardados por um esquadrão da polícia militar (com o tempo foi reduzido para um pelotão).

desde o Tenente-Coronel Almeida Bruno aos vários capitães e tenentes das Caldas. Dois dias depois começaram a ser interrogados pela Comissão de Inquérito: "formularam-se as notas de culpa sobre as quais os arguidos foram ouvidos, em tudo se observando escrupulosamente as normais legais em vigor sobre justiça militar."[481]

Na *Nota de Culpa* do Tenente Adelino Matos Coelho são enumeradas as suas faltas disciplinares. Em face dos elementos apurados no inquérito são consideradas três acusações. A primeira refere-se à participação do oficial nos acontecimentos de 16 de Março: "Como oficial da especialidade, ajudou as praças da sua companhia a montar a viatura de transmissão, com vista à [sic] integrassão da coluna auto transportada que na madrugada de 16 de Março findo saiu ilegalmente do R.I.5 das Caldas da Rainha, com destino a Lisboa para uma alegada manifestação de protesto contra as decisões superiores em matéria de serviço, na qual o arguido se incorporou voluntariamente não obstante conhecer a ilicitude da diligência e dos seus propósitos ou fins não autorizados"[482]. Na sua defesa o Tenente Adelino Matos Coelho argumentou que "aquela diligência se destinava a manifestar apoio aos dois generais e nunca protestar contra decisões superiores em matéria de serviço."[483].

A segunda acusação denunciava a participação durante a madrugada em duas reuniões no RI5 não autorizadas. A última acusação considera a sua associação "no chamado "movimento de capitães" – organização à margem do funcionamento normal da hierarquia militar" – destinado à criação dum espírito de divisão e de indisciplina dentro do Exército, através de reivindicações e programas fora da norma regulamentares."[484] Em sua defesa, o Tenente Matos Coelho

---

Este oficial afirma que "nunca fomos maltratados por ninguém e fomos apoiados por alguns capitães do Quadro Permanente e subalternos. As famílias de uma forma clandestina foram-nos visitar ". Tinham acesso à televisão, rádio e jornais. Na generalidade prevalecia a boa disposição e a esperança de sair dali.

[481] J. Silva Cunha, *Ainda o "25 de Abril"*, p.116.

[482] *Nota de Culpa*, datada de 16 de Abril de 1974 e assinada por Manuel José Monteiro, Coronel de Infantaria (Arquivo Pessoal do Major-General Adelino Matos Coelho).

[483] Apresentação de Defesa, datada de 23 de Abril de 1974, assinada pelo Tenente Adelino Matos Coelho.

[484] *Nota de Culpa*, datada de 16 de Abril de 1974 e assinada por Manuel José Monteiro, Coronel de Infantaria (Arquivo Pessoal do Major-General Adelino Matos Coelho).

reafirmou que a sua participação no Movimento baseou-se na "ideia de procurar motivações que evidenciam e relevem o prestígio das Forças Armadas perante a Nação, com orientação para o sentido da disciplina, camaradagem e coesão."[485] Nenhum dos oficiais entrevistados declarou ter sido pressionado durante o interrogatório. Na verdade, este foi simples e decorreu dentro das leis militares salientando, sobretudo, o facto de os oficiais se manifestarem contra uma ordem superior, bem como participarem num acto de grave indisciplina com o intuito de criar cisões dentro da instituição militar.

"Os aspirantes, sargentos e primeiros-cabos milicianos do R.I. 5 foram ouvidos em Santa Margarida (o Coronel Carmelo Rosa superintendeu estas averiguações) e rapidamente restituídos à liberdade, o que sabia por me passarem pelas mãos as propostas da Região Militar de Tomar para as novas colocações desses elementos, nenhum dos quais foi responsabilizado disciplinarmente"[486]. O Coronel Viana de Lemos conclui que esta era "a forma mais prática e expedita de os restituir à liberdade"[487]. Na obra *O Movimento dos Capitães e o 25 de Abril* refere-se que "porém, alguns deles são pouco depois presos pela PIDE e alvo de apertados interrogatórios e torturas para que revelassem quem eram os cabecilhas da insurreição. Depois de baldados esforços, a PIDE acabou por soltá-los."[488]

Todavia "como alguém disse, o Governo, em vez de apagar o fogo, soprou as brasas, espalhando-as por todo o lado ..."[489] O Furriel Miliciano César Tempero relatou a sua experiência após a sua transferência.

> Fui para uma camarata de cabos milicianos. Estavam sentados, em vários grupos, a escutar a BBC. Quando lhes disse que vinha de Santa Margarida por causa do '16 de Março', esqueceram logo a telefonia. Parecia um artista convidado. Tive que fazer uma palestra sobre os aconteci-

---

[485] Apresentação de Defesa, datada de 23 de Abril de 1974, assinada pelo Tenente Adelino Matos Coelho (Arquivo Pessoal do Major–General Adelino Matos Coelho).

[486] Viana de Lemos, *ob. cit.*, p.101.

[487] Idem, *Ibidem*, p.101. Estes alferes milicianos cumpriam o serviço militar ao abrigo de uma circular que permitia o prolongamento do seu serviço militar obrigatório.

[488] Avelino Rodrigues, Cesário Borga, Mário Cardoso, *ob. cit.*, p.136. No entanto, durante a nossa investigação, não conseguimos confirmar esta informação.

[489] Idem, *Ibidem*, p.136.

164   *Nas Vésperas da Democracia em Portugal*

mentos das Caldas. Os próprios polícias militares, quando me foram buscar à estação foram simpáticos. E também estiveram nas camaratas a escutarem-me[490]

Serenamente o Governo transferiu os militares que se destacaram nessas horas. Todavia para o regime esta medida resultou num erro, ao contribuir para a divulgação do programa do Movimento, dada a impossibilidade de contactar directamente algumas unidades. O Capitão Dinis de Almeida foi, após os acontecimentos de 16 de Março, transferido do RAL5 (Penafiel) para o Regimento de Artilharia Pesada 3 (Figueira da Foz).

Em Lamego os oficiais, paulatinamente, foram transferidos. No CIOE, os oficiais foram sendo dispensados consoante a sua função na formação dos militares. O comandante recebia-os, um a um, e transmitia-lhes a ordem superior de transferência[491]. Primeiro o Capitão Bordalo Xavier foi de imediato transferido, no dia 19 de Março, pelas 04H50, para o BC9 em Viana do Castelo; o Capitão Augusto Monteiro Valente foi transferido, no dia 21 de Março, pelas 07H00, para o RI12, na Guarda, bem como o Capitão António Andrade Gomes, para o RI3, em Beja; o Capitão Manuel Ferreira da Silva foi transferido, no dia 22 de Março, pelas 19H00, para a EPI, em Mafra, bem como o Capitão Jaime R. Abreu Cardoso para Braga; o Capitão José Gomes Pereira foi transferido, no dia 22 de Março, pelas 22H00, para o BC1, em Portalegre; o Capitão Rodrigo N. P. Pizarro foi transferido, no dia 23 de Março, pelas 14H00, para o RI10, em Aveiro, bem como o Tenente Jorge M. P. Ferreira da Silva para o RI2, em Abrantes; o Capitão Manuel P. Bastos foi transferido, no dia 23 de Março, pelas 14H35, para o RI16, em Évora; por último o Capitão Luís de Sousa Ferreira foi transferido, no dia 2 de Abril, pelas 14H35, para o CICA2, na Figueira da Foz. Perfazem um total de nove capitães e um tenente transferidos, rapidamente, do CIOE para várias unidades do país.

Nos dias seguintes, foi exonerado o General Amaro Romão do cargo de comandante da Academia Militar. Este general não tinha

---

[490] Citado no artigo de Damião Leonel, *art. cit.*, p.4.

[491] Os dados sobre as transferências constam no arquivo pessoal do Major-General Augusto Valente.

O Golpe de 16 de Março de 1974 · 165

relações com o Movimento, mas foi afastado ao não denunciar a reunião que decorreu na Academia Militar, no dia 15 de Março. O Major Bívar e o Capitão Cardoso Simões[492] foram, também, transferidos daquela instituição militar.

Em Santarém, na segunda-feira, dia 19, na EPC reinava o silêncio. O Coronel Laje, comandante daquela Escola, reuniu os oficiais na Biblioteca da Escola e proferiu um "sermão colectivo". Segundo este, os oficiais do RI5 tinham cometido uma traição aos camaradas que combatiam nos territórios africanos. Afirmou, ainda, que era melhor se os oficiais da EPC se deixassem de "politiquices" e não arrastassem as FA para traições contra a Nação[493].

No dia 20 de Março, foram visitados pelo Director de Arma de Cavalaria, o General Pinto Bessa, que vinha ouvir os homens do Movimento da Escola Prática. O general ouviu, individualmente, os capitães Garcia Correia, Salgueiro Maia e Joaquim Manuel Bernardo. Este último relata que o inquérito decorreu "no salão nobre da EPC, sem a presença do Comandante ou de qualquer outra testemunha, sentado de costas para a janela, de tal modo que o sol nos vinha bater violentamente nos olhos. Não tomou qualquer nota e as perguntas que fez eram muito generalistas e quase todas sobre a saída da coluna militar das Caldas da Rainha."[494]

Os oficiais do Movimento não ficaram intimidados com esta visita, mas consideraram a hipótese de serem transferidos. Segundo Joaquim Manuel Bernardo na última semana saíram da EPC sete oficiais[495], mais dois preparavam-se para seguir no início do mês seguinte.

---

[492] Joaquim M. Correia Bernardo, *ob. cit.*, p.88.
[493] Idem, *Ibidem*, p.89.
[494] Idem, *Ibidem*, p.89.
[495] Os Capitães Melo, para Moçambique, e Morgado para Angola, o Tenente Cabezas Pereira para a Guiné e os Alferes Gaspar Fernandes e Ferreira da Silva, para Angola, e António Parra e Lopes Pala, para Moçambique (Idem, *Ibidem*, p.90).

ii. A resistência de Caetano

No RI5 das Caldas da Rainha a confusão do golpe centrou a atenção do Governo e da DGS (convencidos de terem conquistado uma significativa vitória). No entanto, não ficou claro quais foram as forças e as motivações dos oficiais das Caldas. "Sob a cortina de uma vitória fácil, o fracasso da Revolta das Caldas da Rainha, aprofundou o isolamento político de Caetano, agora totalmente prisioneiro da corrente integracionista."[496]

No dia 15 de Março, durante a tomada de posse dos novos ministros, Marcello Caetano afirmou que lhe restava a certeza do dever comprido[497]. Contudo, Américo Thomaz estranhou a atitude do Presidente do Conselho. No dia 18 de Março realizou um almoço destinado a trocar impressões sobre a situação do país onde estiveram presentes o Chefe de Estado, os ministros das pastas militares, o ministro do Interior e o presidente da Junta Central da LP. "Esse terceiro almoço realizou-se na messe de Pedrouços e a ele assistiu, também, o general Schulz. Apesar de realizado apenas dois dias depois do 16 de Março, continuou a não corresponder à finalidade que os tinha originado. Qual a explicação?"[498] Embora, o Presidente da República esperasse uma reflexão sobre os perigos "internos e externos", bem como a sua vigilância[499], neste encontro foram ignorados os problemas que envolveram o Golpe das Caldas.

Por sua vez, em vários jornais e na Assembleia Nacional surgiram discursos que se indignavam com o comportamento dos oficiais das Caldas[500]. Contudo, não deixavam de reafirmar os princípios

---

[496] José Freire Antunes, *ob. cit.*, p.339.

[497] Reproduzido em Américo Thomaz, *ob. cit.*, p.359.

[498] Idem, *Ibidem*, p.360.

[499] Estes encontros resultaram da necessidade de uma permanente vigilância da defesa de inimigos internos e externos segundo o testemunho do Chefe de Estado (Américo Thomaz, *ob. cit.*, p. 328).

[500] "Eis senão quando nos surge um movimento, que eu qualificarei de subversivo, de insubordinação e de rebeldia, partido do Regimento de Infantaria 5. (...) E eu só posso entender que esse gesto de tresloucados não pode deixar de merecer desta Assembleia a mais severa reprovação." (in *Diário das Sessões*, n.º 43, ano 1974, de 20 de Março, República Portuguesa, Secretaria-Geral da Assembleia Nacional e Câmara Corporativa, p. 861.

O Golpe de 16 de Março de 1974 167

orientadores da política ultramarina portuguesa. Consideravam que a aventura das Caldas ao não perturbar a serenidade do país, confirmava que o país reconhecia mais uma vez a sua convicção no caminho traçado dias antes pela Assembleia Nacional, pelo Presidente do Conselho e pelos oficiais generais. "E até neste caso isso se verifica, porque permitiu-nos e permitirá ao País constatar que em nenhum dos ramos das forças armadas, em nenhum ponto do País, houve qualquer eco que traduzisse simpatia, compromisso, cumplicidade com esse movimento. Isso é para nós, meus senhores, motivo de confiarmos no caminho da política ultramarina que temos prosseguido, depois da definição imperiosa de Salazar em 1961."[501]

A *Última Conversa em Família*

A 28 de Março de 1974 Marcello Caetano falou à nação[502]. Na sua *Conversa em Família* reafirmou, mais uma vez, a missão histórica de Portugal em África. A presença centenária de famílias de portugueses nos territórios levavam-no a proclamar que "foi Portugal que fez Angola; foi Portugal que criou Moçambique."[503] O país não podia duvidar de que "o que defendemos em África são os portugueses, de qualquer raça ou de qualquer cor, que confiam na bandeira portuguesa"[504] declarou Marcello Caetano.

O Presidente do Conselho também não esqueceu as teses federativas do General Spínola publicadas na sua recente obra e muito apreciadas. Chamou atenção para a posição do General que não aceitava a entrega imediata do Ultramar. Segundo Marcello Caetano para o mundo, ao aceitar a entrega imediata dos territórios aos movi-

---

Disponível em http://debates.parlamento.pt, consultado em 14 de Agosto de 2007). O deputado, Albino dos Reis, proferiu estas palavras na sessão de 19 de Março de 1974 na Assembleia Nacional, ocasião onde foi aplaudido pelos outros deputados.

[501] Idem, *Ibidem*, p. 861.

[502] Segundo o artigo "Conversa em Família" Do Presidente do Conselho", (*Vida Mundial*, ano XXXV, n.º 1917, 5 de Abril, 1974, p. 3) a última *Conversa em Família* realizou-se no dia 3 de Dezembro de 1973.

[503] Marcello Caetano, *Depoimento*, p. 242.

[504] Idem, *Ibidem*, p. 242. Mais tarde a 8 de Abril ocorreu outro almoço que continuou a não corresponder aos objectivos para que fora criado.

mentos de libertação, Portugal não tinha alternativa, o que justificava o entusiasmo dos jornais estrangeiros em vislumbrar o colapso de Portugal[505].

> Ficou o mundo mais bem informado do que se passa em Portugal?
> Há por aí frequentes queixumes de que não temos por cá informação completa. Nada, porém, do que de verdadeiro se passa e que ao público interesse deixa de ser trazido ao conhecimento dele.[506]

Para o Presidente do Conselho não interessava divulgar informações, que mais não eram do que mentiras. Além disso "está claro que em tempo de guerra ou quando há soldados a arriscar as suas vidas não se pode estar a revelar fatos ou planos que permitam ao inimigo trabalhar pelo seguro e matar a nossa gente."[507]. Marcello Caetano concluía que o Golpe das Caldas foi uma aventura, uma atitude extemporânea de jovens oficiais. Nada mais havia a explicar[508]. Aqueles que acusavam o Governo de não revelar todos os factos, apenas pretendiam criar divisões.

> Há pouco, referi-me à irreflexão dos oficiais que se lançaram na aventura de há dias. Irreflexão, por não considerarem que em tempo de guerra subversiva toda a manifestação de indisciplina assume particular gravidade. Irreflexão, por não terem em conta que há manobradores políticos, cá dentro e lá fora, prontos a explorar todos os episódios de que possam tirar partido, para cavar dissensões internas e minar os alicerces do Estado, e para fazer beneficiar interesses do estrangeiro.[509]

Na última *Conversa em Família* o Presidente do Conselho manifestou-se inabalavelmente contra o abandono de África[510], evocou os

---

[505] "Isso viu-se no entusiasmo com que os meios de informação de tantos países seguiram e avolumaram o episódio militar que a irreflexão e talvez a ingenuidade de alguns oficiais, lamentavelmente, produziu há poucos dias nas Caldas." Idem, *Ibidem*, p. 243.

[506] Idem, *Ibidem*, p. 244.

[507] Idem, *Ibidem*, p. 244.

[508] Mais tarde, Marcello Caetano declarou que "o episódio das Caldas não devia ser subestimado, porque decerto os oficiais que o provocaram contavam com o apoio que a pronta reacção do Governo ou o fato de ter havido precipitação na revolta não tinham permitido atuar." (in Idem, *Ibidem*, p. 204).

[509] Idem, *Ibidem*, p. 245.

[510] "Os estrangeiros não podem sentir o que nós sentimos quando estamos em África e passamos por Massangano, onde os portugueses do século XVII defenderam Angola, ou pela ilha de Moçambique, onde no século XVI residiu Camões.

O Golpe de 16 de Março de 1974 169

riscos de um colapso na retaguarda continental e declarou que a opção federal não era uma alternativa para Portugal. Para Marcello Caetano, o Golpe das Caldas foi inconveniente e irreflectido, mas, sobretudo, utilizado pelos seus opositores, especialmente no estrangeiro, para enfraquecer o regime.

"Dentro de Portugal, entretanto, tudo parecia sob controlo do Governo no princípio de Abril"[511], afirma José Freire Antunes. Américo Thomaz na sua obra *Últimas décadas de Portugal* analisou atentamente e com alguma angústia[512] a sua relação frágil com o Presidente do Conselho. Na sua descrição salientou os poucos e infrutíferos encontros que teve com Marcello Caetano (entre 16 de Março e 25 de Abril apenas se realizaram dois encontros, o último a 5 de Abril e apenas por uma hora, onde os dois homens de Estado não conversaram sobre a situação do país). Durante este período não ocorreram confrontos entre os dois homens, não foram pedidos esclarecimentos nem foram criadas alianças. Embora o Golpe das Caldas poderá não ter estado na origem desta distância, ele agravou-a.

Américo Thomaz não esconde que durante o 16 de Março foi evidente a inépcia de Marcello Caetano. "Esta incapacidade arrastava-o para um imobilismo mórbido e para um fatalismo suicida que, a muitos, se afigurou, embora, sem que o fosse, uma espécie de cumplicidade e de traição, de que foi fartamente acusado, depois, pelos seus numerosos detractores e antipatizantes."[513] O Presidente da República assistiu impotente, mas inquieto[514], ao desmoronar de um

---

Mas o que sobretudo o estrangeiro não pode compreender é como o Chefe do Governo Português, em 1969, andou, sem escolta, pelas províncias onde grassava o terrorismo. Não o esqueço eu. (...) Julgam que posso abandonar esta gente que tão eloquentemente mostrou ser portuguesa e querer continuar a sê-lo?" (Idem, *Ibidem*, p. 245).

[511] José Freire Antunes, *ob. cit.*, p. 340.

[512] Sobre a *Conversa em Família,* de 28 de Março, o chefe do Governo considerou que o Presidente do Conselho defendeu a doutrina certa, mas contestou as suas palavras. Na sua opinião, este exibiu "um pessoalismo fortemente egocêntrico" (Américo Thomaz, *ob. cit.*, p. 362).

[513] Américo Thomaz, *ob. cit.*, p. 377.

[514] "Procurou, no entanto, o chefe do Estado informar-se da evolução dos acontecimentos através dos ministros da defesa, do Interior e do Exército, que recebia com bastante frequência, mas bem pouco conseguiu saber do que procurava, pois ou ignoravam o que se

170   *Nas Vésperas da Democracia em Portugal*

regime, que lhe destinou exactamente este papel. Como seria possível apanhar o regime desprevenido? "De facto, como explicar a posição das forças governamentais no dia 25 de Abril? Estaria o Governo informado, mal ou bem, de que se preparava uma nova sublevação militar? Ou estaria convencido que o 16 de Março havia sido o fim para o qual confluíram todas as movimentações anteriores?"[515]

No dia 31 de Março Marcello Caetano, acompanhado pelo ministro de Estado Adjunto e pelo Ministro da Educação Nacional, assistiu, no Estádio José de Alvalade, ao jogo entre o Sporting e o Benfica. O estádio estava cheio e recebeu o Chefe de Governo com uma estrondosa ovação. Todos os oficiais implicados no Golpe das Caldas estremeceram[516]. Afinal o que adivinhava o 16 de Março?

iii. A oposição política e o Golpe de 16 de Março

Em comunicado o Partido Socialista (PS) e o Movimento Democrático Português (MDP) afirmaram que os acontecimentos de 16 de Março não eram "actos isolados"[517].

---

estava realmente passando ou pretenderam não alarmar, mais ainda, o chefe do Estado e, nessa segunda hipótese, o procedimento seguido é, pelo menos, muito discutível" (Idem, *Ibidem*, p. 372).

[515] José Medeiros Ferreira, *Ensaio Histórico sobre a Revolução do 25 de Abril – o período pré-constitucional*, Imprensa Nacional da Casa da Moeda, Lisboa, 1973, p. 25.

[516] O Coronel Marques Ramos recorda que "os dois primeiros dias passámo-los, pois, no maior optimismo e foi como um balde de água gelada entornado sobre as nossas cabeças que ouvimos e vimos Marcello Caetano na sua comunicação ao País. Fomos tratados como um grupo menor, de jovens irreflectidos, a quem ia ser dado o tratamento mais conveniente. (...) Mas o pior estava para vir. Foi quando, no dia 24, abrimos a televisão para vermos o Sporting-Benfica, no estádio José de Alvalade, e o Zé Povinho do Futebol se levantou todo a render preito de homenagem à entrada do 1.º Ministro na bancada de honra do Estádio, com uma estrondosa ovação. O Benfica castigou as gentes de Alvalade com uma vitória de 5 a 3, mas quem ficou de rastos fomos nós que sentimos na ovação um insulto e um pedido ao Ditador para que fossemos lançados às feras." Armando Ramos, "O Cidadão patrioticamente sofrido e insatisfeito", *Livro de Homenagem a Casanova Ferreira*, edição de autor, s.d., pp. 135-136).

[517] "A 16 de Abril de 1974 o MDP distribui um comunicado em que, a propósito da análise dos acontecimentos de 16 de Março, refere que não se trata de um caso isolado.

Qualquer coisa mexe finalmente em Portugal. Desde há alguns meses que a agitação social e o mal-estar político aumentou em todos os sectores da sociedade portuguesa. O sistema está gripado e nada já funciona. Há diversos indícios duma próxima alteração do cenário político. O Governo de Caetano, impotente, vive o dia-a-dia e já nem ousa definir uma política global perante o aumento dos perigos e dos problemas que se agravam cada vez mais.[518]

Mário Soares tentava, de longe, alertar uma Europa convencida que, em Portugal, vigorava um velho regime, verdadeiramente, enraizado. Na verdade, pouco se sabia sobre Portugal ou sobre o desmoronar de um regime autoritário. Poucos conheciam as aspirações da população portuguesa, bem como o carácter revolucionário das ambições dos jovens oficiais do MOFA.

Também o Partido Comunista Português (PCP) alertava para as raízes profundas dos acontecimentos.

A rebelião militar de 16 de Março veio confirmar e aprofundar a crise política do regime fascista e colonialista, uma das maiores de sempre. O facto de ela ter eclodido poucos dias depois do «veredicto» pedido por M. Caetano às marionetas da Assembleia Nacional, e logo no dia seguinte à chamada manifestação de lealdade dos generais, é mais uma demonstração que tais «veredictos» e «manifestações» em nada correspondem ao sentir do País nem ao sentir das forças armadas.

O que o País anseia é pôr fim às guerras coloniais, é mudar o regime, é conquistar as liberdades democráticas.[519]

Para a oposição política portuguesa o 16 de Março não despertou consciências, nem foi uma aventura. Para aqueles que conheciam de perto os constrangimentos do regime fascista português, o Golpe das Caldas constituiu uma esperança e um reconhecimento.

Também o PS, em comunicado, trata os mesmos factos como um "episódio de um contexto mais vasto", in *Pulsar da Revolução (1973/1976)*, Boaventura de Sousa Santos (dir.), Centro de Documentação 25 de Abril da Universidade de Coimbra, Ciberbit, Produções de Software S.A., s.d., DVD.

[518] Mário Soares, "Um curto compasso de espera", *Público*, 16 de Março de 1998, p.7. Este excerto foi publicado, no dia 8 de Março de 1974, no jornal *Le Monde*.

[519] Comissão Executiva do Comité Central do Partido Comunista Português, *Pôr fim imediato às Guerras Coloniais e conquistar as liberdades políticas é uma exigência nacional*, Março de 1974. Reproduzido em http://www.pcp.pt/actpol/temas/25abril/mani7403.html, consultado a 21 de Fevereiro de 2007.

2.3.2. A luta do MOFA

> "Para mim as Caldas da Rainha constituíram um momento importante no meio daquele desastre e da prisão dos 200 oficiais, porque deram sinais indesmentíveis e ideias de manobra para o 25 de Abril. Nesta altura pensei: Por causa de uma coluna militar há este dispositivo todo?"[520]
>
> *Otelo Saraiva de Carvalho*

O Golpe das Caldas evidenciou o clima de confiança que se opunha, definitivamente, ao Estado Novo. Estava criado o élan indispensável para a preparação de um golpe militar. A prisão dos 68 oficiais (inicialmente exagerada) não deixou muitos militares indiferentes. O Major Saraiva de Carvalho sentiu que era imprescindível fazer duas coisas: tranquilizar os oficiais integrados no Movimento e preparar estrategicamente o golpe militar, aproveitando o "balão de ensaio" que a saída em falso do Movimento causara.

Na reunião de Cascais, a maioria dos oficiais do MOFA presentes concluiu que a crise das FA, que sentiam de perto, era apenas um sintoma da profunda crise que bloqueava o país. Neste dia, estes militares definiram como objectivo derrubar o Governo[521]. Nessa noite, os oficiais decidiram organizar-se, planear um golpe militar e estudar a viabilidade do mesmo. Contudo, o Coronel Saraiva de Carvalho afirma que "só o 16 de Março é que vai desencadear a resposta premente da acção militar"[522]. Apesar do Golpe das Caldas, também, ter provocado a retracção de alguns oficiais, estes não podiam ignorar que o Golpe das Caldas poderia ter despistado os homens do regime. Situação que poderia constituir uma porta aberta para um futuro golpe militar de sucesso.

O Golpe das Caldas de 16 de Março de 1974 surpreendeu o país. Ainda que um certo mal-estar se tenha agravado em Portugal no

---

[520] Entrevista com o Coronel Saraiva de Carvalho, em Lisboa, a 4 de Julho de 2007.

[521] "Saímos da reunião de Cascais convencidos e dispostos a avançar, rápida mas seguramente, para a libertação dos portugueses do jugo fascista – colonialista, a implantação da democracia e a resolução da questão colonial!", Vasco Lourenço, "Ainda o 16 de Março", *Expresso – Revista*, 24 de Maio de 1997, p. 76.

[522] Entrevista com o Coronel Saraiva de Carvalho, em Lisboa, a 4 de Julho de 2007.

O Golpe de 16 de Março de 1974 173

último ano, a saída da coluna das Caldas denunciou não só o descontentamento dos oficiais, mas, sobretudo, a determinação dos militares em mudarem o país. Os oficiais reconheciam há algum tempo a incapacidade do Governo de resolver as principais questões do país, mas nos últimos meses o Movimento conseguiu assinalar a sua força e empurrar os oficiais das FA para o papel de agentes da mudança.

O Segundo Manifesto dos Capitães

O Golpe das Caldas parecia uma imprudência, mas os oficiais do RI5 não agiam isoladamente. No dia 18 de Março de 1974 foi divulgado o *Segundo Manifesto dos Capitães*[523]. Neste documento desvendam-se as profundas raízes e ligações dos acontecimentos da madrugada e afirma-se peremptoriamente a necessidade de "extrair lições".

No dia 16 de Março, em todas as unidades correram boatos sobre os acontecimentos das Caldas, e os meios de comunicação pouco adiantaram. Embora todos soubessem das decisões da reunião de Cascais, nem todos avançaram nessa madrugada e nem todos se solidarizaram com os oficiais das Caldas. O Major Saraiva de Carvalho sabia que tal acção poderia descredibilizar a capacidade organizativa do Movimento, desvendar as ligações entre os oficiais do Movimento e comprometer para sempre a coordenação deste.

Para o Movimento, as autoridades militares teimavam em ignorar os verdadeiros problemas das FA[524], mostrando apenas estar interessados em defender os seus privilégios. A transferência de alguns oficiais do Movimento bem como a "manifestação feita por generais

---

[523] O panfleto foi redigido pelos Majores Saraiva de Carvalho e Vítor Alves. Otelo Saraiva de Carvalho esclarece que, após o 16 de Março, respondeu à "necessidade de mostrar ao Poder que a luta continuava e também sobretudo, como já disse, para «agarrar» os camaradas, informando-os de que o desânimo não morava connosco" (in Otelo Saraiva de Carvalho, *ob. cit.*, p. 289). O *Segundo Manifesto dos Capitães* encontra-se reproduzido na obra de Jacinto Baptista, *Caminhos para uma Revolução*, Livraria Bertrand, Lisboa, 1975, pp. 306-308.

[524] No Manifesto afirmavam que as manifestações do poder político "revelaram, de forma insofismável, a sua intolerância, a sua total incompreensão dos problemas, a sua completa incapacidade, insensatez e cegueira política e administrativa", Idem, *Ibidem*, p. 306.

174 *Nas Vésperas da Democracia em Portugal*

que se diziam representar as F. A. e que nada mais representavam senão a si próprios e à sua falta de coragem cívica e moral"[525], constituíam as origens do Golpe das Caldas.

No documento declaravam que a cerimónia, conhecida como "Brigada do Reumático", era uma "farsa" que evidenciou a falta de legitimidade das suas chefias. Por outro lado, o Movimento assumia novamente o seu apoio aos generais Costa Gomes e Spínola (que pareciam aliar-se às suas causas quando se recusaram a comparecer à cerimónia). "Para eles vão, desde já, as nossas homenagens. A sua atitude é inteiramente apoiada pelo Movimento."[526]

O MOFA tinha que esclarecer que "aquela inqualificável manifestação foi a causa imediata dos acontecimentos mais recentes, que levaram alguns camaradas, generosos e abnegados, sem dúvida, mas excessivamente impacientes, a tentarem resolver a situação de modo imediato"[527]. O Golpe das Caldas suscitou uma enorme onda de agitação pelo país fomentada pela falta de informação e pela presença dos jornalistas estrangeiros. Ninguém conseguia perceber com clareza o que crescia em Portugal e poucos questionavam a solidez do regime. Mas era exactamente contra este engano que lutava o Movimento. Por isso, o Golpe das Caldas não foi considerado inútil para o Movimento, a acção "serviu para despertar a consciência de alguns que porventura ainda hesitassem"[528].

Enquanto o futuro do Movimento parecia estar comprometido, no documento salientam-se com pormenor as "lições" extraídas dos acontecimentos. Parecia que o estudo de situação estava iniciado, pois durante as movimentações de 16 de Março o Movimento identificou os métodos e as alianças das forças leais ao regime.

Para os militares, a participação da DGS representou a falta de zelo dos seus chefes (a quem atribuíam a ordem). A sua actuação junto do Capitão Farinha Ferreira e em casa do Major Manuel Monge, evidenciavam o desprezo das hierarquias pelo prestígio das FA: "Esta interferência da polícia política é intolerável, representa um repugnante atentado aos nossos já mais que violados direitos, e não

---

[525] Idem, *Ibidem*, p. 306.
[526] Idem, *Ibidem*, p. 306.
[527] Idem, *Ibidem*, p.306.
[528] Idem, *Ibidem*, p. 307.

podemos permitir que tais factos se repitam, sob pena de se generali-
zarem e de perdermos, por completo, a nossa mais do que abalada
dignidade e o frágil prestígio que nos resta"[529]. O cerco da GNR à
Academia Militar foi considerado "ultrajante". O Manifesto denunciava, ainda, o papel da LP que auxiliou a GNR, e da DGS na perseguição da coluna das Caldas. O documento questionava ironicamente
"será, porventura, ocasião de esperar que o Governo e os «chefes
militares» tenham finalmente encontrado na Legião Portuguesa, na
G. N. R. e na D. G. S. os valorosos combatentes de que carecem para
prosseguir em África a sua política ultramarina?!"[530]

O *Segundo Manifesto dos Capitães* revela o profundo conhecimento do Major Saraiva de Carvalho sobre as movimentações ocorridas na madrugada e no dia 16 de Março, permitindo-lhe distinguir
com clareza as forças leais do regime. O Golpe das Caldas evidenciou as fraquezas do Movimento bem como as suas potencialidades.
A partir deste documento percebemos que os militares, mais uma
vez, reconheceram a profunda crise que abalava o país e a urgência
de uma acção militar que derrubasse o regime. O documento termina
com palavras de camaradagem e de grande optimismo numa futura
acção.

A ambição dos militares era imensa. Os seus sonhos, embora
tivessem longas raízes, alimentavam-se claramente de um regime que
os menospreza. Esta atitude do Estado Novo tinha fortes efeitos no
Movimento. A prisão dos implicados e o silêncio que lhe seguia
atemorizava os menos corajosos e obrigava o Movimento a um redo-
brado esforço de mobilização, mas sobretudo de estratégia. Lentamente, era o próprio regime que ao não extinguir o Movimento que
conhecia, o ia alimentando.

O ministro da Defesa Nacional, Prof. Silva Cunha reconhece
que "a facilidade com que os capitães e os primeiros-tenentes aderiram ao Movimento das Forças Armadas e a passividade com que este
foi consentido pelos postos superiores explicam-se pelo cansaço da
guerra e pelo desejo dos militares de se libertarem do dever a fazer. (...)
Sabiam apenas que queriam derrubar o regime."[531] Esta simplicidade

---

[529] Idem, *Ibidem*, p. 307.
[530] Idem, *Ibidem*, p. 307.
[531] Silva Cunha, *O Ultramar, a Nação e o 25 de Abril*, p. 360.

que o ministro lhe reconhece, deu força ao Movimento. O MOFA ao elevar a democracia como a sua base política, conseguiu unir os militares não só por camaradagem, mas pelo prestígio das FA.

O Subsecretário de Estado do Exército, o Coronel Viana de Lemos, conheceu o panfleto distribuído no dia 18 de Março.

> Recordo-me de ter convocado um grupo dos meus antigos subordinados do Serviço Cartográfico, salvo erro os Majores Malaquias, Ferro, Teixeira e Belo, aos quais expliquei o que se tinha passado, refutei as acusações do panfleto de 18 de Março e até lhes disse que, no final do panfleto, se falava tanto em soluções tão pouco militares que mais parecia um documento comunista. Recordo-me que o Major Malaquias ainda pôs algumas objecções mas, embora tivesse procurado espicaçá-los para obter a sua reacção por forma a que me esclarecesse e informasse sobre a amplitude e objectivos do MFA, nada consegui.[532]

O Governo construiu à volta do Golpe das Caldas uma imagem contraditória. Ao apresentar, na nota oficial, os acontecimentos do dia 16 de Março provocados por um Movimento que à muito conheciam, também se apressavam a afirmar que tudo não passara de uma aventura que não conseguiu mobilizar outras unidades, apesar das tentativas. O Coronel Viana de Lemos, no início do mês de Março, teve acesso a um documento sobre a extensão do Movimento (divulgando as suas ligações na região de Coimbra referentes à Arma de Infantaria), além disso desempenhou um papel activo na contenção das movimentações do Golpe e não duvidou do seu carácter subversivo. Pouco a pouco, apercebeu-se do perigo da sua existência, embora desconhecesse os seus objectivos. Esta sua tentativa junto dos majores do Serviço Cartográfico revela a incapacidade do regime de dominar o Movimento[533].

O desconhecimento dos objectivos do MOFA não provocou a fraqueza do regime, mas ofuscou o conhecimento sobre a influência do Golpe das Caldas, junto dos que melhor conheciam as causas da

---

[532] Viana de Lemos, *ob. cit.*, p. 102.

[533] Silva Cunha considera que a "primeira explicação para o facto [o derrube fácil e rápido do regime] resulta de tudo o que precedentemente se expôs sobre a desorientação da opinião pública, a propaganda subversiva, as cumplicidades em certos meios, as atitudes de alguns chefes militares e a falta de reacção eficaz do Poder. Mas a estas causas juntaram-se outras. Para começar, entre o 16 de Março e o 25 de Abril faltou completamente a informação sobre o que se passava." (J. Silva Cunha, *O Ultramar, a Nação e o 25 de Abril*, p. 357).

saída dos oficiais do RI5. Como poderia o Governo compreender o carácter local dos acontecimentos do 16 de Março? Como poderia ainda o Governo não questionar a razão pela qual apenas saíra uma coluna? O regime desprezava as motivações dos participantes[534], contudo o sentido da interpretação está em descobrir que "o que está escondido, não são os elementos, mas as respectivas ligações"[535].

O carácter local do Golpe de 16 de Março

A presença assídua de oficiais do RI5 nas reuniões do MOFA projectou e integrou a sua acção. Para a sua inclusão no Movimento concorreu não só a organização do mesmo, na qual os próprios oficiais eram os elementos de ligação entre várias unidades do país, mas, sobretudo, o sentido da sua vida militar. A progressiva consciencialização da necessidade de agir emergiu da inquietação dos anos 60 e da descrença no poder político. Ao encarar a impossibilidade da vitória do país "de Minho a Timor", os oficiais sentiam que integravam um esforço inglório. Enquanto a resolução da guerra foi um tema recorrente, a mudança de regime foi um tema que lentamente ganhou adeptos. Os discursos da oposição política foram, progressivamente, substituídos por relatos de oficiais mais velhos que tinham estado na Índia e a partilha de experiências de guerra chocava as suas sensibilidades[536]. Ao constantemente reafirmar a necessidade do sacrifício dos portugueses, o colonialismo do Estado Novo parecia aos olhos da maioria um ideal gasto, por ser tantas vezes repetido nos jornais censurados. Era esta a percepção dos oficiais do RI5 dos quais recolhemos o testemunho, mas não só destes. O *Segundo Manifesto dos Capitães* garantia que "a sua causa é a nossa, embora possamos criticar a sua impaciência."[537]

---

[534] Otelo Saraiva de Carvalho refere na sua obra que na Academia Militar o novo comandante, o General Horácio Perez Pais Brandão, concentrou a sua atenção, após o Golpe de 16 de Março, nos oficiais estreitamente ligados ao General Spínola (Otelo Saraiva de Carvalho, *ob. cit.*, p.295).

[535] Edmond Ortigues, "Oral/Escrito", vol.11, *Enciclopédia Einandi*, Imprensa Nacional da Casa da Moeda, 1987, p.224.

[536] Veja-se a obra de Avelino Rodrigues, Cesário Borga, Mário Cardoso, *ob. cit.*, pp. 98 e 99.

[537] "Segundo Manifesto dos Capitães", ob. cit., pp. 306-307.

No dia 16 de Março, "cada unidade militar tinha um tempo diferente de maturação e envolvimento, e não se conseguiu coordenar uma operação simultânea. Cada dúvida justificava uma desistência, cada desistência alimentava uma suspeita. E é evidente que a hierarquia fiel ao Governo ia sabendo e ia sabotando como podia"[538]. Dinis de Almeida afirma, na sua obra, que na Unidade de Penafiel foram cortadas as comunicações[539], a acção do comandante da Unidade de Lamego, Coronel Amílcar José das Neves, dificultou qualquer acção dos oficiais; em Viseu, a atitude de condescendência do comandante desmobilizou os militares; em Mafra, a falta de meios e a ausência de coordenação impediu a participação da força da EPI; em Santarém, o Capitão Salgueiro Maia estava convencido que a PIDE escutava todas as comunicações[540] e considerou impossível concretizar um golpe militar vitorioso no dia 16 de Março. Poderá ter havido no RI5 demasiada imprudência e precipitação?

A impulsividade e vontade do Capitão Virgílio Varela ficaram bem expressas na reunião de Cascais. Segundo o seu testemunho já tinha atingido o ponto de ruptura. A sua participação na Comissão dos Oficiais Oriundos de Milicianos causou desconfianças, mas os 30 oficiais do Regimento das Caldas que participaram na sublevação, transpuseram juntos os portões e marcharam sobre Lisboa determinados a associarem-se a um golpe militar do MOFA. O Golpe das Caldas foi uma aventura do RI5, mas não estavam sozinhos.

O Capitão Salgueiro Maia confessou que, a 25 de Abril de 1974, "o descontentamento já existia, a situação caótica já existia, mas passou a haver uma coisa que nos calava mais fundo: aqueles que lutaram ao nosso lado, que viram morrer homens connosco estavam presos. Estavam presos e nós estávamos com o ideal deles. A partir daí teríamos que os ir buscar. E só tínhamos uma forma de os ir buscar: era mudar a situação"[541]. Também os testemunhos dos oficiais

---

[538] Silas de Oliveira, "Uma derrota difícil de contar", *Retratos de Ontem*, Editorial Notícias, Lisboa, 1994, p.9.

[539] "Em Penafiel foram entretanto cortadas as comunicações com o exterior pelo major Murta, sem que me tivesse chegado qualquer boato de que «haveria tropa rebelde na rua»." Dinis de Almeida, *Origens e Evolução do Movimento de Capitães (Subsídios para uma melhor compreensão)*, Edições Sociais, Lisboa, 1977, p.284.

[540] Fernando Salgueiro Maia, entrevistado por Adelino Gomes, *art. cit.*, p.5.

[541] Idem, *Ibidem*, p.6.

da EPI salientam o facto do Golpe das Caldas se ter tornado catalisador da acção militar seguinte – o 25 de Abril. Alguns oficiais acrescentam que nos contactos com o RI5, no dia 16 de Março, comprometeram-se a libertá-los num curto espaço de tempo "nem que fossem sozinhos, iriam libertar os camaradas". Sem informações "gerou-se um sentimento de incapacidade e até de revolta profissional, face à incapacidade de entender e de explicar o porquê do sucedido..."[542] Foi sobretudo o silêncio que se abateu nas unidades que desencadeou maiores reservas bem como as maiores oportunidades.

O que foi o 16 de Março?

No dia 18 de Março, os Majores Saraiva de Carvalho, Vítor Alves e Melo Antunes encontraram-se para esclarecer o Golpe das Caldas. O Major Melo Antunes mostrou-se preocupado com tal imprudência.

O Major Saraiva de Carvalho, que conheceu de perto as movimentações da noite de 15 de Março e da madrugada seguinte, justificou a precipitação com o *espírito da Guiné* dos Majores Casanova Ferreira e Manuel Monge. Mas, o Major Melo Antunes afirma que nessa reunião procurou elucidar o Major Saraiva de Carvalho "a perceber o significado político do 16 de Março ..."[543] Para Melo Antunes não se tratava do *espírito da Guiné*, mas de uma tentativa de antecipação da linha spinolista "com vista a impor o general Spínola como chefe militar e político do Movimento e impor também, no fim de contas, ao resto das Forças Armadas e ao próprio país uma solução servida de bandeja e que estivesse de acordo com as próprias ideais do general"[544]. Daí considerar positivo para o Movimento o resultado do Golpe das Caldas[545].

Também, Vasco Lourenço esclarece que "o 16 de Março, feito no seio do Movimento dos Capitães, é forçado por uma tentativa acelerada do chamado «grupo spinolista» para recuperar o que não

---

[542] Major-General Fernando Aguda, *art. cit.*, p. 19.
[543] Melo Antunes, *ob. cit.*, p. 62.
[544] Idem, *Ibidem*, p. 61.
[545] Idem, *Ibidem*, p. 61.

tinha conseguido no dia 5 de Março [a defesa da posição de que não era necessário existir um programa político, porque tinham um chefe que indicaria o caminho]"[546].

O Major Saraiva de Carvalho replica argumentando que o Golpe das Caldas "fugiu um bocado ao controle da CC do Movimento. O 16 de Março, numa primeira fase, surge no decurso de uma tentativa de evitar a exoneração do Spínola e do Costa Gomes, mas sobretudo do Spínola"[547].

Enquanto Vítor Alves, que recusou participar nas movimentações daquela madrugada, considera que "o Otelo estava no Movimento, claro, mas também estava com aquele grupinho e sentiu-se obrigado a alinhar com eles"[548].

Os testemunhos dos participantes recolhidos referem a utilização do termo "spinolista" anacrónica. Em Março de 1974, o grupo de oficiais mais próximos do General Spínola, eram aqueles que o próprio nomeou para a Guiné para integrarem o seu projecto "Da Guiné para os Guinéus". Nesta altura estes militares[549], que brilharam junto de Spínola, na Guiné, eram olhados com desconfiança pelo Governo ao considerá-los a sua "guarda pretoriana"[550]. O ministro da Defesa declara que "só depois do 16 de Março, o General Spínola, mais impulsivo, protestou contra a detenção dos oficiais participantes no

---

[546] Vasco Lourenço, in Manuel Barão Cunha (coord.), *30 Anos do "25 de Abril – Jornada de Reflexão (Oeiras, 25 de Março de 2004*, Casa das Letras/Editorial Notícias, Cruz Quebrada, 2005, p. 80.

[547] Otelo Saraiva de Carvalho, em entrevista de Ana Sá Lopes e António Melo, *art. cit.*

[548] Vítor Alves, em entrevista de Ana Sá Lopes e António Melo, *art. cit.*

[549] Carlos Azeredo recorda que "revoltado com a exoneração de Spínola, enviei ao QG uma declaração em que afirmava que a minha lealdade militar deixava de estar hipotecada aos chefes militares constituídos para continuar ligada aos generais exonerados, pelo que sugeria a minha passagem imediata à reserva. (...) Este meu requerimento de passagem à reserva foi, após o 25 de Abril, encontrado pelo então tenente-coronel João de Almeida Bruno na secretário do ministro do Exército, general Andrade e Silva, com um despacho a determinar que eu fosse presente a uma Junta de Saúde Hospitalar, a fim de passar à reserva por... insanidade mental" (Carlos de Azeredo, *ob. cit.*, pp. 154-155).

[550] O *pretorianismo* encontra-se na história das revoluções como "um fenómeno político que implica a deposição dos governantes pelos chefes do exército, surge precisamente no período avançado do império romano." (In "Revolução", *Dicionário de Política*, dir. Norberto Bobbio, Nicola Matteucci e Gianfranco Pasquino, Editora Universidade de Brasília, Brasília, 2.ª ed., 1986, p. 1123).

O General Spínola *O Golpe de 16 de Março de 1974*

golpe."[551] Mais, no dia 30 de Março, o General Spínola terá tentado visitar os oficiais detidos na Trafaria (embora não tenha obtido autorização do Presidente do Conselho[552]).

O General Spínola nunca quis assumir que o Golpe das Caldas seria uma antecipação. Não obstante, sabemos que o General conhecia as movimentações dos oficiais do Movimento. Ouvia-os e, naquela noite procuraram o seu conselho. Também, nessa noite, o General não hesitou em orientar o Major Manuel Monge e o Tenente-Coronel Almeida Bruno. No entanto foi prudente, e afastou-se das movimentações refugiando-se na sua casa de Paredes. Restam ainda algumas dúvidas sobre a capacidade e intencionalidade de Spínola em antecipar-se quer ao MOFA, quer ao General Costa Gomes, ou seja, no sentido de os afastar do centro de influência política. Apesar de todas estas considerações, o General Spínola colaborou activamente na discussão do programa político do MFA entre 16 de Março e 25 de Abril de 1974.

Poderemos afirmar que o Golpe das Caldas constituiu uma precipitação. Os oficiais reunidos na casa do Major Manuel Monge faziam parte de um grupo de oficiais que, integrados no Movimento, preparavam o plano de derrube do regime. Todavia, avançaram perante a precipitação dos oficiais de Lamego. No dia 19 de Março, estes escreveram uma declaração conjunta sobre os últimos acontecimentos. Nela afirmam que "a crise nacional agudizou-se durante os últimos dias, em virtude de um conjunto de circunstâncias para que os oficiais do CIOE (...) de modo nenhum contribuíram, mas que deles exigiram adequado comportamento"[553]. Consideram que as suas causas foram o desprestígio das FA e a demissão dos generais desta instituição no dia 14 de Março. Os oficiais do CIOE "com o objectivo de restaurar a integridade e a independência das Forças Armadas, comunicaram ao Ex.m.º comandante da unidade a posição que espontânea e unanimemente assumiram"[554]. Junto do comandante,

---

[551] J. Silva Cunha, *Ainda o "25 de Abril"*, p. 117.

[552] Armando Ramos, *ob. cit.*, p. 137.

[553] "Declaração dos oficiais do CIOE de Lamego", reproduzido na obra de Manuel Bernardo, *Marcello e Spínola: a ruptura. As Forças Armadas e a Imprensa na Queda do Estado Novo, 1973-1974*, pp. 200-201. O documento foi assinado por 13 capitães.

[554] Idem, *Ibidem*, p. 200.

o Coronel José Amílcar Neves, evocaram a sua solidariedade e lealdade com os generais recentemente demitidos e solicitaram a permanência do comandante nas suas funções no comando da unidade. Por fim, os oficiais consideraram que a sua acção não foi precipitada, mas sim fruto de uma "análise serena" e com "o conhecimento possível da situação". Os oficiais do CIOE rejeitaram, a 19 de Março de 1974, em conjunto, qualquer ligação política ou partidária.

O Golpe das Caldas de 16 de Março de 1974 foi analisado segundo várias perspectivas. Ao reconhece-lo uma simples tentativa falhada, é importante salientar que esta abriu novas oportunidades e que a ligam, indiscutivelmente, ao derrube do regime e à implantação da democracia em Portugal. O Golpe das Caldas teve o seu momento de viragem em casa do Major Manuel Monge. Poderiam os oficiais presentes pensar que o plano discutido dias antes teria sucesso?

Os Majores Casanova Ferreira e Manuel Monge julgavam que o regime estava frágil e sentiam a premência de uma acção militar (o Major Saraiva de Carvalho consideraria estes pensamentos provocados pelo *espírito da Guiné*, aludindo à recente chegada destes oficiais daquele território, bem como à sua longa e desgastante experiência de guerra). Além disso, o Major Manuel Monge defendia que uma companhia poderia abanar o regime de forma a derrubá-lo. Nesta noite, os oficiais reunidos receberam o telefonema de Lamego que precipitou certamente a sua acção. Com uma coluna a caminho de Lisboa, era necessário organizar e coordenar as forças do Movimento. Os Majores Casanova Ferreira e Manuel Monge presenciaram o entusiasmo dos oficiais de várias unidades do país, no dia 12, quando decidiram colaborar num golpe militar, embora, no dia 13 de Março, tivessem suspendido o plano. As unidades recuaram, justificando-se com a ausência da ordem do General Spínola e uma estratégia inesperada. Aliás, os Pára-quedistas afirmaram que já tinham uma ordem de operações. Contudo, o Major Manuel Monge considerava que estes não apoiariam qualquer acção militar do Movimento, ao considerar que, dificilmente, tomariam uma posição contra o seu comandante).

De toda esta complexidade e ambiguidade, tinha profundo conhecimento o Major Saraiva de Carvalho. Este oficial compreendeu que o Golpe das Caldas foi um dos "acontecimentos que tornam possível uma Revolução ao pôr a nu a inabilidade da elite em manter

O Golpe das Caldas de 16 de Março de 1974 projectou o MOFA

o monopólio da força"[555], ou seja, um "acelerador". Se por um lado a cisão no seio da instituição militar (pilar fundamental do Estado Novo, particularmente num cenário de guerra disperso e longo) se concretizou, definitivamente, com a demissão dos generais Costa Gomes e Spínola, por outro lado só os acontecimentos das Caldas afectaram a disciplina, a organização, a lealdade das FA e de outras instituições da segurança interna do país. A rápida desagregação do pilar fundamental do regime, abriu caminho à democracia portuguesa.

O Golpe das Caldas de 16 de Março de 1974 projectou o MOFA no futuro. Aniceto Afonso esclarece que "exerceu também sobre o Movimento uma pressão definitiva, no sentido da irreversibilidade de um desenlace violento; lançou um novo alerta para o exterior, avisando que a situação interna portuguesa se aproximava de uma clarificação, fatalmente conflituosa"[556].

A Preparação do Golpe de Abril

Otelo Saraiva de Carvalho afirma, na sua obra *Alvorada em Abril*, que existia a preocupação das movimentações de 16 de Março revelarem à DGS a organização e finalidade do Movimento. Para ele os objectivos do Movimento estavam em perigo devido à pressão que a polícia política poderia exercer. Esta preocupação era partilhada pelo Major Vítor Alves, embora se manifestasse um pouco mais optimista[557], mas especialmente pelo Major Melo Antunes. Todavia este oficial tinha a missão de elaborar um programa político do Movimento, "que extraísse o que de mais válido existia no Manifesto aprovado por maioria no plenário do dia 5 e que se adiantasse em mais pormenor e substância"[558].

Tornava-se fundamental aproveitar o entusiasmo suscitado pelo Golpe das Caldas para motivar os militares "para uma coisa a sério".

---

[555] C. Johnson *Revoludies*, Stanford, 1964, citado por Gianfranco Pasquino, "Revolução", *Dicionário de Política*, dir. Norberto Bobbio, Nicola Matteucci e Gianfranco Pasquino, Editora Universidade de Brasília, Brasília, 2.ª ed., 1986, p. 1126.

[556] Aniceto Afonso, "O Movimento dos Capitães", p. 21.

[557] Otelo Saraiva de Carvalho, *ob. cit.*, p. 296.

[558] Idem, *Ibidem*, p.295. O Major Melo Antunes entregou o documento, no dia 22 de Março, antes da sua transferência para os Açores.

Otelo Saraiva de Carvalho confessa que "grande parte do meu optimismo e confiança assentavam naquilo que, tão peremptoriamente, Avelar de Sousa nos garantira quanto à possibilidade de intervenção dos pára-quedistas, na reunião de 13 de Março no Dafundo"[559].

No dia 24 de Março de 1974 realizou-se uma reunião de oficiais do MOFA (em Oeiras, na casa do Capitão Candeias Valente). Estiveram presentes 21 elementos que exigiam explicações sobre a tentativa do RI5. Choveram críticas, mas o Major Saraiva de Carvalho apresentou a sua proposta: "era preciso enveredar definitivamente pela solução militar, ou seja, estudar a situação e articular forças. Era necessário fazer uma ordem de operações"[560], esclarecendo que estava preocupado com os oficiais presos, que por certo seriam pressionados a revelar a identidade dos elementos do Movimento, bem como da sua organização.

O Major Saraiva de Carvalho sugeriu que esta fosse a última reunião do Movimento ao pretender iludir o Governo. Por outro lado observavam que a DGS se preocupava, sobretudo, com as mobilizações em redor do 1.º de Maio. Lisboa estava cheia de grafites alusivas ao Dia do Trabalhador, o que tornava fácil aos militares dissimular as suas movimentações. Extinguiram as comunicações entre unidades e elementos de ligação, enquanto o Major Saraiva de Carvalho absorveu a organização do Golpe.

No dia 16 de Março, as tropas mobilizadas não tinham plano de ligações e desconheciam as forças inimigas que iriam enfrentar. O Major Saraiva de Carvalho identificou na Rotunda da Encarnação as unidades militares melhor preparadas para defesa do regime (LP, as forças do RC7, a GNR, a PSP e a DGS). Quando assumiu a responsabilidade de elaborar um plano operacional, começou por recolher informações.

O Major Saraiva de Carvalho tinha um primo[561], o Major Velasco, destacado no Quartel-General da GNR no Largo do Carmo.

---

[559] Idem, *Ibidem*, p. 296.

[560] Entrevista com o Coronel Saraiva de Carvalho, em Lisboa, a 4 de Julho de 2007.

[561] O Major Saraiva de Carvalho não falava com o primo há muito tempo, e na lista telefónica encontrou o seu contacto. Telefonou-lhe para a casa e disse-lhe que gostava de lhe dar um abraço, pois há muito tempo que não se viam. Quando se encontraram (na casa de uma avó do Major Saraiva de Carvalho e tia do Major) o Major Velasco perguntou-lhe

O Golpe de 16 de Março de 1974

Junto deste reuniu informações sobre a GNR (dados sobre armamento, equipamento, pessoal, rondas, os pontos importantes que aquela instituição militar fiscalizava), pois era uma forma inimiga[562]. Como o major estava no Comando-Geral e era adjunto das operações, tinha acesso a estas informações. O seu primo ainda perguntou se era a sério, mas, dias depois, entregou ao Major Saraiva de Carvalho tudo o que precisava[563]. Também contactou um oficial que estava no Estado-maior do Exército (a quem pediu informações sobre a LP e DGS), bem como ao Major Sanches Osório que estava colocado na 4.ª Repartição Logística do Exército.

Antes do 25 de Abril, com a ordem de operações já elaborada, o Major Saraiva de Carvalho, conversou com os majores Hugo dos Santos e Vítor Alves. O primeiro considerava que se devia concentrar todas as forças do Movimento numa grande área e exigir a queda do Governo. O Major Saraiva de Carvalho discordava, porque considerava que numa acção militar o factor fundamental é a surpresa. Entendia que se concentrassem as forças num único espaço, "dariam a possibilidade ao inimigo (o Governo) de mobilizar todos os meios

---

porque razão se tinha lembrado dele. O Major Saraiva de Carvalho respondeu: "epá vou fazer um golpe de Estado e preciso da tua ajuda" (segundo o relato do Coronel Saraiva de Carvalho, em entrevista, em Lisboa, a 4 de Julho de 2007).

[562] "Nessa primeira conversa sobressaiu o interesse de Otelo em conhecer as frequências da rede de transmissões da Brigada de Trânsito (BT), a preocupação que tinha por saber se a GNR tinha requisitado ao depósito de Material de Guerra espingardas automáticas "G3" e sobretudo a curiosidade que manifestou ao tomar conhecimento nesses dias de que a GNR se encontrava em fase adiantada de recepção de viaturas blindadas *Shorland*. Ainda nesse conversa [o Major de Inf.ª Fernando Velasco] pediu a Otelo a discrição na sua participação e ainda para não ser informado do dia em que se iria desencadear a acção." (in Major de Inf.ª Reinaldo Andrade, "A Revolução de Abril de 74 e o Papel da Guarda I" *Pela Lei e Pela Grei. Revista da Guarda Nacional Republicana*, Ano XVII, n.º 65, Janeiro – Março 2005, Lisboa, p. 37).

[563] No artigo do Major de Inf.ª Reinaldo Andrade é relatado que "cerca de uma semana depois do 16 de Março, Otelo Saraiva de Carvalho encontra-se com o seu primo, Major de Inf.ª Fernando Hugo Bélico de Velasco" (Idem, *Ibidem*, p. 37). "Efectivamente as Unidades da Guarda, que tinham intervido, activamente, no 16 de Março, foram as que actuaram, agora passivamente, no 25 de Abril." (Idem, *Ibidem*, p. 38.). Pouco antes do 25 de Abril foram contactados pelo Movimento o comandante do Batalhão n.º 1, o comandante do Batalhão n.º 2. O Major Hugo dos Santos contactou pessoalmente o comandante do Batalhão n.º 5 e outros comandos da GNR foram, também, abordados.

ao seu alcance, que cercariam o local e isolariam as forças do Movimento incapazes de reagir (cortavam a água, o gás, o telefone, os abastecimentos e a luz). Além disso, com o Pacto Ibérico em vigor a Força Aérea dos dois países poderia assaltar a força do Movimento. Era uma situação impossível porque o Governo poderia demorar muito tempo a reagir."[564] Para o Major Saraiva de Carvalho a acção só triunfaria se fosse rápida e ofensiva, atingindo objectivos essenciais e impedindo a hierarquia de dar ordens. O Major Vítor Alves afirmou que concordava com Hugo dos Santos, mas confiava no Major Saraiva de Carvalho que confirmava que a sua ordem de operações era exequível e tinha grandes probabilidades de sucesso. Para o Major Saraiva de Carvalho só havia uma solução "ganhar em menos de 24 horas, não podíamos permitir que ocorresse uma guerra nas ruas."[565]

De outro modo, o Golpe das Caldas evidenciou a estratégia que o Major Saraiva de Carvalho depois delineou para o Golpe Militar de 25 de Abril de 1974. Ao utilizar as três principais vias de acesso a Lisboa e uma unidade como isco para as forças governamentais, possibilitava a tomada de importantes alvos por outras unidades. "Os objectivos principais eram o quartel-general, a rádio e a televisão, que seriam tomados enquanto estava toda a gente entretida com a coluna da EPC – esta ideia resultou exactamente do aparato governamental que vi no 16 de Março."[566]

Pouco antes do 25 de Abril, na casa do Major Saraiva de Carvalho, em Oeiras, o Capitão Salgueiro Maia recebeu com espanto a sua missão.

Otelo – Tu tens de sair com uma coluna mais forte!

Salgueiro Maia – Mas só tenho uma companhia de instrução que não sabe disparar!

Otelo – Não interessa porque sais com os blindados, os militares equipados com armas e capacetes. O que importa é o aparato e que vás pelos itinerários principais da cidade! Entras pela Segunda Circular, segues pelo Campo Grande, Entrecampos, Avenida da República, Saldanha, Marquês, Avenida da Liberdade, Restauradores, Rossio, Rua do Ouro e ocupas o Terreiro do Paço. És o chamariz e fazes o maior alarido que

---

[564] Coronel Saraiva de Carvalho, em entrevista, em Lisboa, a 4 de Julho de 2007.

[565] Coronel Saraiva de Carvalho, em entrevista, em Lisboa, a 4 de Julho de 2007.

[566] Entrevista com o Coronel Saraiva de Carvalho, em Lisboa, a 4 de Julho de 2007.

puderes. Percorres Lisboa com blindados às 3 ou 4 da manhã. A malta é alertada e vai ter contigo. Entretanto ocupamos outros pontos estratégicos.
Salgueiro Maia – E se aparecer uma força do regime?
Otelo – Opa, aí é tramado. Quem souber disparar, dispara, mas não acredito que haja alguém que confronte uma coluna de blindados com pequenas armas[567]

O Capitão Salgueiro Maia no final da exposição colocou duas questões: "Há programa político para sustentar a acção militar? Os generais comandavam a operação?" Para o Major Saraiva de Carvalho esta questão era desagradável, logo se lembrou do Capitão Morgado da EPC no dia 13 de Março. Otelo Saraiva de Carvalho sabia que existia a possibilidade do Capitão Salgueiro Maia recuar, o que impedia qualquer acção (tal como aconteceu no 16 de Março), logo respondeu afirmativamente[568].

A relação entre o General Spínola e o MOFA é inevitavelmente ambígua e complexa, e é fundamental para o processo que desembocou no golpe militar de 25 de Abril de 1974. Ao considerarmos as condições objectivas que conduziram à fragmentação do Estado Novo, e, por fim, à sua incapacidade de resistência, não podemos esquecer as condições subjectivas que alimentaram todo este processo. Abraham F. Lowenthal, no prefácio da obra *Transitions from Authoritarian Rule. Southern Europe*, salienta o papel dominante que alguns indivíduos nacionais possuem no desenrolar do processo histórico da queda de uma regime autoritário, a importância do *timing* bem como a confiança e competência daqueles que empurram os acontecimentos[569].

Para Otelo Saraiva de Carvalho a grande dúvida era a população, mas havia a grande esperança da sua adesão em massa, embora as reticências se tenham acentuado por ocasião do jogo Benfica-Sporting.

---

[567] Segundo o relato do Coronel Saraiva de Carvalho em entrevista, em Lisboa, a 4 de Julho de 2007.

[568] Na verdade, mais tarde, no Quartel do Carmo o Capitão Salgueiro Maia comunicou ao Presidente do Conselho que obedecia ao comando do General Spínola e Costa Gomes, embora conhecesse a existência dos oito generais contactados (in Fernando Salgueiro Maia, entrevistado por Adelino Gomes, *art. cit.*, p. 14.

[569] Abraham F. Lowenthal, "Foreword", *Transitions from Authoritarian Rule. Southern Europe*, Ed. Guillermo O'Donnel, Philippe Schmitter e Lawrence Whitehead, The Johns Hopkins University press, Baltimore and London, 1986, p. ix.

188   Nas Vésperas da Democracia em Portugal

"A pouco e pouco, tudo se conjugava para que o golpe militar se tornasse viável, aos oficiais empenhados não restassem objecções e antes se verificassem um conjunto de condições propícias ao seu êxito. A disponibilidade de Costa Gomes e Spínola, a extensão do empenhamento militar a todas as unidades mobilizáveis, os compromissos da Armada e da Força Aérea em não permitirem que o Movimento fosse hostilizado após o desencadeamento da acção, tudo transmitia uma ideia de solidez que à acção do 16 de Março decididamente faltara"[570].

2.3.3. *O Golpe das Caldas na imprensa*

> "Há quem soletre, há quem leia em diagonal e há, também, mormente entre os leitores da "República", quem tenha aprendido a ler nas entrelinhas.
> Esta última é, quanto a nós a maneira mais inteligente de ler."[571]

"No dia 16 de Março de 1974, o homem da rua escancarou a boca: uma coluna militar deixara as Caldas da Rainha, onde se encontrava aquartelada, e avançara sobre Lisboa"[572]. O sentido dos acontecimentos do 16 de Março reside nas ligações que consolidou e frutificou, no impacto político que causou, e na inquietação que gerou. Foi esta última, uma das mais marcantes. As várias formas como a imprensa publicitou o Golpe das Caldas apresentam o enfoque dado aos acontecimentos amplamente divulgados. As movimentações militares, ocorridas naquela madrugada e durante todo dia, surpreenderam a população. A inquietação adveio do aparato militar montado para tranquilizar o país. A marcha de várias viaturas com oficiais armados despoletou a curiosidade.

Na verdade, num regime autoritário torna-se difícil perceber a reacção da população absolutamente filtrada pelo Exame Prévio. No

---

[570] Aniceto Afonso, "O Movimento dos Capitães", p. 22.

[571] V.D., "De vez em quando", *República*, 4 de Janeiro de 1974, ano 62, 2.ª série, n.º 15327, p. 3.

[572] Alexandre Pais e Ribeiro Silva, *ob. cit.*, p. 63.

entanto, a análise dos jornais da época revelam-nos um Portugal desassossegado. O Governo sabia que esta inquietação era perigosa ao alimentar os seus dois "adversários internos": os movimentos de oposição política e alguns militares.

No dia 17 de Março, o Exame Prévio (a Censura) enviou uma nota aos jornais esclarecendo que todas as referências aos acontecimentos do dia anterior seriam cortadas[573]. Contudo, "cerca das 2 horas de 17 de Março essa proibição foi atenuada, sem contudo, deixar de referir que todo o material sobre o caso fosse mandado para «exame»"[574]. Para o Governo foi necessário reconhecer o papel esclarecedor/orientador dos meios de comunicação. Um dos sinais evidenciado pelo Golpe das Caldas foi a imprescindibilidade de informar e não censurar. Não querendo, contudo, afirmar que havia liberdade para dizer tudo.

No jornal *República* apenas se fez uma pequena referência. O artigo intitulado "A Rebelião de Sábado" integra a secção "Jornal do Fim de Semana" e, simplesmente, contém a nota oficial divulgada pela Direcção-Geral de Informação da S.E.I.T.; enquanto no jornal *Expresso* só foi publicada uma "Cronologia dos Acontecimentos" que incluiu a publicação da nota oficiosa da S.E.I.T. e uma breve alusão aos jornais estrangeiros que informavam que cerca de duzentos oficiais se encontravam detidos[575].

No *Diário de Notícias*, de 17 de Março de 1974, surge na capa em letras garrafais o título "Renderam-se sem resistência vários oficiais que se tinham insubordinado no Regimento de Infantaria 5 nas Caldas

---

[573] "Assim, e no que respeita ao nosso jornal, no próprio dia da intentona, a nota do Exame Prévio (Censura) dizia para se «cortar» tudo sobre o assunto, a não ser a nota oficiosa que fora distribuída pela S.E.I.T. (…) Para o jornal do dia seguinte, 18 de Março, as possibilidades da Imprensa eram as mesmas – liberdade para informar não havia. Tudo sobre o movimento militar (menos a nota oficiosa) tinha de ir à Censura, onde era esquartejado." in Valle Fernandes, "O Movimento das Caldas através da censura", *O Primeiro de Janeiro*, de 16 de Março de 1975, p. 1.

[574] Idem, *Ibidem*, p. 1.

[575] "Há muito que na população de Lisboa corriam boatos mais desencontrados. (…) Começou imediatamente a falar-se em elevada detenção de oficiais, escrevendo jornais estrangeiros o número de duzentos e outros ainda mais. Uma nota oficial, porém, precisou que se tratava apenas de 33 que iriam ser submetidos a processo previsto para circunstâncias como estas." S.a., "Cronologia de acontecimentos", *Expresso*, 23 de Março, n.º 64, Lisboa.

190   *Nas Vésperas da Democracia em Portugal*

da Rainha e que haviam tomado a direcção de Lisboa". Na mesma capa foi publicada a Nota Oficial de onde se destacam as frases: "não tiveram êxito as tentativas realizadas para sublevar outras unidades. Reina a ordem em todo o país." Sobressai a preocupação em garantir que o país estava seguro, mas, agora, tornou-se indispensável informar para tranquilizar as pessoas.

Deste modo, o *Diário de Notícias* procurou esclarecer os acontecimentos da madrugada do dia 16 de Março: "O País despertara ontem sob a vaga dos boatos mais desencontrados e alarmantes. Uma parte da população da capital surpreendera, manhã cedo, um certo movimento de tropas e de efectivos da G.N.R., que, de harmonia com os dispositivos tomados, ocuparam pontos estratégicos às portas de Lisboa"[576]. Para o Governo tornou-se indispensável controlar a informação para esclarecer. Ao censurar os acontecimentos criou pelo País uma incontrolável onda de boatos, a mais díspar possível. Por outro lado a falta de informação gerou alguma instabilidade e insegurança. A movimentação de tropas que ocorreu em todo o País, inquietou a população.

> À Redacção do nosso jornal tinham começado a chegar, ao fim da madrugada, as primeiras notícias de que algo de insólito e grave se estava a passar. (…) Que algo andava no ar atesta-o, para lá da onda de boatos esparsos de norte a sul do País, a presença em Lisboa de numerosos elementos da Imprensa e Televisão estrangeiros, desejosos de registar o que viria perturbar o ritmo normal da nossa vida colectiva.
>
> O certo é que as horas iam passando e, perante a evidência do dispositivo militar, uma corrente de notícias alarmantes começou a estabelecer-se entre a população, a princípio desatinada e incrédula, por estar de há muito desabituada de acontecimentos semelhantes.[577]

Neste dia o jornal *Diário de Notícias* publicou ainda uma "Cronologia dos Acontecimentos" onde relata os eventos da madrugada. Salienta-se a reunião na Cova da Moura dos ministros das pastas militares e o do Interior durante toda a noite, prolongando-se pela manhã; a situação de prevenção rigorosa accionada, em Lisboa, por

---

[576] S.a., "Renderam-se sem resistência vários oficiais que se tinham insubordinado no Regimento de Infantaria 5 nas Caldas da Rainha e que haviam tomado a direcção de Lisboa", *Diário de Notícias*, ano 110.º, n.º 38 783, 17 de Março de 1974, p. 1.

[577] Idem, *Ibidem*, pp. 1 e 9.

O *Golpe de 16 de Março de 1974* 191

volta das 5 horas; pelas 6 horas, o aspecto bélico da capital, nunca antes visto; o corte do trânsito da auto-estrada e o controlo dos veículos. Neste artigo é afirmado que a coluna sublevada do RI5 teria passado por Santarém onde não conseguiu mobilizar as forças da EPC, uma informação falsa. Esta breve descrição dos aconteci-mentos ilustra as afirmações da nota oficial, nomeadamente que as autoridades estiveram sempre atentas e detectaram cedo as movimen-tações. Além disso, salienta-se que a sublevação das Caldas tinha sido, rapidamente, dominada.

O *Diário de Notícias* era um jornal próximo do Governo, por isso não é de estranhar que repudie os acontecimentos, e se mostre, sobretudo, indignado com o comportamento dos oficiais das FA:

> Mas a Nação não deixa de estranhar que em tempo e circunstâncias que nos obrigam a defender e a repelir ciladas e agressões do exterior, tenha sido possível quebrar, durante algumas horas, o espírito de discipli-na e coesão que tem constituído o segredo da resistência e do êxito das Forças Armadas, cujo comportamento e dignidade têm merecido a gratidão dos Portugueses e a admiração de estrangeiros e dos próprios adversários[578]

Ao contrário de outros jornais, o *Diário de Notícias* redigiu ainda algumas linhas descrevendo as repercussões locais dos aconte-cimentos.

> No bairro residencial limítrofe do Regimento de Infantaria 5, aquarte-lado nas Caldas da Rainha, já na noite de sexta-feira se respirava um ar de inquietação, em consequência da tensão que, desde há dias, parecia vir a registar-se naquela unidade. Este estado de espírito colectivo viria ontem a ser confirmado pela nossa reportagem através de depoimentos de diversos elementos da população da cidade e autoridades locais, após a já divulgada insurreição de alguns oficiais daquele centro de instrução de sargentos milicianos[579]

Todavia, estas informações não são confirmadas quer pelos de-poimentos que recolhemos em entrevista, quer pelos documentos oficiais que consultámos. Recordamos que na noite de 15 de Março, sexta-feira, se iniciou o plano de recolha de oficiais que movimentou

---

[578] Idem, *Ibidem*, p. 9.

[579] S.a., "Dominada nas Caldas da Rainha uma insubordinação numa unidade mili-tar", *Diário de Notícias*, n.º 38 783, 17 de Março de 1974, p. 9.

192   *Nas Vésperas da Democracia em Portugal*

os militares pela cidade, o que poderá ter causado alguma estranheza à população. Contudo, estas desconfianças tornaram-se apenas evidentes após os acontecimentos de 16 de Março.

No *Diário de Notícias* é, também, relatado o ambiente que se vivia na cidade: "curiosamente, as excepcionais medidas tomadas em volta do Regimento de Infantaria n.º5 não afectaram a vida normal da cidade, tendo os estabelecimentos funcionado normalmente à excepção do quartel da G.N.R. local, que foi ocupado por forças militares devido ao pequeno número de elementos da corporação que ali presta serviço nada mais foi notado no centro da cidade"[580]. O *Diário de Notícias* publicou nas suas páginas duas fotografias que retratam o RI5, a partir do Alto do Avenal. O relato das forças de cerco foi feito "de acordo com informações de alguns transeuntes, que continuaram a percorrer a estrada [nacional n.º 8 situada junto do portão do quartel], muito embora o trânsito tenha sido desviado"[581]. Esta notícia confirma a informação, recolhida nalguns depoimentos segundo os quais a população da cidade estivera muito ansiosa concentrando-se nas imediações do quartel, de forma a poder perceber melhor o que se passava. Apesar da estrada estar cortada ao trânsito e o cerco estar montado, as pessoas percorriam a pé a estrada, e iam informando os jornalistas. O *Diário de Notícias* foi um dos jornais que publicou com maior pormenor os factos, revelando uma preocupação em evidenciar a eficácia das forças governamentais e, sobretudo, a tranquilidade restaurada depois de uma insubordinação que explicitamente repudia.

Por sua vez *A Capital* dedicou as páginas centrais (para além da capa) aos eventos de 16 de Março. Também este jornal se preocupou em esclarecer o ambiente que envolveu os acontecimentos: "A rendição dos oficiais insurrectos do Regimento de Infantaria 5, das Caldas da Rainha, pôs termo, ao fim da noite de ontem, a um período de grande tensão que durou cerca de 20 horas e foi percorrido por vários acontecimentos que envolveram autoridades militares e uma coluna autotransportada da referida unidade avançando sobre Lisboa e cujo andamento foi travado por um dispositivo de defesa montado

---

[580] Idem, *Ibidem*, p. 9.
[581] Idem, *Ibidem*, p. 9.

às portas da cidade"[582]. O Exame Prévio permitiu publicar palavras que descreviam um país perturbado com os acontecimentos, até mesmo inseguro. *A Capital* escreveu que "o ambiente nas Caldas da Rainha revelava uma certa tensão, porquanto se desconhecia, até ao fim da manhã, a amplitude do movimento"[583]. Esta constituiu, porventura, uma forma de enfatizar a eficácia da acção do regime. Este jornal adiantou que "durante o dia de ontem correram também numerosos boatos não confirmados, que haveria idênticos movimentos noutras localidades do País"[584].

Também, *A Capital* descreveu com pormenor as movimentações militares. Nas suas palavras, Lisboa adquiriu um impressionante aspecto bélico, durante aquela madrugada.

> A situação provocou movimentos de tropas na Calçada de Carriche, Ponte de Frielas, Ponte de Salazar, Tires, e junto da Antena da RTP em Monsanto, bem como em diversas localidades da província. Nas estradas viam-se camiões com soldados armados, que constituíram apenas dispositivos de segurança, preparados para entrar em acção no caso de vir a tornar--se necessário. Ainda durante a manhã de ontem aquelas colunas militares começaram a recolher aos respectivos aquartelamentos. (...) Durante a manhã de ontem e, além das forças já referidas colocadas nas imediações da auto-estrada do Norte para impedir o avanço dos militares de Caldas da Rainha foram distribuídos grupos de prevenção por vários pontos da cidade, nomeadamente Castelo de S. Jorge, Fortes do Alto do Duque e da Ameixoeira e Montes Claros. Todos estes grupos estavam fortemente equipados com armamento e material de comunicações, tendo-se também registado movimento de helicópteros sobre a cidade. Também foi reforçada a guarda ao Palácio de S. Bento[585]

Neste jornal é, claramente, relatado o aparato militar que se esboçou em Lisboa e que era necessário explicar. Ao permitir publicar estas declarações, o Governo poderia pretender afirmar que todas as movimentações tiveram um papel intimidativo e que não estiveram

---

[582] S.a., "Regresso à normalidade nas Caldas da Rainha", *A Capital*, 17 de Março de 1974, p.12.

[583] Idem, *Ibidem*, p. 12.

[584] Idem, *Ibidem*, p. 12.

[585] Idem, *Ibidem*, p. 13. A guarda do Palácio de S. Bento foi reforçada no seguimento da recepção de um telefonema anónimo, cerca do meio dia, comunicando que o edifício seria ocupado pelo Exército (in Coronel Milreu, *doc. cit.*, fl. 3).

194   *Nas Vésperas da Democracia em Portugal*

ao lado dos oficiais insubordinados, como alguns boatos poderiam supor.

Ainda, neste jornal é salientado que "a movimentação de tropas e bem assim o rigoroso controlo a que estiveram sujeitos os aeroportos e as fronteiras não terão tido, pois, o significado que chegou a ser-lhes atribuído"[586]. A informação, nunca confirmada, indicava que as fronteiras do país foram fechadas e "uma formação de tanques da División Acoraçada «Brunete» saiu do quartel de «El Guloso», perto de Madrid, dia 17, segundo afirmam jornalistas do país vizinho, às 3 horas da manhã do dia 17, foi metida discretamente num comboio especial e estacionou «em manobras» a 25 quilómetros da fronteira de Badajoz, mantendo-se ali 22 horas"[587]. Esta movimentação poderá ter decorrido do Pacto Peninsular em vigor.

Na verdade, *A Capital* ainda destacou a agitação que perdurou durante o fim-de-semana no país. "Os três ramos das Forças Armadas mantêm-se, naturalmente, de prevenção, não se esperando, no entanto, que continue a tensão verificada durante a madrugada e manhã de ontem"[588]. As autoridades militares mantiveram uma vigilância apertada até segunda-feira, dia 18 de Março, quando pelas 14H30 foi levantado o estado de prevenção rigorosa[589].

Se por um lado, na nota oficial "o Governo encarava, pois, a insurreição quase como um «acidente», no caminhar pacato da vida nacional. Com um pequeno comunicado, digamos, arrumava a questão"[590]. Por outro lado, o artigo d' *A Capital* não escondeu a tensão que os acontecimentos de 16 de Março geraram. Este jornal, ao

---

[586] S.a., "Regresso à normalidade nas Caldas da Rainha", *A Capital*, 17 de Março de 1974, p. 13.

[587] Avelino Rodrigues, Cesário Borga, Mário Cardoso, *ob. cit.*, p. 134.

[588] S.a., "Regresso à normalidade nas Caldas da Rainha", *A Capital*, 17 de Março de 1974, p.13.

[589] Coronel Milreu, *doc. cit.*, verso da fl. 5. Neste documento é referido que "durante o período considerado, foi também efectuada discreta vigilância sobre os movimentos de entradas e saídas nas UNIDADES MILITARES aquarteladas na área: ACª MIL. e RI1, na Amadora; RAAF, em Queluz; ESCOLA MILITAR DE ELECTROMECANICA, em PAÇO DE ARCOS; RAC, em OEIRAS; CAMPO DE TIRO DA CARREGUEIRA, na VENDA SECA e BA1, na GRANJA DO MARQUES, nada tendo sido notado de anormal.", in Idem, *Ibidem*, fl. 5).

[590] Avelino Rodrigues, Cesário Borga, Mário Cardoso, *ob. cit.*, p. 134.

contrário do que se verificou no *Diário de Notícias*, não opina sobre a situação e também não parece preocupar-se em tranquilizar a população preferindo elucidá-la sobre o que nenhuma censura poderia esconder.

Também, nas páginas do *Diário de Lisboa* não se tentou equivocar o país. Neste jornal salientava-se que "as mais desencontradas informações chegavam, entretanto, a Lisboa: as ruas de Vila Franca de Xira estavam a ser patrulhadas por marinheiros; tropas de Chaves e Penafiel iam a caminho do Porto; outras de Beja dirigiam-se por sua vez, para Lisboa, etc."[591]. De acordo com a nossa investigação estas informações não são confirmadas. Contudo, não deixam de caracterizar a inquietação sentida em várias localidades do país. "Outra informação: tropa armada em Rio Maior (na estrada Lisboa-Porto), sendo todos os veículos revistados. Perguntas dos automobilistas, espanto, enigma ..."[592] Embora prevalecesse o controlo da censura, muitas informações dispersas foram publicadas nos jornais denunciando o espanto da população. Apesar da coesão e clareza de objectivos das forças do regime, no dia 16 de Março, o país assistiu nervoso aos acontecimentos, ou em muitos dos casos não tomou conhecimento destes. No entanto, este artigo demonstrou na sua capa o que julgava ter sido observado por todo o país. É ainda este que recorda "dois anteriores movimentos militares que também alertaram o país: o da Mealhada (uma coluna que saiu do Porto e foi detida naquela localidade por tropas vindas de Coimbra) e o de Beja, ocorrido a 31 de Dezembro de 1961"[593]. Esta referência poderá indiciar dois sentidos do Golpe das Caldas. Por um lado situaria a insubordinação num longa linha de revoltas militares contrariando o sentido da "aventura isolada", amplamente divulgado pelo Governo. Por outro lado esta descrição dos acontecimentos poderia reafirmar a firmeza do regime, relembrando como, outrora, os dominou.

Neste jornal foi, ainda, publicado um artigo intitulado "Insubordinação Abortada. A Evolução dos Acontecimentos nas Caldas da Rainha". Embora não seja referida a fonte das informações, este

---

[591] S.a., "Insubordinação abortada: Marchou sobre Lisboa uma companhia do Regimento de Infantaria 5 das Caldas da Rainha", *Diário de Lisboa*, 17 de Março de 1974, p. 1.

[592] Idem, *Ibidem*, p. 1.

[593] Idem, *Ibidem*, p. 1.

artigo menciona a prisão dos oficiais dentro do quartel das Caldas, as movimentações da GNR na cidade e a saída da coluna.

A chegada da coluna sublevada às portas da capital teve várias descrições. Alguns jornais indicavam que ocorreu um contacto entre a coluna vinda das Caldas e o "aparelho de intercepção". Quando a coluna percebeu que estava numa posição desvantajosa, terá retrocedido ou recebido ordens de rendição e, só, depois regressou ao quartel. Ainda que outros jornais são simplesmente vagos, este facto poderá ter causado grande estranheza aos leitores. Como poderia uma coluna sublevada percorrer tantos quilómetros sem ser interceptada? Como poderia ter sido permitido o retrocesso da coluna às Caldas? Como poderia a coluna ter tido tempo de recolher ao quartel? Nenhuma destas questões teve resposta.

Todavia, a falta de exactidão das informações publicadas teve um efeito contrário ao esperado. Em vez de estabelecer a tranquilidade no país e atenuar a tensão instalada entre a população, proliferaram os boatos. Na DGS, durante o período de 16 a 23 de Março de 1974, "verificou-se uma maior audiência, por parte da população, das emissoras da radiodifusão estrangeiras, particularmente da "BBC", o que deu lugar aos habituais boatos"[594]. Apesar disso, no relatório alusivo ao período de 9 a 16 de Março é mencionado que "a ordem pública não foi afectada pelo incidente ocorrido em 16 p.p."[595]. Devido à falta de informação e aos exageros que esta provocou, no dia 18 de Março, uma nova nota oficial foi distribuída através do S.E.I.T. Esta foi publicada nos jornais, no dia seguinte, e referia que 33 oficiais foram detidos, segundo informação do Departamento da Defesa Nacional.

No dia 21 de Março, o semanário *Vida Mundial* publicou um longo artigo de três páginas sobre os acontecimentos. No artigo intitulado "Eclosão de um movimento militar"[596], tentou-se sintetizar

---

[594] Ministério do Interior, "I – ACTIVIDADES SUSPEITAS OU DE CARACTER SUBVERSIVO a. Fora do meio académico", in *Informação n.º 12/74, Confidencial, Situação no Período de 16 a 23 de Março 74*, assinado a 28 de Março de 1974, Arquivo Distrital de Leiria, p. 1.

[595] Idem, "I – ACTIVIDADES SUSPEITAS OU DE CARACTER SUBVERSIVO a. Situação Geral", in *Informação n.º 12/74, Confidencial, Situação no Período de 9 a 16 de Março 74*, assinado a 20 de Março de 1974, Arquivo Distrital de Leiria, p.1.

[596] S.a., "Eclosão de um movimento militar", *Vida Mundial*, n.º 1815, 22 de Março de 1974, pp. 3-5.

O Golpe de 16 de Março de 1974 197

as informações dispersas publicadas em vários diários do país. Também, se referem os boatos, as movimentações de tropas em Lisboa, as reuniões dos ministros, a detenção dos oficiais superiores do RI5 bem como a sua rendição. Porém, curiosamente o semanário escreveu que "os oficiais revoltosos ter-se-ão recusado durante largo tempo a capitular, e, embora negando entregarem-se ao oficial-general que assumira o comando das tropas sitiantes, terão decidido libertar, próximo das 14 horas (sábado), os oficiais por eles detidos, entre os quais o comandante da unidade em que se aquartelavam"[597]. Este é o único artigo, por nós analisado, que menciona, explicitamente, que os oficiais das Caldas ofereceram alguma resistência ao não apresentarem a sua rendição de imediato. É, aliás, exposto com algum pormenor as negociações entre o Brigadeiro Pedro Serrano e os oficiais sublevados. A *Vida Mundial* refere, ainda, as movimentações militares ocorridas em várias cidades do país.[598]

Neste jornal procurou-se descrever os acontecimentos com bastante imparcialidade utilizando as informações disponíveis de origem diversa[599]. O artigo da *Vida Mundial* foi, contudo, a reconstituição mais fiel aos acontecimentos publicada nos jornais portugueses.

---

[597] Idem, *Ibidem*, p.4.

[598] "Porto – Os quartéis mantiveram-se encerrados, com as sentinelas recolhidas. Entretanto, no Regimento de Infantaria 6, várias companhias mantiveram-se formadas na parada. Vila Nova de Gaia – Nos terrenos anexos ao Regimento de Artilharia Pesada 2, postaram-se algumas patrulhas militares. Beja – Prevenção geral. Braga – Calma absoluta. Concedida licença de fim-de-semana aos soldados. Bragança – Nada de anormal. Coimbra – O G.A.C.A. 3 manteve os portões fechados. Évora – Tudo dentro da normalidade. Prevenção rigorosa. Faro – Mantinha-se a prevenção. Figueira da Foz – Grupos de três e quatro militares patrulhavam as imediações do R.A.P. 3. Leiria – Prevenção nos quartéis, desde há cinco dias. Penafiel – Durante o dia partiram, tudo indicava que em direcção ao Porto, algumas viaturas com tropas. Santarém – Calma absoluta na Escola Prática de Cavalaria. No entanto, de madrugada, houve chamada geral para sargentos e oficiais. Pessoas surpreendidas com o movimento de patrulhas militares, nos pontos estratégicos, retiraram as suas viaturas dos parques habituais. A passagem de vários helicópteros sobre a cidade gerou interrogações nos circunstantes. Tavira – Prevenção rigorosa. Torres Novas – Apenas os boatos quebraram a normalidade. Vila Nova da Barquinha – A Base Aérea de Tancos estava de prevenção. Vila Real – O Regimento de Infantaria 13 tem passado por fases sucessivas de vigilância e prevenção. Entretanto na madrugada de ontem (de sexta-feira para sábado) a P.S.P. entrou, também de prevenção. Viseu – Prevenção do Exército e da P.S.P." Idem, *Ibidem*, pp. 3-4.

[599] "E, em todo o caso com as reservas inerentes a um circunstancialismo inevitável tentar-se-á, com base em dados vindos a lume e que acompanharam as versões divulgadas

Após o Golpe das Caldas, Portugal permaneceu um país pacato, empenhado na defesa dos territórios africanos. Os seus jovens sacrificavam as suas vidas em obediência aos princípios do antigo Estado Novo. Ainda que existisse alguma inquietação, nada mudou. O regime confirmou que conhecia o Movimento, embora não identificasse os seus objectivos. Apesar disso, foram publicados artigos quer em defesa da continuação da Guerra Colonial, quer artigos que deram esperança àqueles que conheciam as profundas raízes do Golpe das Caldas.

O jornal *Época* de domingo, dia 17 de Março de 1974, publicou a Nota Oficial, bem como um artigo intitulado "Não pode Ser" que dominam a capa. Neste artigo prevalece uma grande indignação perante a sublevação do dia anterior. "Como poderiam os militares fazer renascer o clima de desordem permanente que o ia arrastando à ruína"[600]. A *Época* colocou-se, efectivamente, ao lado dos ideais do regime, defendendo categoricamente a guerra colonial.

É uma guerra movida por forças externas na disputa de domínios de espaços, de matérias primas e de pontos estratégicos. Ninguém tem dúvidas a este respeito. E há um dilema que não pode pôr se: continuar ou não continuar. Por mais do que uma vez os Portugueses responderam firmemente que não admitem dúvidas: queremos continuar. E ao dizê lo reafirmam a sua confiança na lealdade e na firmeza das Forças Armadas, que são constituídas pelo melhor do Povo Português: a sua juventude decidida e corajosa. (...) Ainda que, restrita, a tentativa não anula a exigência de um castigo exemplar, para que este país não volte a ser aquele teatro de desordens permanentes que foi durante trinta anos, desde o assassínio de El Rei D. Carlos até ao aparecimento de Salazar. (...) Não pode o Governo hesitar na firmeza em dominar insubordinações deste género. Mas é indispensável ir mais longe: fazer desaparecer os canais internos – intelectuais, pseudo intelectuais e pseudo tecnicistas – pelos quais se transmite e alimenta o veneno da indisciplina. E a paz pública que o exige acima de tudo. E acima de todas há uma razão imperiosa: estamos em guerra"[601].

---

de um modo geral pela Imprensa diária, uma reconstituição forçosamente imperfeita e incompleta dos acontecimentos", Idem, *Ibidem*, p. 3.

[600] S.a., "Não Pode Ser", *Época*, ano IV, nº 1114, Lisboa, Domingo, 17 de Março de 1974, p. 1.

[601] Idem, *Ibidem*, p. 1.

Este jornal repudiou o comportamento dos oficiais implicados no Golpe das Caldas. Nada havia a questionar. A guerra colonial era um imperativo nacional "doa a quem doer!"[602]

Na *Gazeta das Caldas*, o jornal local das Caldas da Rainha, foi publicado no dia 20 de Março um pequeno artigo intitulado "A insurreição de opereta"[603]. Desde logo esclarece que "a insurreição de opereta, que partiu do aquartelamento local e inverteu ao chegar a Lisboa, teve aqui a sua origem como a poderia ter tido noutra qualquer instalação militar do País. Ou então os «estrategas» da inversão preferiram a cidade por estar mais próxima da capital"[604]. Para o jornal era importante sublinhar que os acontecimentos, do passado sábado, não estavam relacionados com a cidade ou com a sua população.

Neste artigo salienta-se, ainda, o bom desempenho das autoridades. "As autoridades civis e as forças da Ordem cumpriram mui prontamente o dever de a contrariar e a isso não ficará alheio o governo, por certo, ao avaliar do fácil coartar das veleidades. Os caldenses devem, pois, ficar tranquilos"[605]. Como seria de esperar nenhum dos jornais referiu as motivações dos oficiais sublevados, embora o jornal *Época* tenha salientado os perigos que o país corria ao permitir este grave acto de indisciplina. Contudo, o jornal das Caldas clarifica que "politicamente importa afirmar aos que, no ultramar e no estrangeiro, lerem estas linhas, sendo portugueses, que nada absolutamente nada, aconteceu"[606]. Na *Gazeta das Caldas* sublinha-se a firmeza do país: "não suponham os nossos filhos e irmãos, que asseguram a perenidade de Portugal, que afirmam a presença lusíada além-mar e que sustentam os combates de supressão do terrorismo, haver algo mudado na rectaguarda. Esta é uma rocha em que podem sentir firme apoio"[607]. O Golpe das Caldas não fazia adivinhar o fim do Estado Novo.

---

[602] Idem, *Ibidem*, p. 1.

[603] S.a., "1. A insurreição de opereta...", *Gazeta das Caldas*, ano IL, quarta-feira, 20 de Março de 1974, n.º 2770, p. 1.

[604] Idem, *Ibidem*, p. 1.

[605] Idem, *Ibidem*, p. 1.

[606] Idem, *Ibidem*, p. 1.

[607] Idem, *Ibidem*, p. 1.

200 *Nas Vésperas da Democracia em Portugal*

No *Diário de Notícias* foi publicada a notícia "Palavras Necessárias"[608] que contrasta largamente com o artigo do *Expresso* com o mesmo nome, publicado dias depois. Se por um lado o artigo do *Diário de Notícias* confirma as afirmações dos artigos que descrevem o espanto da população, por outro lado declara que se sabia "que em determinadas sectores do corpo militar ardia um fogo surdo, mas não se esperaria que súbita labareda num acto inconsiderado, de que os protagonistas terão sido, eventualmente, os primeiros a arrepender- -se"[609]. Esta é a primeira referência jornalística do mal-estar dentro das FA. Porém, o jornal deprecia o Golpe das Caldas porque "limitou-se, por assim dizer, a pública manifestação de desagrado e desacordo, por parte de alguns oficiais subalternos. Desacordo por quê? Desacordo com quem?"[610] No artigo é afirmado que as verdadeiras causas do Golpe apenas surgiram como especulações por entre boatos. Contudo, estranhamos que as palavras, "manifestação de desagrado", correspondam ao discurso acordado entre os oficiais na biblioteca antes do Brigadeiro Pedro Serrano entrar no Regimento e concretizar a sua detenção (o mesmo proferido por vários oficiais em muitos quartéis no país junto dos seus comandantes).

Após a demissão dos generais Costa Gomes e Spínola, os discursos proferidos, no Palácio de Belém, pelo General Paiva Brandão e pelo Presidente do Conselho, como poderia o leitor do *Diário de Notícias* estranhar as motivações dos oficiais das Caldas? Todavia, o jornal apresenta uma "nação firme e forte" que não abalou com os recentes acontecimentos, confessando apenas que prejudicou gravemente a sua imagem no mundo. Esta certeza provém do "alheamento do País perante a atitude irreflectida dos militares sublevados – rotina do dia-a-dia não foi sequer afectada na cidade onde os acontecimentos eclodiram – terá constituído possivelmente a resposta mais eloquente a quantos entenderam ser este o momento favorável para instalar, pela força das armas, um clima reivindicativo e o processo adoptado o mais aconselhável para fazer vingar seus propósitos"[611]. No entanto,

---

[608] S.a., "Palavras Necessárias", *Diário de Notícias*, 19 de Março de 1974, p. 1.
[609] Idem, *Ibidem*, p. 1.
[610] Idem, *Ibidem*, p. 1.
[611] Idem, *Ibidem*, p. 1.

O Golpe de 16 de Março de 1974 201

o jornal reafirma que os oficiais das Caldas constituíam a excepção, por isso "esta verdade insofismável poderá contrabalançar o efeito do gesto inútil"[612]. Por fim, o *Diário de Notícias* relembra o discurso proferido no Palácio de S. Bento "as colunas militares, por isso mesmo, só podem deslocar-se num sentido. Aquele que lhes for apontado pelos supremos interesses da Pátria e da defesa da Nação"[613]. Todavia, tanto o General Spínola, em Janeiro[614], como o Movimento dos Capitães, o fizera na reunião de Cascais, afirmaram que as FA apenas obedecem à Nação.

No dia 23 de Março, o *Expresso* publicou um artigo com o título "A Palavra Necessária"[615]. Para este jornal "a palavra necessária é serenidade"[616]. Este artigo clarificou os princípios do jornal num momento em que o país atravessava uma crise económica, social e, conforme os últimos acontecimentos, política. Segundo este escrito os portugueses assistiram à enorme curiosidade que suscitaram os últimos dias e que foi bastante debatida no estrangeiro. "Tudo isto alterou a rotina da nossa existência social, e colocou a todos os espíritos questões de instante gravidade. Questões, por exemplo, como estas: o que é hoje a sociedade portuguesa? E que queremos que ela seja amanhã? Que significado assumiram nela os elementos objecto de percepção? E, ainda mais instantes, outras interrogações: que futuro próximo nos espera? Que dimensão devemos atribuir a cada passo dado hoje relativamente a esse futuro?"[617]

O artigo do *Expresso* sugere que o Golpe de 16 de Março despertou a consciência não só do mundo sobre a situação de Portugal (revelando que, também, aqui, existia oposição militar à guerra colonial), mas sobretudo revelando aos portugueses os caminhos que o futuro lhe abria. Por fim, o artigo revela alguma preocupação: "neste

---

[612] Idem, *Ibidem*, p. 1.

[613] Idem, *Ibidem*, p. 1.

[614] O Expresso publicou um pequeno excerto onde o General Spínola afirmou que assumia o cargo de Vice-CEMGFA com a intenção "de não permitir que a Pátria seja confundida com idealizações equívocas e de a defender onde quer que a sua essência seja posta em perigo." (in S.a., "Spínola: reestruturar as Forças Armadas», *Expresso*, 19 de Janeiro de 1974, p. 6).

[615] S.a., "A Palavra Necessária", *Expresso*, 23 de Março de 1974, n.º 64, Lisboa, p. 6.

[616] Idem, *Ibidem*, p. 6.

[617] Idem, *Ibidem*, p. 6.

momento, mentiríamos se não disséssemos sinceramente que encaramos com série apreensão muitas das perspectivas vislumbradas."[618] Que intenções poderia esconder o Golpe de 16 de Março? Poderiam os oficiais das FA ambicionar mudar o país? Em que sentido?

Para os portugueses que liam os vários diários publicados em Portugal o que poderia ser o Golpe das Caldas? Uma aventura isolada? Um passo em falso? Poderiam confiar na Nota Oficial que tranquilizava o país? Por que razão nenhuma unidade se juntou aos oficiais sublevados? Como é que o Governo rapidamente circunscreveu a *aventura*? Poucos sabiam a identidade dos oficiais presos, portanto dificilmente conseguiam ligá-los ao General Spínola. No entanto, a exoneração dos generais poderia, junto dos mais esclarecidos, ter constituído o anúncio de uma movimentação militar.

"De muitos e variados pontos obtinham as redacções dos jornais informações descompassadas. De grande interesse eram as que se relacionavam com o general Spínola, cuja destituição fora anunciada no dia anterior; tal como a do general Costa Gomes. Claro que a maioria das informações primava pela total ausência de exactidão. Apoiada em boatos apenas"[619]. Mário Matos e Lemos descreve que "a manhã de domingo de 17 de Março veio encontrar Spínola, sereno e de monóculo, a assistir à missa e a circular depois calmamente por Lisboa. O general respondia tranquilo – mas sem entusiasmo – às perguntas que lhe dirigiam os jornalistas estrangeiros e declarava nunca ter tido qualquer divergência de fundo com a política do Governo. Posteriormente, dirigir-se-ia ao Ministério do Exército para pedir um comando, na sua qualidade de general no activo, e visitaria alguns ministros, como Baltazar Rebelo de Sousa e Veiga Simão"[620]. Os mesmos jornalistas espanhóis, que entrevistaram o General Spínola, contactaram membros do MOFA. Estes garantiram que o general nem interveio nos acontecimentos das Caldas nem dentro do Movimento, ainda que admitissem deter a sua confiança[621].

---

[618] Idem, *Ibidem*, p.6.

[619] Avelino Rodrigues, Cesário Borga, Mário Cardoso, *ob. cit.*, pp. 132-133.

[620] Mário Matos e Lemos, *O 25 de Abril: uma síntese, uma perspectiva*, Editorial Notícias, Lisboa, 1986, p. 100.

[621] Luis Carandell e Eduardo Barrenechea, *Portugal, si*, Edicusa, Madrid, 1974, p. 31.

Os oficiais do Movimento permaneceram até ao dia 18 de Março sem notícias da organização. Com a detenção dos oficiais das Caldas, a presença e as escutas da DGS que conheciam as suas movimentações, alguns oficiais integrados no Movimento desesperaram ou desmobilizaram. Porém, o jornal *República* proporcionou uma outra luz sobre os acontecimentos. "Também uma pequena e curiosa crónica desportiva acerca da vitória, nesse fim-de-semana, do Sporting sobre o FC Porto por 2-0 e transcrita na página desportiva do jornal "República" foi entendida por nós como uma forma implícita de apoio ao Movimento e que nos fez sorrir e trazer algum consolo"[622].

O jornalista Eugénio Alves, no artigo "Quem travará os «Leões»?"[623] da secção desportiva do jornal *República*, relatou, a propósito do jogo de futebol Sporting-Porto, uma outra versão dos acontecimentos:

> Os muitos nortenhos que no fim-de-semana avançaram até Lisboa, sonhando com a vitória, acabaram por retirar, desiludidos pela derrota. O adversário da capital mais bem organizado e apetrechado (sobretudo bem informado da sua estratégia), contando ainda com uma assistência fiel, fez abortar os intentos dos homens do Norte. Mas, parafraseando o que em tempos dissera um astuto comandante, «perdeu-se uma batalha, mas não se perdeu a guerra» ...[624]

Poucos dias depois, este autor publicou outro artigo no jornal *República* onde, por entre linhas, escrevia que "de qualquer modo a vitória benfiquista teve, pelo menos, esta curiosa consequência: a cinco jornadas do fim poucos pensariam noutro campeão que não o Sporting. Pois agora estamos a quatro domingos do final do torneio e aparecem ainda quatro candidatos ao título: Sporting, Benfica, V. Setúbal e F.C. Porto. Este derrotado em Olhão, talvez com menos hipóteses que os restantes. (...) È no entanto o Sporting quem por agora comanda, e isolado, significando isto que ainda é favorito mais cotado ao triunfo final"[625]. Passados dias o mesmo autor comentava

---

[622] Joaquim M. Correia Bernardo, *ob. cit.*, p. 91.

[623] Eugénio Alves, "Sporting 2 – Porto 0, Quem travará os "leões"?", *República*, 18 de Março de 1974, p. 19.

[624] Idem, *Ibidem*, p. 19.

[625] Idem, "Sporting 3 – Benfica 5, Renasceu o Campeão", *República*, 1 de Abril de 1974, p. 19.

204 *Nas Vésperas da Democracia em Portugal*

que "os jogadores do Sporting faziam quase tudo bem, menos quando se aproximavam da baliza contrária. Isto de entrar na «zona da verdade» é coisa complicada para uma equipa portuguesa"[626].

Para o mundo exterior as mudanças em Portugal ocorriam muito devagar, mas vários olhos estavam postos em si. Para os americanos em Lisboa " (...) o epílogo da Revolta das Caldas da Rainha confirmava a "invencibilidade" do sistema defensivo do Estado e a fraqueza da oposição ao regime"[627]. Todavia, ocorreu uma certa euforia junto dos jornais estrangeiros sobre os acontecimentos de 16 de Março de 1974 que perturbaram o Governo português. Muitos procuraram revelar relações entre o General Spínola e o Golpe das Caldas[628]. Consideravam que uma rebelião militar generalizada e triunfante não estava para breve, dado que outras revoltas já tinham confrontado o Estado Novo sem grandes resultados. Tudo acabava por se resolver. Na imprensa francesa, após o 16 de Março, as previsões eram cada vez mais pessimistas, embora parecesse que alguma coisa revolvia[629].

No estudo das mentalidades, dos homens e das suas paixões prevalece a ambição, as atitudes, a frustração e a angústia. As emoções não estão nos jornais. Como poderemos nós antever nas páginas destes jornais uma lenta mudança? Na verdade o imobilismo dos últimos 40 anos em Portugal, tombou, 40 dias depois do Golpe das Caldas. No 25 de Abril os militares saíram para a rua ao lado da população que os seguiu entusiasticamente. Poderemos nós perceber se esta tentativa frustrada é o prelúdio da Revolução? As respostas apenas farão sentido na lógica da posterioridade.

---

[626] Idem, "Sporting 1 – Magdeburgo 1, Faltou Yazalde", *República*, 11 de Abril de 1974, p.19.

[627] José Freire Antunes, *ob. cit.*, p. 336.

[628] Na obra de Manuel A. Bernardo existe uma lista bibliográfica de artigos estrangeiros publicados após o Golpe das Caldas (Manuel A. Bernardo, *Marcello e Spínola: a Ruptura. As Forças Armadas e a Imprensa na Queda do Estado Novo, 1973–1974*, pp. 207-211).

[629] Enquanto o *Le Monde* anunciava um endurecimento do regime português e possivelmente um reforço da extrema-direita, no jornal *Le Figaro* salientava-se a imutabilidade da situação que permitia a sua degradação, mas previa-se um novo golpe militar (sobre a análise que os jornais franceses e belgas fizeram do Golpe das Caldas, veja-se a obra de Mário Mesquita e José Rebelo (org.), "II – As Profecias de Março", *O 25 de Abril nos media internacionais*, Ed. Afrontamento, Porto, 1994, pp. 25-28.

Posteriormente ao 16 de Março, em Portugal, os jornais anunciavam a firmeza de uns na defesa do regime, e a inquietação de outros. Na verdade, esta informação revela-nos um país entre duas dinâmicas que se movimentam paralelamente.

PARTE III

O epílogo do 16 de Março

"A história precisa de tempo"
Taur Matan Ruak

Os acontecimentos de 16 de Março estão envolvidos em várias suposições e interpretações. A sua memória criou uma recordação dos factos que não os liga à sua ancestralidade, mas à sua contemporaneidade, associando anacronicamente o que aconteceu aos seus resultados. A memória, fragilmente deturpável e tendenciosa, construiu uma história fragmentada e "recortada". Acção isolada? Efeito de arrastamento ou aliciamento? Acção precipitada? Impaciência? Falsa partida? Antecipação? O sentido do insucesso do Golpe das Caldas foi agravado pelo modo peculiar como a sua acção ficou tão próxima do Movimento dos Capitães, assim como cúmplice das aspirações do General Spínola. Esta situação obscureceu as dinâmicas da mudança que o caracterizam.

Na instauração da democracia em Portugal prevaleceram os encontros e desencontros do MOFA e do General Spínola. Mesmo admitindo que as ligações e cumplicidades geradas na força do Movimento e na ambição do General estiveram na base de muitos contactos decorridos no dia 15 e 16 de Março de 1974, deve notar-se que estes não foram conflituantes e coexistiram paralelamente. Sublinha-se ainda que estes assumiram grande vigor e imprevisibilidade ao surgirem como resposta ao estrangulamento político-militar do Governo português.

Dois pontos são fundamentais para o desenrolar dos acontecimentos após o telefonema de Lamego. O primeiro é a importância da

208 *Nas Vésperas da Democracia em Portugal*

estrutura organizativa do Movimento. Em Março de 1974, este desenvolvia várias reuniões conspirativas que fundamentaram a necessidade de agir dos jovens oficiais, ao mesmo tempo que lhe conferiram uma extraordinária coesão e capacidade. O segundo ponto a salientar é o agravamento do divórcio entre os oficiais e as altas hierarquias militares, porquanto estas os desprezavam. E se é certo que a demissão dos Generais Costa Gomes e Spínola se revestiu de grande importância, não é menos certo que o Movimento foi incapaz de controlar a tensão que os acontecimentos despoletaram, sendo esta canalizada para aqueles que apenas aguardavam um sinal para agir.

Se as pessoas estavam preparadas para o derrube do Governo, foi uma questão ignorada. Até àquele momento, o grupo dos oficiais próximos do General Spínola, que partilharam uma vivência única, de esperança e sofrimento, na Guiné, foi de facto, pouco notado na altura. Todavia, ao longo do dia 15 de Março de 1974, foi o mais activo e determinado por detrás dos acontecimentos. As dinâmicas resultantes da tensão proporcionada pela acção conspirativa do Movimento, pela força das aspirações dos jovens oficiais e, sobretudo, pela sua coesão, engendraram um processo revolucionário que se expressou como uma tentativa falhada de derrube do Governo, mas que, na verdade, foi reconhecida como uma oportunidade e um despertar de consciências.

1. Os repertórios pessoais que evocam o universo pessoal dos comprometidos do Golpe das Caldas são próprios de uma sociedade em mudança. Caracterizada pela hesitação e pela determinação, os militares reconheceram a coesão do seu espírito de corpo, a incapacidade política do Governo e a necessidade de provocar instabilidade política. Contudo, o Golpe das Caldas resultou do cadinho de muitas vidas.

Perante os acontecimentos a manifestação do universo pessoal de cada oficial não foi determinante, embora, sublinha-se, demarcou, significativamente, territórios de pertença. Os vários pontos de vista invocados pela memória pessoal revelam a incerteza de um período de mudanças de referência, de um período "quente" da sua história quando fundam as suas intenções na sua própria experiência de família, bem como na sua vida militar. Os testemunhos dos participantes desvendam uma revolução não impulsionada por uma vida economicamente gasta, nem por uma sociedade cansada. Na véspera da demo-cracia em Portugal prevaleceram os sentimentos de pertença e identi-dade nacional.

Virgílio Varela

Aquilo que aconteceu não foi uma manifestação (como o Major Casanova Ferreira optou por lhe chamar para não pôr em causa a comis-são). O que realmente se passou foi um processo de acordar, partir um fio. E não tem drama nem politiquice nenhuma. A revolta era de um Exército que andou com a ditadura às costas.[630]

Rocha Neves

Não é um golpe de malucos porque os antecedentes o provam. O 16 de Março de 1974 foi feito por homens do seu tempo, ou seja, só pode ser compreendido como parte de um processo longo ou uma etapa de um percurso.[631]

Gonçalves Novo

Acabou por ser um balão de ensaio. Inicialmente não era isto que se pretendia. Nenhuma vida podia ser posta em perigo. (...) Foi uma tentativa falhada porque as outras unidades não saíram e o objectivo era derrubar o regime.[632]

Matos Coelho

A decisão resultou da vontade colectiva de participar, com determi-nação, numa acção de nível nacional do plano do Movimento dos Capi-tães, de que não se pode dissociar o espírito de corpo existente no seio do seu pessoal e o elevado grau de prontidão operacional em que se encontra-va o RI5, que poderão justificar o arranque – a um sinal –, num clima de acções de intimidação que a hierarquia estava a levar a efeito em diversas unidades do país, com destaque para detenções e transferências de oficiais do Movimento.[633]

---

[630] Em entrevista com o Coronel Virgílio Varela, em Lisboa, a 25 de Junho de 2007.

[631] Em entrevista com o Coronel Rocha Neves, em Caldas da Rainha, a 11 de Novembro de 2006. •

[632] Em entrevista com o Coronel Gonçalves Novo, em Lisboa, a 8 de Janeiro de 2007.

[633] Major-General Adelino de Matos Coelho, "A publicação na Revista AZIMUTE (n.º 181, de Agosto de 2006)", *Azimute. Revista Militar de Infantaria*, n.º 182, Dezembro de 2006, p. 24.

Costa Gomes

Penso que eles saíram convencidos do apoio de várias unidades, entre as quais as escolas práticas de Cavalaria e Infantaria. Ora, como, alias, veio a confirmar-se, esses apoios não eram seguros. Mas, de facto, só tive conhecimento dessa acção depois da sua realização.[634]

Casanova Ferreira

Eu nem o primeiro – ministro consegui chatear. Ah, aquilo foi muito mal feitinho. Aquilo foi feito de uma forma muito ordinária por quatro gajos. Falhei. Falhei porque nem consegui que o Governo nos pusesse num avião, nos mandasse para Timor e nos julgasse à revelia.[635]

Vítor Alves

O 16 de Março não tem nada a ver com o Movimento, embora nele tenham participado pessoas que estavam com o Movimento. (...) não havia um plano militar nem programa político. Embarcar numa aventura, sem programa político, era correr o mesmo risco do 28 de Maio [de 1926]: os militares não queriam aquilo, mas não sabiam o que queriam. Daí ser fundamental o programa e eu sabia que ele ainda não estava decidido entre nós. Daí não aceitar embarcar naquilo.[636]

Salgueiro Maia

O descontentamento já existia, a situação caótica já existia, mas passou a haver uma coisa que nos calava mais fundo: aqueles que lutaram ao nosso lado, que viram morrer homens connosco estavam presos. Estavam presos e nós estávamos com o ideal deles. A partir daí teríamos que os ir buscar. E só tínhamos uma forma de os ir buscar: era mudar a situação.[637]

2. As razões do insucesso do Golpe das Caldas salientam o vínculo das várias peças que integraram a democratização portuguesa. Tanto o processo de desintegração do regime autoritário português, como o processo de consolidação do Movimento dos Capitães assumem estruturalmente uma característica que os distingue e lhes concede originalidade: a rapidez. Os oficiais foram impelidos a abrir o seu próprio caminho sem guias ou exemplos a seguir. Após estudar

---

[634] Costa Gomes, *ob. cit.*, p. 212.

[635] Em entrevista a Carlos Cipriano, *art. cit.*, p. 5.

[636] Vítor Alves, em entrevista de Ana Sá Lopes e António Melo, *art. cit.*

[637] Fernando Salgueiro Maia, entrevistado por Adelino Gomes, *art. cit.*, p. 6.

comparativamente a emergência das novas democracias da Europa, nos anos 70, bem como da América Latina, Philippe C. Schmitter encontrou, em Portugal, "a rather different approach to the issue of democratization – one that placed much less stress on «structural prerequisites» or «political cultural imperatives» and concentrated its attention on the exceptionally high degree of uncertainty intrinsic to transition itself and, hence, to the role that could be possibly played by human agency – both in its intentional and its accidental manifestations."[638] No Golpe das Caldas observamos que a precipitação dos acontecimentos não se pode circunscrever à história das elites (mesmo quando estas parecem dominantes). O insucesso do Golpe das Caldas é um facto sobre o qual temos poucas certezas. No entanto, não podem restar dúvidas sobre as motivações dos homens que participaram, bem como aqueles que preferiram ser espectadores.

O Golpe das Caldas de 16 de Março de 1974 foi uma sublevação militar, ou seja uma insurreição não organizada, que teve escassas ou nenhumas probabilidades de triunfar na tentativa de derrubar a autoridade do Estado[639]. A precipitação dos oficiais do CIOE de Lamego constitui o rastilho dos acontecimentos desenrolados nos dias 15 e 16. Contudo, não existem provas contundentes que nos permitam identificar o sentido desta movimentação. Se, por um lado, os oficiais de Lamego se anteciparam, agindo apenas segundo a sua iniciativa e total ausência de ligação ao Movimento, por outro lado o comportamento ambíguo do comandante, Coronel Amílcar José Alves, não conteve os movimentos, nem os refreou. Pelo contrário deu-lhes uma vitalidade única.

As movimentações dos oficiais de Lamego provocaram uma ampla mobilização das redes de ligação do Movimento e a proliferação de rumores e informações contraditórias. Todavia, podemos assegurar

---

[638] Philippe C. Schmitter, "The Democratization of Portugal in Its Comparative Perspective", *Portugal e a Transição para a Democracia (1974/976)*, I Curso Livre de História Contemporânea, Lisboa 23 a 28 de Novembro de 1998, organizado pela Fundação Mário Soares e Instituto de História Contemporânea da Univ. Nova de Lisboa, Lisboa, Edições Colibri, 1999, p. 339.

[639] Carlos Barbé, "Golpe de Estado", *Dicionário de Política*, dir. Norberto Bobbio, Nicola Matteucci e Gianfranco Pasquino, Editora Universidade de Brasília, Brasília, 2.ª ed., 1986, p. 546.

que as unidades militares de Viseu (RI14), de Penafiel (RAL5) e do Porto (Regimento de Engenharia de Espinho, RI6 e RC6), contactadas directamente por oficiais de Lamego, seguiram os seus passos. Sabemos que estas não foram espectadores passivos, embora tivessem contido a sua iniciativa perante uma reacção prudente e rápida dos seus comandos (em Penafiel e no RI6 foram cortadas as comunicações; em Espinho e no RC6 os respectivos comandantes foram, imediatamente, afastados do cargo; em Viseu prevaleceu a calma dos oficiais e o respeito pelo acordo que fizeram com o seu comandante). Este facto bloqueou as hipóteses de sucesso de qualquer tentativa de golpe militar. A análise das memórias dos participantes e dos documentos menosprezam este dado porque coexistem outras dinâmicas que ganharam outra projecção, nomeadamente as movimentações de Spínola e dos oficiais de sua confiança bem como o carácter singular do ambiente do RI5 nas Caldas da Rainha.

Todavia, o rastilho acendido não esmoreceu, e ganhou um novo ímpeto devido ao telefonema do Capitão Ferreira da Silva para casa do Major Manuel Monge. Este facto ganha especial importância, dado que naquele momento e naquele local decorria uma reunião de oficiais que integravam o grupo de preparação do plano para o futuro golpe militar. Por sua vez, o General António Spínola tomou conhecimento do desenrolar dos acontecimentos e não os censurou. Pelo contrário aconselhou uma mudança de estratégia.

O Movimento não foi capaz de conduzir as suas ligações deixando-o vulnerável a acções extemporâneas. Noutro sentido, a hierarquia militar só se apercebeu das movimentações e das suas potencialidades tarde demais, consentindo que alguns oficiais se organizassem originando a mobilização de muitas unidades do país. A nossa investigação não permitiu conhecer inteiramente as agitações militares, ocorridas na madrugada de 16 de Março, porque não seguimos o rasto da totalidade das referências que conhecemos, nomeadamente a agitação ocorrida em Monte Real, referida pelo comandante do RI7. Embora prevaleçam muitas dúvidas sobre os factos verificados em muitas unidades militares, importa sublinhar que as unidades de Santarém, Mafra e Lamego, contactadas por oficiais do RI5, não avançaram, embora conhecessem bem o espírito que emanava nos oficiais das Caldas.

O Coronel Virgílio Varela reafirma que estava determinado a sair sozinho, em reacção à demissão dos generais recentemente nomeados como homens de confiança do Movimento. Este protagonismo não é reconhecido nem na documentação escrita, nem nos testemunhos recolhidos. Temos poucas certezas sobre a importância do papel do Capitão Virgílio Varela e do Tenente Silva Carvalho, porquanto as suas acções obscureceram as suas ligações (com o General Spínola) e motivações (resolução do cumprimento da Lei de Serviço Militar que lhes reconhecia o tempo de serviço prestado na Guerra Colonial, como oficiais milicianos, para efeitos de entrada no Quadro Permanente do Exército). No entanto, não podem restar dúvidas de que a coluna sublevada das Caldas não transpôs os portões do quartel movida por qualquer conspiração, embora existissem vários interesses em presença. Apesar do desgaste da Guerra Colonial sem fim, bem como de um regime opressivo, claramente evidenciado pela presença do novo comandante, ter proporcionado a precipitação dos oficiais das Caldas, houveram dúvidas, mas foram tranquilizados pelo Major José Maria Azevedo, como elemento de ligação do MOFA. Com o comando militar detido prepararam a coluna. Embora soubessem antes de saírem do regimento, que não tinham o apoio das outras unidades, os militares das Caldas consideraram que a prisão do comandante tornou a acção irreversível. No Golpe das Caldas estiveram envolvidos oficiais que não eram próximos do General Spínola, e que participaram na coluna sublevada do RI5 imbuídos do espírito do MOFA, no qual se encontravam perfeitamente integrados.

Concluímos que a insubordinação falhada dos oficiais das Caldas se inscreve na dinâmica do MOFA caracterizada por uma sucessão de acontecimentos rápidos, tomadas de decisão sem informações seguras, sobreposição de estratégias, coesão sob uma aspiração democrática e o desejo de pôr fim à Guerra Colonial, num contexto adverso de um regime autoritário e vigilante.

O Golpe das Caldas de 16 de Março de 1974 diluiu-se na memória da Revolução de Abril. "O mito político da Revolução pode, pois, definir-se como uma leitura imaginária de determinado momento histórico vivido por uma comunidade. Essa leitura tem como função primeira fornecer à história a inteligibilidade perdida, introduzindo no confuso caos dos acontecimentos uma certa ordem imanente."[640] Nos caminhos da memória, o Golpe das Caldas tomou dois sentidos no processo de transição democrática, o *spinolista* e o *traidor de esquerda*[641].

António de Spínola

Vivi intensamente horas de angústia na madrugada em que arrancastes das Caldas da Rainha para Lisboa. Que grande exemplo destes a muitos, e até a alguns do próprio Movimento a que o País deve hoje a arrancada de 25 de Abril! Que grande lição foi a vossa, numa hora de indecisão em que ainda campeava a cobardia e tantos traíram! (...) Se há quem compare o 25 de Abril ao raiar da aurora, não esqueçamos que foi aqui, nas Caldas da Rainha, que ela despontou; aurora que se deve, inicialmente, àqueles que ao longo da minha vida me habituei a chamar «meus Soldados».[642]

Assim, em 16 de Março de 1974, com o propósito de pôr fora de cena um grupo de oficiais que nunca aceitaria o programa inicial do MFA, o Partido [Comunista], usando de diversos estratagemas e beneficiando de cumplicidades no próprio interior do sistema vigente, lançou a notícia de que algumas unidades militares marchavam sobre Lisboa, fazendo com que, por espírito de solidariedade, determinado regimento se antecipasse no arranque da revolução, planeada para eclodir dias depois.[643]

É um tanto complicado ter uma ideia sobre esse acontecimento [16 de Março de 1974]. Mas, para mim (que estou fora dele), foi uma reacção à minha demissão. Pelos contactos que tive depois, o 16 de Março não convinha de maneira nenhuma à ala esquerda do Movimento. Acabou por ser traído pela facção que fez o 25 de Abril e que não estava interessada na vitória do 16 de Março. Esta insurreição visava afastar, efectivamente, um certo número de oficiais que nunca alinhariam na esquerdização do Movimento. Houve, sem dúvida, ali uma «jogada».[644]

---

[640] Maria Manuela Cruzeiro, "O Imaginário político do 25 de Abril", in *Revista de História das Ideias*, 16, Instituto de história e Teoria das Ideias, Coimbra, 1994, p. 440.

[641] A transição democrática portuguesa foi marcada pela acção do General Spínola e as suas relações com o Partido Comunista Português. A memória do Golpe das Caldas de 16 de Março de 1974 foi influenciada por estas relações e pelos acontecimentos projectados por estas durante o ano de 1975.

[642] António de Spínola, "Lição de Coragem – improviso proferido no RI5 nas Caldas da Rainha, em 12 de Junho de 1974", in *Ao Serviço de Portugal*, Ática / Bertrand, 1976, p. 96.

[643] Idem, *Ibidem*, p. 17.

[644] António de Spínola, "Entrevista com o Marechal António de Spínola" (Recolhida em Lisboa em 7 de Julho de 1992), in Manuel A. Bernardo, *Marcello e Spínola: a Ruptura. As Forças Armadas e a Imprensa na Queda do Estado Novo 1973-1974*, p. 243.

A «ordem de operações» foi elaborada por mim com Almeida Bruno, Casanova Ferreira ... Otelo também estava presente, além de outros oficiais.[645]

Costa Gomes
Há muitas interpretações a esse respeito, algumas das quais referem, de facto, que os oficiais e sargentos das Caldas saíram para desagravar os castigos que nos haviam sido impostos. Mesmo que tenha sido verdade, creio, no entanto, que não era uma razão suficiente. (…) Julgo que não há consistência nenhuma na afirmação [uma manobra de antecipação da facção spinolista], até porque, tanto quanto sei, o próprio general Spínola terá ficado surpreendido com a saída do regimento das Caldas da Rainha. O general Spínola sabia muito bem que, sem uma perfeita coordenação entre os oficiais das Caldas e as outras forças que os apoiavam, o golpe poderia falhar. Por isso, sem essas certezas não daria o seu assentimento. (…) Penso que além de não ter dado o seu assentimento, nem sequer teve conhecimento antecipado da saída.[646]

Américo Thomaz
A exoneração dos dois oficiais generais (um acto, apenas, de meia força) sobretudo a do general Spínola, deu lugar, além de casos isolados, à sublevação de parte do Regimento de Infantaria 5, das Caldas da Rainha, que encetou uma marcha sobre Lisboa, na madrugada do dia 16 de Março, menos de dois dias após a exoneração. Nessa sublevação parece terem participado, principalmente, os oficiais que lhe eram mais dedicados, então ainda seus fanáticos admiradores, aqueles que tinham servido com ele na Guiné e constituíam uma espécie de côrte própria e da qual constavam, sem dúvida alguns oficiais de valor. Se contaram com apoios militares em Lisboa, eles praticamente não se manifestaram, pelo que os elementos revoltados, encontrando na Rotunda da auto-estrada forças fiéis ao Governo, muito superiores em número, acabaram por retroceder para as Caldas, reentrando no quartel de que tinham partido e onde se entregaram, após o cerco feito pelas unidades da Região Militar de Tomar, cujo comandante intimou a rendição em curto prazo, sem condições e após o qual se seguiria o bombardeamento do quartel, se a rendição não se consumasse antes do seu termo.[647]

---

[645] Idem, "Marechal António de Spínola. Responsabilizo totalmente Marcello Caetano por todos os excessos da revolução", CERQUEIRA, Fernando Maia (dir.), ALMEIDA, Luís Pinheiro de Almeida (coord. e red.) e CABRAL, Rui Cabral (fot.), Alberto Frias, et al., *Documentos Lusa: 25 de Abril: memórias*, Ed. Especial, Lusa, Lisboa, 1994, p. 17.

[646] Costa Gomes, *ob. cit.*, pp. 212-213.

[647] Américo Thomaz, *ob. cit.*, p. 356.

Silva Cunha

De tudo quanto foi escrito anteriormente resulta que, tanto um como outro [os Generais Costa Gomes e Spínola], sabiam do que se ia passar, mas ao mesmo tempo nunca se dispôs de provas, que permitissem incriminá-los pois ambos, com muita habilidade, se mantinham discretamente afastados de qualquer actividade ostensiva.[648]

José Hermano Saraiva

O tempo não aclarou o enigma. É estranho, mas revelador, que os vencidos do 16 de Março não tenham sido proclamados heróis depois da vitória de 25 de Abril. 16 de Março é uma data esquecida. Sem qualquer certeza, faço conjecturas. Talvez o golpe tenha resultado de uma tentativa engenhosa de encontrar uma terceira saída para a crise: nem a áspera direita protagonizada pelo general Kaúlza nem a promíscua esquerda do movimento dos capitães. E terá sido por isso (porque não tinha consigo nem a esquerda nem a direita) que a coluna das Caldas se encontrou sozinha ao chegar a Lisboa, e decidiu pacificamente regressar ao seu quartel. Quem teria sido o inventor dessa inventona? Responda quem souber, porque julgo que ainda estão vivos alguns dos autores da rábula.

Qual a posição do Presidente do Conselho em relação a tudo isto? Penso que a de voluntário alheamento. (...) E é fora de dúvida que, se o movimento de 16 de Março triunfasse, o almirante Tomás seria substituído pelo general Spínola e a política ultramarina seria a que o livro **Portugal e o Futuro** recomenda, e que coincidia com o oculto pensamento de Marcelo Caetano. O afastamento do Presidente da República implicava a demissão dele próprio, Presidente do Conselho. Marcelo sabia o, mas aceitava o. Colocava aquilo que considerava o 'interesse nacional' acima das ambições políticas. E talvez confiasse em que algum dia a História lhe fizesse justiça.[649]

Vasco Lourenço

O ex-general Spínola com um determinado grupo de indivíduos, pretendeu adiantar-se ao 25 de Abril forjando de facto, um golpe de Estado para que as moscas mudassem mas o resto continuasse tudo exactamente na mesma (...) está claro que houve a tentativa de aproveitar o movimento e também uma espécie de corrida profissional.

---

[648] J. Silva Cunha, *Ainda o "25 de Abril"*, p.117.

[649] José Hermano Saraiva, *Álbum de Memórias*, vol.6 (6.ª Década – Anos 70), dir. José António Saraiva, O Sol é essencial S.A., 2007, pp. 34-35.

O epílogo do 16 de Março

Havia dois grupos (...) que inclusivamente tinham estado na origem de reivindicações profissionais no Movimento e houve uma tentativa de ultrapassagem e de fazer um golpe de Estado e abortar o Movimento que se veio de facto a dar no dia 25 de Abril.[650]

Melo Antunes
Bem, eu confirmo essa reunião [dia 18 de Março], foi na véspera da minha ida para os Açores, mas não que tenha servido para admoestar dessa forma o Otelo Saraiva de Carvalho. Penso que fizemos uma crítica do que se teria passado, eu defendi exactamente as posições que estou aqui a expor [a linha spinolista quis precipitar os acontecimentos com vista a impor o general Spínola como chefe militar e político], e julgo que levei o Otelo a perceber o significado político da tentativa do 16 de Março ... Portanto, nessa reunião, o que foi importante é que se fez a análise dos acontecimentos, e o Otelo ficou convencido de que não era possível aceitarem-se situações como aquela do 16 de Março.[651]

Portanto, repare que a linha spinolista não defendia uma mudança de regime no sentido da democratização efectiva, quanto muito propunha uma certa liberalização, que pressupunha, de facto, a federalização do espaço português tal como eles o entendiam em termos imperiais. (...) E, portanto, para eles a grande questão era – ia agora usar o chavão legendário do Leopardo –, era que alguma coisa mudasse para que, ao fim e ao cabo, tudo ficasse na mesma.[652]

Salgueiro Maia
Estava previsto um movimento para 23 de Março. Quando se desenvolviam ainda contactos a fim de esclarecer a situação e se poder fazer um planeamento de operações exacto (é preciso considerarmos que o movimento era executado por oficiais do quadro permanente e não se concebe que profissionais façam arremedos de revoluções) surge a situação das Caldas. É difícil ainda precisar quais são as causas próximas e eu estou convencido que terá sido a DGS, que estava ao corrente do caso, que lançou a isca a ver quem mordia. (...) Não os acompanhámos porque ir para Lisboa sem saber como ligar com as unidades que estão connosco e sem ter a Informação Pública na mão era uma loucura. (...) Portanto nós que tínhamos um papel decisivo a desempenhar achámos que não devíamos partir

---

[650] "Vasco Lourenço na Carregueira. Spínola tentou adiantar-se ao 25 de Abril", *Diário de Lisboa*, ano 55, n.º 19004, 17 de Março de 1976, p. 1.

[651] Melo Antunes, entrevistado por Maria Manuela Cruzeiro, *ob. cit.*, p. 62.

[652] Idem, *Ibidem*, pp. 72-73.

para ele de ânimo leve, fazer a revolução pela revolução. Inclusive nós telefonámos a última vez pelas 3 e meia da manhã a informar as Caldas de que eles iam sozinhos, visto que as notícias que corriam de uma rebelião no Porto que progrediria para o Sul não passavam de boatos. A resposta que tivemos foi que já estavam metidos até ao pescoço e que iam sair mesmo.[653]

Almeida Bruno
O 16 de Março está para o 25 de Abril como o 11 de Março está para o 25 de Novembro.[654]

Marques Ramos
O 16 de Março deu o pontapé de saída.[655]

Manuel Monge
Mas, porque o 16 de Março surgiu com espontaneidade (não estava nada previsto), é um bocado difícil explicar que, sendo assim, aparecesse uma coisa já a meter-se dentro de algo, que eles não sabiam que ia existir. Eu não me repugno aceitar, mas não tenho dados para afirmar esse envolvimento. Julgo que essa acção não vingou, devido a circunstancialismos, que não são conhecidos do grande público.[656]

Virgílio Varela
O 16 de Março foi o golpe possível (*para partir o cabelo e pôr a bola de neve a rolar*) com o pessoal disponível ... mas ainda hoje estou convencido que, senão fosse o 16, não tinha havido o 25 de Abril.
(...) Não acredito em boicote de ninguém, nem do PC, nem do Hugo dos Santos.
Isto porque o *boicote* deve-se ao facto de a noite de 15 para 16 de Março ter sido de sexta para sábado. [657]

---

[653] Fernando Salgueiro Maia, entrevistado por Adelino Gomes, *art. cit.*, p. 5.

[654] Entrevista com o General Almeida Bruno a Luís Marinho (director de informação da SIC), gravada em Setembro/Outubro de 2001 (Arquivo Pessoal).

[655] Em entrevista a Carlos Cipriano, *art. cit.*, p. 4.

[656] Manuel Monge, "Entrevista com o Brigadeiro Manuel Monge", in Manuel A. Bernardo, *Marcello e Spínola: a Ruptura. As Forças Armadas e a Imprensa na Queda do Estado Novo 1973-1974*, p. 292.

[657] Virgílio Varela, "Entrevista com o Coronel Virgílio Varela (1992)", in Manuel A. Bernardo, *Ibidem*, pp. 306-307.

Mário Soares

Quando tomei conhecimento da rendição do regimento das Caldas da Rainha, supus que representaria um compasso de espera de alguns meses. Mas logo me chegaram informações de que não seria assim. Toda a organização revolucionária permaneceu intacta e actuante. O dia da liberdade seria um mês e pouco após: o 25 de Abril.[658]

Eu sabia, através de alguns militares do continente, e dos milicianos (civis, no exército, a cumprir serviço militar) que pertenciam ao movimento socialista, que a agitação reinava no Exército. Entre eles, tinha três contactos em particular: o escritor Álvaro Guerra, que fizera o serviço militar na Guiné e conservava muitas relações; Jaime Gama, ministro dos Negócios Estrangeiros do décimo quarto governo constitucional, então a prestar serviço militar na Figueira da Foz, e António Reis, um dos fundadores do Partido Socialista, deputado e vice-presidente do grupo parlamentar na oitava legislatura, também oficial do Exército português e que servia de ligação com os conspiradores. Por outro lado, os oficiais de Spínola, que tinham o hábito de passar pelo República, tinham informado o seu director Raul Rego, e os jornalistas, sobre a preparação de uma conspiração.[659]

3. Sem querer escrever uma "verdade alternativa", a análise das memórias dos participantes, as suas lembranças e esquecimentos enriquecem a pesquisa histórica porque historicizam as memórias de cada um. A memória é essencial para a identidade pessoal e colectiva. É fruto da filiação de cada indivíduo, bem como da sua socialização. "Todos estes condicionamentos impõem que a memória seja sempre selectiva. Por conseguinte, ela não é um armazém que, por acumulação, recolha todos os acontecimentos vividos por cada indivíduo, um mero registo; mas é a retenção afectiva e "quente" do passado feita dentro da tensão tridimensional do tempo. E seus elos com o esquecimento obrigam a que somente se possa recordar partes do que já passou."[660] O estudo da memória dos participantes e espectadores é no seu conjunto a história *quente*, embora sem linearidade, que nos oferece os elementos que permitem estabelecer cumplicidades

---

[658] Mário Soares, "Um curto compasso de espera", *Público*, 16 de Março de 1998, p. 7.

[659] Idem, *Memória Viva – entrevista com Dominique Pouchin*, Edições Quasi, Vila Nova de Famalicão, 2003, p. 76.

[660] Fernando Catroga, *Os Caminhos do Fim da História*, Quarteto, Coimbra, 2003, pp. 20-21.

e motivações que se escondem por detrás das palavras. Os acontecimentos que se sucederam, em Portugal, após 25 de Abril de 1974, assumiram um papel essencial na memória democrática do país[661].

O 16 de Março não foi a causa do 25 de Abril, mas este seguiu-o. O papel do General Spínola no golpe está, ainda hoje, em debate. Este foi agravado pelo modo peculiar como os factos foram recordados e, sobretudo, evocados. Sobre a memória colectiva, que sempre encontrámos reflectida nos testemunhos recolhidos, recai a hipótese levantada pelo General Spínola (logo em Junho de 1974 no RI5) de um boicote ou traição comunista, e pela suposição de Melo Antunes e Vasco Lourenço de que o General, ou um grupo de oficiais próximos de si, procuraram impor as suas ideias sobre a Guerra Colonial e o futuro político do país.

Durante o dia 15 de Março de 1974 e na madrugada seguinte, os oficiais do Movimento foram, por várias formas e por muitos oficiais, instigados a reagirem à demissão dos Generais Costa Gomes e Spínola. Deste modo, podemos afirmar que estes oficiais estavam mobilizados e integrados no mesmo espírito revolucionário (na reunião de 5 de Março, o MOFA politizou-se e escolheu derrubar o regime pela força). Não foram apenas convocados os oficiais do RI5, mas foram estes os únicos a saírem sob ordens do Movimento em direcção a Lisboa.

A origem da denúncia dos acontecimentos à DGS levanta algumas suspeitas, nomeadamente do General Spínola. A nossa investigação evidenciou a revelação do Coronel Leopoldo Severo ao Coronel Viana de Lemos, embora exista a hipótese do primeiro alerta ter partido de uma denúncia à DGS, através de escutas ou de um delator (esta hipótese é referida por Salgueiro Maia, ainda que noutro sentido).

A saída inesperada da coluna das Caldas poderá integrar-se na definição da "estratégia do abanão", ou seja, na precipitação de alguns oficiais que avançam conhecendo bem o Movimento, mas sem um plano militar definido e aprovado. Defendida pelo Major Casanova Ferreira e pelo Capitão Virgílio Varela, justifica-se, segundo o Major Otelo Saraiva de Carvalho, pelo espírito da Guiné do primeiro. O Major Casanova Ferreira acabado de chegar do palco de guerra da Guiné, permanecia em estado de alerta convencido que o fim da

O epílogo do 16 de Março

Guerra Colonial passava por uma mudança de regime[662]. O Capitão Virgílio Varela defendia que bastavam alguns oficiais para derrubar o regime. No entanto, dentro do espírito militar, reconhecia a autoridade do General Spínola e aguardava ordens.

Os oficiais que participaram no Golpe das Caldas consideram-no uma tentativa falhada. Pretendiam derrubar o regime do Estado Novo, mas tiveram de recuar e esperar pela sua detenção. A sua precipitação reside, na sua perspectiva, no esforço de auxiliar a unidade de Lamego, que fora imprudente e se tinha sublevado, bem como no ímpeto de evitar receber ordens do novo comandante do regimento.

As dúvidas quanto à participação do General Spínola foram causadas por inúmeros boatos que ocorreram nessa noite. Afirmava-se que o General estaria a caminho do Porto (informação que circulou em Lamego na noite do dia 15 de Março[663]), ou de baixa no hospital militar do Porto nessa noite[664]. Outra hipótese levantada é de que as movimentações de algumas unidades militares, na madrugada de 16 de Março, faziam parte de uma larga conspiração conduzida

---

[661] Fernando Rosas considera que, imediatamente, após a revolução de Abril estar nas ruas, a memória dos oprimidos, dos perseguidos, dos torturados e dos humilhados se tornou uma força social e política. "Ela significou a conquista da hegemonia por parte de uma visão global do passado do regime e da resistência que ficaria impressa no código genético da democracia emergente, isto é, na sua cultura largamente aceite e nos textos jurídicos fundamentais." (in Fernando Rosas, "Memória da violência e violência da memória", prefácio da obra *Vitimas de Salazar. Estado Novo e violência política*, coord. João Madeira, Esfera dos Livros, 2.ª Edição, Lisboa, 2007, p. 18).

[662] José Medeiros Ferreira esclarece que "estes oficiais, na sua grande maioria capitães, ou tenentes com comando efectivo de companhias, tinham adquirido uma relação extremamente intensa quer com os homens que comandavam quer com as chefias militares. Haviam ainda adquirido, nas sucessivas mobilizações, uma grande capacidade operacional aliada a autênticos poderes de decisão. E a cadeia de comando encontrava-se enfraquecida quer pela longa duração da guerra quer pelas características das operações militares em África (...)", *O Comportamento Político dos Militares. Forças Armadas e Regimes Políticos em Portugal no séc. XX*, Editorial Estampa, Lisboa, 1996, p. 305.

[663] O Major-General Augusto Valente afirma que "no dia 15 de Março à noite constou na unidade que o General Spínola se deslocou para o Porto. Há o boato que está a caminho do Porto", em entrevista em Coimbra, a 23 de Julho de 2007.

[664] Informação anunciada por Álvaro Lapa no colóquio – debate "Discutir a revolta de 16 de Março de 1974 «Revolta das Caldas»", organização Centro de Documentação 25 de Abril e delegação de Coimbra da Associação 25 de Abril", Coimbra, 16 de Março de 2007.

222   *Nas Vésperas da Democracia em Portugal*

por "spinolistas"[665]. Silva Cunha e Américo Thomaz também implicam o General nos acontecimentos desta madrugada. Além disso, durante o cerco, o Major Casanova Ferreira proclamou que apenas se entregaria sob ordens do General Spínola, não incluindo outro nome. Mais, Silva Cunha declara que procurou contactar, sem sucesso, o General no sentido de impedir o derramamento de sangue, durante o cerco do RI5. Manuel Monge contrapõe: "é um disparate afirmar que no dia 16 de Março o General Spínola mandou sair os seus"[666]. Julga que os circunstancialismos que resultaram no insucesso do Golpe foram o facto de estarmos num fim-de-semana, o que dificultou a mobilização de muitos militares, bem como a recusa do apoio do comandante do RC7, Coronel Romeiras, indicado pelo General Spínola. Sem estes apoios a acção perdeu força.

A hipótese de que o Golpe das Caldas derivou de uma antecipação de oficiais mais próximos do General Spínola, o mais projectado dos generais, é corroborada pelo facto deste ter tido conhecimento do desenrolar dos acontecimentos, e, embora não os tivesse despoletado, não impediu o seu prosseguimento. Poder-se-á considerá-lo autor moral da saída das Caldas, ainda que o Golpe das Caldas tenha consolidado as relações entre o General Spínola e o MOFA?

O Major Otelo Saraiva de Carvalho pensou que o General Spínola não terá tentado antecipar-se ao Movimento, porquanto con-

---

[665] "A operação falhou, mas os nossos informadores spinolistas não se mostravam descoroçoados, antes nos garantiram que, dentro de dois meses, seria tentada nova operação com resultado sempre garantido (como de resto consideravam positivo o desfecho das Caldas, com a prisão de trinta oficiais). E explicaram-nos que, de acordo com o seu plano, tentariam todas as vezes que fossem necessárias, até conseguirem o fim da guerra, ou através do derrube do Governo ou através da exaustão de corpo de oficiais. «Se nós formos presos às centenas, como é que o Governo vai continuar a guerra?» Algum tempo mais tarde, foi-nos garantido que os oficiais dispostos a uma segunda tentativa seriam mais de duzentos, todos oriundos de milicianos, muitos com o comando de tropas. A confirmar-se a verosimilhança desta versão, ela significaria que já o levantamento das Caldas fora aproveitado para o plano desesperado destes oficiais, o que, de algum modo, explicaria o papel determinante que vários ex-milicianos e outros do QP, simpatizantes do general Spínola, tiveram nessa operação. Explicaria também uma informação (não confirmada) segundo a qual o RI5 só se teria rendido depois de ter recebido ordem da «organização» estaria em Lisboa.", in Avelino Rodrigues, Cesário Borga, Mário Cardoso, *ob. cit.*, pp. 143-144.

[666] Em entrevista, em Beja, a 25 de Maio de 2007.

fiava no prestígio político que ultimamente ganhara[667]. Na verdade, o Movimento também precisava do General e nunca lhe escondeu as suas opções e estratégias. Os Generais Costa Gomes e Spínola foram eleitos, por duas vezes, em plenário, os fiéis depositários do poder conquistado pelo Movimento. Os oficiais do RI5 julgavam que o General os apoiava. Todavia, o mesmo aconteceu com o Capitão Salgueiro Maia no 25 de Abril, informação assegurada pelo Major Saraiva de Carvalho. O papel de destaque no 25 de Abril do General Spínola foi decidido por Marcello Caetano que o chamou e pelo Movimento que não o contestou.

O testemunho do General Spínola é curioso. Se em Junho de 1974 considerava que o Golpe das Caldas constituía uma lição de coragem contra aqueles que a traíram, em 1976, acusava o Partido de Comunista de denunciar as movimentações numa tentativa de afastar do Movimento os oficiais mais moderados, muito próximos de si. Em 1992, afirmava, mais uma vez, que o Golpe das Caldas não passava de uma "jogada" comunista que pretendia a *esquerdização* do Movimento. Em 1994, o General confirmou que conhecia a preparação do Golpe de 16 de Março (criando uma relação clara entre este e aquele que os seus oficiais mais próximos preparavam no almoço do dia 15 de Março).

Para Vasco Lourenço, o Golpe das Caldas inscreve-se num projecto de poder pessoal de um grupo bem organizado, apoiado no seio do Movimento, embora contrário ao pensamento da maioria. Segundo este, o plano manifestou-se a 5 de Março de 1974 em Cascais, no 16 de Março de 1974, na noite de 25 de Abril de 1974 (quando Spínola tentou "rasgar" o programa do MFA), a 13 de Junho de 1974 (que resultou no Golpe Palma Carlos), no 28 de Setembro

---

[667] Em entrevista, em Lisboa, a 4 de Julho de 2007, o Major Otelo Saraiva de Carvalho refere conhecer de perto a lenda que o General Spínola construiu, de um militar determinado e presente (batia facilmente os caminhos da selva o que impressionava os militares). Julga que este "fazia uma guerra de luxo", mas arriscava a sua vida quando acompanhava os soldados no palco da guerra. Participou na equipa que ergueu a imagem do General junto, sobretudo, de jornais estrangeiros. Além disso, considera que o General era muito estimado pelos portugueses, pelo regime (o seu pai tinha sido secretário de Salazar) e pelas Forças Armadas (era um brilhante oficial e cavaleiro).

de 1974 e no 11 de Março de 1975[668]. Josep Sánchez Cervelló considera que "a preocupação fundamental do general Spínola e dos seus seguidores era o Ultramar, e por isso a realização do golpe de Estado, antes que o Movimento houvesse elaborado um Programa definitivo, que lhes desse superioridade moral para impor as suas soluções. Como isto não aconteceu, neutralizado o golpe e presos os máximos responsáveis do esquema militar spinolista, Casanova Ferreira, Manuel Monge e Almeida Bruno, o controlo do Movimento foi-se afastando do seu centro de gravidade."[669]

O investigador Manuel Amaro considerou que com a ideia lançada na véspera pelos oficiais da EPI "de que o pessoal da Guiné ligado ao General Spínola estava a preparar uma acção militar [segundo entrevista com o General Hugo dos Santos], poder-se-á afirmar que foram os oriundos de milicianos a forçar a situação, quer nas Caldas, quer em Lamego, se bem que em tomadas de posição previamente combinadas, mas simplesmente devido ao anúncio público, pela Rádio, da exoneração dos Generais António de Spínola e Costa Gomes."[670] O investigador salienta também a possibilidade de inspectores da DGS colaborarem com o Movimento em termos de informação, em relação às actividades dos militares (escutas telefónicas e vigilâncias), quer também quanto às decisões tomadas a alto nível, segundo as informações que recolheu da entrevista com o General Hugo dos Santos[671].

Manuel Amaro procurou desvendar o papel da linha moderada do "Movimento", com militares como Hugo dos Santos, Pinto Soares e Sousa e Castro, que "através das suas *antenas* nas unidades e mesmo no CIOE, terão levado à *não saída das colunas*, que, segundo Otelo, *se esperavam na capital*. Assim, apesar de Ferreira da Silva afirmar que a *saída das Caldas foi da iniciativa de Manuel Monge e sem conhecimento do CIOE*, houve com certeza, pelo menos um capitão, ligado àquela linha moderada, que terá recebido o 2.º telefo-

---

[668] Vasco Lourenço, *30 Anos do "25 de Abril – Jornada de Reflexão (Oeiras, 25 de Março de 2004*, Casa das Letras/Editorial Notícias, Cruz Quebrada, 2005, p. 84.

[669] Josep Sánchez Cervelló, *ob. cit.*, p. 173.

[670] Manuel A. Bernardo, *Marcello e Spínola: a Ruptura. As Forças Armadas e a Imprensa na Queda do Estado Novo 1973-1974*, p. 189.

[671] Idem, *Ibidem*, pp. 188-189.

O epílogo do 16 de Março 225

nema de Manuel Monge, a mandá-los avançar, em viaturas civis, e o de Hugo dos Santos, a comunicar que *não havia nenhuma ordem para desencadear o golpe decidida pela Comissão Central do Movimento* [segundo entrevista com o General Hugo dos Santos].[672]" O investigador considera que houve um "boicote da linha moderada do Movimento".

Das várias hipóteses historiográficas referidas emerge o carisma forte do General António Spínola, alimentado indiscutivelmente por um grupo de oficiais que o idolatrou e o reconheceu como líder. Contudo, a dicotomia entre MOFA e spinolistas reivindicada pela memória futura dos acontecimentos de 16 de Março de 1974, só pode ser entendida numa "ideológica projecção do presente". Apesar desta não se assumir como única, a memória colectiva do Golpe das Caldas permanece esquecida. Os manuais escolares, geralmente, não a referem, os discursos políticos não a evocam e as opiniões publicadas não são devidamente historicizadas. É, por isso, necessário considerar a possibilidade de que a memória, e analogamente, a história do Golpe de 16 de Março de 1974, apresentem vestígios não só de longos processos políticos e militares presentes na sociedade portuguesa de então, como também da conjuntura que forjou as vésperas da democracia portuguesa, caracterizada pela inquietação, o cruzamento de estratégias, as decisões apressadas, as informações ambíguas, mas, sobretudo, pelo deslumbramento da oportunidade.

---

[672] Idem, *Ibidem*, p. 193.

ANEXOS

ANEXO I

Cronologia dos acontecimentos ocorridos
entre 2 e de 14 de Março de 1974

Março de 1974

Sábado

2 Encontro da Comissão dos Oficiais oriundos de cadetes e da Comissão dos Oficiais oriundos de milicianos, em casa do Major Vítor Alves.

Domingo

3 Reunião do Movimento alargada aos três ramos das Forças Armadas para preparar a reunião de Cascais

Segunda–feira

4 Regresso do Major Manuel Monge.

Terça–feira

5 Reunião do MOFA em Cascais. Discurso de Marcello Caetano sobre a política ultramarina na Assembleia Nacional.

Sexta–feira

8 Os capitães Vasco Lourenço, David Martelo, Antero Ribeiro da Silva e Carlos Clemente receberam ordem de transferência das unidades. O Coronel Viana de Lemos, subsecretário de Estado do Exército obteve um documento sobre a organização das ligações do Movimento no centro do país. A Assembleia Nacional pronunciou-se favoravelmente sobre a política ultramarina.

Sábado

9 Prisão dos Capitães Pinto Soares, Vasco Lourenço e Ribeiro da Silva.
Levantado o Estado de Prevenção Rigorosa em todas as unidades militares do país.
Chegada do Major Luís Casanova Ferreira da Guiné.
Reunião de oficiais em casa da tia do Tenente - Coronel Almeida Bruno.
No RI5 os oficiais ligados ao Movimento manifestaram a sua solidariedade com os Generais Costa Gomes e Spínola ameaçando agir caso sobre os mesmos caísse alguma acção do Governo.

Segunda–feira

11 Pedido de demissão de Marcello Caetano, em carta ao Presidente da República, almirante Américo Thomaz, que foi recusado.
O Chefe do Governo convocou uma manifestação de solidariedade dos chefes das Forças Armadas com a política ultramarina.
O Major Otelo Saraiva de Carvalho foi contactado pelo Capitão António Ramos, ajudante-de-campo do General Spínola. Foi alertado para a possível demissão do CEMGFA e do Vice – CEMGFA.

Terça–feira

12 Reunião em casa do Major Casanova Ferreira onde estiveram presentes jovens oficiais da EPI, EPA, EPC, RI5 e RAL1. Nela foi decidido preparar um Golpe Militar.
Reunião de preparação do Golpe Militar, na qual participaram os Majores Otelo Saraiva de Carvalho, Casanova Ferreira, Manuel Monge, José Maria Azevedo, Garcia dos Santos, o Capitão Luís Macedo e o Alferes Geraldes. Foi agendado um possível golpe para dia 14 como resposta às possíveis represálias sobre os generais.

Quarta–feira

13 Demissão dos Generais Costa Gomes e Spínola. Nomeação do General Joaquim Luz Cunha para CEMGFA.
Visita do Brigadeiro Pedro Serrano, 2.º Comandante da Região Militar de Tomar, ao RI5.
Contacto entre os Capitães António Ramos (ajudante-de-campo do General Spínola) e Armando Ramos, e o Tenente Matos Coelho do RI5.
Reunião no Clube Militar Naval em que elaboraram um documento de manifestação de solidariedade com os militares do Exército presos na Trafaria. Foi subscrito por 125 Oficiais da Armada.
Reunião com vários oficiais do MOFA onde fica decidido adiar o Golpe Militar devido às fragilidades do plano e falta de apoio explícito do General Spínola (argumentos dos oficiais da EPC e Pára-quedistas).

Quinta–feira

14 Cerimónia de Solidariedade com Marcelo Caetano que ficou conhecida como "Brigada do Reumático".

Anexos 231

ANEXO II

Diário de um Golpe Entrevisto

00:00	O Capitão Virgílio Varela e os Tenentes Rocha Neves, Silva Carvalho e Gomes Mendes protagonizaram a neutralização do comandante do RI5.
	A DGS reuniu alguns inspectores na sua sede com o objectivo de planear uma acção contra os oficiais sublevados.
	O Prof. Silva Cunha telefonou para casa do Coronel Viana de Lemos onde estava o Coronel Romeiras, comandante do RC7. É também informado o Coronel Leopoldo Severo que se dirige para a Academia Militar.
00:30	O 2.º esquadrão do RC da GNR recebe ordem de cercar a Academia Militar.
	Américo Thomaz é informado dos acontecimentos e fica a aguardar ordens.
	O Tenente–Coronel Almeida Bruno , os Majores Jaime Neves e Manuel Monge encontraram-se com o General António Spínola em sua casa.
	A DGS prende o Capitão Farinha Ferreira junto da casa do Tenente–Coronel Almeida Bruno – a primeira detenção do Golpe.
	Os Majores Manuel Monge e Jaime Neves estiveram no RC7. Não conseguiram mobilizar o comandante. Os Capitães da Unidade, afectos ao Movimento, foram afastados.
01:00	O Major Vítor Alves optou por não participar no Golpe e permaneceu em sua casa. Ao Major Otelo Saraiva de Carvalho juntou-se o Capitão Miquelina Simões.
	O Major Otelo Saraiva de Carvalho contactou a EPA. O Capitão Duarte Mendes considerou difícil a possibilidade de saída de uma bateria.
	Os oficiais da EPC de Santarém contactaram o RI5 e comunicaram-lhes que não tinham condições para sair. Também confirmaram que nenhuma unidade do país tinha saído. No entanto, o RI5 respondeu que a neutralização do comandante tornou a acção irreversível.
02:00	Todas as unidades foram avisadas telefonicamente da passagem à situação de prevenção rigorosa.
	Dentro do RI5, começou a movimentação dos homens, armas e viaturas

	preparando a coluna.
	O comandante do posto da GNR das Caldas da Rainha, Tenente Pires, confirmou ao CEM da GNR que na cidade e no quartel tudo permanecia sossegado.
	Dentro do quartel, na sala de oficiais, decorreu uma reunião onde estiveram os oficiais do Regimento que integraram a coluna da Companhia de Caçadores com destino a Lisboa.
03:00	O Comandante da GNR das Caldas contactou, por telefone, o Comandante do RI5, a pedido do CEM da GNR. A situação permanecia normalizada. A PSP da cidade confirmava que a cidade parecia tranquila. Os postos da GNR de Óbidos e Bombarral colocaram uma patrulha à paisana na E.N.8. por ordem do comandante da GNR das Caldas.
	Marcello Caetano dirigiu-se para o Quartel-General da 1.ª RA, na Serra de Monsanto
	Foi levantado o cerco à Academia Militar.
	O Major Otelo Saraiva de Carvalho acompanhado, pelos Capitães Miquelina Simões e Rui Faria de Oliveira, chegou à EPI, em Mafra.
03:30	O Capitão Salgueiro Maia contactou o RI5 confirmando que as movimentações no Norte do país não passavam de um boato. Os oficiais do quartel das Caldas afirmaram que já tinham neutralizado o comandante, por isso só lhes restava sair.
04:00	Do RI5 saiu uma coluna em direcção a Lisboa na disposição de contribuir para o derrube do regime e protestar contra a demissão dos generais Costa Gomes e Spínola.
	O comandante do RI7 de Leiria recebia informações tranquilizadoras do CEM.
04:30	O comandante do RI5 telefonou ao comandante da GNR das Caldas informando que uma coluna tinha saído do regimento com destino desconhecido. Através de outro telefonema o Capitão Virgílio Varela confirmou ao Tenente Pires a saída da coluna das Caldas e o seu destino.
	O comandante da Academia Militar pediu o restabelecimento do seu cerco.
	Uma companhia do B2 da GNR foi deslocada para Monsanto, Lisboa.

04:55	O comandante do RI5 comunicou a saída da coluna sublevada ao Quartel-General da RMT.
05:00	O comandante da RMT comunicou ao Chefe do EME a saída da coluna e pediu uma força da EPC para interceptar a coluna sublevada.
05:20	A EPC recebeu ordem do Quartel-General de Tomar para preparar a saída de um Esquadrão Auto e um Pelotão de Reconhecimento.
05:30	O inspector Óscar Cardoso deslocou-se a casa do Major Manuel Monge. Não o encontrou, mas ficou a saber que o Major, acompanhado pelo Major Casanova Ferreira, se dirigia para as Caldas da Rainha.
	Às imediações do aeroporto chegaram forças da Polícia Militar, agentes da PIDE/DGS e Legião Portuguesa, da PSP e GNR. Também ali se fixou uma companhia do RC7, uma companhia do BC5, uma bateria do RAL1, forças do RI1, da EPAM e EPSM.
05:35	Dois pelotões saíram do Beato com destino ao Carregado no sentido de deterem a coluna sublevada das Caldas da Rainha.
05:45	A companhia do RI7 recebeu ordem do Quartel General da RMT para sair com a missão de cercar o RI5 a fim de impedir a entrada ou saída de militares.
06:00	Uma viatura civil do Serviço de Saúde comunicou por rádio que tinha reconhecido na Auto-estrada do Norte uma coluna com 12 ou 14 viaturas parada a 6 km de Vila Franca de Xira.
	O Chefe de Estado, Américo Thomaz, deslocou-se para a 1.ª RA de Monsanto.
	Uma coluna saiu do quartel do RI7, em Leiria, em direcção às Caldas da Rainha.
06:30	A coluna do RI5 estava parada a 3 km da portagem junto de Sacavém.
	O ministro do Exército contactou o comandante da RMT inquirindo sobre o que realmente se passava, dado que a GNR o informara não haver movimento de uma companhia para sul.
	Dois pelotões do B1 e um pelotão do 2.º E/RC da GNR dirigiram-se para a Encarnação (junto ao aeroporto).
	Da EPI, em Mafra, saiu um Unimog com pessoal armado e equipado.

07:00	Na parada do RI5 encontravam-se cerca de 40/50 militares armados.
07:15	Da EPI saíram dois jeeps pela estrada de Paz – Torres Vedras em direcção ao Ramalhal.
07:20	Foi levantado o cerco à Academia Militar.
07:30	O Major Otelo Saraiva de Carvalho contactou a Academia Militar pedindo para um oficial dirigir-se às portas de Lisboa a fim de demover o Major Vinhas do BC5.
07:50	O Comandante do Quartel-General de Tomar recebeu a informação, pelo Ministro do Exército, do recuo da coluna sublevada dos oficiais das Caldas da Rainha. O RI15 recebeu ordem para preparar a Companhia.
08:00	O Esquadrão Auto e o Pelotão de Reconhecimento da EPC receberem ordem de saída.
08:05	O RC4 recebeu ordem para preparar o Esquadrão Auto e o Pelotão de Reconhecimento.
08:30	As forças da EPC saíram de Santarém em direcção a Rio Maior na tentativa de interceptar a coluna das Caldas.
	A coluna das Caldas confrontou-se com uma coluna da GNR, junto de Vila Franca de Xira, que os interpelou. No entanto, a coluna sublevada prosseguiu marcha.
	A coluna do RI7 chegou às Caldas.
	O Brigadeiro Pedro Serrano, 2.º Comandante da RMT, o Tenente Couto e o Alferes Martinho saíram de Tomar.
08:45	A BA5 (Base Área de Monte Real) informou que não tinha comunicações.
08:55	A coluna sublevada passou em Alenquer em direcção à Ota.
09:00	Os Majores Casanova Ferreira e Manuel Monge chegaram ao RI5.
	O Presidente do Conselho, Marcello Caetano, abandonou a 1.ª R A de Monsanto.
09:15	A coluna sublevada passou pela Espinheira.
09:30	O Comandante do posto da GNR das Caldas é informado que a coluna sublevada estaria a regressar ao quartel.
	Uma coluna da EPI passou na Malveira.

09:45	O Comandante do B4 da GNR informou o Comando-Geral que, no Porto, não havia sinal de qualquer movimentação.
	O Tenente-Coronel Guimarães, comandante das forças do RI7, recebeu ordens para impedir o regresso da coluna sublevada ao RI5.
	Uma companhia do RI15 saiu de Tomar, em direcção às Caldas, sob o comando do 2.º Comandante da RMT.
	A coluna sublevada passou em Palhoça.
09:50	Aterrou um helicópetro em Monsanto.
	A Companhia do B1 da GNR passou em Alenquer.
10:00	A força da EPC chegou a Rio Maior onde encontrou o Brigadeiro Serrano, 2.º comandante da RMT, e dois oficiais do Quartel–General.
	Junto do comando da Companhia de Caçadores do RI7 apresentou-se o Comandante de Lança da Legião Portuguesa, do Quartel-General da Legião Portuguesa.
10:22	As forças do BC5, B1 e do RAL1, estacionadas na Encarnação, foram desmobilizadas.
10:30	O Chefe de Estado, Américo Thomaz, e os outros ministros saíram da 1.ª RA, de Monsanto.
	A coluna sublevada do RI5 regressou ao quartel.
10:45	O comando de RMT ordenou o corte da luz e da água do RI5.
	Uma companhia do RI2 foi mobilizada e ficou a aguardar ordens.
10:50	A coluna da EPC saiu de Rio Maior, em direcção às Caldas da Rainha.
11:00	O chefe da brigada da DGS em Peniche ficou sob o comando das forças do RI7 nas Caldas da Rainha.
	A companhia do B1 da GNR passou a 8km da Espinheira.
11:30	As forças da EPC chegaram junto das Caldas da Rainha, no entroncamento entre a estrada Lisboa – Porto e a estrada Rio Maior – Caldas.
11:45	O Comandante da RMT foi informado pelo Ministro do Exército do regresso da coluna sublevada.

11:50	A coluna da EPI foi vista a 1 km da Venda do Pinheiro em direcção a Bucelas.
12:00	A GNR recebeu um telefonema anónimo, avisando que elementos do Exército iriam assaltar a Assembleia Nacional. De seguida foi reforçada a segurança do edifício.
	Almoço tranquilo dentro do quartel das Caldas da Rainha.
12:20	O Comandante da RMT conseguiu comunicar com o Brigadeiro Pedro Serrano que comandava as forças de cerco ao RI5.
	A companhia do B1 da GNR chegou junto às Caldas da Rainha.
12:30	A água e a luz do RI5 foram, efectivamente, cortadas.
13:00	O Capitão Virgílio Varela enviou um ofício aos CTT exigindo o rápido restabelecimento das comunicações, da água e da luz do RI5.
13:10	Primeira notícia de que algo se passava no CIOE em Lamego.
14:00	Uma companhia móvel da PSP cercou as instalações dos CTT das Caldas da Rainha.
	Início das negociações entre o Brigadeiro Pedro Serrano e os oficiais do RI5.
14:15	Fim do tempo limite de rendição ordenado pelo Brigadeiro Pedro Serrano, sendo que nada aconteceu.
15:00	Libertação do Tenente–Coronel Horácio Lopes Rodrigues, comandante do RI5, e do 2.º comandante, o Tenente – Coronel Farinha Tavares, dos Majores Vagos e Monroy.
	De Santa Margarida (do RC4) saiu uma coluna com 17 viaturas. De Torres Novas também saiu uma coluna com destino a Leiria.
15:20	A companhia do B1 da GNR foi deslocada para o alto das Gaeiras.
16:00	Dentro de RI5 começaram a cumprir-se as condições de rendição.
16:30	O Brigadeiro Pedro Serrano entrou no RI5 e todos os militares sublevados do RI5 encontravam-se na biblioteca. O comandante do RI5 já cumpria as suas funções.
16:35	O trânsito foi desviado do RI5, pelas E.N.8, 115, e 114 – via Matoeira – Caldas da Rainha, ou Lagoa Parceira – Caldas da Rainha.
17:00	O portão do regimento das Caldas já se encontrava aberto e a situação

	normalizada.
18:30	O Brigadeiro Pedro Serrano ordenou o levantamento do cerco ao quartel das Caldas da Rainha.
	A DGS pediu esclarecimentos sobre os acontecimentos de Lamego ao Comando-Geral da GNR.
19:30	Um autocarro militar chegou ao RI5 e a companhia do B1 da GNR regressou a Lisboa.
22:00	Do RI5 partiu um autocarro em direcção a Lisboa transportando os oficiais sublevados.
23:00	Alguns oficiais do RI5 chegaram ao RAL1 e foram levados para a enfermaria onde ficaram presos até 25 de Abril de 1974. Outros foram conduzidos para a Casa de Reclusão do Governo Militar de Lisboa, na Trafaria.
23:50	Segundo informações do Comandante da GNR das Caldas, a situação estava "normalizada".
00:30	Os furriéis milicianos e os primeiros-cabos marcharam, em regime de detenção, com destino a Santa Margarida.

238   *Nas Vésperas da Democracia em Portugal*

ANEXO III

Mapa I – *Acontecimentos ocorridos em várias unidades militares no dia 15 de Março de 1974*

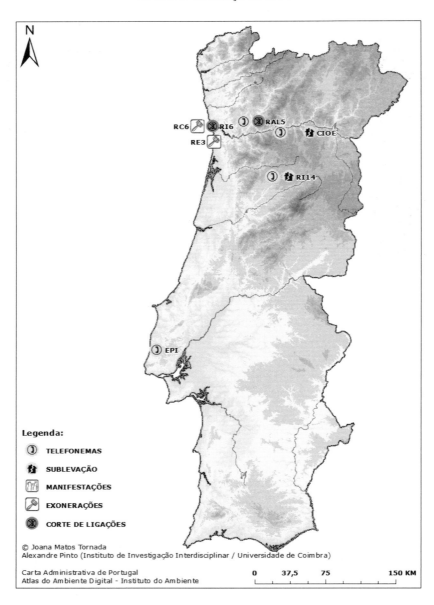

ANEXO IV

Mapa II – *Movimentos militares ocorridos
no dia 16 de Março de 1974*

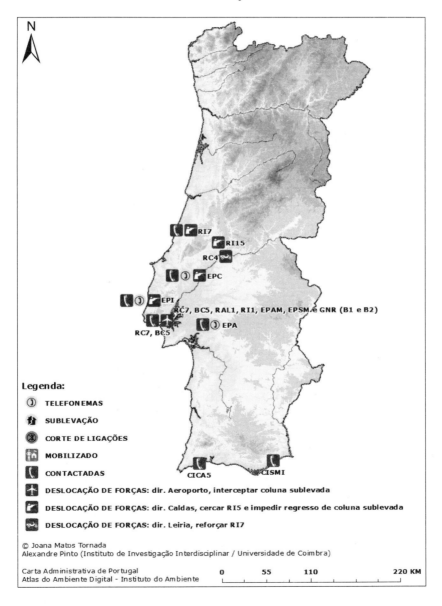

ANEXO V

Documento I – *FITA DO TEMPO DOS ACONTECIMENTOS DE 16MAR14, NO RI5*, Quartel-General da Região Militar de Tomar, Arquivo Histórico Militar.

QUARTEL GENERAL DA REGIÃO MILITAR DE TOMAR

3ª REPARTIÇÃO

FITA DO TEMPO DOS ACONTECIMENTOS DE 16MAR74, NO RI5.

0200 – Todas as Unidades foram avisadas telefónicamente da passagem à Situação de Prevenção Rigorosa.

0420 – Confirmou-se por mensagem a entrada em Prevenção Rigorosa.

0455 – (RI5) Informa que saíu 1 Comp e que levou grande parte dos Oficiais. Mandei que reconhecessem imediatamente pessoal que ficou e munições levadas pela Companhia e saber direcção provável tomada.

0500 – Comunicado ao Chefe do EME.
Desconhece-se direcção seguida. Presume-se Lisboa.
Pede-se para mandar vir Subunidade EPC fim tentar intersecção. Mandado aguardar.

0520 – Dada ordem ao RI7 para preparar a Companhia para sair assim como à EPC no que se refere ao Esq Auto e Pel Rec.

0540 – (RI5) Informa que Companhia saíu 0425 e que não conseguiu reconhecer fosse o que fosse pois não lhes foi permitido sair do Gabinete. Na Unidade estão vários Oficiais.

– Não sabe a direcção que levou a Companhia mas os Oficiais teriam referido que seguiam para Lisboa para repor os Generais e derrubar o Governo.

0540 – Dada igual ordem ao RI15 para a Companhia

0545 – Dada ordem à Companhia RI7 para sair com missão: " Cercar o Quartel de RI5 e impedir que qualquer militar ou força saia do Quartel. Só em última instância abrirá fogo para cumprir missão."

0553 – Em mensagem telefonada deu-se ordem às Unidades (excepto RI5) para mudar a Senha e Contra-senha.

0615 – (RI5) Disse que queria entrar em contacto com a EPC para lhe dizer que o OfTms da EPC quiz contactar com o Of.Tms do RI5 mas não conseguiu. Informou mais que continuava preso no Gabinete com o 2º Comandante, Major Vagos e Ten Lourenço.

0625 – Cmdt RI5 disse estarem no Gab. ele, 2º Cmdt, Major Vagos e Of. Segurança

– Maj. Monroy e Serrano quiseram entrar mas não deixaram. Disseram-lhes que só às 0730.

- Companhia saíu. Porém um dos Capitães disse que tinha sido enviada mensagem para Companhia regressar mas até agora tal não sucedeu.
- Of não podem sair do gabinete.
- Queria telefonar EPC para informar que o Of Tms EPC quiz contactar Of. Tms.

Ø63Ø - Falou Ministro dizendo GNR o informara não haver movimento Companhia para sul. O que há de facto?

Ø63Ø - Propuz Gen CEME que uma força da EPC (Pel Rec) com o Brig Serrano fosse fazer reconhecimento RI5 para saber situação.

Ø635 - Capitão Batista da Silva da GNR de Santarém recebeu indicação Cmdt Bat da GNR de Lisboa que se recebeu notícia doutra fonte que tinham passado às Ø6Ø5 várias viaturas militares na OTA em direcção a Sul.

Ø65Ø - Telefonou Gen. Pinto Bessa dizendo que no RC8 foi recebido um telefonema de pessoa que se intitulou ANI para saber o que se estava passando uma vez que as agências estrangeiras estavam dando notícias alarmantes.
- Mandaram-me contactar a Rep Gab Ministro Exército.

Ø7ØØ - Saíu Companhia RI7

Ø75Ø - Ordem do Ministro para reduzir o RI5. A Comp chegou à Portagem e voltou para trás.

Ø755 - Ordem ao RI15 para aprontar a Companhia.

Ø8ØØ - Ordem à EPC para fazer sair o Esq. Auto e Pel Rec.

Ø8Ø5 - Ordem à Div para o RC4 aprontar o Esq Auto e Pel Rec.

Ø82Ø - Sairam forças da EPC para Rio Maior.

Ø83Ø - Saiu Brig. Ten Couto (OfTm) e Alf Martinho.

? ? - Foram cortadas a nosso pedido as comunicações telefónicas de RI5.

Ø91Ø - EPC informou coluna de RI5 passou em Alenquer.

Ø94Ø - Comp RI7 chegou às CALDAS. Diz que é pouco efectivo e então deu-lhe ordem para ter em atenção a face principal e a estrada frente e sul para impedir a Comp de entrar.

Ø945 - Seguiu Companhia do RI15.

1Ø1Ø - Telefonou Ministro anotando que a Un tem de ser reduzida e que se não chegar as forças entrará a Aviação.

1Ø12 - Às 1ØØØ chegou o Esq EPC a Rio Maior.

.../// .

Pág 3

1015 - Através EPC pedi informarem Brig Serrano da nova missão à Comp RI7. A coluna deve seguir a estrada velha.

1025 - Mandei seguir para o RI7 e Esq Auto do RC4.

1045 - Mandei preparar a Comp RI2.

1045 - Telefonou Alf. Martinho dizendo que o Nosso Brig já tinha seguido.

1045 - Pedi para cortarem a água e a luz ao RI5.

1100 - O Major da Comp do RI15 veio ao QG buscar o megafone. Marcou ponto de reunião em PAIALVO.
Agora veio a notícia que o Major não encontrou a Companhia. Actuou-se para saber o paradeiro nos itinerários.

1110 - Telefonou Presidente da Câmara de Caldas da Rainha dizendo dera ordem cortar água e luz ao RI5. Ficou ue confirmar quando era efectivada.

1115 - Para a Sucursal MM Entroncamento.
1. Ir buscar pão à estação CF Caldas
2. Cancelado reabastecimento previsto para 2ª Feira.

1117 - Comunicado ao QG Coimbra suspensão ida Director HMR3.

1118 - Do Presidente Câmara Caldas a perguntar se o corte de água e luz era à porta do Quartel ou na cidade toda. Comunicado, que era à porta do Quartel.

1124 - Do Major SucMM Entroncamento:
Pedido para comunicar MM Lisboa para solicitar CP retorno comboio de pão. Igualmente pedido para MM Lisboa cancelamento reabastecimento de pão.

1140 - Ministro disse coluna tinha entrado no RI5 e que Comp RI7 estava a montar emboscada nas árvores.

1143 - Pedi GNR Caldas mandasse alguém contactar Brig Serrano para poder receber algumas indicações para o que devia entrar em contacto comigo.

1143 - Do Presidente Câmara das Caldas: informando que a água está cortada ao Quartel e que este dispõe nos seus depósitos de 150 m^3

1146 - Do Ten Cor. Soares do RI15 dizendo que coluna seguiu integrada e comandada pelo Major Correia.

1150 - Comp RI7 informou entraram 6 viaturas e em seguida ouviram-se 4 tiros Não sabe das restantes viaturas.

1154 - Comunicação para Presidente Câmara das Caldas a pedir corte de luz só zona Quartel, o qual disse ir tentar

Pág 4

1200 - Saíu Companhia do RC4 para Leiria

? ? - Saída do HMR3 para RI7 2 ambulâncias com Major Médico Aguinaldo.

1205 - Do Coronel Lage (EDC) dizendo ia mandar rações para o pessoal.

1207 - Para Ten Victorino (PSP de Tomar) pedido ligação com o Comando PSP das Caldas para este encontrar o N/Brig.

1213 - Para PSP Tomar a avisar N/Gen já comunicou c/N/Brig.

1213 - Para Coronel Lobato Faria a perguntar número viaturas do RC4.

1217 - Para GM Lisboa pedindo recolha viatura abandonada auto-estrada.(Ten. Cor. Sobral), o qual disse que ia ver.

1220 - Falou Serrano estava a 2 Kms das Caldas. Já mandou dispositivo. Comp RI7 tinha montado emboscada dos lados da estrada.

1225 - Falei General Chefe perguntando donde vinha a Comp GNR. Disse para se possível não mostrar a GNR

1230 - Do Presidente Câmara das Caldas: Conseguiu cortar luz e água sem impli- cação no resto da cidade.

1232 - Do Maj Vilar Nunes dizendo já se ter ligação TR28 c/ o N/Brig.

1235 - Gen Chefe disse que a Comp GNR era a que tinha feito a perseguição e que às 1150 estava a 2/3 Kms das Caldas. A Comp deve ser utilizada o mais discretamente possível. Primeiro as nossas, depois a GNR

1237 - Para Major Vilar Nunes adizer uma mensagem: " Companhia GNR que perseguia Companhia está a Sul das Caldas. N/Brig. utilizá-la dando o mínimo nas vistas possivelmente reserva."

1239 - Do Major MM/Entroncamento a dizer que o pão já tinha sido levantado nas Caldas pelo RI5. É necessário pedir para Lisboa suspensão forneci- mento.

1240 - Info o Cor. Pimentel que pelas 1200 um Pel Para foi para a BA3 nos mol- des quando há saltos.

1243 - Para RI7 a informar que às 1200 saíu do RC4 o esquadrão comandado por Major Batista, 1 Capitão, 3 Of, 13 Sargentos e 120 Praças. Vão para o 7, 6 Jeeps 5 Unimogs, 3 Ford Canadá, 2 Berliets e 1 Ambulância.

1248 - Para T.Cor. Brás/3ªREP/EME a dizer que cortem o pão da MM ao pessoal das Caldas. Os Paras estão a armar-se.

1250 - Gen Nascimento disse que um ofício chegou aos CTT das Caldas dizendo para restabelecer as comunicações senão tomaria as providências conve- nientes. Era assinado pelo Cap Varela

...///...

SECRETO   Pág 5

1257 - Ao Maj Vilar Nunes para enviar esta mensagem.
Comunicado ao Cmdt da Força: " Cercar imediatamente. Embora possa ser
ténue para evitar saída de quaiquer pessoal pois foi entregue um ofício nos CTT locais intimidando intimando restabelecimento comunicações
levado por um elemento vindo do interior".

13Ø5 - Gen Chefe insistindo pelo cerco paravnão sair ninguém.

131Ø - Comunicação do RI7:

" Cap Afonso do RI7 que se encontrava no Norte, de regresso à UN, passou por Lamego para meter gazolina no CIOE onde lhe disseram:

- O CIOE recusa-se a receber ordens da RMP
- Estás disposto a continuar até ao fim
- Só recebem ordens do Gen. Spínola
- Não deixaram seguir o Cmdt do CIOE que tinha recebido ordem de
transferência.
- Que todas as UN da RMP estão com eles solidárias".

Comunicado dà 3ªREP/EME (T.C. Braz) em 161310.

131Ø - Do RI7 a informar que consta o CIOE só receber ordens do Gen Spínola.
Todas Un do Porto solidárias com CIOE.

1335 - Gen Viotti reconh. aéreo disse estrada Cercal-Mateoira uma coluna c/8
Berliet, 1 Jeep e 2 Blind.
1 Berliet e 1 Jeep foram para Bombaral. Todas viat voltadas para Sul.
O que é ?

1345 - Brig Serrano chegou à fala com um Capitão convidando-os a renderem-se
Disseram que não se rendiam salvo ordens do Gen Spinola.
Serrano veio comunicar telefónicamente.

1350 - Transmite ao Gen Vice Chefe que ficou de dar resposta.

1350 - Sarg Couto info comunicação referida em 1257, já foi transmitida.

1355 - Transmitido ao Alf Martinho para Brig Serrano:

" A Un tem de ser reduzida. Ou se rende ou será reduzida pela força.
Não se aceitam quaisquer condições para rendição.

1358 - Do Sarg Couto que tiveram conhecimento que a EPC não levou rações de
combate.

14ØØ - Para o Sarg Couto a info que as rações vão a caminho.

14ØØ - Mandei preparar Bat Art 10,5

14Ø8 - De Cor Salazar Braga a saber qual a dependencia do esquadrão.

1411 - Para Major Garcia da Silva a solicitar info sobre a plataforma

SECRETO

Pág 6

1412 - Para Coronel Lobato Faria, dige n/Major CEM, para saber a situação dos M-24 e dos 7 CC M-47 e da plataforma.

1417 - De Coronel Pimentel a saber dos 2 T6 que foram para Lisboa.

1420 - Serrano comunicou. Enquanto esteve a fazer a comunicação das 1345 Cap Faria saíu do Quartel e foi ter com o Cap Comandante do Esq At EPC pois queria falar Brig Serrano.
Este apareceu e então Cap Faria pediu-lhe para ir porta de armas onde falaria com Maj Casanova.
Brigadeiro quiz ficar com Cap Faria como refém mas não o fez e muito bem.
O Brig. Serrano invectivou o Major Casanova e este acabou por dizer que não ofereceria resistência se soubesse que o Gen Spínola não aprovava o procedimento dos amotinados. Foram postos fora do quartel os oficiais superiores do RI15: Ten Cor L. Rodrigues, Tavares e Maj Monroy e Vages. O Major também vinha mas face às declarações do Maj. Casanova ficou no Quartel para fiscalizar o desarmamento de todos os militares.

1420 - (Comunicação para Lisboa)
- Depois do Brig sair da área, saíu do RI5, entretanto o Cap. Faria que queria falar com Serrano.
Largaram T.C. Rodrágues, T.C. Tavares, Maj Monroy, Maj. Vages. Maj. Serrano. Depois veio Maj Casanova (Chefe).
Disse primeiro que estava na disposição de se entregarem se o Gen. Spínola não aprovar o procedimento deles.
Vou mandar apertar o cerco sem tiros.

1425 - De Sarg Couto info que estão à espera de confirmação. Que parece que já chegou a Comp do RI15. Confirmam dentro de pouco tempo.

1430 - Comuniquei ao Vice Chefe EME que me transmitiu decisão quanto à comunicação das 1420 ou seja: convidar novamente à rendição sem condições e se tal não for aceite iniciar um aperto de cerco e começar a fazer alguns tiros sobretudo para obter uns ricochetes.

1430 - Comunicado ao T.C. Tavares. Vai-se apertando em principio sem tiros mas não se aceitam quaisquer condições.

1440 - Falei com Brig Serrano a quem transmiti decisão indicando:
- Se se renderem deverão por à porta de armas as armas colectivas basucas e canhões sem recuo; Os oficiais sargentos e praças desarmadoa na bibilioteca e nas casernas; aí se manterão enquanto com as tropas

...///...

Pág. 7

fiéis montarão guarda ao Quartel e a estes militares.

- Se não se renderem então procuraremˌque saia o Major Serrano e avisá-los que irá iniciar a realização de fogo. Este deve cair sobretudo nas instalações onde estão serviços (depósitos de géneros, cozinhas e tiros altos para provocar ricochetes).

1450 - Dei ordem de deslocamento da Bat AA (4 peças de 4 cm) para o RI7

1530 - Pedi info sobre situação Alf Martinho ao telefone disse Brig Serrano já está dentro Quartel. Que ia seguir para lá para Brig Serrano informar.

1630 - Recebi comunicação rendição sem condições. Pessoal já desarmado e separado em diversas instalações. Quartel já guardado pelas forças de cerco.

ANEXO VI

Documento II – *RELATÓRIO DE SITUAÇÃO, Segurança Interna: incidentes de 16 e 17Mar74*, RI7, Leiria (Cruz da Areia), 23 de Março de 1974 (exemplar n.º 1, enviado ao Quartel-General de Tomar), Arquivo Histórico Militar

SECRETO

[anotação manuscrita]

Exemplar No **1**

RI 7

LEIRIA (CRUZ DA AREIA)

23Mar74

No 116 Proc 10.13.1

RELATÓRIO DE SITUAÇÃO

ASSUNTO: Segurança Interna: incidentes de 16 e 17Mar74

Ref: nossa nota nº 100 de 18Mar74
  nossa nota nº 111 de 20Mar74
  nossa nota nº 334 de 22Mar74

1. GENERALIDADES

 a. Passada uma semana sobre a revolta de parte da guarnição do RI 5, o que obrigou à intervenção de forças do RI 7, parece-me haver conveniência em apreciar, agora com mais calma e ponderação, as decisões tomadas e os procedimentos adoptados com vista a uma critica das medidas de segurança vigentes e a uma análise da maneira como as mesmas foram postas em practica por mim, como Comandante, e por todos os meus subordinados.

 b. Para tal elaborei o presente Relatório, durante o qual procurei ser impacial e honesto, dedicando maior atenção ao que foi mal feito do que a tudo o que correu de maneira conveniente, a fim desta critica poder ter valor para futuro.

 c. No decorrer dos incidentes de 16 e 17Mar74, como Comandante, elaborei uma completa "fita do tempo" em que registei todos os factos passados e todas as decisões adoptadas.
  Esta fita constituirá a base do presente Relatório.
  Entretanto não vou desfiar completamente a sequência total de horas/procedimentos pois tal, além de desnecessário, seria fastidioso.
  Apenas identificarei algumas amarras mais significativas que me permitam levar a efeito as considerações pertinentes.

2. FITA DO TEMPO

 a. Em 160230Mar74 sou avisado pelo Oficial de Dia, Capitão Bação, que é o Oficial de Segurança da Unidade, de que se havia entrado no estado de "prevenção rigorosa". Esta indicação fora transmitida pelo Coronel Frazão, Comandante do RAL 4, que recebera ordem do QG/RMT para alertar o RI 7.
  As medidas de segurança imediata do aquartelamento (guarda, reforço e piquete) foram logo incrementadas e convocou-se o Capitão Crespo, Co-

SECRETO

SECRETO

pag 2 de 8 pag

mandante da Companhia de Caçadores, que se apresentou minutos depois.
Telefònicamente convocaram-se todos os oficiais ausentes de LEIRIA.
Preparou-se a recolha dos oficiais presentes em LEIRIA que entretanto
não mandei por em execução uma vez que, com os oficiais presentes, podia por em andamento todas as medidas de segurança constantes do "Plano LENA".

Para além do desejo de não incomodar esses camaradas, tive em atenção
a vantagem de não alertar desnecessàriamente a população civil, o que
julguei psicologicamente inconveniente.

Substituiu-se na guarda ao aquartelamento o pessoal da CCaç por pessoal
da Formação/RI 7.

. Em 160400Mar74 um telefonema directo do Exmo General Comandante soce-
gou-me pois foi-me comunicado que teria havido apenas uma tentativa de
intromissão de oficiais estranhos no RC 7 e que, como consequência da
convocação de oficiais, começavam a surgir boatos sobre uma revolta em
grande escala, boatos estes entretanto ainda sem fundamento.

. Em 160515Mar74 um novo telefonema do Exmo General Comandante comunica
a sublevação do RI 5, e ordena a saída da CCaç/RI 7 para cercar o aquartelamento.

Face à gravidade da situação, toquei a alarme, ordenei a recolha de todo o pessoal e iniciaram-se todos os preparativos para a saída répida
da CCaç/RI 7.

Tudo se desenvolveu normalmente, sem atropêlos ou precipitações.

Entretanto, no intuito de conseguir a informação que seria necessária
à acção, contactei telefònicamente o Capitão Trovão, Comandante da Companhia da GNR de LEIRIA, que me forneceu algumas noticias vagas e que
me prometeu que poria em campo, imediatamente, patrulhas que, contactan-
do a coluna da CCaç/RI 7, lhe transmitiriam todas as noticias pesquisa-
das.

De acordo com orientação recebida do Exmo General, dei ordem ao então
Major Virgilio Guimarães (nesta data já promovido ao posto imediato)
para seguir com a CCaç/RI 7 a fim de, junto dela, constituir um Posto
de Comando Avançado do RI 7.

Transmiti-lhe a ordem de cerco ao aquartelamento do RI 5 e, a êle e a
todos os oficiais da CCaç, disse que se deveriam fazer todos os esforços para se não disparar contra os insurrectos. O tiro só seria desen-
cadeado à ordem, sendo absolutamente proibido abrir fogo sem ordem,
mesmo como resposta a tiros vindos do aquartelamento. Eventuais tiros
de aviso seriam disparados apenas por graduados.

SECRETO

SECRETO

pag 3 de 8 pag

Não existiam no RI 7 rações de combate pois estas são armazenadas na Delegação da Manutenção Militar.

Para não atrazar a coluna, mandei distribuir apenas pão do rancho geral. A coluna saiu e a Unidade ficou em dispositivo de alarme, com todo o pessoal bem mentalizado e decidido.

d. Em 160730Mar74 contactei telefónicamente o Comandante Militar de LEIRIA e o Comandante do RAL 4 a fim de os inteirar da situação e do empenhamento da CCaç/RI 7.

Nada sabiam ainda.

e. Em 160800Mar74 fui contactado pelo TenCor PilAv Vélhinho, meu antigo instruendo da Escola de Comando e Estado Maior da Força Aérea, que procurava inteirar-se do que se passava. Recomendei-lhe que seguisse imediatamente para a Base Aérea 5 (MONTE REAL) onde é 2º Comandante.

f. Em 160830Mar74 o Capitão Garcia do RI 5 telefonou para o Oficial de Dia procurando saber se os Capitães do RI 7 estavam revoltados e o que estava ou iria fazer a CCaç/RI 7.

Nada foi respondido pelo Oficial de Dia, que só posteriormente me avisou deste aliciamento telefónico.

g. Em 160845Mar74, depois de ter recebido um telefonema do TenCor PilAv Vélhinho informando de que a BA 5 não tinha comunicações e não podia pois contactar a Secretaria de Estado da Aeronautica, avisei o QG/RMT para desta situação ser dado conhecimento a LISBOA.

h. Em 160900Mar74 foi-me comunicado pelo Exmo General Comandante que a coluna do RI 5, que saira em direcção a LISBOA, retrocedia para as CALDAS DA RAINHA balizada por uma força da GNR.

Aproveitei este telefonema para sugerir o corte das comunicações telefónicas do RI 5, para evitar a recolha de noticias ou acções de aliciamento do tipo da verificada minutos antes.

i. Em 160920Mar74 o Exmo General Comandante, mantendo a missão inicial de CCaç/RI 7, ordena entretanto que esta adoptasse as disposições convenientes face ao regresso ao quartel do RI 5 da coluna revoltada.

Comunicou também que o Exmo Brigadeiro 2º Comandante da RMT marchava para as CALDAS DA RAINHA com forças da EPC para dirigir depois localmente a acção de pacificação.

j. Em 160930Mar74 consegue-se contacto telefónico com o TenCor Guilarães que, depois de dar ordens para montagem do cerco ao quartel do RI 5, instalara o seu PC no edificio da Secção da GNR, onde dispunha de comunicações rápidas com o RI 7 e onde podia colher noticias, não só desta Secção como ainda da DGS e LP.

Sancionei este procedimento, ordenando-lhe que não abandonasse esse

SECRETO

SECRETO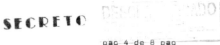

pag 4 de 8 pag

PC pois teria de receber ordens enquanto não chegasse às CALDAS o Exmo Brigadeiro 2º Comandante da RMT que iria tomar o comando local de todas as forças empenhadas ou a empenhar.

k. Em 160940Mar74 o Exmo General Comandante ordenou-me que a CCaç/RI 7 barrase a entrada no quartel das forças revoltosas que regressavam às CALDAS, ordem esta que transmiti ao TenCor Guimarães.
Dada a dificuldade de obter contacto telefónico com este, falei com o meu antigo colega do Liceu,   , responsável pelo serviço telefónico nos CTT de LEIRIA, que me conseguiu prioridade para a transmissão desta ordem.

l. Em 161010Mar74 saiu do RI 7 uma viatura pesada conduzindo rações de combate para a CCaç, comandada pelo Tenente Lapão, Chefe da Contabilidade do CA/RI 7, oficial muito desembaraçado, escolhido por mim para este transporte, que poderia vir a ter problemas, dada a fluidez da situação.

m. Em 161145Mar74, o TenCor Guimarães, ainda do seu PC no Posto da GNR, informa que a coluna revoltada, aproveitando a remodelação em curso do dispositivo da CCaç/RI 7, conseguira reentrar no quartel do RI 5.

n. Em 161213Mar74 é recebida nova comunicação do TenCor Guimarães informando que o Exmo Brigadeiro 2º Comandante já se encontrava nas CALDAS DA RAINHA e que, obedecendo a uma indicação do Exmo General Comandante transmitida através do RI 7, procurava contactar com o QG/RMT.
Deste facto dei conhecimento ao QG/RMT.
Chegam depois à Unidade 2 ambulancias do HMR 3, acompanhadas de pessoal de enfermagem e o Major Medico Aguinaldo. O QG/RMT avisou-me previamente da vinda desta equipe sanitária.

o. Em 161340Mar74 regressa das CALDAS o Tenente Lapão que fornece informações sobre a situação.

p. Em 161505Mar74 desloca-se ao RI 7, a meu pedido o Coronel Frazão, Comandante do RAL 4 para troca de opiniões com vista a uma eventual defesa de LEIRIA, no caso da situação se deteriorar e se confirmarem os boatos de estarem em marcha colunas revoltosas de Norte para o Sul do País.
Assentes algumas ideias básicas dentro do espirito da melhor colaboração que sempre tem orientado as relações entre as duas Unidades de LEIRIA.

q. Em 161640Mar74 apresenta-se no RI 7 uma força cuja vinda fora anunciada pelo QG/RMT.
Era um Esquadrão do RC 4, motorizado, sob o comando do Cap Pais de Faria que vinha acompanhado pelo Major Baptista.
A força revelava explendida apresentação e muito bom espirito o que

SECRETO

SECRETO

demonstrava a qualidade do oficial comandante, que eu de resto já conhecia da GUINÉ. Embora as circunstâncias fossem de molde a que se não confiasse em forças não pertencentes ao RI 7, fiquei totalmente seguro ao ver o Esquadrão do RC 4 e ao reconhecer os dois oficiais mais graduados.

Nada sabiam sobre a sublevação de forças do RI 5.

r. Em 1616/01Mar74 é recebida indicação de que cessou toda a resistência do pessoal revoltado cercado no aquartelamento do RI 5, ao mesmo tempo que recebo indicação para:

(1) Mandar regressar a TOMAR as ambulâncias e o pessoal;

(2) Mandar apresentar nas CALDAS DA RAINHA o meu 2º Comandante, TenCor Perez Brandão, acompanhado do Major Renato do RAL 4, para acompanhamento de oficiais presos.

3. ANÁLISE CRÍTICA

a. Dos estractos de fita do tempo pode concluir-se ter havido um certo "à vontade" da minha parte, pois poderia ter mandado armar, equipar e municiar a Companhia de Caçadores logo após a ordem de prevenção rigorosa.

Não o fiz, como já disse, por razões que julguei pertinentes na altura: a semana anterior tinha sido fertil em altas e baixas nos estados de emergência. As primeiras informações eram tranquilizadoras. Logo pensei que, acordando os homens e preparando a CCaç sem ter recebido missão concreta para a empenhar, iria banalizar um procedimento de alarme cuja importância é da maior conveniência salvaguardar.

É discutivel e pode ser censurável este meu procedimento.

Poderia esconde-lo, mas não costumo ser desleal para com o meu General. Portanto aponto-o.

Creio que esta minha atitude em nada prejudicou a intervenção da CCaç, pois esta, recebida ordem de empenhamento, pouco tempo demorou a estar no local devido para o cumprimento da missão atribuída.

b. O aprontamento da CCaç e o seu rapido embarque demonstraram estar perfeitos os Planos vigentes no RI 7.

c. As medidas de segurança postas em practica no quartel da CRUZ DA AREIA revelaram-se eficazes.

Devo esclarecer que consegui dar execução até àquilo que, no Plano LENA, chamei o "Grupo de armas pesadas".

Servido por cabos milicianos de "armas pesadas" por falta de serventes, prepararam-se canhões sem recuo, morteiros, metralhadoras pesadas para uma possível intervenção, na defesa do quartel ou no bloqueamento da estrada PORTO-LISBOA.

SECRETO

SECRETO

pag 6 de 8 pag

E montou-se até uma arma anti-aérea na parada principal do RI 7 pois nada se sabia quanto à atitude da Força Aérea e as noticias colhidas na BA 5 não eram tranquilizadoras.

d. Se foi facil e rapido equipar e fazer saír a CCaç, o mesmo já não sucedeu em relação ao seu apoio logistico.

Portanto tive de mandar rações depois da CCaç ter saído e tive preparada uma outra viatura com 1 cozinha rodada, generos, mantas e impermeáveis do pessoal. E 1 carro de água.

Não cheguei a mandar seguir este acrescimo logistico, uma vez que a CCaç passou a ser apoiada pelo RI 5.

Apenas mandei algum pão para esta Unidade, a pedido.

e. O bornal do equipamento constitue a unica capacidade de transporte que os homens possuem para carrear os objectos de que necessitam para a sua vida.

É muito escasso, sobretudo para um periodo de intervenção demorado.

f. As circunstâncias não obrigaram a por em funcionamento formal o Comando da defesa de LEIRIA.

Entretanto, por acordo com o Comandante do RAL 4, acertaram-se procedimentos a que, felizmente, não foi necessário recorrer.

E os contactos unilaterais e directos com o Comandante da Companhia da GNR, Capitão Trovão, permitiram a recolha de noticias necessárias ao empenhamento da CCaç/RI 7.

Já fiz referência concreta à acção colaborante deste oficial e à atitude do funcionário responsável pelo serviço telefónico em LEIRIA.

g. Todas as comunicações importantes tiveram por base o telefone civil.

O sistema funcionou desta vez.

Entretanto, além de não oferecer qualquer segurança militar, pode não funcionar em qualquer situação de crise que se venha a verificar no futuro.

Basta que esta situação seja acompanhada por uma acção de sabotagem da central telefónica de LEIRIA para que sejam interrompidas todas as comunicações de Norte para Sul do País, através do cabo coaxial.

E esta acção de sabotagem pode ser feita por qualquer amador, pois a central situa-se nos baixos dos edificios do chamado "Correio Velho" de LEIRIA, tendo janelas para a rua, sem qualquer protecção eficiente.

E o edificio, como regra, não é defendido nem ao menos está vigiado.

4. CONCLUSÕES

a. O Plano LENA serve perfeitamente as necessidades de defesa imediata do quartel da CRUZ DA AREIA.

b. O empenhamento da CCaç/RI 7, quando se não está do antecedente, na si-

SECRETO

SECRETO

tuação de "prevenção rigorosa", demora sempre um certo tempo, pois é necessário recuperar as praças desta Companhia que estão de guarda ao aquartelamento.

Normalmente a CCaç/RI 7 fornece o serviço de guarda ao quartel, ao passo que o reforço e piquete são serviços fornecidos pela Formação/RI 7. Deste modo os militares que garantem o funcionamento administrativo e tecnico do Regimento (e que estão na Formação) são escalados apenas para serviços que não efectam os seus trabalhos especializados.

No caso de se desejar um tempo minimo de empenhamento da CCaç/RI 7, há que retirar a esta Companhia as responsabilidades de guarda, o que acabará por provocar a asfixia de todo o trabalho no RI 7, além de impedir que o pessoal da Formação possa gozar das folgas que garantem as boas condições de repouso para uma correcta execução dos serviços de guarda.

c. Há vantagem em rever e vivificar o funcionamento do Comando da Defesa de LEIRIA e a situação e missões do Comandante Militar de LEIRIA. Mesmo que aquele não assuma a totalidade das suas funções de comando de todas as forças do Ministério do Exército ou do Ministério do Interior, a sua acção é importante para se enfrentar uma situação semelhante à de 16Mar74.

Sobretudo no referente à recolha de noticias, por parte da GNR, PSP, LP e DGS. O contacto pessoal e directo a que fui forçado a recorrer pode não funcionar, se entretanto mudarem as entidades, uma vez que teve por base as boas relações pessoais entre os interessados.

d. É conveniente rever o sistema de transmissões, quer no referente às redes tácticas quer no respeitante à rede telefónica militar que, embora reparada há pouco, está sujeita a frequentes interrupções. A rede Storno, a que pouco se recorreu, demonstrou ser um meio de transmissão de alto valor, que convém incrementar, quer no referente a número de postos, quer no respeitante a rotina de utilização.

e. É dificil e demorado reforçar a CCaç/RI 7 com armas pesadas que não sejam as orgânicas, uma vez que não existem serventes para estas armas Teoricamente será possivel reinstruir praças para estas funções. Entretanto esta solução, além de enfraquecer o efectivo da CCaç/RI 7 em pessoal atirador, obriga à execução de fogos reais para uma completa integração da guarnição na sua arma.

Desconfio da eficiência real do "Grupo de Armas Pesadas" que organizei de acordo com o Plano LENA, pois os cabos-milicianos nunca tinham feito fogo com as armas que procuraram pôr em condições operacionais.

f. Há vantagem em armazenar no RI 7 as rações de combate que, até agora,

SECRETO

SECRETO

estavam nos Armazéns da Delegação da Manutenção Militar hipotecadas à Unidade. Já o fiz.

g. Há necessidade de se melhorar o equipamento do pessoal da CCaç/RI 7. No minimo fornecer-lhe sacos de bagagens para transporte do imper- meável ou capote, manta, mudas de roupa, calçado ou outros artigos necessários a uma intervenção demorada. Já o fiz.

Entretanto poderia também ser previsto o fornecimento de sacos de dormir que, à ordem no RI 7, seriam distribuídos em exercicios ou quando as necessidades reais fizessem prever um periodo demorado de intervenção.

h. O desenvolvimento progressivo da crise que teve, até agora, o seu pon- to mais alto nas CALDAS DA RAINHA, demonstrarar já que eu podia conta inteiramente com todo o pessoal do RI 7, em qualquer emergência, como por várias vezes afirmei ao Exmo General Comandante da RMT.

Os factos passados confirmaram completamente esta presunção, pois to- do o pessoal foi impecável e interessado no desempenho das suas fun- ções.

ANEXO:

- Relatório do TenCor Virgilio Guimarães (Acontecimentos do dia
16/17Mar74)

DISTRIBUIÇÃO:

- Ex 1: QG/RMT
- Ex 2:e 3: RI 7

O COMANDANTE DO RI 7

JORGE DA COSTA SALAZAR BRAGA
CORONEL DO CEM

SECRETO

ANEXO VII

Documento III – *ACONTECIMENTOS DO DIA 16/17 MAR 74*, Major Guimarães, Leiria, 17 de Março de 1974, Arquivo Histórico Militar

CONFIDENCIAL

Folha 1 de 5 Pag

ANEXO AO RELATÓRIO DE SITUAÇÃO

REGIMENTO DE INFANTARIA Nº 7

ACONTECIMENTOS DO DIA 16/17 MAR 74

Fita do Tempo

- 160615Mar74 – Saída da C Caç direcção a CALDAS DA RAINHA com a missão de cercar o RI 5 não permitindo que, seja quem fôr, entre ou saia do Quartel. Esta missão foi-me dada pelo Exmo Comandante do RI 7.

- 160815Mar74 – Chegada da C Caç à TORRES (5 Km) de CALDAS DA RAINHA; reunião com o Comandante de Companhia e Subalternos para decidir a atitude a tomar e para ser confirmada ao Comandante de Companhia a missão acima referida; tentativa de contacto pela rádio com o RI 7 que resultou infrutífera.

- 160820Mar74 – Contacto no local acima indicado com dois guardas da GNR da Secção de CALDAS DA RAINHA, que informaram o seguinte:
  - Uma C Caç do RI 5 tinha saído em direcção a LISBOA, muito transportada cerca das 160130Mar74; dentro do Quartel tudo se mantinha calmo parecendo que os postos de defesa eram os normais. Resolvi enviar o ASP SECA, vestido com um fato de macaco civil, que lhe foi fornecido por um dos guardas que trajava também civilmente, para fazer o reconhecimento do Quartel do RI 5, aproveitando o disfarce.

- 160915Mar74 – Apresentou-se-me no mesmo local o TEN PIRES Comandante da Secção da GNR de CALDAS, que se pôs à minha inteira disposição para o que fosse necessário.
  Informado da missão da C Caç declarou que esta missão, no que diz respeito à vigilância da Porta de Armas, seria muito difícil de cumprir, dado o domínio de toda a estrada LISBOA – CALDAS por parte do pessoal do RI 5 que facilmente bateria com os seus fogos as imediações da referida Porta de Armas. Em face da inoperância do posto de rádio solicitei ao Comandante da GNR que me fosse permi-

CONFIDENCIAL

Folha 2 de 5 Pag

tido utilizar o seu gabinete e os seus telefones para contactos com o exterior. Imediatamente fui acedido no pedido, seguindo no seu próprio carro para CALDAS dando ordem à C Caç para iniciar a montagem do cerco pelo lado Sul e Oeste do Quartel. Entretanto tinha regressado do seu reconhecimento o ASP SECA que confirmou as informações dadas pela GNR, quanto ao estado do pessoal dentro do Quartel.

- 160930Mar74 - Instalei-me no Posto de Comando da GNR e comuniquei telefónicamente com o Exmo Comandante do RI 7 confirmando-lhe a saida das tropas do RI 5 em direcção a LISBOA cerca das 0130 e informando-o que era muito difícil à C Caç estabelecer a barragem na estrada principal do RI 5. O Exmo Comandante do RI 7 mandou aguardar e em ...

- 160945Mar74 - Comunicou-me que a Companhia vigiasse as saidas e entradas do RI 5 onde se encontrava já, não mantendo a vigilância da estrada principal, mas cortasse na estrada, a todo o custo, a possibilidade da Companhia do RI 5 de entrar no Quartel - Esta ordem foi imediatamente transmitida ao CAP CRESPO - e que aguardasse, onde me encontrava a chegada do Exmo 2º Comandante da REGIÃO MILITAR DE TOMAR.

- 161000Mar74 - Apresentou se-me o Sr   , Comandante de Lança da LP do Quartel General da LP que depois de devidamente identificado e em virtude do seu oferecimento, dadas as possibilidades de facilmente poder circular em qualquer parte visto se encontrar à paisana, foi utilizado por mim para me informar do que se passava na zona dos acontecimentos.
  - Assim em ...

- 161015Mar74 - Enviei este informador pela estrada CALDAS - LISBOA para se informar de tudo o que fosse possível, comunicando, em primeiro lugar, ao CAP CRESPO, visto passar pelo seu Posto de Comando.
  Este informador levou uma credêncial minha para apresentar ao CAP CRESPO para ele não ter qualquer dúvida quanto à sua identidade.

CONFIDENCIAL
Folha 3 de 5 Pag

- 16¢45Mar74 - O Comandante da GNR recebeu informações de um observador colocado nas imediações do Quartel, que tinha entrado naquele momento um Jeep e 6/7 viaturas incluindo uma cozinha rodada da Companhia que antes tinha saido do Quartel.

- 161¢55Mar74 - Outro informador da GNR, telefónicamente diz que a C Caç//RI 7 está instalada fazendo barragem que por mim foi indicada na estrada LISBOA - CALDAS e que esta instalação ficou pronta cerca das 1¢45.

- 1611¢¢Mar74 - Apresentou-se o Chefe de Brigada da DGS de PENICHE, Sr   , que ficou à minha disposição também como informador. Contactei, telefónicamente, com o Exmo Sub Director da DGS em Lisboa que me pediu informações sobre o desenrolar dos acontecimentos.

- 1611¢5Mar74 - Contactei também telefónicamente com o Exmo 2º Comandante da LP, BRIGADEIRO   em LISBOA, que me deu todo o apoio do elemento da LP que se encontrava junto de mim.

- 1611¢Mar74 - Um dos observadores da GNR informou que a coluna da C Caç//RI 5 é constituida por 1 Jeep e 11 viaturas pesadas o que nunca foi confirmado. Foi confirmado sim,1 Jeep e 5/6 viaturas.

- 161135Mar74 - Um avião ligeiro não identificado sobrevoou o Quartel do RI 5. Foram ouvidos dentro do Quartel 4 tiros, desconhece-se o motivo. Foi comunicado ao Exmo Comandante do RI 7.

- 1612¢5Mar74 - O Chefe da DGS informou que uma Companhia da GNR seguia no encalso da C Caç/RI 5.

- 1613¢¢Mar74 - Tive conhecimento que o telefone do RI 5 tinha sido cortado pelos CTT. O Chefe da Estação dos CTT de CALDAS informou telefónicamente o Comandante da GNR que tinha recebido um oficio vindo do RI 5 assinado P' O COMANDANTE por um CAP parecendo ser VARELA que intimou os CTT de CALDAS para ligar directamente o telefone pois caso contrário, interviria.

CONFIDENCIAL

Folha 4 de 5 Pag

- 1613**3**0Mar74 – Agente da PSP de CALDAS destacado na estrada nas imediações do RI 5 informou que o Exmo 2º Comandante da REGIÃO
  MILITAR DE TOMAR mandou completar o cerco ao Quartel por
  elementos da EPC e ordenou que fosse estabelecido o cerco completo ao RI 5; Para este efeito em ...

- 1613**4**5Mar74 – A C Caç/RI 7 tomou a seu cargo o cerco do RI 5 pelo NORTE
  SUL e OESTE, que ficou terminado às 1500, ficando a C Caç/
  RI 7 enquadrada por C Caç/RI 15 à esquerda e EPC à direita.
  Desloquei-me para a zona onde a C Caç/RI 7 se vai estabe-
  lecer.

- 16150**0**Mar74 – Fui informado que o Exmo 2º Comandante da REGIÃO MILITAR
  DE TOMAR acompanhado de un MAJOR entrava no RI 5.

- 16155**0**Mar74 – Avioneta que se supõe ser militar continua a sobrevoar o
  RI 5 a grande altitude.
  Vistas praças do RI 5 em cima dos muros do Quartel comple-
  tamente desarmadas e os postos de sentinela guarnecidos
  supõe-se que no mínimo. Encontro-me perto do CAP CRESPO.
  PESSOALMENTE

- 16180**0**Mar74 – MAJOR MONROY/RI 5 transmitiu-me ordens do Exmo Comandante
  da REGIÃO MILITAR DE TOMAR para que entrasse no RI 5.

- – Uma vez aí dentro, o Exmo 2º Comandante da REGIÃO MILITAR
  DE TOMAR deu-me como missão coadjuvar o Comandante interino do RI 5 e à C Caç RI 7 constituir uma força de intervenção imediata.

- 17110**0**Mar74 – O Exmo 2º Comandante da REGIÃO MILITAR DE TOMAR ordenou-
  -me que podia regressar ao RI 7 e à C Caç desta Unidade
  regressaria no dia de amanhã.

- 17140**0**Mar74 – Regressei ao RI 7, terminado o meu serviço.

APRECIAÇÕES:

De realçar a óptima colaboração que me foi prestada:
- pelo Sr TEN PIRES Comandante da Secção da GNR de CALDAS que pôs à minha
  disposição todos os elementos sob o seu comando e as instalações, nomeadamente os seus telefones que me permitiram colher informações bastante
  válidas dos acontecimentos que se estavam a desenrolar.

-

CONFIDENCIAL Folha 5 de 5 Pag

- pelo Sr.   Comandante de Lança da LP do Quartel General da mesma LP que se mostrou incansável na pesquisa de notícias e também como guia, dados os seus grandes conhecimentos da zona de CALDAS, à C Caç/RI 7 nos seus movimentos de aproximação e cerco do Quartel do RI 5.

- pelo Sr. Chefe de Brigada da DGS de PENICHE,   , pelos mesmos motivos.

- por último a C Caç/RI 7 mostrou-se eficientíssima no cumprimento das funções que lhe foram cometidas, mostrando-se os seus graduados especialmente o seu Comandante perfeitamente conscios dos seus deveres e plenamente dotados de conhecimentos militares de elevado senso e espírito de sacrifício. De exaltar o espírito de disciplina que todo o pessoal desta Companhia demonstrou.

Quartel em Leiria, 17 de Março de 1974

O OFICIAL COORDENADOR

VIRGÍLIO ANTÓNIO ALVES GUIMARÃES
MAJ DE INFª

ANEXO VIII

Documento IV – *RELATÓRIO DA ACÇÃO EM CONSEQUENCIA DOS ACONTECIMENTOS REGISTADOS NO RI 5 EM 16MAR74*, EPC Santarém, 19 de Março de 1974, Arquivo Histórico Militar

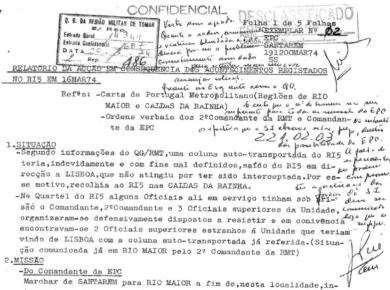

RELATORIO DA ACÇÃO EM CONSEQUENCIA DOS ACONTECIMENTOS REGISTADOS NO RI5 EM 16MAR74.

Refªs: -Carta de Portugal Metropolitano(Regiões de RIO MAIOR e CALDAS DA RAINHA)
-Ordens verbais dos 2ºComandante da RMT e Comandante da EPC

1. SITUAÇÃO
   -Segundo informações do QG/RMT, uma coluna auto-transportada do RI5 teria, indevidamente e com fins mal definidos, saído do RI5 em direcção a LISBOA, que não atingiu por ter sido interceptada. Por esse motivo, recolhia ao RI5 nas CALDAS DA RAINHA.
   -No Quartel do RI5 alguns Oficiais ali em serviço tinham sob prisão o Comandante, 2ºComandante e 3 Oficiais superiores da Unidade, organizaram-se defensivamente dispostos a resistir e em conivência encontravam-se 2 Oficiais superiores estranhos á Unidade que teriam vindo de LISBOA com a coluna auto-transportada já referida.(Situação comunicada já em RIO MAIOR pelo 2º Comandante da RMT)

2. MISSÃO
   -Do Comandante da EPC
      Marchar de SANTAREM para RIO MAIOR a fim de, nesta localidade, interceptar a coluna auto-transportada do RI5 que de LISBOA regressava ás CALDAS DA RAINHA, procurando a todo o custo evitar meios extremos para cumprimento da missão.
      Em RIO MAIOR efectuar a apresentação ao 2ºComandante da RMT que estabeleceria missões ulteriores ou modificaria a inicial.
   -Do 2º Comandante da RMT
      -Marchar em direcção ás CALDAS DA RAINHA a fim de, nas estradas de acesso a esta localidade e provenientes de SUL, interceptar a coluna auto-transportada do RI5 que de LISBOA regressava ás CALDAS DA RAINHA.
      -Conjuntamente com 1 CCAÇ/RI7 e 1 CCAÇ/RI15, cercar o Quartel do RI5 impedindo qualquer contacto dos seus elementos com o exterior e, á sua ordem, atacar e ocupar o Quartel.
      -Assumir o Comando da Acção caso se verificasse o seu impedimento no Comando da mesma para o que disporia também duma Companhia da GNR que seria presente nas CALDAS DA RAINHA.

3. FORÇA EXECUTANTE
   a. Comandante- Major de Cavª SEQUEIRA DA SILVA
   b. Comandante do EREC(-)- Capitão de Cavª JOAQUIM CAPÃO
      Comandante do ESQ AT/AUTO TPS-Cpitão de Cavª ANTONIO PAIMA
   c. 1 EREC(-)
      1 ESQ AT/AUTO TPS

4. PLANOS ESTABELECIDOS PARA A ACÇÃO
   -Marchar até RIO MAIOR em coluna, com o EREC(-) na testa.
   -Na periferia de RIO MAIOR, no acesso a esta localidade pela estrada LISBOA-PORTO, colocar o EREC(-) sobre o itinerário em condições de,

CONFIDENCIAL

Folha 2 de 5 Folhas

com os blindados e inicialmente sem qualquer abertura de fogo,interceptar a coluna do RI5.A Secção de Exploração flanqueando o local da barragem e a Secção de Atiradores junto aos blindados.

Do ESQ AT/AUTO TPS,2 Pelotões flanqueando o itinerário a SUL do local da barragem e o 3º Pelotão em reserva.

-Face á situação e missão transmitidas em RIO MAIOR pelo 2ºComandante da RMT:

   -No entroncamento da estrada de LISBOA-PORTO com a estrada para ÓBIDOS,a cerca de 4KMS a SUL das CALDAS DA RAINHA,com o EREC(-) interceptar a coluna do RI5 com os blindados apoiados pelas Secções de Exploração e Atiradores flanqueando o itinerário.

   -No entroncamento da estrada LISBOA-PORTO com a estrada para SANTARÉM,a cerca de 3,5 KMS a SUL das CALDAS DA RAINHA,manter o ESQ AT//AUTO TPS para interceptar a coluna do RI5 caso se verificasse o seu aparecimento pelo último itinerário referido e em condições de apoiar o EREC(-)

   -Posteriormente,cercar o Quartel do RI5 pelo lado ESTE com o ESQ AT//AUTO TPS e com o EREC(-) no entroncamento da estrada LISBOA-PORTO com a de OBIDOS,junto ás bombas da gasolina da Sacor.

   -Actuar ofensivamente consoante as ordens do 2ºComandante da RMT,face á evolução da situação.

5.DESENROLAR DA ACÇÃO

As Forças da EPC saíram sob o meu Comando cerca das 08H30 de 16MAR74. A chegada a RIO MAIOR verificou-se apenas ás 10H00,aproximadamente,em virtude de mau funcionamento de viaturas.

Simultaneamente á chegada da coluna a RIO MAIOR verificou-se a chegada do 2ºComandante da RMT acompanhado de 2 Oficiais do QG/RMT,que me transmitiu a situação e missões já referidas.Entretanto,através de elementos da GNR,foi recebida uma mensagem informando da passagem da coluna do RI5 na ESPINHEIRA,trazendo no seu encalce uma Companhia da GNR e admitia-se a hipótese de poder ainda utilizar o itinerário RIO MAIOR-CALDAS DA RAINHA.

Foram dadas as convenientes instruções ao pessoal e resolvido que a interçepção da coluna do RI5 seria feita na periferia das CALDAS DA RAINHA,na estrada LISBOA-PORTO.

Face á gravidade da situação no Quartel do RI5,ás novas missões e á análise dos meios sob o meu Comando,alvitrei o reforço com Carros de Combate e a previsão de utilização de meios aéreos,assunto que imediatamente foi devidamente considerado pelo 2ºComandante da RMT.

Chegados cerca das 11H30 ao entroncamento com a estrada LISBOA-PORTO já ali se encontrava a CCAÇ/RI7 que informou que pouco tempo antes da sua chegada já tinham recolhido ao Quartel do RI5 viaturas da coluna que regressava de LISBOA,não se sabendo se constituiam a totalidade da mesma.

Nestas circunstancias foi dada execução aos planos estabelecidos no que se refere á intercepção de ontros elementos da coluna que possívelmente ainda não teriam recolhido,substituindo as Forças da EPC as Forças do RI7 que ali se encontravam com essa finalidade.

Entretanto era presente a Companhia da GNR cujo Comandante informou não

CONFIDENCIAL

CONFIDENCIAL

Folha 3 de 5 Folhas

ter estabelecido concacto com a coluna do RI5 e que havia visto abandonada na auto-estrada do Norte uma viatura pesada daquela Unidade. A Companhia da GNR substituiu as Forças da EPC nas missões já referidas ficando simultaneamente a constituir uma reserva no que se refere ás ulteriores actuações tendo sido iniciada a montagem do cerco.

Cerca das 13H00,após a instalação das Forças da EPC,o 2ºComandante da RMT deslocou-se numa viatura desta Escola á Porta das Armas do RI5, apenas com o condutor,   ,que voluntáriamente se ofereceu para o fazer.

Quando o 2ºComandante da RMT estava junto á Porta das Armas do RI5 e o EREC(-) nas respectivas posições,recebi uma comunicação via rádio dum posto com o indicativo "QUARTEL",que presumo ser um posto instalado no Quartel do RI5,interro gando-me nos seguintes termos:"QUAL A RAZÃO DA VOSSA PRESENÇA AI?".Informei-o:"JULGO JÁ TER ENTRADO NO QUARTEL UM ELEMENTO DA RMT QUE INFORMARÁ E JUSTIFICARÁ A NOSSA PRESENÇA".

Passados momentos o 2ºComandante da RMT informou-me de que na Porta das Armas havia dito que pretendia falar com o Comandante da Unidade e que um Capitão o informara de que apenas recebia ordens emanadas do GENERAL SPINOLA e que,nestas circunstancias,havia dado um prazo de 15 minutos para o Quartel se render.Findo este prazo as Forças do cerco tentariam por todos os meios ocupar o Quartel.

Passados minutos veio juntode mim o Capitão FARIA em serviço no RI5 que pretendia falar com o 2ºComandante da RMT.Mandei disto informar esta entidade e entretanto procurei dissuadi-lo de qualquer resistência, fazendo-lhe ver da gravidade do que se estava a passar e das repercussões que o caso teria se tivesse que existir uma confrontação de forças.Fiquei com a idéia de que,os elementos organizados defensivamente np Quartel do RI5,não pretendia recorrer a essa solução.

O 2ºComandante da RMT,acompanhado do Capitão FARIA,dirigiu-se ao Quartel do RI5 para falar com o Comandante da Unidade e cancelou a ordem dada ás Forças do cerco para actuarem ofensivamente.

Passado algum tempo veio juno de mim o 2ºComandante da RMT trazendo na sua viatura o Comandante,2ºComandante e Majores VAGOS e MONROE,todos do RI5.Informou-me de que a situação estava em vias de solução e que havia deixado no Quartel o Major SERRANO do mesmo Regimento com ordens para que os Oficiais se reunissem na biblioteca,que o armamento colectivo fosse reunido e depositado á Porta das Armas,que o pessoal fosse desarmado e recolhesse ás respectivas casernas,para que a Porta das Armas fosse aberta,dando para o efeito determinado prazo.

Junto dos Oficiais do RI5 atrás referidos inteirei-me de pormenores da situação dentro do Quartel,nomeadamente no que se referia á organização defensiva que me pareceu feita em moldes que em muito dificultaria a acção das Forças do cerco em caso de actuação ofensiva por parte destas. Ao aproximar-se a expiração do prazo já referido ,o 2ºComandante da RMT deu ordem para se estreitar o cerco e de novo as Forças alertadas para uma iminente actuação ofensiva,o que não veio a verificar-se.

Cerca das 16H00 começou a verificar-se do exterior que as ordens emanadas pelo 2ºComandante da RMT estavam a ser cumpridas e,passado algum tempo,fui informado por aquela entidade de que a situação estava con-

CONFIDENCIAL

CONFIDENCIAL

Folha 4 de 5 Folhas

trolada e normalizada;que uma viatura do RI15 iria recolher o armamento colectivo depositado á Porta das Armas,que as CCAG/RI7 e RI15 ocupariam o Quartel ficando sob as ordens do Comandante do RI5,que as
Forças da EPC constituiriam uma Força de Intervenção e que os Oficiais
responsáveis pela situação criada seriam conduzidos a LISBOA e os restantes graduados seguiriam para SANTA MARGARIDA.
Cerca das 22H00,após a passagem em direcção a LISBOA do autocarro com
Oficiais dr RI5 devidamente escoltados,recebi ordem do 2ºComandante da
RMT para recolher as Forças sob o meu Comando á EPC,tendo a marcha sido iniciada cerca das 22H30 e a chegada á EPC cerca das 00H50,sem qualquer incidente.

6. SERVIÇOS
    - R/C para 1 dia
    - Pessoal do SS e de Manutenção considerado necessário

7. APOIOS
    Nada a referir

8. CONCLUSÕES E ENSINAMENTOS COLHIDOS
-Do que me foi dado ouvir de alguns elementos da população(povo),a situação que se criou não foi bem aceite e também não a atemorizou,tal-
vez porque não se tivessem apercebido da sua gravidade.Tanto quanto sei,
na cidade das CALDAS DA RAINHA,o assunto era comentado com pouco interesse.
Apenas numa fábrica nas traseiras do Quartel do RI5 as empregadas,cer-
ca de 100,se alarmaram e solicitaram esclarecimentos através da entidade patronal sobre o perigo que corriam e se os seus familiares corriam
perigo nas suas residências.
-A situação criada,como é natural,mereceu a maior curiosidade dos orgãos
de informação,até estrangeiros,que no local tiveram em permanência representantes que,certamente,irão explorar o facto nos mais variados campos e segundo as conveniências.
-De realçar a colaboração prestada por alguns elementos da população(povo)
que colhiam elementos junto do Quartel do RI5 e os transmitiam ás Forças
constituiam o cerco,no sentido de lhes facilitar a missão.
-É da maior urgência dotar a EPC de efectivos e material para fazer face
ás missões que lhe são impostas e ainda,rever o Q.O. do ESQ AT/AUTO TPS.
Assim,julga-se que merecem urgente e grande ponderação os seguintes
pontos;
    -a importância da situação geográfica da EPC
    -o apreciável número de faltas ao efectivo orçamental,já muito dimi-
    nuto para fazer face ás variadas missões da EPC.(em média,desde o
    inicio de 1973,têm faltado cerca de 130 praças e algumas delas de
    especialidades de dificil senão impossivel substituição)
    -o deficiente estado do material rádio e o seu reduzido quantitativo
    -o deficiente estado das viaturas,nomeadamente as blindadas do EREC
    (bastará frisar que do EREC pouco mais se conseguiu constituir do
    que 1 PEL e com uma inaceitável heterogeneidade de material)
    -o deficiente estado dos Carros de Combate e a ausência de material
    rádio para os equipar(duvida-se que pelos seus meios chegassem ás
    CALDAS DA RAINHA,caso necessário)

CONFIDENCIAL

CONFIDENCIAL

Folha 5 de 5 Folhas

-a impossibilidade momentânea por motivos de segurança em consequência da ausência de paióis,de determinados tipos de munições
poder estar em permanência na EPC
-Do Q.O. do ESQ AT/AUTO TPS não consta:
- -meios rádio
- -morteiros
- -LGF
-o armamento colectivo e os meios rádio,principalmente, são insuficientes para fazer face ás necessidades de instrução e permitir,
simultaneamente,que as sub-unidades ccm responsabilidades de S.I.
estejam convenientemente apetrechadas.
-a situação criada em 16MAR74 nas CALDAS DA RAINHA,não fora ter
havido bom senso sem que tivesse deixado de haver inflexibilidade
na conduta da acção,poderia ter tido resultados imprevisiveis e
nada garante que outras situações graves possam aparecer.Assim
há que considerar com urgência o conveniente apetrechamento das
sub-unidades com responsabilidades de S.I.

9.DIVERSOS
-De salientar o comportamento do Soldado
do EREC desta EPC que,conhecedor da gravidadde da
situação e do perigo que corria,voluntáriamente se prontificou a ser-
vir de condutor do 2ºComandante da RMT quando esta entidade,apenas com
o citado condutor,se dirigiu á Porta das Armas do Quartel do RI5 após
a montagem do cerco e nas restantes diligências que aquela entidade
teve que efectuar ainda que no interior do Quartel.
-Tratando-se de um problema com Forças do Exército,julga-se desaconse-
lhável a inclusão de outras Forças,que não as dele,na sua resolução.
Não fora a localização e missão dadas á Companhia da GNR pelo 2ºCo-
mandante da RMT,talvez tivessem existido as mais variadas interpretações e comentários e talvez mesmo a reacção dos elementos organizados
no interior do Quartel do RI5 tivesse sido diferente.

O COMANDANTE DA ACÇÃO

ORLANDO JOSÉ SEQUEIRA DA SILVA
MAJOR DE CAVALARIA

DISTRIBUIÇÃO:
Exemplar nº 1...........ARQUIVO
Exemplares nºs 2 a 5.....QG/RMT
Exemplares nºs 6 a 8.....RESERVA

CONFIDENCIAL

ESCOLA PRÁTICA DE CAVALARIA

INFORMAÇÃO DO COMANDANTE DA EPC NOS ASPECTOS QUE PODE APRECIAR

1. Todo o pessoal interveniente revelou grande vontade em bem cumprir embora se tratasse duma operação extremamente melindrosa.
2. Todo o pessoal estava imbuido no espirito de empregar todos os meios antes dos mais drásticos, aliás definido pelo Comandante da EPC.
3. Todo o pessoal ficou satisfeito em ter cumprido a missão sem derramamento de sangue, o mesmo se verificando em toda a EPC.
4. Foca este Comando a excepcional coragem moral e fisica revelado pelo Exmº Brigadeiro 2º Comandante da RMT que não hesitou em arriscar a sua própria vida, poupando a dos outros, para que a missão pudesse ser cumprida.
5. E extremamente importante tudo o que o Exmº Major Sequeira da Silva diz sobre as deficiências em pessoal e material, verificadas na EPC, assunto este já apresentado anteriormente na RMT e DAC.
   E este Comando de opinião que não se deve perder um segundo na solução do mesmo.

SANTARÉM, EPC, 19MAR74
O COMANDANTE

AUGUSTO DA FONSECA LAGE
COR. DE CAVª.

ANEXO IX

Documento V – *Relação dos Oficiais do Q.P. que Seguiram para Lisboa em 16/MAR/74,* Regimento de Infantaria 5, 18 de Março de 1974, Arquivo Histórico Militar

REGIMENTO DE INFANTARIA N°.5

RELAÇÃO DOS OFICIAIS DO Q.P. QUE SEGUIRAM PARA LISBOA EM 16/MAR/74

Major	- Casanova Ferreira	(não é do RI 5)
"	- Mange	(" " " ")
Cap.	- Ramos	(?" " " ")

Cap.Inf°.	08908263 - Luis da Piedade Faria	
" "	31685762 - João Henrique Domingues Gil	
" "	31652160 - José Marques Gonçalves Novo	
" "	46030058 - Francisco António Branco Ramos	
" "	09486565 - João Madalena Lucas	
" "	49120160 - Virgilio Canisio Vieira da Luz Varela	
" "	00377765 - Ivo Carlos Garcia	
" "	03822763 - Virgilio José Fonseca Pereira de Carvalho	
" "	02854963 - Alberto da Silva Pereirinha (de B.Caç.10)	
Ten.Inf°.	37255661 - Victor Manuel da Silva Carvalho	
" "	05316365 - João Raul Gomes Bettencourt Coelho	
" "	09072965 - Adelino de Matos Coelho	
" "	00304866 - Carlos Manuel Gonçalves Abreu Carvalhão	
" "	03339365 - Carlos Alberto Rocha Neves	
" "	06544166 - Joaquim António Pereira Moreira dos Santos	
" "	02541466 - Gabriel Gomes Mendes	
" "	08184166 - José Manuel Vaz Pombal	
" "	06401065 - José Pina David Pereira	
" QEO	07593666 - José António Verdú Martins Montalvão	
" Inf°.	02545665 - Luis Manuel Carreira Angelo (de B.Caç.10)	

Quartel em Caldas da Rainha, 18 de Março de 1974

ANEXO X

Documento VI – *Relação de Oficiais do Q. C. que Seguiram para Lisboa em 16/MAR/74,* Regimento de Infantaria 5, de 18 de Março de 1974, Arquivo Histórico Militar

REGIMENTO DE INFANTARIA Nº.5

RELAÇÃO DOS OFICIAIS DO Q.C. QUE SEGUIRAM PARA LISBOA EM 16/MAR/74

```
Ten.Mil°.Inf°.  00907166 - Jorge Hernani Moreno de Oliveira, do B.C.5 (Termina
                            a prestação de serviço voluntário em 7/11/74)
  "    "    "    42068262 - João de Jesus Pereira, do R.I.15 (Termina a presta-
                            ção de serviço voluntário em 18/11/75)
  "    "    "    03753466 - Manuel Cirilo Livreiro Rocha, do R.I.2 (Termina a
                            prestação de serviço voluntário em 5/4/74)
  "    "    "    04970069 - António Sobral da Silva Andrade, do R.I.15 (Termina
                            a prestação de serviço voluntário em 16/4/74)
Alf.Mil°.Inf°.  05307472 - Fernando Jorge de Moura Ferreira (Disponib.em Jul75)
  "    "    "    03226772 - Anibal Carlos de Oliveira Ribeiro (    "    "    "  )
  "    "   SGE   03403666 - Gustavo João Dinis Coelho          (    "    "  Out74)
  "    "    SP   10113569 - Alberto José Batista Campos         (    "    "  Abr74)
  "    "   Inf°. 82011068 - Carlos António Caetano de Barros, do R.I.16 (Termina
                            a prestação de serviço voluntário em 23/3/74)
  "    "    "    04680369 - Álvaro Bento Lapa, do B.C.10 (Termina a prestação de
                            serviço voluntário em 26/11/74)
Asp.Of.Mº.Inf°.10901370 - Fernando José da Conceição Castano (Disponib.em Out75)
  "    "    "    07815571 - José Duarte Matias dos Santos       (    "    "    "  )
  "    "    "    03889672 - Helder da Silva Castemheira         (    "    "    "  )
  "    "    "    00927872 - Rui Mário Costa de Almeida Guerra   (    "    "    "  )
  "    "    "    12748770 - João Alves Garcia da Costa          (    "    "  Jan76)
  "    "    "    05195471 - José António Calado Batista Paiva    (    "    "    "  )
  "    "    "    04117172 - Eugénio Tomás Ribeiro da Silva      (    "    "    "  )
  "    "    "    02626270 - José Viterino Paiva Rocha           (    "    "    "  )
  "    "    "    07511775 - Francisco Renou de Matos Cramho     (    "    "  Abr76)
  "    "    "    10942675 - Francisco José Caldeira Valadares   (    "    "    "  )
  "    "    "    15923672 - Amilcar Gerardo Sobreiro Ventura    (    "    "    "  )
  "    "    "    18015475 - Carlos Alberto Leitão Fernandes     (    "    "    "  )
  "    "    "    12848872 - Germano Augusto Dinis Ramos         (    "    "    "  )
  "    "    "    15162068 - Manuel Carlos Andrade Ramos         (    "    "  Jul76)
  "    "    "    09840573 - Vasco de Carvalho Torres Simões     (    "    "    "  )
  "    "    "    10111472 - António Pedro Lopes da Silva        (    "    "    "  )
  "    "    "    01465775 - José António Campos Leão            (    "    "    "  )
  "    "    "    10366573 - Mário José Silva Coelho Cordeiro    (    "    "    "  )
  "    "    "    08677772 - José Manuel Garcia dos Santos       (    "    "    "  )
  "    "    "    18798675 - Joaquim Manuel Paulino Guardado     (    "    "    "  )
  "    "    "    15896173 - José Albino Marques Abrantes        (    "    "    "  )
  "    "    "    09386273 - Manuel Belem Mabaia                 (    "    "    "  )
  "    "    "    04609273 - Álvaro Loureiro da Silva            (    "    "    "  )
  "    "    SP   09310068 - José António Correia Teles Lufinha  (    "    "    "  )
```

Asp.Of.Mil°.Inf°. 09299769 - Eduardo Alfredo Peleias   (Disponib.em Out76)
"   "   "   "   04493571 - João Pedro Guanão Correia Arouca ("   "   ")
"   "   "   "   15393073 - Fernando Manuel Galo Almeida Cabrita ("   "   ")
"   "   "   "   12044173 - Anibal Guilherme Pereira da Costa ("   ")
"   "   "   "   09356673 - Jorge Filipe Amado Canadinhas   ("   "   ")
"   "   "   "   19046272 - Arnaldo Marques das Neves   ("   "   ")
"   "   "   "   18317273 - Henrique Augusto Duarte Martinho ("   "   ")
"   "   "   "   10296973 - Carlos Alberto Matos Carvalho   ("   "   ")
"   "   "   "   18571473 - Carlos José Araujo Amorim   ("   "   ")
"   "   "   "   17057573 - Julio António Carneiro Rodrigues ("   "   ")
"   "   "   SP   05540971 - João José Sardoeira Pereira da Silva ("   "   ")

Quartel em Caldas da Rainha, 18 de Março de 1974

ANEXO XI

Documento VII – *Relação dos Furriéis Milicianos e 1.ºs Cabos Milicianos que marcharam para Santa Margarida em 16/MAR/74*, Regimento de Infantaria 5, de 18 de Março de 1974, Arquivo Histórico Militar

REGIMENTO DE INFANTARIA Nº.5

RELAÇÃO DOS FURRIÉIS MIL.ºS e 1ºS.CABOS MIL.ºS QUE MARCHARAM PARA SANTA MARGARIDA EM 16MAR74

Fur.Mil.Inf.19585471 – Amaro José Assis Miranda			(Disponib.em Abr74)
" " " 00948771 – Luis Fialho Penas			(" " ")
" " " 06390271 – António Ferreira Feliciano			(" " ")
" " " 05584371 – Joaquim Coutinho Duarte			(" " ")
" " " 01548371 – Luis Alves Ruivo			(" " ")
" " " 03257671 – Rogério Correia Lourenço			(" " ")
" " " 04985471 – João António Dias Fernandes			(" " Jul74)
" " " 03359571 – Julio Casimiro Garcia			(" " ")
" " " 15093971 – Manuel Braz Pepino Vieira Branco			(" " ")
" " " 03976471 – Pedro Rosa Chanbel			(" " ")
" " " 17502371 – Rui de Abreu Silva			(" " Out74)
" " " 17778872 – António José Ferreira Vendas			(" " Jan75)
" " " 00274172 – António João Gonçalves Ferreira			(" " ")
" " " 12034572 – Manuel Julio Patricio Vicente			(" " ")
" " " 17684571 – José António Correia			(" " Jul74)
" " " 07084872 – Henrique Manuel Pedro			(" " Abr75)
" " " 08579772 – Joaquim Manuel Mabeira Rodrigues			(" " ")
" " " 02737172 – Manuel Joaquim Boldroega Tavares			(" " ")
" " " 06319472 – Carlos Manuel Coelho			(" " ")
" " " 04666572 – Fernando Rodrigues Mendes dos Santos			(" " ")
" " " 09612072 – António Joaquim Rocha			(" " ")
" " " 18656571 – Arsénio Cipriano Correia			(" " ")
" " " 09362372 – Vitor Jorge de Almeida Polido			(" " ")
" " " 10970673 – Luis Manuel Silvério			(" " ")
" " " 16299471 – José Joaquim Pereira Fiaden			(" " Out74)
" " " 11718372 – Rogério António Pinto Castro			(" " Jul75)
" " " 11908072 – Fernando Manuel Cordeiro Ramos			(" " ")
" " " 14162672 – Luis Armando Rodrigues Fernandes			(" " ")
" " " 02031072 – Afonso Maria Marques Machado			(" " Dez75)
" " " 11042472 – Humberto Ferreira da Silva			(" " ")
" " SMat 18370571 – José Maria Van Ferreira			(" " Out74)
" " " 13791172 – José Manuel de Sousa Magalhães			(" " Out75)
" " SS 08185072 – César Paulo Tempero			(" " Jul74)
" " SAM 11519171 – António José Ribeiro da Silva			(" " Abr74)
" " " 05017872 – Custódio Luis Rebelo de Sousa			(" " Jul75)
" " SCS 01748171 – Paulino Leite de Carvalho			(" " Out74)
" " MMat 06003172 – António Fraga Lopes			(" " Jul75)

E.Cmbo Mil°.At. 13050172 – Armando Ângelo Vidigal Vaz   (Disponib.em Jul73)
"   "   "   63099575 – Américo de Araujo Gonçalves   ("   " Out73)
"   "   "   08701972 – José Manuel Mericio do Nascimento ("   "   "   )
"   "   "   07043972 – Carlos Alberto Rodrigues   ("   "   "   )
"   "   "   08154372 – Alvaro Marcalo Rodrigues Constantino   "   "   "   )
"   "   "   08754672 – Alberto João Rodrigues da Conceição   "   "   "   )
"   "   "   09478172 – Celestino Coelho Faria   ("   "   "   )
"   "   "   09079972 – António Brito Alvias   ("   "   "   )
"   "   "   09936172 – José Manuel Rodrigues Simões   ("   "   "   )
"   "   "   10211572 – Edgar da Fonseca Carriço   ("   "   "   )
"   "   "   10426172 – Raul Joaquim da Conceição Fagas   ("   "   "   )
"   "   "   15457772 – José António Varatojo Pereira da Silva   "   "   "   )
"   "   "   17799271 – Manuel Jordão Pedrano Gervaso   ("   "   "   )
"   "   "   13477572 – José Luis Melo Pais Vasconcelos   ("   "   "   )
"   "   "   08507072 – Pedro da Cruz Fonseca   ("   "   "   )
"   "   "   09421072 – Manuel Redondo de Oliveira   ("   "   "   )
"   "   "   09074272 – José Centurio Martins   ("   "   "   )
"   "   "   19054072 – Celso da Silva Garcia   ("   "   "   )
"   "   "   13992472 – Augusto Perestrelo Bisonis Rota   ("   "   "   )
"   "   "   19809072 – Manuel José Carlota Souto   ("   "   "   )
"   "   "   15219872 – Ramiro Gregório Amendoeira   ("   "   "   )
"   "   "   02164872 – Avelino Luis Fernandes   ("   "   "   )
"   "   AP 02096372 – Luis Henriques Silva Gomes Pimenta   "   "   "   )
"   "   " 02770172 – Adriano Carmo de Abreu Mota   ("   "   "   )
"   " At. 18065071 – António Joaquim Sua Marta d'Água   ("   "   "   )
"   "   " 04134072 – Rogério Manuel Ribeiro de Brito   ("   "   "   )
"   "   " 16564372 – Francisco Inácio Raso Fonseca   ("   "   "   )
"   "   " 15944372 – Alberto Artur Leandro Andrade Mesquita   "   "   "   )
"   "   " 14904972 – António José Lopes Talhinhas   ("   "   "   )
"   " IOR 18997771 – Victor Manuel Valésio Batista Rosário   "   "   "   )
"   "   AP 00327473 – Diamantino Duarte Inês   ("   "   "   )
"   "   At. 10505571 – Jorge Duarte Caetano   ("   "   "   )
"   "   AP 16527772 – Jaime Ambrosio dos Santos Mota   ("   "   "   )
"   "   At. 19121972 – Jaime Pimentel Machado de Oliveira   "   "   "   )
"   "   " 10467973 – Manuel Augusto Pinto de Figueiredo   "   " Jan76)
"   "   " 19461973 – Luis Filipe Correia Sotelho José   ("   "   "   )
"   "   " 15071073 – Fernão de Almeida Pina   ("   "   "   )
"   "   " 01296573 – Victor Manuel Morato Batista   ("   "   "   )
"   "   " 07575673 – Rui Manuel da Silva Mota   ("   "   "   )
"   "   " 10903473 – Pedro Couto Jesus Marques   ("   "   "   )
"   "   " 12665473 – Rolando Esteves Lopes   ("   " Abr76)
"   "   " 13534873 – Carlos Alberto Rodrigues de Carvalho   "   "   "   )

1º.Cabo Mil°.At. 02130473 - Armando Carlos da Silva Carvalho (Disponib.em Abr76)
  "   "   "   10278273 - João Francisco Martins Henriques ("   "   "   ")
  "   "   "   15106773 - José Manuel dos Santos Ramalho   ("   "   "   ")
  "   "   "   16416273 - Manuel Luis Chambre Teixeira   ("   "   "   ")
  "   "   "   01467473 - José Rui Delgado Justino   ("   "   "   ")
  "   "   "   04329173 - João Henrique dos Santos Vieites ("   "   "   ")
  "   "   "   19646573 - Victor Augusto Rocha de Oliveira ("   "   "   ")
  "   "   "   04745273 - Carlos Jorge Barata e Lima   ("   "   Jan76)
  "   "   "   03128573 - Leonel Feliciano de Sousa   ("   "   Jul76)
  "   "   "   01097673 - Rui Manuel Caterino Baltazar Farinha "   "   "   ")
  "   " IOR 02746673 - Rogério Belo Azevedo   ("   "   "   ")
  "   "   At. 04953573 - Joaquim Ademar Pereira da Silva   ("   "   "   ")
  "   "   "   08570573 - Cassiano José Santana de Carvalho ("   "   "   ")
  "   " Trans6602673 - António José Vosane da Silva   ("   "   "   ")
  "   "   At. 19905573 - José António Antunes Ferreira   ("   "   "   ")
  "   "   AP 15817073 - João Eduardo da Fonseca Lameira   ("   "   "   ")
  "   "   "   16940473 - António da Conceição Jorge   ("   "   "   ")
  "   "   "   17860073 - Adérito da Silva Ferreira   ("   "   "   ")
  "   "   "   17948173 - José Manuel Rodrigues Santos   ("   "   "   ")
  "   " IOR 16868273 - João Rosa Chambel   ("   "   "   ")
  "   " SOR 00830971 - João Manuel Pais Garcia de Faria   ("   "   "   ")
  "   "   "   00517273 - Carlos Henriques Alves da Conceição "   "   "   ")
  "   " Trm 05115573 - Gonçalo José Ribeiro Nunes Sequeira, do CISMI (Dis-
                                        ponibilidade em Jul76)
  "   "   "   10252473 - Paulo Jorge Ribeiro de Oliveira, do R.1.2 (Disponi-
                                        bilidade em Jul76)
  "   "   "   17857273 - Helder Carvalho Costa, do CIOE (Disponibilidade em
                                        Jul76)
  "   "   "   17215673 - Luis Manuel Franco da Silva, do RAL 5 (Disponibili-
                                        dade em Jul76)
  "   " IOR 17748573 - João Eduardo Relvas de Matos, do B.C.10 (Disponibi-
                                        lidade em Jul76)

        Quartel em Caldas da Rainha, 18 de Março de 1974

~leonrAP 02096372 Lur AFG DERNATA
   (3) Nota 31900 de ofensu do RSP — Un.ORG. BC10

ANEXO XII

Documento VIII – *Mensagem Confidencial*, CEM/QG/RME,
16 de Março de 1974, Arquivo Histórico Militar

HORA DE DEPÓSITO		MENSAGEM	VIA A SEGUIR	NÚMERO DE SÉRIE

CONFIDENCIAL

Q.O - C. CRIPTO
RECEPÇÃO N.° 384 / 161955
GDH DA SAIDA 16 MAR... 20 11

PRECEDÊNCIA - ACÇÃO	PRECEDÊNCIA - INFO	GRUPO DATA / HORA	INSTRUÇÕES PARA A MENSAGEM
(b) IMEDIATO	(b)	161720AMAR74	

DE (d) CEM/QG/RME

PREFIXO

G R

PARA (e) COMFESI

CLASSIFICAÇÃO DE SEGURANÇA
(c) CONFIDENCIAL
NÚMERO DE ORIGEM
385/2/C PROC° 205.93.
INSTRUÇÕES COMPLEMENTARES

INFO (f) 2a REP/EME, CEM/QG/RMT, CEM/QG/RML

ooooooooooooOOOOOOo oooooooooo

SITREP ref. 161700MAR74.

2. Em 161610 CEM/QG/CTALGARVE info Cap. Q.P. FILIPE FERREIRA LOPES
CICA 5 telefonou pelas 1400H para CISMI para Cap. AZEVEDO dizen-
do Unidades do Norte estavam todas lado GENERAL COSTA GOMES.
Cap. AZEVEDO deu imediato conhecimento CMDT CISMI.
Cap. LOPES negou-se indicar ao CMDT CTALGARVE quem lhe deu infor-
mação.

CONFIDENCIAL DESCLASSIFICADO
POR ORDEM DE
POSTO ..... CASSO .....
LISBOA. A. H. M. .....

VO/JD

PG	1 DE	1 PGS	MENSAGEM DE REFERÊNCIA	NOME DO REDACTOR	UNIDADE / ENTIDADE	TELEF.
			CLASSIFICADA [ ] SIM [ ] NÃO			

(a)	DATA	HORA	SISTEMA	OPERADOR	OFICIAL EXPEDIDOR		HORA
					Assinatura e posto		TELEF.

Mod. 1/T
(a) T ou R

A PREENCHER PELO OFICIAL EXPEDIDOR

(b) Relâmpago (Z) — Imediato (O) — Urgente (P) — Rotina (R)
(c) Muito secreto; Secreto; Confidencial; Reservado; Não classificado.
(d) Expedidor.
(e) Destinatário(s) para execução.
(f) Destinatário(s) para conhecimento.

OBS.: A precedência dos assuntos de natureza não operacional, não deve ir além do URGENTE.

Formato A4 - 210x297
558 - Tip. Nabão Lda-Tomar

ANEXO XIII

Documento IX –*Rel. Cir. de Oper. N.º 4/74, Sublevação de Oficiais no Regimento de Infantaria n.º 5 em Caldas da Rainh*a, Tenente José Augusto Pascoal Pires, de 18 de Março de 1974, Arquivo Histórico da Guarda Nacional Republicana

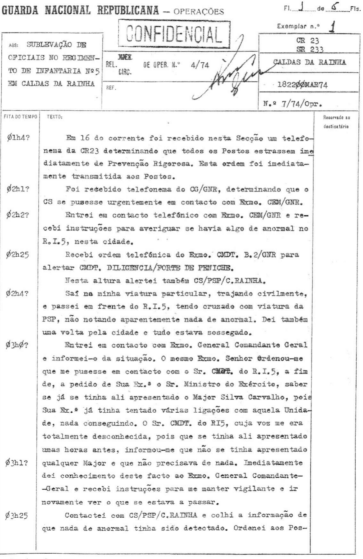

Fita de tempo		Reservado ao destinatário
	tos de Óbidos e Bombarral que pusessem 1 patrulha à paisana, junto à E.N.8, no sentido de verificar se havia qualquer mo vimento de tropas.	
Ø3h3?	Saí novamente e passei duas vezes perto do RI5, nada notando aparentemente de anormal.	
Ø3h4?	Informei o Exmo. CEM/GNR de que nada aparentemente se estava a notar junto do RI5. Recebi instruções para continuar a vigiar, mas que não me devia aproximar muito, pois constava que algo de anormal se estava a passar ou já se tinha ali passado.	
Ø4h??	Tornei a sair e constatei que iam sair também 3 viaturas civis de pessoal da PSP local. Passei novamente à distância do RI5, pela estrada do Avenal, que fica a cerca de 250 metros, em linha recta, da E.N. 8, que passa mesmo em frente daquela Unidade.	
Ø4h2?	Cheguei à Secção e pouco depois chegaram também duas viaturas civis, uma com pessoal da PSP e outra com o chefe do Posto/DGS/Peniche, tendo colhido a informação de que tendo ambos passado mesmo junto do RI5 nada notaram aparentemente de anormal. O chefe /DGS/Peniche informou-me ainda de que vinha de Peniche e que não tinha visto quaisquer viaturas militares em trânsito.	
Ø4h3?	Informei superiormente de que nada aparentemente de anormal fora notado no quartel do RI5.	
Ø4h4?	Recebi um telefonema de uma pessoa que dizia ser o CMDT. do RI5, informando-me que tinha saído uma Companhia daquela Unidade às Ø4h25, com destino desconhecido. Imediatamente procurei confirmar a origem do telefonema. Tentei ligar directamente com o telefone do Comando do RI5, mas es	

Distribuição		Arquivo
	O COMANDANTE	

GUARDA NACIONAL REPUBLICANA — OPERAÇÕES

CONFIDENCIAL

Fl. _2_ de _5_ Fls.

Exemplar n.º _1_

ASS:

REL. 非密 DE OPER. N.º 4/74
CIRC.

REF.

CR 23
SR 233

CALDAS DA RAINHA

N.º 7/74/Opr. — Cont.

FITA DO TEMPO	TEXTO:	Reservado ao destinatário
	te dava o sinal de impedido. Em seguida para o telefone da rede geral e fui atendido pelo Capitão Varela, que me confirmou a saída da coluna à hora atrás indicada e me disse: "Deixa-te estar aí sossegado; não é nada contigo. Isto é um movimento de Norte a Sul do País de apoio ao General Spínola." Pedi-lhe para falar com o Comandante, mas tal não me foi autorizado.	
Ø4h5?	Tentei entrar em contacto com o CG/GNR, mas, como não tivesse conseguido ligação, telefonei aos Postos desta Guarda de Alenquer e Rio Maior e alertei-os, só não conseguindo contactar o Posto de Trânsito/BT/Carregado.	
Ø5hØ?	Entrei em contacto com o Exmo. General Comandante-Geral e dei conhecimento dos factos acima apontados e fui incumbido de tentar averiguar de qual o destino tomado pela coluna militar e o que se estava a passar no quartel do RI5, pois, tanto o signatário como o CMDT/PSP/C.RAINHA e CHEFE DGS/PENICHE, tinham fortes dúvidas acerca da autenticidade da informação recebida, devido à rigorosa vigilância exercida junto do quartel acima referido e ao aparente sossego que se verificara. Nesta altura, o chefe da DGS saiu com destino a Lisboa, pela EN 115 e EN 1, a fim de procurar localizar a coluna militar, comprometendo-se a informar esta Secção se tal acontecesse.	
Ø5h1?	Ordenei ao soldado 139 — , que saísse à paisana e fosse verificar o que se passava na rectaguarda do quartel, em virtude da sua residência se localizar muito perto daquela Unidade.	
Ø5h5?	Foi recebida e transmitida ao Exmo. CEM/GNR a informação de que, na rectaguarda do RI5, nada aparentemente de anormal fora notado.	
Ø6h2?	Foi recebida da CR23/GNR a comunicação da vinda para esta cidade de uma Companhia do RI7 e determinado que fosse	

Tip. da GNR - n.º 794

V. S. F. F.

Fita de tempo		Reservado ao destinatário
	fornecida uma patrulha para conduzi-la o mais perto possível da Unidade Sublevada.	
Ø6h3Ø	Saíu a patrulha com destino à E.N. 8 - Tornada, a fim de conduzir a Comp.ª acima referida.	
Ø7h1Ø	Foi recebida e transmitida ao Exmo. CEM/GNR a informação de que, na parada de honra do Comando do RI5, se encontravam cerca de 40 a 50 homens armados. Seguidamente dei instruções ao sold.º 139 que se deslocasse junto da patrulha de intercepção à coluna do RI7 a fim de informar o seu CMDT. da situação no RI5.	
Ø7h4?	O CP/GNR/ÓBIDOS informou que uma praça do RI5 tinha dito à praça que se encontrava de vigilância à E.N. 8, que, ao pretender entrar na sua Unidade, pouco tempo antes, foi informada por uma sentinela à porta de armas que ali a situação era muito má, pois já tinha sido preso o Comandante e 2º Comandante e que a Comp.ª de Caçadores saira às Ø1h30. Esta informação foi transmitida ao Exmo. CEM/GNR.	
Ø8h2?	Recebi a notícia da chegada a Tornada da coluna do RI7. Imediatamente comuniquei superiormente esta notícia.	
Ø9h2?	Por determinação do Exmo. CEM/GNR contactei com o CMDT. da coluna do RI7 - Exmo. Major Guimarães e informei-o da situação local. Este Sr. oficial veio comigo para o quartel da Secção a fim de entrar em contacto com os seus comandos. Esta informação foi transmitida ao Exmo. CEM/GNR.	
Ø9h3?	Recebi comunicação do Exmo. CEM/GNR de que a coluna sublevada tinha voltado para trás e que se devia encontrar a cerca de 26 Kms. desta cidade. Esta informação foi divulgada aos Exmo. Maj. Guimarães e CMDT. PSP/C RAINHA.	
1Øh??	Foi recebida e transmitida ao Exmo. CEM/GNR a infor-	

Distribuição		Arquivo
	O COMANDANTE	

Anexos 277

GUARDA NACIONAL REPUBLICANA — OPERAÇÕES

CONFIDENCIAL

AGS:

REL. IMED. DE OPER. N.º
CIRC.

REF.

Fl. 3 de 5 Fls.

Exemplar n.º 1

CR 23
SR 233

CALDAS DA RAINHA

N.º 7/74/Opr. — Cont.

FITA DO TEMPO	TEXTO:	Reservado ao destinatário
	mação de que a coluna sublevada regressau à sua Unidade, tendo, à sua entrada, sido ouvidas 2 ou 3 detonações. PSP local confirma a entrada de 6 ou 7 viaturas, incluindo uma cozinha rodada.	
10h30	Informei o Exmo. CEM/GNR de que tinha sido avistada uma avioneta — tipo DO, que sobrevoou o quartel e a cidade.	
11h2?	Informei o Exmo./CEM/GNR de que foi ouvida uma detonação, quando a avioneta acima referida sobrevoava o quartel.	
12h20	Foi recebida e transmitida ao Exmo. CEM/GNR a informação de que tinha chegado o Exmo. Brigadeiro Pedro Serrano, 2º CMDT. da Região Militar de Tomar, a fim de assumir o comando das operações. Simultâneamente chegam também um Esquadrão da EPC e a Comp.ª desta GNR sob o comando do Capitão Conceição.	
12h5?	Recebi e transmiti ao Exmo. CEM/GNR a informação de que o chefe da estação dos CTT, nesta cidade, tinha comunicado que, por ordem superior, cortara as comunicações telefónicas com o RI5.e que, por este motivo, tinha recebido um ofício daquela Unidade, assinado por um capitão, a intimá-lo a restabelecê-las até às 13h00, porque, de contrário, obrigaria a uma intervenção. Nesta altura, a entidade informadora (CMDT. PSP), já tinha montado um forte dispositivo de segurança junto da estação dos CTT.	
13h1?	Informei Exmo. CEM/GNR de que o Exmo. Brigadeiro Serrano tinha completado o envolvimento ao RI5 com as tropas do seu comando (EPC guarneceu o topo Sul; RI7 o topo Oeste e parte do Norte e RI15 o topo Norte e E.N. 8.	
14h??	Entrei em contacto com o Sr. Cap. Conceição do B.1/GNR, e a seu pedido informei o Exmo. CEM/GNR que a Comp.ª se encontrava em reserva e à ordem do Exmo. Brigadeiro Serrano.	
14h1?	Informei o Exmo. CEM/GNR que a Companhia Móvel da PSP já se encontrava nesta cidade.	

V. S. F. F.

Fita de tempo		Reservado ao destinatário
14h4?	Informei o Exmo. CEM/GNR que o Exmo. Brig. Serrano foi ao portão de armas do RI5, mas não lhe foi facultada a entrada. No entanto, tinham sido soltos o Comandante e 2º Comandante daquela Unidade, respectivamente, Tenentes Coroneis Horácio Rodrigues Loureiro e não Horácio Rodrigo da Costa, conforme tinha informado na altura, e Ernesto Farinha Tavares.	
14h5?	Informei o Exmo. CEM/GNR que o portão do RI5 já se encontrava aberto.	
15h3?	Informei o Exmo. CEM/GNR que fora novamente avistada a avioneta, tipo DO, e que a mesma andava a sobrevoar a cidade.	
15h45	Informei o Exmo. CEM/GNR que o Exmo. Brig. Serrano entrou no quartel do RI5 acompanhado de Exmo. Ten. Cel. Ernesto Farinha Tavares, tendo as tropas sublevadas deposto as armas.	
16h1Ø	Informei superiormente que o Exmo. Brig. Serrano tinha saído do quartel e entrou uma viatura militar GMC, de marcha atrás, para onde começou a ser carregado todo o material abandonado pelas tropas sublevadas.	
16h35	A pedido da PSP local e com autorização superior, ordenei a saída de duas patrulhas a fim de desviarem o transito para o Norte, das EE. NN. 8 e 115 para a E.N. 114, via Matoeira – C. Rainha ou Lagoa Parceira – C. Rainha.	
17hØØ	Informei CG/GNR que a situação já se encontrava normalizada e que a vida na cidade decorria normalmente.	
19h1Ø	Informei CG/GNR que o Exmo. Brig. Serrano dispensou a Comp.ª/GNR, tendo regressado ao seu quartel.	
19h3Ø	Informei o Exmo. CEM/GNR que tinha chegado um auto-	

Distribuição		Arquivo
	O COMANDANTE	

GUARDA NACIONAL REPUBLICANA — OPERAÇÕES	Fl. _4_ de _5_ Fls. Exemplar n.º _1_

A88:	**CONFIDENCIAL**	CR 23 SR 233
	REL. IMED. DE OPER. N.º CIRC. REF.	CALDAS DA RAINHA
		N.º 7/74/Opr. — Cont.

FITA DO TEMPO	TEXTO:	Reservada ao destinatário

carro para transportar as tropas sublevadas e que as forças sitiantes tinham entrado no quartel, tendo o R.I. 15 ficado a guarnecê-lo.

21h3Ø Informei superiormente que os oficiais sublevados tinham saído em duas viaturas com destino a Lisboa.

22hØØ Informei CG/GNR que a situação era normal em toda a cidade.

23h45 Informei superiormente que a situação continuava sem alteração.

Ø4hØØ Em 17 do corrente informei superiormente que a situação continuava sem qualquer alteração.

Ø9h3Ø Informei o escalão superior que a situação continuava sem alteração.

Segundo informações colhidas junto de pessoa de confiança, os oficiais sublevados foram transportados para Lisboa (R.A.L. 1) e os restantes graduados, excepto os primeiros sargentos, para o Campo Militar de Santa Margarida. Dos oficiais sublevados, a seguir se indicam alguns que se conheciam:

Majores Monge E Casanova Ferreira, Capitães Faria, Varela, Gonçalves Novo, Gil, Carvalho, Lucas, Garcia, Ramos (Comandos), Ramos (Inf.), Tenentes Moreira dos Santos, Pombal, Carreira Ângelo, Bettencourt, Matos Coelho, Pina Pereira, Rocha Neves, Montalvão (QEO), Carvalhão, Silva Carvalho, Mendes, Cirilo Rocha, Tenentes Mil.ºs Oliveira, João Pereira e Alferes Mil.º Campos.

Consta que ficaram no quartel os seguintes oficiais: Tenentes Coroneis Horácio Rodrigues Loureiro e Ernesto Farinha Tavares, Majores Vagos, Monroy Garcia e Rosado Serrano, Capitães Isaac (QSG), Freitas (QP), Carlos Inácio (QEO), Tomás Afonso (Capelão), Lopes da Silva (Médico) e o Tenente

V. S. F. F.

Fita do tempo		Reservado ao destinatário

do QP Lourenço.

REPERCUSSÃO LOCAL:

A maioria da população local só se apercebeu de que algo de anormal se estava a passar no Regimento ao fim da manhã, quando soube que havia um movimento desusado de tropas na periferia da cidade e foi desviado o trânsito do troço da E.N. 8, que passa mesmo em frente do quartel. Embora com ar apreensivo continuou a desenvolver a sua actividade normal, condenando a atitude dos militares, alguns deles bastante conhecidos no meio, por exercerem actividade docente nalguns estabelecimentos de ensino oficial e particular.

Não se verificou qualquer ocorrência, a não ser a propalação de boatos (os mais díspares possível).

CONSIDERAÇÕES FINAIS:

Todo o pessoal se manteve sempre firme, disciplinado e cumpridor, demonstrando, nesta situação de emergência, um forte e arreigado espírito de corpo à volta dos seus comandos.

É justo pôr em relevo a actividade desenvolvida pelos soldados 102 –   , 139 –   e 189 –   , que, não se poupando a esforços, conseguiram levar a bom termo a missão que lhes fora cometida, mantendo sempre o seu CS informado de tudo o que se estava a passar à sua volta. Ao sold.º 139 –   coube ainda a missão de averiguar o que se estava a passar dentro do quartel, e as suas informações foram bastante uteis para as tropas sitiantes.

É também de toda a justiça pôr em destaque a atitude de dois indivíduos, os Srs.   , ex-agente da ex-PVT,

Distribuição		Arquivo
	O COMANDANTE	GUARDA NACIONAL REPUBLICANA C. GERAL – 3.ª REP Secção de Operações 29 3 1974 Entrada N.º Processo

Anexos

GUARDA NACIONAL REPUBLICANA — OPERAÇÕES

FI. 5 de 5 Fls.

Exemplar n.º 1

CONFIDENCIAL

ASS:

REL. IMED. DE OPER. N.º
CIRC.

REF.

CR 23
SR 233

CALDAS DA RAINHA

N.º 7/74/Opr. — Cont.

Reservado ao destinatário

FITA DO TEMPO | TEXTO:

que pôs a sua casa à disposição desta Guarda, bem como o seu telefone e _____ , comerciante, que transportou na sua motocicleta o sold.º _____ durante o tempo que duraram as operações militares.

Cumpre-me ainda enaltecer a magnífica e prestimosa colaboração que me foi dispensada pelos Exmos. Srs. CMDT PSP/C.Rainha, CHEFE DO POSTO DA DGS/PENICHE e Ajudante de Campo do Exmo. GCG/LP, Subinspector   .

Comentário do B.

Os factos constantes do presente relatório foram, em grande parte, do conhecimento deste CMD durante o decorrer da acção a que respeita tendo deles dado imediato conhecimento ao Ex.mo C EM/GNR e tomado as iniciativas pertinentes quanto ao desenrolar da acção e seu controlo

O CB

V. S. F. F.

Fita do tempo		Reservado ao destinatário

Distribuição	O COMANDANTE	Arquivo
Ex. n.º 1 - ST/B.2..CG		EXEMPLAR N.º 4
Ex. n.º 2 - ST/B.2		
Ex. n.º 3: SR. CMDT. DA CR 23/GNR - LEIRIA	José Augusto Pascoal Pires Tenente	

Anexo XIV

Documento X – *Relatório de Operações n.º 2/74*, Comando-Geral, 3.ª Repartição, Lisboa – Carmo, 19 de Março de 1974, Arquivo Histórico da Guarda Nacional Republicana

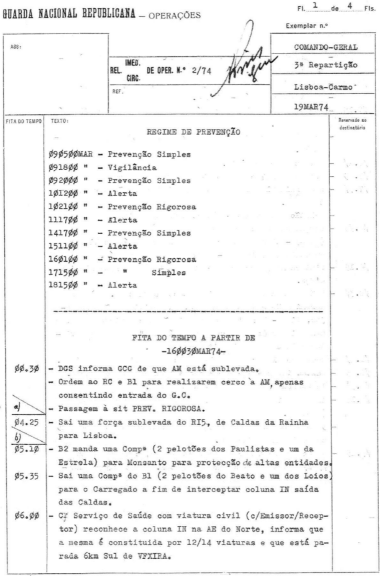

Fita do tempo		Reservado ao destinatário
	– Companhia do B1 que com ela cruzou estava detida à entrada de VFXIRA.	
Ø6.5Ø	– Coluna IN está parada a 3km da portagem (SACAVEM). – Uma viatura Cacém – Sintra.	
Ø7.15	– Dois pelotões B1 (Santa Bárbara) pela Av. do Brasil até ENCARNAÇÃO. – Um pelotão do 2º E/RC pela Av. Gago Coutinho para ENCARNAÇÃO.	
Ø7.2Ø	– Levantado cerco à AM.	
Ø7.45	– Coluna do RI7 com destino a CALDAS passa em ALCOBAÇA.	
Ø7.5Ø	– Companhia B1 chegou portagem e informou não ter encontrado IN. – Pelotão do 2º E/RC contactou forças amigas.	
Ø8.Ø5	– Forças de Tomar ⟶ RIO MAIOR (MG 63 – 23 da RMLx com pessoal armado é localizado em TERCENA deslocando-se de SINTRA para CACÉM.)	
Ø8.15	– Viatura LISBOA ⟶ VFXIRA – Comandante Almeida d'Eça.	
Ø8.3Ø	– O IN passou VFXIRA e foi contactado Cmdt SR. À sua aproximação o Cmdt da coluna, que exibia galões de major, disse-lhe: "tenho uma missão a cumprir e do N vem uma Unidade de Cavª com gen. Spínola." De uma das viaturas da coluna foi feito um disparo.	
Ø8.4Ø	– Compª do B1 parada em ALVERCA com uma viatura avariada.	
Ø8.45	– Caldas informa que ainda não chegou coluna de Leiria.	
Ø8.55	– IN passou Alenquer em direcção a OTA.	
Ø9.15	– IN a 8km ? de ESPINHEIRA, na bifurcação para CALDAS (a 36km). – 3 km a Sul de VFXIRA está abandonada uma viatura do RI5 com dois pneus furados.	
Ø9.25	– SR de Caldas informa que força do RI7 chegou Caldas Ø9H1Ø dirigindo-se para o quartel. Cmdt. Major Guima-	

Distribuição		O COMANDANTE	Arquivo
AM: – Levantado 022.... 03.00 Novant i pra… ou Cmdt – 04.45 – 04.30			

Anexos

GUARDA NACIONAL REPUBLICANA – OPERAÇÕES

Fl. 2 de 4 Fls.

Exemplar n.º

ASS:

REL. IMED. CIRC. DE OPER. N.º

REF.

FITA DO TEMPO	TEXTO:	Reservado ao destinatário
	rães.	
Ø9.3Ø	– Detectada uma coluna de viaturas passando em frente do PR da Malveira para Loures.	
Ø9.4Ø	– Gen Paiva Brandão comunica ter sido nomeado Cmdt Geral da Seg. Interna.	
	– Cmdt / BT informa col do RI5 foi sobrevoada por avião militar.	
Ø9.45	– Cmdt / B4 informa situação normal no Porto.	
Ø9.56	– Cmdt / B2 informa que às Ø9H5Ø 12 viaturas pesadas e um jeep passaram em Palhoças (CERCAL) em direcção a CALDAS.	
1Ø.ØØ	– Cmdt / B1 informa que a sua Compª passou em Ø9H5Ø em ALENQUER.	
	– O Ministro do Exército é informado da situação.	
1Ø.Ø8	– Cmdt / BT informa que 15/20 viaturas da EPC passaram de Santarém para Rio Maior.	
1Ø.15	– Cmdt / BT informa que col. da EPC é constituída por 4 jeeps, 6/7 viat. pesadas abertas e 5/6 autometralhadoras. Pessoal armado e equipado.	
1Ø.17	– Cmdt / B2 refere que coluna da EPI chegou a VENDA DO PINHEIRO onde virou para BUCELAS.	
1Ø.2Ø	– GCG pergunta ao CGSI acerca do dispositivo na ENCARNAÇÃO. Este informa ser da competência da RML.	
1Ø.22	– GCG pergunta Cmdt RML se mantem forças e dispositivo na Rotunda da ENCARNAÇÃO. Informam BC5 retirou e RAL1 mantem-se.	
1Ø.25	– CEM informa Cmdt RC que deve mandar recolher forças que tem na Encarnação, devendo o Cmdt Pel. informar Cor. Frazão.	
1Ø.27	– Idem ao Cmdt do B.1.	
1Ø.29	– Cmdt BT informa estar um Brigª a falar com o Cmdt da coluna de Santarém, em Rio Maior.	
	– CEM ordenou-lhe que a patª da Espinheira entre em contacto com a Compª do B1 e informa o CG da sua posição.	

V. S. F. F.

Fita de tempo		Reservado ao destinatário
1Ø.35	– Cmdt SR Caldas da Rainha informa que entraram no quartel do RI5 6 viaturas com uma cozinha rodada. Foi-lhe pedido para averiguar da origem das viaturas.	
1Ø.43	– Cmdt SR Caldas da Rainha informa que as viaturas são as da coluna revoltada e que já estava presente no quartel do RI5 a força vinda de Leiria.	
1Ø.48	– GCG informa MI de que o Cmd da R.A. lhe comunicou terem retirado de Monsanto as entidades ali recolhidas.	
1Ø.5Ø	– Cmdt BT informa que a coluna da EPC saíu de Rio Maior para Caldas da Rainha. – GCG informa CGSI de que já entraram no RI5 5 ou 6 viaturas da coluna.	
1Ø.53	– Cmdt B3 é informado da situação pelo CEM.	
1Ø.54	– " B2 informa que às 1ØH3Ø aterrou o Helicóptero em Monsanto para recolha das entidades.	
1Ø.58	– Comp / B1 está a 8 km de Espinheira.	
11.Ø9	– GCG pegunta ao Cmd da RA se Comp / GNR pode regressar de Monsanto. Sec Estº Aero informa que é de manter enquanto durar situação de prevenção rigorosa.	
11.11	– Cmdt / B2 informa que Cmdt / Força RI7 pede à GNR que corte trânsito junto quartel RI5.	
11.25	– Subchefe RML informa já terem entrado no quartel do RI5 todas as viaturas da coluna revoltada, segundo lhe diz o Cmdt do Regimento. Pede recorte da notícia.	
11.28	– Cmdt / B2 informa que se ouviram 3 tiros de dentro do quartel do RI5, quando era sobrevoado por DO. Posteriormente foi feito mais um tiro.	
11.3Ø	– GCG transmite esta notícia ao Cmdt / RML.	
11.5Ø	– Coluna de Santarém toma posição a 3 kms das Caldas da Rainha. Brigadeiro e 2 Of. dessa coluna dirigem-se	

Distribuição		Arquivo
	O COMANDANTE	

Anexos 287

GUARDA NACIONAL REPUBLICANA — OPERAÇÕES

Fl. 3 de 4 Fls.

Exemplar n.º

ASS:

REL. IMED. DE OPER. N.º
CIRC.

REF.

FITA DO TEMPO	TEXTO:	Reservado ao destinatário
	para o quartel.	
	– Comp / Bl, a 5 kms das Caldas.	
12.06	– Chefe de gabinete do MI informado. Foi-lhe pedida a libertação da Compª de Monsanto.	
12.21	– B2 informa guarda à Assembleia Nacional recebeu telefonema anónimo, comunicando que elementos do Exército assaltariam hoje Assembleia Nacional. Mandada reforçar respectiva guarda.	
12.30	– Cmdt / BT informa que está estabelecido cerco às Caldas da Rainha, ocupando a Compª / Leiria a zona N e a força da EPC a região a S. – GNR patrulha vias de acesso: elementos da SR, de N e Compª / Bl, de S.	
12.48	– GCG informa Cmdt / PSP do dispositivo do cerco em Caldas da Rainha.	
12.50	– GCG informa CGSI do estabelecimento do contacto da força / GNR com a força / EPC e do dispositivo adoptado.	
12.55	– GCG informa igualmente o chefe do gabinete do MI. Este diz que Compª / GNR pode retirar de Monsanto, quando lá chegarem os Paras, idos de Tancos, via aérea.	
13.00	– MI informado.	
13.05	– Cmdt / SR Caldas informa acerca do dispositivo.	
14.40	– SR / Caldas da Rainha informa que, cerca das 14H25, Brigadeiro Serrano chegou à porta do RI5, onde o detiveram, entregando-lhe porém o Cmdt e o 2º Cmdt do RI.	
14.45	– B2 informa que às 14H10 uma Compª móvel (?) da PSP tomou conta dos correios nas Caldas da Rainha.	
	– Grande número de panfletos lançados em Castanheira de Pera (marxista - leninista).	
14.50	– CFESI confirma entrega Cmdt, 2º Cmdt e 2 Majores, permanecendo ainda dentro do quartel Majores Casanova e Monge.	
	– Revoltados impõem como condição para rendição uma afirmação por parte do General Spínola de que não concor-	

V. S. F. F.

Fita do tempo		Reservado ao destinatário
	da. com a sua atitude.	
15.00	– GCG informa MI.	
	– Uma coluna saída de Stª Margarida (RC4) com 17 viatu- ras. e outra de Torres Novas, presteja a saír em direc- ção a Leiria (informa Cmdt / BT Santarém).	
15.10	– Cmdt / B2 informa que a origem da notícia supra é um sold./GNR.	
15.15	– Cmdt / SR Caldas da Rainha informa que já ali chegaram as tropas do RI15 e que foram abertas as portas do quartel, vendo-se pessoal armado na parada.	
15.30	– CFESI confirma a saída de colunas de Stª Margarida e T. Novas.	
15.35	– BT informa ter-se completado cerco com forças do RI15, RI7 e EPC.	
15.50	– Brigadeiro Serrano e Ten. Coronel Farinha Tavares en- tram, em jeep, no quartel do RI 5.	
16.20	– Chegada a Monsanto da Compª PARA que substitui a da GNR.	
16.23	– Ordem ao B2 para recolher a Compª que tem em Monsanto.	
16.30	– Brigadeiro Serrano saíu do quartel, tendo ficado Ten. Coronel 2º Cmdt.	
	– Camioneta GMC entrou no quartel e está sendo carregada com armamento.	
16.38	– Telefonema dum suposto Cor. Tavares para o CEM.	
16.40	– Comunicado ao MI a informação das 16H20.	
16.43	– Rendição.	
	– 20 Of. do RI 5 vêm de auto-carro para o RAL 1, onde ficam internados.	
16.44	– MI manda guardar residências A Entidades.	
	– GCG manda reforçar guarda à Assembleia Nacional.	
18.30	– DGS pede esclarecimentos sobre acontecimentos de Lame- go.	

Distribuição		Arquivo
	O COMANDANTE	

Anexos 289

GUARDA NACIONAL REPUBLICANA — OPERAÇÕES

Fl. 4 de 4 Fls.

Exemplar n.º

ASS:

REL. IMED. CIRC. DE OPER. N.º

REF.

FITA DO TEMPO	TEXTO:	Reservado ao destinatário
	— Brigadeiro Serrano manda levantar dispositivo de cerco ē dispensa Compª / GNR.	
19.3ø	— Ordem à Compª / Bl, através da BT; para regressar. — Informação ao Bl.	
2ø.øø	— Nomeado Pel. da 1ª C/Bl para a Trafaria.	
22.15	— Informação do Bl de que a sua Compª regressou ao quartel.	
22.22	— Cmdt B3 informa que um sargento e alguns marinheiros se dirigiram pelas 22Høø ao PR de Alcochete. Pretendiam entrar no PR por motivo de "missão especial", mas acabaram por retirar. O Cmdt da SR do Barreiro soube, através do Cmdt dos Fuzileiros Navais que tais marinheiros procuravam contactar dois sargentos da Marinha.	
22.25	— Cmdt da SR de Caldas da Rainha informa que pelas 21H1ø partiram em dois autocarros os oficiais sublevados (entre eles um major)e mais alguns elementos do grupo de 33 implicados. Os aspirantes e os cabos milicianos ficaram ali em regime de detenção. O RI17 foi rendido pelo RI15 e no comando do RI5 encontra-se já o legítimo comandante.	
23.ø1	— Cmdt B2 informa que, pelas 22H35, passou em PALHOÇAS uma coluna vinda do RI5 e constituída por duas viaturas da PM, um autocarro (com os implicados) e um camião com militares. A população de Caldas da Rainha encontra-se curiosa mas calma.	
23.16	— O GCG informa o CEM do Exército da marcha da coluna vinda das Caldas.	
23.45	— Cmdt da SR de Caldas da Rainha informa que está tudo calmo.	

V. S. F. F.

Fita do tempo		Reservado ao destinatário
	17. MAR	
ØØ.15	– Cmdt da 1ª C/Bl informa que no parque superior da Estação da CP (ROSSIO) se encontram 2 Berliets, 3 Unimogs e 3 jeeps com militares da PM, dando a impressão de aguardarem alguém.	
ØØ.16	– GCG comunica a notícia anterior ao Cmdt da RML e recebe a informação de que o pessoal da PM aguarda militares em fim de semana.	
	- -	
	Em tempo	
a) Ø3.ØØ	– Levantado depois de entendimento com o Gen. Cmdt da A.M. o cerco ali montado pela GNR.	
b) Ø4.3Ø	– Restabelecido a pedido do Gen. Cmdt, o cerco à A.M.	

Distribuição		Arquivo
	O COMANDANTE	

ANEXO XV

Documento XI – *Resumo de Notícias n.º 1/74*, período de 160100MAR74
a 181430MAR74, Batalhão 2 – Paulistas, Lisboa, 18 de Março de 1974,
Arquivo Histórico da Guarda Nacional Republicana

GUARDA NACIONAL REPUBLICANA – SERVIÇO DE INFORMAÇÕES

EXEMPLAR N.º 1 - fls 1

CAPÍTULO III	RESERVADO	BATALHÃO 2
INFORMAÇÕES DE SEGURANÇA	RESUMO DE NOTÍCIAS Nº. 1/74	PAULISTAS-LISBOA
	Período de 160100MAR74 a 181430MAR74	181430MAR74
		Nº. 322-B.3

16 Ø435 Ø430		O Batalhão entrou de Prevenção Rigorosa.	Reservado ao destinatário
	312.1 –	Uma Comp deste B. sob o Comd do CAP VIANA e efectivo de 3 Pel, sendo 2 da 2ª.Cª. e 1 da 4ª.Cª., foi montar a segurança próxima ao edifício do COMANDO DA 1ª. REGIÃO AÉREA em MONSANTO.
		Ali estiveram reunidos os Snr.s: Presidentes da República e do Conselho, Ministros da Defesa, Interior, Marinha e Finanças, e Secretário de Estado da Aeronáutica. (A.1).
Ø6ØØ	311.1 –	COMDT SR233 informou ter encontrado CAP NOVO acompanhado de 2 aspirantes de cor, quando este regressava do RI5, ou para ali se dirigia, cerca da meia-noite.
		Igualmente, uma praça daquela SR contactou com um cabo que lhe disse não o terem deixado entrar naquela Un, quando também ali regressava em 16Ø1ØØMAR74 e posteriormente, em 16Ø53Ø.
		Soube ainda por um seu amigo da guarda de polícia àquele quartel, que dali saíra uma Comp. em 16Ø13Ø (?) e que em toda a sua periferia se encontravam colocadas metralhadoras. (A.1).
Ø635	311.2 –	Saiu da EPI um Unimog com pessoal armado e equipado. (A.1).
Ø715	311.3 –	Dois jeeps da mesma ESCOLA seguiram pela estrada PAZ - TORRES VEDRAS. (A.1).
Ø72Ø	311.4 –	COMDT CR23 comunicou ter saído uma coluna auto do RI7 sob o comando de 1 oficial superior, com destino a C.RAINHA. (A.1).

Tip. da GNR. - n.º 804

V.S.F.F.

RESERVADO

		Reservado ao destinatário
Ø74Ø	311.5 – Passou em TORRES VEDRAS, num dos jeeps men cionados em 311.3 o Cor.FREITAS da EPI, se guindo para RAMALHAL. (A.1).	
Ø745	312.2 – A patrulha de vigilância do PR de ALCOBA-ÇA, detectou a passagem da coluna do RI7 com 6 Viat, seguindo um CAP na primeira e um FUR na segunda, levando um morteiro e pessoal armado de G3. Forças da RML seguiram pela AUTO-ESTRADA DO NORTE. (A.1).	
Ø835	312.3. – COMDT DILIG FORTE DE PENICHE informou ha-ver tomado as disposições aconselháveis e que tudo ali decorria normalmente. (A.1).	
Ø845	311.6 – COR FREITAS passou novamente em T.VEDRAS regressando EPI e comunicou ter ordenado o levantamento "ESTC CADETES C.O.M." numa quinta em PAI CORREIA-RAMALHAL e que, devi-do a carência de Viat o retorno se processa ria por fases e a partir das 10H30.Mais so-licitou que o informassem de quaisquer ou-tros movimentos de tropas naquela área que se não relacionassem com o aludido. (A.1).	
Ø9ØØ	319.1 – Das entidades mencionadas no final de 312.1, retirou-se do COMD 1ª.RA, o Snr. Pre sidente do Conselho. (A.1).	
Ø93Ø	311.7 – Entretanto, chegou às instalações do COMD 1ª.RA o ME. (A.1). (CONTINUA)	

Distribuição	RESERVADO	Arquivo
	0	

Anexos 293

GUARDA NACIONAL REPUBLICANA — SERVIÇO DE INFORMAÇÕES

EXEMPLAR N.º 1 - Fls. 2

CAPÍTULO	RESERVADO	
	Período { de / a	

(CONTINUAÇÃO)

Reservado ao destinatário

311.8 – PR MALVEIRA informou da passagem de uma coluna auto naquela localidade, composta de 6 VIAT PES e 2 JEEPS transportando pessoal armado sob o comando de um OF SUP.(A.1).

311.9 – COMDT SR233 comunicou ter contactado localmente com o MAJ GUIMARÃES, COMDT da coluna referida em 311.4. (A.1).

Ø95Ø 311.1Ø- Passou em PALHOÇA a coluna rebelde com 12(?) VIAT PES e 1 JEEP, a que se aludiu no final de 311.1 e seguiu na direcção de C.RAÍNHA, tendo este movimento sido comunicado ao MAJ GUIMARÃES, referido no nº anterior. (A.1).

317.1 – Pousou um HELI junto das instalações da 1ª.RA em MONSANTO, tendo estacionado.(A.1).

319.2 – Continuaram ali reunidas as entidades inicialmente enumeradas e a referida em 311.7 com a excepção já aludida em 319.1. (A.1).

1Ø3Ø 319.3 – A partir deste momento começou a processar-se a deslocação daquelas instalações das entidades acabadas de referir, sòmente ali ficando a permanecer o SECRETÁRIO DE ESTADO DA AERONÁUTICA. (A.1).

113Ø 311.11- Dentro do quartel do RI5 foram ouvidos 4 tiros, sendo os 3 primeiros na ocasião em que ali reentrou a coluna rebelde referida em 311.1Ø e o último, quando a mesma unidade foi sobrevoada por uma avioneta. (A.1).
(CONTINUA)

Tip. da GNR. - n.º 804

V.S.F.F.

Nas Vésperas da Democracia em Portugal

RESERVADO		Reservado ao destinatário
	(CONTINUAÇÃO)	
1140	311.12 – Um BRIG contactou com uma coluna auto da EPC a cerca de 3 Km das C.RAÍNHA. (A.1).	
1150	311.13 – A coluna auto constante de 311.8 foi novamente referenciada a 1 Km de VENDA DO PINHEIRO, prosseguindo na direcção de BUCELAS. (A.1).	
1200	317.2 – Um avião militar sobrevoou a coluna atrás indicada em 311.12. (A.1).	
	317.3 – O HELI aludido em 317.1 retirou do local de estacionamento, apenas com a tripulação respectiva. (A.1).	
1210	311.14 – De MAFRA e por intermédio de CONFIDENTE, foi colhida informação que 2 civis, deslocando-se no veículo estiveram a conversar com uma patrulha da EPI, auto--transportada numa Hanomag. Encontraram-se em BARREIRALVA e chegaram a atitude discordante, denunciada pelos gestos observados. Seguidamente, os civis procederam a uma comunicação telefónica em código, através do posto público daquela localidade. A Hanomag prosseguiu para T.VEDRAS, sendo desconhecida a direcçáo empreendida pelos civis. (A.1).	
	311.15 – COMDT PR MALVEIRA transmitiu que lhe havia sido comunicada pelo PR de BUCELAS a (CONTINUA)	

Distribuição	RESERVADO 0	Arquivo

Anexos 295

GUARDA NACIONAL REPUBLICANA — SERVIÇO DE INFORMAÇÕES

EXEMPLAR N.º 1 - A.3

CAPÍTULO	RESERVADO	
	Período { de / a	

Reservado ao destinatário

(CONTINUAÇÃO)

a apresentação de um TCor avisando-o do estacionamento de uma força à saída desta localidade e para o lado de BEMPOSTA, que se encontrava em missão de reconhecimento.

Entretanto, soube-se que tal força era comandada pelo CAP SOUSA SANTOS e que recebeu ordem para recolher à EPI. (A.1).

311.16 - COMDT SR 233 comunicou que a coluna rebelde saída do RI 5 para LISBOA, fora seguida a curta distância pelo inspector da DGS de PENICHE até assistir à sua inversão de marcha perto desta cidade, após o que prosseguiu com destino à mesma. (A.1).

1225 312.º4 - SARG COMDT guarda à Assemb. Nacional informou ter recebido telefonema anónimo a comunicar-lhe a ocupação próxima do edifício pelo EXÉRCITO.

Por tal motivo foi a mesma reforçada e passou a COMD DE OFICIAL. (A.1).

1330 312. 5 - SR 251 passou a policiar o AERÓDROMO DE TIRES, deslocando para ali uma patrulha. (A.1).

317. 4 - Passou outro HELI só com a tripulação junto da 1ª.RA em MONSANTO.

1345 311.17 - BRIG/2º COMDT/RMT encontrava-se junto das forças da COMP/B1/GNR, RI 7 e EPC localizadas atrás do quartel RI 5, coordenando a sua actuação. (A.1).

(CONTINUA)

Tip. da GNR. - n.º 804

V.S.F.F.

RESERVADO

	(CONTINUAÇÃO)	Reservado ao destinatário
	319. 4 - Tendo sido determinado o corte das liga- ções telefónicas com o RI 5, o CHEFE DOS CTT daquela Cidade comunicou à SR 233 a re- cepção de 1 ofício assinado por CAP VARELA, na qualidade de COMDT, em que lhe era feita intimação para proceder ao seu restabeleci- mento até às 15H00. Tal documento fora leva- do por uma viatura em que se transportavem 3 elementos e cuja capota tinha sido reco- lhida para a rectaguarda. (A.1).	
	319. 5 - - - - - - - - - -.-O PRESIDENTE DA CÂMARA MU- NICIPAL determinou igualmente o corte de energia e água para o respectivo AQUARTELA- MENTO. (A.1).	
1420	317. 5 - Um bimotor da BA 1 levantou voo rumo a Lisboa e simultâneamente apercebia-se uma formatura de pessoal junto dos hangares. (A.1).	
1425	312. 6 - Uma COMP/MOV/PSP chegou a C.RAÍNHA cerca das 14H10 e tomou posições junto do edifício dos CTT, segundo comunicação telefónica do COMDT SR 233. (A.1).	
1520	311.18 - Já abriram o portão de armas do RI 5,sen- do guardado por 2 praças da POLÍCIA DA UNI- DADE postadas no interior e de pistola-me- tralhadora. No átrio do COMD encontravam-se muitos soldados com armas, não sendo possível de- (CONTINUA)	
Distribuição	RESERVADO 0	Arquivo

Anexos 297

GUARDA NACIONAL REPUBLICANA — SERVIÇO DE INFORMAÇÕES

EXEMPLAR N.º 1 - An.4

CAPÍTULO		RESERVADO		
	Período { de			
	a			

Reservado ao
destinatário

(CONTINUAÇÃO)

terminar a finalidade.
BRIG/2º.COMDT/RMT estava junto do antigo
hospital e próximo de tropas do RI15 que ocu
pavam a entrada da cidade.
As forças da EPC situavam-se nas imediações
da bifurcação da estrada para ÓBIDOS e nos
flancos e rectaguarda encontravam-se parte
do RI7 e parte do RI15. (A.1).

312.7 – A COMP/B1/GNR fora deslocada para o alto
das GAEIRAS. (A.1).

das C.RAINHA
311.19- Segundo informação da PSP foram libertados
os 2 TCor,(COMDT e 2º.COMDT); e mais tarde o
MAJ MONROY GARCIA.
Em frente do RI5 e próximo do habitual posto de sentinela passeavam um Maj e um Alf,
ambos não identificados e que parecem ser
da unidade. (A.1).

1630	311.20 –O BRIG/2º.COMDT/RMT saíu do RI5 deixando ali o TCor. FARINHA TAVARES que havia entra do consigo. Entrou no quartel uma VIAT GMC do RI7 ou RI15 e procedeu a carregamento de material de guerra dos rebeldes. (A.1).
1645	311.21- Comunicou o COMDT SR233 que por informação do Alf MARTINHO, ajudante de campo do BRIG/ /2º.COMDT/RMT os rebeldes já se haviam ren- dido,desconhecendo ainda os nomes dos impli cados, mas que estimava em cerca de 40 Of e 120 Fur,Cb Mil e outras praças. (A.1).

Tip. da GNR. - n.º 804

V.S.F.F.

Nas Vésperas da Democracia em Portugal

RESERVADO

			Reservado ao destinatário
1730	312.8	– Regressou a quarteis a COMP/GNR indicada em 312.1, após ter sido rendida em MONSAN-TO por uma COMP/PARAQ, tendo chegado às 18H00. (A.1).	
1845	311.22	– Passou em PALHOÇA para C.RAÍNHA 1 autocarro militar de 30 a 40 lugares em que seguiam o respectivo condutor e provavelmente mais 2 Sarg. (A.1).	
1930	311.23	– Chegou às C.RAÍNHA o autocarro citado no nº anterior. O pessóal do RI7, RI15 e EPC que cercou o quartel, passou para o seu interior, sendo a guarnição feita pelo RI15. No exterior somente permanecia 1 autometralhadora. (A.1).	
	312.9	– Iniciou o regresso a Lisboa, a COMP/B1//GNR.	
2235	311.24	– Passou em PALHOÇA uma coluna auto com 2 VIAT/PSP seguidas do autocarro militar e um camião com tropas, prosseguindo em direcção a ESPINHEIRA. (A.1).	
2245	311.25	– COMDT SR233 comunicou que passou a desempenhar as funções de Of/Dia RI5 o MAJ GUIMARÃES, do RI7, e que tinha vindo para LISBOA cerca das 21H10 uma viatura com 33 oficiais, aproximadamente. Os cabecilhas do ocorrido feram o MAJ/CAV (CONTINUA)	

Distribuição

RESERVADO

0 ....

Arquivo

Anexos

GUARDA NACIONAL REPUBLICANA — SERVIÇO DE INFORMAÇÕES

EXEMPLAR N.° 1 - Fl.:

CAPÍTULO	RESERVADO	
	Período { de / a	

Reservado ao destinatário

(CONTINUAÇÃO)

MANUEL SOARES MONGE e o Maj Inf ª LUÍS AN-
TÓNIO DE MOURA CASANOVA FERREIRA (?) que
não pertenciam ao RI5; Cap VARELA, Cap FA-
RIA e um MÉDICO (?), que aderiram ao movimento dos outros oficiais, do QP, e alguns
milicianos. (A.1).

2350	313	- Após reconhecimento local, o COMDT SR233 informou ter tudo retomado a normalidade. (A.1).
17 / 0850	319.6	- COMDT PR/PERO-PINHEIRO comunicou que ti-nham sido feitas chamadas anónimas para a CENTRAL TELEFÓNICA local, avisando as te-lefonistas para abandonarem o serviço por estar eminente o rebentamento de bombas naquele edifício. Tendo o COMDT POSTO procedido a minucio-sa revista no edifício, não encontrou ali qualquer engenho explosivo. (A.1).
0930	310.1	- COMDTS CR23, e SS RR informaram que a si-tuação geral era a normal. (A.1).
18 / 0950	310.2	- As entidades acabadas de mencionar, nova-mente informaram que a situação geral não sofrera qualquer evolução, mantendo-se a normalidade recuperada. (A.1).
	311.26	- Durante o período considerado, foi tam-bém efectuada discreta vigilância sobre os movimentos de entradas e saídas nas UNIDADES MILITARES aquarteladas na área:

Tip. da GNR. - n.º 804

V.S.F.F.

RESERVADO

		Reservado ao destinatário
	AC&MIL. e RI1, na AMADORA; RAAF, em QUELUZ; ESCOLA MILITAR DE ELECTROMECÂNICA, em PAÇO DE ARCOS; RAC, em OEIRAS; CIAAC, em CASCAIS; CAMPO DE TIRO DA CARREGUEIRA, na VENDA SECA e BA1, na GRANJA DO MARQUÊS, nada tendo sido notado de anormal. (A.1).	
1430	312.10 - Por determinação superior passa-se à SITUAÇÃO DE ALERTA, a partir das 15H00.	

Distribuição		Arquivo
EXemp. 1-3ªREP/CG/GNR " 2-Arquivo	0 COMANDANTE MANUEL PEREIRA E.MILREU Coronel	

FONTES E BIBLIOGRAFIA

Fontes

Arquivo Histórico Militar

BRAGA, Coronel Salazar, *RELATÓRIO DE SITUAÇÃO, Segurança Interna: incidentes de 16 e 17Mar74*, Leiria (Cruz da Areia), 23 de Março de 1974 (exemplar n.º 1, enviado ao Quartel-General de Tomar).

CEM/QG/RME, *Mensagem Confidencial*, 161720AMAR74, para COMFESI sobre a qual foi dado conhecimento ao 2.ª REP/EME, CEM/QG/RMT e CEM/QG/RML, Arquivo Histórico Militar, Lisboa.

GUIMARÃES, Major, *ACONTECIMENTOS DO DIA 16/17 MAR 74*, (anexo ao *Relatório de Situação* do Coronel Salazar Braga), Leiria, 17 de Março de 1974.

SILVA, Major Sequeira da, *RELATÓRIO DA ACÇÃO EM CONSEQUENCIA DOS ACON-TECIMENTOS REGISTADOS NO RI 5 EM 16MAR74*, EPC Santarém, 19 de Março de 1974 (exemplar n.º2 enviado ao Quartel-General da Região Militar de Tomar).

Quartel-General da Região Militar de Tomar, *FITA DO TEMPO DOS ACONTECIMEN-TOS DE 16MAR74, NO RI5*, s.d.

Relatório dos Factos ocorridos na Escola Prática de Administração Militar, durante as operações militares de 24/25 de Abril de 1974 e seus antecedentes, assinado pelo Coronel Carlos Joaquim Gaspar e datado de 26 de Abril de 1999.

Arquivo Histórico da Guarda Nacional Republicana

MILREU, Coronel, *Resumo de Notícias n.º1/74*, período de 160100MAR74 a 181430MAR74, Batalhão 2 – Paulistas, Lisboa, 18 de Março de 1974.

PIRES, Tenente, *Rel. Cir. de Oper. N.º4/74, Sublevação de Oficiais no Regimento de Infanta-ria n.º 5 em Caldas da Rainha*, de 18 de Março de 1974 (exemplar n.º4).

Comando-Geral, *Relatório de Operações n.º 2/74*, 3.ª Repartição, Lisboa – Carmo, 19 de Março de 1974.

Arquivo Distrital de Leiria

Ministério do Interior, *Informação n.º 12/74, Confidencial, Situação no Período de 16 a 23 de Março 74*, 28 de Março de 1974.

Ministério do Interior, *Informação n.º 12/74, Confidencial, Situação no Período de 9 a 16 de Março 74*, 20 de Março de 1974.

302   *Nas Vésperas da Democracia em Portugal*

Material Audiovisual

Arquivo do Centro de Documentação 25 de Abril da Universidade de Coimbra

Viagem no Tempo: à procura do Socialismo, Alípio de Freitas e Mário Lindolfo, RTP, Lisboa, 1994.

O nosso século há 25 anos atrás: Vinte Cinco de Abril, apresentação de Fernanda Mestrinho e Diana Andringa, RTP, Lisboa, 1999.

Arquivo Particular

Entrevista com o General Almeida Bruno a Luís Marinho (director de informação da SIC), gravada em Setembro/Outubro de 2001

Nota n.º 12877 – P.101.040 de 21MAR74

Nota de Culpa, datada de 16 de Abril de 1974 e assinada por Manuel José Monteiro, Coronel de Infantaria (Arquivo Pessoal do Major–General Adelino Matos Coelho).

Ordem de Serviços n.º 63, Quartel em Caldas da Rainha, de 16 de Março de 1974, assinado pelo comandante interino Horácio Loureiro Lopes Rodrigues, Tenente-Coronel de Infantaria.

Entrevistas

Entrevista com o Coronel Rocha Neves, em Caldas da Rainha, a 11 de Novembro de 2006.

Entrevista com o Coronel Gonçalves Novo, em Lisboa, a 8 de Janeiro de 2007.

Entrevista com o Coronel Armando Marques Ramos, em Caldas da Rainha, a 14 de Fevereiro de 2007.

Entrevista ao Coronel Virgílio Varela, em Lisboa, a 7 de Maio de 2007 e a 25 de Junho de 2007.

Entrevista com o Major–General Manuel Monge, em Beja, a 25 de Maio de 2007.

Entrevista com o Major–General Matos Coelho, em Lisboa, a 4 de Julho de 2007 e a 16 de Julho de 2007.

Entrevista com o Coronel Saraiva de Carvalho, em Lisboa, a 4 de Julho de 2007.

Entrevista com o Coronel Abreu Cardoso, em Braga, a 17 de Julho de 2007.

Entrevista com o Major–General Augusto Valente, em Coimbra, a 23 de Julho de 2007.

Jornais, revistas e outras publicações

Diário de Notícias, Lisboa, Março de 1974.

Expresso, Lisboa, Janeiro a Março de 1974.

A Capital, Lisboa, Março de 1974.

Época, Lisboa, Março de 1974.

República, Lisboa, Janeiro a Abril de 1974.

Gazeta das Caldas, Caldas da Rainha, Janeiro a Abril de 1974.

O Século, Lisboa, Março de 1974.

Vida Mundial, Lisboa, Janeiro a Abril, 1974.

Azimute. Revista Militar de Infantaria, Mafra, Agosto de 2006.

Fontes e Bibliografia 303

Bibliografia

1 de Dezembro de 1973 – Movimento dos Capitães, Câmara Municipal de Óbidos e Associação de Defesa do Património de Óbidos, Óbidos, 2003.

Contemporary Portugal: the Revolution and its antecedents, ed. Lawrence S. Graham e Harry M. Makler, University of Texas Press, Austin e Londres, 1979.

Diário das Sessões, n.º 43, ano 1974, de 20 de Março, República Portuguesa, Secretaria-Geral da Assembleia Nacional e Câmara Corporativa, p.861. Disponível em http:// debates.parlamento.pt, consultado a 14 de Agosto de 2007.

Dicionário de Política, dir. Norberto Bobbio, Nicola Matteucci e Gianfranco Pasquino, Editora Universidade de Brasília, Brasília, 2ºed., 1986.

Livro de Homenagem a Casanova Ferreira, edição de autor, local, s.d.

Portugal e a Transição para a Democracia (1974/1974), I Curso Livre de História Contemporânea, Lisboa, 23 a 28 de Novembro de 1998, organizado pela Fundação Mário Soares e Instituto de História Contemporânea da Univ. Nova de Lisboa, Edições Colibri, Lisboa, 1999.

Pulsar da Revolução (1973/1976), Boaventura de Sousa Santos (dir.), Centro de Documentação 25 de Abril da Universidade de Coimbra, Ciberbit, Produções de Software S.A., s.d., DVD.

Retratos de Ontem, Editorial Notícias, Lisboa, 1994.

A Transição Falhada – O Marcelismo e o Fim do Estado Novo (1968-1974), org. Fernando Rosas e Pedro Aires Oliveira, Círculo de Leitores, Lisboa, 2004.

Transitions from Authoritarian Rule. Southern Europe, ed. Guillermo O'Donnell, Philippe Schmitter e Lawrence Whitehead, 1º vol, The Johns Hopkins University Press, Baltimore e Londres, 1986.

Vítimas de Salazar. Estado Novo e violência política, coord. João Madeira, Esfera dos Livros, 2.ª Edição, Lisboa, 2007.

AFONSO, Aniceto, "A Queda do Estado Novo, II – O Movimento dos Capitães", *História de Portugal*, dir. João Medina, tomo II, Amigos do Livro Editores, Camarate, 1985, pp. 255-280.

Diário da Liberdade, "Prefácio", Editorial Notícias e Associação 25 de Abril, Lisboa, 1995.

e GOMES Carlos de Matos, *Guerra Colonial*, Editorial Notícias, Cruz Quebrada, 4ª Edição, 2005.

"O Movimento dos Capitães", *História de Portugal. Dos Tempos Pré-históricos aos nossos dias*, Portugal Democrático, vol. XIV, dir. João Medina, Clube Internacional do Livro, Amadora, s.d., pp. 11-23.

ANDRADE, Major de Inf.ª Reinaldo, "A Revolução de Abril de 74 e o papel da Guarda I", *Pela Lei e Pela Grei. Revista da Guarda Nacional Republicana*, Ano XVII, n.º 65, Janeiro – Março 2005, Lisboa, pp. 30-41.

ANTUNES, José Freire, *Os americanos e Portugal 1969-1974: Nixon e Caetano promessas e abandono*, Difusão Cultural, Lisboa, 1992.

ALMEIDA, Dinis, *Origens e Evolução do Movimento de Capitães (Subsídios para uma melhor compreensão)*, Edições Sociais, Lisboa, 1977.

ALVES, Eugénio, "Sporting 2 – Porto 0, Quem travará os "leões"?", *República*, 18 de Março de 1974, p. 19.

"Sporting 3 – Benfica 5, Renasceu o Campeão", *República*, 1 de Abril de 1974, p. 19.

"Sporting 1 Magdeburgo 1, Faltou Yazalde", *República*, 11 de Abril de 1974, p. 19.

AZEREDO, Carlos de, *Trabalhos e Dias de Um Soldado do Império*, Livraria Civilização Editora, Barcelos, 2004.

BANAZOL, Luís Ataíde, *Origem do Movimento das Forças Armadas*, Prelo Documentos, Lisboa, 1974.

BAPTISTA, Jacinto, *Caminhos para uma Revolução*, Col. Documentos de Todos os Tempos, Livraria Bertrand, Amadora, 1975.

BARBÉ, Carlos, "Golpe de Estado", *Dicionário de Política*, dir. Norberto Bobbio, Nicola Matteucci e Gianfranco Pasquino, Editora Universidade de Brasília, Brasília, 2.ª ed., 1986, pp. 545-547.

BARRETO, José Barreto, "Censura", *Dicionário de História de Portugal*, coord. António Barreto e Maria Filomena Mónica, Suplemento 7, Figueirinhas, Lisboa, 1.ª Edição, 1999, pp. 275-284.

BERNARDO, João, *Labirintos do Fascismo. Na encruzilhada da Ordem e da Revolta*, Edições Afrontamento, Porto, 2003.

BERNARDO, Joaquim M. Correia, *Participação da Escola Prática de Cavalaria no 25 de Abril de 1974*, Moinho Velho – Loja de Edição, Lda, Lisboa, 2002.

BERNARDO, Manuel Amaro, *Marcello e Spínola: a Ruptura. As Forças Armadas e a Imprensa na Queda do Estado Novo 1973-1974*, Editorial Estampa, Lisboa, 1996.

Memórias da Revolução – Portugal 1974-1975, Prefácio – Edição de Livros e Revistas, Lda, Lisboa, 2004.

BORDERÍAS, Cristina, "La historia oral en España a mediados de los noventa", *Historia y Fuente Oral*, revista semestral do Seminário de História Oral do Departamento de História Contemporânea da Universidade de Barcelona e do Arquivo da História da Cidade, 1 13, 1995, pp. 113-129.

CAETANO, Marcello, *Depoimento*, Distribuidora Record, Rio de Janeiro, 1974.

A verdade sobre o 25 de Abril, Companhia Ed. Minho, Barcelos, 1976. Entrevista concedida ao jornal "Mundo Português" 1976.

O 25 de Abril e o Ultramar – Três Entrevistas e Alguns Documentos, Editorial Verbo, Lisboa/São Paulom s.d.

CARANDELL, Luis e BARRENECHEA, Eduardo, *Portugal, si*, Edicusa, Madrid, 1974.

CARRILHO, Maria, *Forças armadas e mudança política em Portugal no séc. XX: para uma explicação sociológica do papel dos militares*, Imprensa Nacional da Casa da Moeda, Lisboa, 1985.

Democracia e Defesa. Sociedade, política e Forças Armadas em Portugal, Dom Quixote, Lisboa, 1994.

CARVALHO, Otelo Saraiva, *Alvorada em Abril*, Ulmeiro, Lisboa, 3ª edição, s.d.

CATROGA, Fernando, *Os Caminhos do Fim da História*, Quarteto, Coimbra, 2003.

Memória, história e historiografia, Quarteto, Coimbra, 2001.

CAUNCE, Stephen, *Oral History and the Local Historian*, Longman, Londres e Nova Iorque, 1994.

Fontes e Bibliografia 305

CERQUEIRA, Fernando Maia (dir.), ALMEIDA, Luís Pinheiro de Almeida (coord. e red.) e CABRAL, Rui Cabral (fot.), Alberto Frias, et al., *Documentos Lusa: 25 de Abril: memórias*, Ed. Especial, Lusa, Lisboa, 1994.

CERVELLÓ, Josep SÁNCHEZ, *A Revolução Portuguesa e a sua Influência na Transição espanhola (1961-1976)*, Assírio & Alvim – Cooperativa Editora e Livreira, CRL, Lisboa, 1993.

CIPRIANO, Carlos, "Um mês antes de Abril", *Público*, 18 de Março de 1993, pp. 2-7.

CORREIA, Humberto P., *História oral: teoria e técnica*, UFSC, Florianópolis, 1978.

COSTA, Eduardo Freitas, *Spínola, o Anti-general*, Edições FP, Lisboa, 1979.

CRUZEIRO, Maria Manuela, *Melo Antunes – O Sonhador Pragmático*, Editorial Notícias, 2.ª edição, Lisboa, 2004.

Costa Gomes – o Ultimo Marechal, Editorial Notícias, 2.ª edição, Lisboa, 1998.

"O Imaginário político do 25 de Abril", in *Revista de História das Ideias*, 16, Instituto de História e Teoria das Ideias, Faculdade de Letras, Coimbra, 1994, pp. 433-476.

"Pela História Oral", *Passado/Presente – a construção da memória no mundo contemporâneo*, publicado em http://ppresente.wordpress.com/textos/pela-historia-oral/, consultado a 10 de Julho de 2008.

CUNHA, Manuel Barão (coord.), *30 Anos do "25 de Abril – Jornada de Reflexão (Oeiras, 25 de Março de 2004*, Casa das Letras/Editorial Notícias, Cruz Quebrada, 2005.

Radiografia Militar, Ed. Século, Lisboa, 1975.

CUNHA, Silva, *O Ultramar, a Nação e o 25 de Abril*, Atlântida Editora, Coimbra, Julho de 1977.

Ainda o «25 de Abril», Centro do Livro Brasileiro, Lisboa, 1984.

DEMARTINI, Zeila de Brito Fabri, *Trabalho com Relatos Orais: Reflexões a partir de uma trajectória de Pesquisa*, Cadernos do Projecto Museológico sobre Educação e Infância, Escola Superior de Educação, Santarém, 1997.

DOSSIER, *A Revolução das Flores – do 25 de Abril ao Governo provisório*, Col. Documentos de Todos os Tempos, Editorial ASTER, Lisboa, s.d.

EVANS, Richard J., *Em Defesa da História*, Temas e Debates, Lisboa, 2000.

Lying about Hitler: history, Holocaust, and the David Irving Trial, Basic Books, London, 2001.

FERNANDES, Eliane e ALMEIDA, Magdalena Maria, "A história oral como técnica: uma reflexão sobre o seu valor", *Vértice*, II série, Janeiro, 1989, pp.57-62.

FERNANDES, Valle, "O Movimento das Caldas através da censura", *O Primeiro de Janeiro*, de 16 de Março de 1975, p.1.

FERREIRA, José Medeiros, *Ensaio Histórico sobre a Revolução do 25 de Abril – o período pré-constitucional*, Imprensa Nacional da Casa da Moeda, Lisboa, 1973.

"25 de Abril de 1974: uma Revolução Imperfeita", *Revista de História das Ideias*, Instituto de História e Teoria das Ideias, Faculdade de Letras, Coimbra, 1985, pp. 391-426.

«Do Golpe de Estado à Revolução», in *História de Portugal*, direcção de José Mattoso, vol. 8, Circulo de Leitores, Lisboa, 1994.

O Comportamento Político dos Militares. Forças Armadas e Regimes Políticos em Portugal no séc. XX, Editorial Estampa, Lisboa, 1996.

FIELDS, Rona M., *The Portuguese Revolution and the Armed Forces Movement*, Praeger Publishers, New York, 1975.

306   *Nas Vésperas da Democracia em Portugal*

GASPAR, Fernando, "A Guerra da Louça", *Expresso – Revista*, 25 de Abril de 1997, pp. 40-48.

GOMES, Adelino, "Eu recebi a rendição de Marcello Caetano", *Fatos e Fotos*, Suplemento n.º 664, Maio de 1974, pp. 1-16.

GUERRA, Andrade, "A verdadeira história do Golpe das Caldas", *Tradições*, Junho de 2004, n.º 6, Lisboa, pp.4-10.

LEONEL, Damião, "O 16 de Março em Caldas da Rainha. A noite mais longa", *Jornal de Leiria*, 25 de Abril de 2002, pp. 3-4.

LEMOS, Carlos Viana de, *Duas crises: 1961 e 1974*, Nova Gente, Lisboa, 1977.

LEMOS, Mário Matos, *O 25 de Abril: uma síntese, uma perspectiva*, Editorial Notícias, Lisboa, 1986.

LOPES, Ana Sá Lopes e MELO, António Melo, "Otelo, Vítor Alves e Vasco Lourenço – os Três do 25 de Abril", *Le Monde Diplomatique* (ed. Portuguesa) de 23 de Abril de 2007, consultado em http://pt.mondediplo.com/, a 18 de Junho de 2007.

LOURENÇO, Eduardo, *Os Militares e o Poder*, Editora Arcádia, Lisboa, 1975.

LOURENÇO, Vasco, "Ainda o 16 de Março", *Expresso – Revista*, 24 de Maio de 1997, pp. 72-80.

MAIA, Salgueiro, *Capitão de Abril – Histórias da guerra do ultramar (Depoimentos)*, Editorial Notícias, Lisboa, 1994.

"Como surgiram os «implicados» no 25 de Abril, História de Portugal, vol. XVI, dir. João Medina, Clube Internacional do Livro, Amadora, 1997, pp. 25-31.

MAXWELL, Kenneth, "Regime Overthrow and the Prospects for Democratic Transition in Portugal", in SCHMITTER, Philippe C.; O'DONNEL, Guillermo; WHITEHEAD, Laurence (ed.), *Transitions from Authoritarian Rule*, 1º vol., The Johns Hopkins University Press, Baltimore and London, 1986, pp. 109-137.

MESQUITA, Mário, e REBELO, José (org.), *O 25 de Abril nos media internacionais*, Ed. Afrontamento, Porto, 1994.

MEYER, Eugenia, "Los nuevos caminos de la historia oral en América Latina", *Historia y Fuente Oral*, revista semestral do Seminário de História Oral do Departamento de História Contemporânea da Universidade de Barcelona e do Arquivo da História da Cidade, 1 13, 1995, pp. 97-102.

MÓNICA, Maria Teresa, e REGO, Manuela, *O 25 de Abril na imprensa. Março e Abril de 1974*, Instituto da Biblioteca Nacional e do Livro, Lisboa, 1994.

OLIVEIRA, Silas, "Uma derrota difícil de contar", *Retratos de Ontem*, Editorial Notícias, Lisboa, 1994, pp. 9-22.

ORTIGUES, Edmond, "Interpretação", *Enciclopédia Einaudi*, vol.11 "Oral/Escrito", Imprensa Nacional da Casa da Moeda, 1987, pp. 218-233.

OSÓRIO, Sanches, *O Equívoco do 25 de Abril*, Editorial Intervenção, Lisboa, 1975.

PAIS, Alexandre e SILVA, Ribeiro, *Capitães de Abril*, Vol. I e II, Amigos do Livro, Lisboa, 1975.

PASQUINO, Gianfranco, "Revolução", *Dicionário de Política*, dir. Norberto Bobbio, Nicola Matteucci e Gianfranco Pasquino, Editora Universidade de Brasília, Brasília, 2.ºed., 1986, pp.1121-1131.

PENFENTENYO, Michel, *As Chaves Secretas da Revolução do 25 de Abril*, Editorial Resistência, Lisboa, 1976.

PIMENTEL, Irene Flunser, *A História da PIDE*, Círculo de Leitores e Temas e Debates, Rio de Mouro, 2007.

Fontes e Bibliografia   307

PINTO, Jaime Nogueira, *O fim do Estado Novo e as origens do 25 de Abril*, Difel, Linda-a-Velha, 1995.

Portugal os anos do fim. De Goa ao Largo do Carmo, Soc. de Publicações Economia & Finanças, Lisboa, 1976.

PORTUGUÊS, Comissão Executiva do Comité Central do Partido Comunista, *Pôr fim imediato às Guerras Coloniais e conquistar as liberdades políticas é uma exigência nacional*, Março de 1974. Reproduzido em http://www.pcp.pt/actpol/temas/25abril/mani7403.html, consultado a 21 de Fevereiro de 2007.

RAMOS, Armando, "O Cidadão patrioticamente sofrido e insatisfeito", *Livro de Homenagem a Casanova Ferreira*, edição de autor, s.d., pp. 117-150.

REIS, António, "A abertura falhada de Caetano: o impasse e a agonia do regime", *Portugal Contemporâneo*, vol. 5, dir. António Reis, Alfa, Lisboa, 1989, pp. 45-70.

REZOLA, Maria Inácia, *25 de Abril, Mitos de uma Revolução*, Esfera dos Livros, Lisboa, 2007.

"As Forças Armadas, os Capitães e a Crise Final do Regime", in *A Transição Falhada – O Marcelismo e o Fim do Estado Novo (1968-1974)*, coord. Fernando Rosas e Pedro Aires Oliveira, Círculo de Leitores, Lisboa, 2004, pp. 339-372.

RODRIGUES, Avelino, BORGA, Cesário, CARDOSO, Mário, *O Movimento dos Capitães e o 25 de Abril*, Publicações Dom Quixote, 4.ª edição, Lisboa, 2001.

RODRIGUES, Paulo Madeira, *De Súbito, em Abril – 24, 25, 26*, Edição do autor, Lisboa, 1974.

ROSAS, Fernando, "Memória da violência e violência da memória", prefácio da obra *Vítimas de Salazar. Estado Novo e violência política*, coord. João Madeira, Esfera dos Livros, 2.ª Edição, Lisboa, 2007, pp.15-30.

"Prefácio Marcelismo: Ser ou não ser", *A Transição Falhada. O Marcelismo e o Fim do Estado Novo (1968-1974)*, coord. Fernando Rosas e Pedro Aires Oliveira, Círculo de Leitores, Braga, 2004, pp. 9-26.

SARAIVA, José Hermano, *Álbum de Memórias*, vol.6 (6.ª Década – Anos 70), dir. José António Saraiva, O Sol é essencial S.A., 2007.

SCHMITTER, Philippe C., *Portugal: do Autoritarismo à Democracia*, Imprensa de Ciências Sociais, Lisboa, 1999.

"The Democratization of Portugal in Its Comparative Perspective", *Portugal e a Transição para a Democracia (1974/976)*, I Curso Livre de História Contemporânea, Lisboa 23 a 28 de Novembro de 1998, organizado pela Fundação Mário Soares e Instituto de História Contemporânea da Univ. Nova de Lisboa, Lisboa, Edições Colibri, 1999, pp. 337-363.

SEABRA, Zita, *Foi assim*, Alêtheia Editores, Lisboa, 3.ª Edição, 2007.

SMITH, Richard Cândida, "História Oral. Dar voz a quem não tem" (entrevistado por Dulce Freire e Manuela Garcia), *História*, n.º 59, Setembro de 2003, pp. 24-29.

SOARES, Mário, "Um curto compasso de espera", *Público*, 16 de Março de 1998, p. 7.

Memória Viva – entrevista com Dominique Pouchin, Edições Quasi, Vila Nova de Famalicão, 2003.

SPÍNOLA, António, *Portugal e o Futuro. Análise da conjuntura nacional*, Arcádia, s.l., 1974.

Ao Serviço de Portugal, Ática / Bertrand, 1976.

País sem Rumo – Contributo para a História de uma Revolução, Editorial SCIRE, s. l., 1978.

THOMAZ, Américo, *Últimas décadas de Portugal*, vol. IV, Edições Fernando Pereira, Lisboa, 1982.

THOMPSON, Paul, *The voice of the past: oral history*, Oxford University Press, Oxford, 2. ed., 1992.

VARELA, Virgílio, "Falar sobre "histórias e memórias"...", *Livro de Homenagem a Casanova Ferreira*, edição de autor, s.d., pp. 103-116.

VIDIGAL, Luís, *Os testemunhos Orais na Escola: história oral e projectos pedagógicos*, Asa, Porto, 1996.

VILANOVA, Mercedes, "El Combate, en España, por una historia sin adjectivos con fuentes orales", *Historia y Fuente Oral*, revista semestral do Seminário de História Oral do Departamento de História Contemporânea da Universidade de Barcelona e do Arquivo da História da Cidade, 2 14, 1995, pp. 95-116.

"Palabras de clausura: conferencia internacional de historia oral", *Historia y Fuente Oral*, revista semestral do Seminário de História Oral do Departamento de História Contemporânea da Universidade de Barcelona e do Arquivo da História da Cidade, 1 13, 1995, pp. 131-135.

ÍNDICE

Prefácio 5

Resumo 7

Agradecimentos 13

Siglas e Abreviaturas 19

Introdução 35

Parte I – **Os comprometidos do 16 de Março** 45

Parte II – **O Golpe de 16 de Março de 1974** 45

    2.1. Uma marcha incerta (os 10 dias que antecederam o Golpe) 45
        2.1.1. O Regimento de Infantaria 5, Caldas da Rainha 64
    2.2. O Golpe das Caldas de 16 de Março de 1974 71
        2.2.1. Dia 15 de Março, início das movimentações 73
        2.2.2. Dia 16 de Março de 1974 – o Golpe das Caldas 93
            i. O início da sublevação 93
            ii. A primeira notícia 100
            iii. 4 Horas: a saída da coluna das Caldas 114
            iv. 7H00: a coluna voltou para trás 125
            v. 10H30: a coluna chegou às Caldas 136
             vi. 14H00: o cerco e a rendição 143
            vii. A população das Caldas da Rainha durante o cerco ao quartel
                da cidade 153
            viii. O Papel da GNR das Caldas da Rainha 154
             ix. Em Lamego 157
    2.3. O sentido do 16 de Março 158
        2.3.1. O embate político do Golpe das Caldas 158
            i. Comando Imperturbável 161
            ii. A resistência de Caetano 166
            iii. A oposição política e o Golpe de 16 de Março 170
        2.3.2. A luta do MOFA 172
        2.3.3. O Golpe das Caldas na imprensa 188

Parte III – **O epílogo do 16 de Março**	207
Fontes e Bibliografia	301
Fontes	301
Bibliografia	303

ÍNDICE DE ANEXOS

Anexo I
Cronologia dos acontecimentos ocorridos entre 2 e de 14 de Março de 1974   229

Anexo II
Diário de um Golpe Entrevisto – das 00 às 23:50 do dia 16 de Março de 1974   231

Anexo III
Mapa I – *Acontecimentos ocorridos em várias unidades militares*   238

Anexo IV
Mapa II – *Movimentos militares ocorridos no dia 16 de Março de 1974*   239

Anexo V
Documento I – *FITA DO TEMPO DOS ACONTECIMENTOS DE 16MAR14,
NO RI5*, Quartel-General da Região Militar de Tomar   240

Anexo VI Documento II – *RELATÓRIO DE SITUAÇÃO, Segurança Interna:
incidentes de 16 e 17Mar74*, Coronel Salazar Braga, RI7, Leiria   247

Anexo VII
Documento III – *ACONTECIMENTOS DO DIA 16/17 MAR 74*, Major Guimarães,
Leiria   255

Anexo VIII
Documento IV – *RELATÓRIO DA ACÇÃO EM CONSEQUENCIA DOS
ACONTECIMENTOS REGISTADOS NO RI 5 EM 16MAR74*, Major Sequeira
da Silva, EPC Santarém   260

Anexo IX
Documento V – *Relação dos Oficiais do Q.P. que Seguiram para Lisboa
em 16/MAR/74*, Regimento de Infantaria 5   266

Anexo X
Documento VI – *Relação de Oficiais do Q. C. que Seguiram para Lisboa
em 16/MAR/74*, Regimento de Infantaria 5   267

Anexo XI
Documento VII – *Relação dos Furriéis Milicianos e 1.°s Cabos Milicianos que marcharam para Santa Margarida em 16/MAR/74*, Regimento de Infantaria 5 269

Anexo XII
Documento VIII – *Mensagem Confidencial*, CEM/QG/RME 272

Anexo XIII
Documento IX –*Rel. Cir. de Oper. N.° 4/74, Sublevação de Oficiais no Regimento de Infantaria n.°5 em Caldas da Rainha*, Tenente José Augusto Pascoal Pires 273

Anexo XIV
Documento X – *Relatório de Operações n.° 2/74*, Comando-Geral, Lisboa-Carmo 283

Anexo XV
Documento XI – *Resumo de Notícias n.° 1/74*, Coronel Milreu, Batalhão 2 – Paulistas 291